CODE MINIER
COMMENTÉ ET ANNOTÉ

D/2021/4910/63 ISBN : 978-2-8061-0624-7

Grand'Place, 29
B-1348 Louvain-la-Neuve

www.editions-academia.be

Cim's Mulungulungu Nachinda

CODE MINIER
COMMENTÉ ET ANNOTÉ

Préface de
Vincent KANGULUMBA MBAMBI
Professeur ordinaire à la Faculté de droit de l'Université de Kinshasa

Postface de
Eddy MWANZO IDIN'AMINYE
Professeur ordinaire à la Faculté de droit de l'Université de Kinshasa

ACADEMIA

Du même auteur

« De la légalité ou de l'illégalité des actes de successions établis par le Bureau administratif des successions dans la ville de Kinshasa », *Cahiers Africains des Droits de l'Homme et de la Démocratie,* UNIKIN, Faculté de droit, 15e année, n° 033, vol. 1, octobre-décembre, 2011.

« Typologie des droits organisés découlant de la classification des substances minérales en droit positif congolais », *Cahiers Africains des Droits de l'Homme et de la Démocratie,* UNIKIN, Faculté de droit, 16e année, n° 034, vol. 1, janvier-mars, 2012.

« Procédures d'octroi des droits miniers et de carrières en droit positif congolais », *Cahiers Africains des Droits de l'Homme et de la Démocratie,* UNIKIN, Faculté de droit, 16e année, n° 034 vol. 1, janvier-mars, 2012.

« Exercice de l'autorité parentale par voie de représentation et son incidence sur le droit successoral », *Cahiers Africains des Droits de l'Homme et de la Démocratie,* UNIKIN, Faculté de droit, 16e année, n° 036 vol. 2, juillet-septembre, 2012.

Guide de l'opérateur minier en République Démocratique du Congo, Kinshasa, Éditions CM, janvier, 2013.

Principe pour réussir sa vie, Kinshasa, Éditions CM, janvier, 2013.

« Des modalités d'exercice de l'autorité parentale par les père et mère en droit congolais : principe et exceptions », *Revue de Droit Africain,* Publication du Groupe de Recherches et Documentation Juridiques Africaines, 20e année, n° 83, juillet 2017.

« L'exercice de l'autorité parentale par voie de la représentation en droit congolais : Étude critique sur la pratique de sa délégation », *Cahiers Africains des Droits de l'Homme et de la Démocratie,* Faculté de droit, UNIKIN, 22e année, n° 58, vol. II, janvier-mars, 2018.

« La consistance de l'autorité parentale en droit congolais : Administration et jouissance légales des biens de l'enfant mineur », *Revue de Droit Africain,* Publication du Groupe de Recherches et Documentation Juridiques Africaines, 20e année, n° 88, avril 2018.

Vital Kamerhe : le parcours d'un patriote démocrate, Kinshasa, Éditions CM, mars 2019.

Code minier révisé et annoté de la République Démocratique du Congo, Bruxelles, Bruylant, 2020. Avec Jean-Félix Mupande Kapwa (dir.), Donat Shampa Kapuku, Dénis Shomari Kifuluka, Philippe Mbuyamba Tshibenji, Mado Chanda Chongo et Gaby Kwete Mikobi.

Comment réussir sa vie, Kinshasa, Éditions CM, 2021.

Vade-mecum de l'opérateur minier en République Démocratique du Congo, Kinshasa, Éditions CM, 2021.

Les articles du Code minier. Perspectives de réforme, Kinshasa, Éditions CM, 2021.

« L'inscription par voie judiciaire des droits miniers : Quelle lecture ? », *Les Annales de la Faculté de droit de l'Université de Kinshasa,* 2021. (Soumis pour publication).

À notre chère épouse : Aminata Mushiya.
À nos enfants : Ornella Lugerero, Orly Mulungulungu, Orvie Nabwidja et Oraelle Mulungulungu.

PRÉFACE

La République démocratique du Congo (RDC) est un pays foncièrement minier. Son sous-sol comporte plusieurs sortes de substances minérales, dont certaines non encore explorées. Forcément, bien avant le Code minier actuel de 2002, soit depuis l'État indépendant du Congo (EIC), il a toujours existé une législation sur les mines et les hydrocarbures (décret du 8 juin 1888 modifié par le décret du 20 mars 1893). Le Congo belge – dont le premier texte en la matière est le décret du 16 décembre 1910 sur la recherche et l'exploitation des mines au Katanga modifié et complété par le décret du 16 avril 1919 sur la recherche et l'exploitation des substances minérales au Katanga et le décret du 24 septembre 1937 – et le Congo indépendant n'ont pas, non plus, manqué de légiférer sur cette matière. Mais, à l'instar de l'ordonnance-loi n° 81-013 du 2 avril 1981 et des textes qui l'ont modifiée et complétée, en l'occurrence l'ordonnance-loi n° 82-039 du 5 novembre 1982 et l'ordonnance n° 67-416 du 23 septembre 1967, les mines et les hydrocarbures avaient toujours été régies par un seul et même texte (voy. E. Mukendi Wafwana, *Le Droit minier. Principes de gestion du domaine minier,* vol. 1, Kinshasa-Bruxelles, Juricongo-Bruylant, 2005 ; E.-L. Owenga Odinga, *Droit minier. Régime minier général pour les mines et les carrières,* Kinshasa, Publications pour la promotion du droit congolais, juillet 2014, préface de V. Kangulumba Mbambi).

En 2002, l'option d'un Code minier séparé a été levée et il a été promulgué la loi n° 007/2002 du 11 juillet 2002 portant Code minier. Cette fois, une démarcation a été opérée entre les mines et les hydrocarbures. Car, plus tard, soit le 1er août 2015, il sera promulgué la loi n° 15/012 portant régime général des hydrocarbures.

Le Code minier a été modifié et complété en certaines de ses dispositions par la loi n° 18/001 du 9 mars 2018. Mais il doit être lu, compris et appliqué conformément au (volumineux) Règlement minier qui l'accompagne. Ce qui veut dire qu'il faille un « guide parlant » pour amener à comprendre les nombreuses dispositions du Code et du Règlement minier.

Sur ce fond, lorsque M. Mulungulungu Nachinda m'a approché afin de préfacer le présent *Code minier commenté et annoté,* je n'ai pas pu résister à l'idée de lui réserver une réponse favorable alors que je me trouvais occupé à mille et une autres tâches.

Les raisons de mon acceptation, sans hésitation aucune, sont multiples. Mais, en plus de la sympathique appréciation que je porte à l'auteur, je n'en évoquerai que trois.

La première résulte du constat que, comme les autres législations, par ailleurs, dirait-on, la législation minière, certes technique, spéciale et faisant appel à plusieurs branches du droit, n'est pas suffisamment bien connue ! Ni par certains juristes, ni, *a fortiori*, par le commun des mortels. En effet, déjà dans les programmes des cours des universités congolaises, le cours de droit minier, comme celui du droit agricole, n'ont le statut que de cours à option. En termes simples, il ne s'agit pas des cours de tronc commun, qui sont obligatoires, mais laissés au choix de l'étudiant. Pourtant, il s'agit là d'un domaine, entre autres, qui fonde la richesse de la RDC, mais peu connu, pour ne pas dire auquel on n'attache aucun intérêt scientifique ni même professionnel. Sait-on combien de Congolais opèrent dans le « mining » ?

Une loi, aussi claire soit-elle, n'est pas forcément compréhensible ni n'appelle à être interprétée. Ce serait une lettre morte si on ne la faisait pas parler. Certes, le droit minier, comme toute discipline scientifique, n'est pas à la portée du premier venu, fût-il juriste. Il mobilise tout autant une bonne connaissance du droit foncier que du droit fiscal, du droit des contrats et des différentes questions relatives au conflit des lois causées par la survivance de certains contrats conclus sous les anciens régimes de 1981 et de 2002 (A. Bambi Kabashi, *Le droit minier congolais. À l'épreuve des droits foncier et forestier*, Paris, L'Harmattan, 2012, préface de V. Kangulumba Mbambi).

Comme pour d'autres lois importantes érigées en Codes (Code de la famille, Code des biens, Code de déontologie des avocats, Code judiciaire, Code pénal, Code des obligations), en vue de contribuer à leur connaissance et à l'interprétation correcte de leurs dispositions, les commentaires critiques et annotations sont toujours les bienvenus. Et plus encore, s'agissant du Code minier, à cette fin, l'auteur a entrepris d'en annoter les dispositions. Ces commentaires sont importants pour la bonne connaissance et l'interprétation judicieuse de la loi. C'est à cet exercice que l'auteur s'est adonné. Et c'est là la deuxième raison.

Parlant des connaissances en droit minier, il se trouve que l'auteur, en plus d'être professeur à la Faculté de droit de l'Université de Kinshasa, fait carrière dans le domaine minier depuis plusieurs années (quinze ans déjà) : il est cadre dans un établissement public, le Cadastre minier. Mais cela ne suffit pas. Plutôt, il prête toujours attention, à l'occasion de ses activités professionnelles, à toute question pouvant inférer sur la bonne compréhension des dispositions de la loi ou de l'exercice des activités minières. En tant que praticien du droit minier, il est mieux placé pour éclairer la lanterne des uns et des autres sur la consistance ou la portée de certains principes du Code minier, mais aussi sur leur praticabilité sur le terrain, laquelle pose souvent un réel problème. D'ailleurs, c'est à ce titre qu'il a eu à publier, il y a déjà quelques années, des articles scientifiques sur tel ou tel autre aspect du domaine minier, et surtout le *Guide de l'opérateur minier en République démocratique du Congo* (Kinshasa, Éditions CM, 2013, 96 p., préface du professeur Eddy Mwanzo Idin'Aminye).

C'est vraisemblablement dans cette suite logique qu'il s'emploie aujourd'hui à commenter et à annoter les dispositions du Code minier tel que modifié et complété par la loi n° 18/001 du 9 mars 2018. Une telle initiative ne pouvait demander qu'à être encouragée. C'est bien là la troisième raison.

Comme on le sait, la modification de certaines dispositions du Code minier n'était pas facile, car elle avait rencontré beaucoup d'opposition, notamment en ce qui concerne la révision de la clause de stabilisation et la fiscalité, de la part des milieux d'affaires et des opérateurs miniers, essentiellement les grandes entreprises dont la plupart sont de droits étrangers (voy. Chr.-J. Kabange Nkongolo, « Législation minière en Afrique : continuation ou adaptation ? Regard sur le Code minier congolais », *Revue de Droit Africain*, n° 82, 2017, pp. 87-111, spécialement pp. 92-95, 99-103).

On aurait pu, carrément, s'attendre à un ouvrage de droit minier au regard des informations et commentaires que l'auteur fait à la suite des dispositions du Code, tellement qu'ils sont riches et judicieux. Dans cet exercice optionnel, on ne s'empêcherait toutefois de regretter qu'il n'y ait eu que peu de références à la jurisprudence en la matière. Mais cela ne peut être imputable à l'auteur. Encore que les conflits éventuels à l'occasion des activités et opérations minières soient portés à la connaissance des cours et tribunaux (étatiques), car souvent ils sont plutôt soumis à la clause d'arbitrage (voy. Matadi Nenga Gamanda, « L'arbitrage dans le droit minier congolais », *Revue de Droit Africain*, n° 90, 2019, pp. 1-13).

Faute de mieux, l'auteur s'attelle, avec une passion justifiée, aux seuls commentaires et annotations des dispositions du Code minier, exercice louable s'il en est, avec un style clair et simple. Il ne manque pas de donner son avis sur la pertinence, le non-respect des principes de la légistique formelle et, de cette manière, il donne vie aux dispositions du Code. Et s'il le faut, en recourant, mais la prudence devrait être de mise, sans trop en abuser, au droit comparé. Une telle gymnastique est essentielle à la bonne connaissance et à l'interprétation pertinente des dispositions commentées et annotées.

En effet, les commentaires de la doctrine et la position de la jurisprudence sont des outils qui permettent de comprendre et de bien interpréter une disposition légale. C'est à la lumière des critiques que l'on se rend compte des lacunes charriées par les dispositions d'une loi. Or, quand l'occasion se présentait, l'auteur n'a pas manqué de crier gare ou de relever des pareilles incorrections.

Toutes ces raisons font que l'on peut féliciter M. Mulungulungu Nachinda pour son ouvrage, sa énième contribution à la science, plus spécialement à la doctrine de droit minier congolais. Nous espérons beaucoup que l'ouvrage reçoive l'accueil qu'il mérite auprès des milieux intéressés : pouvoirs publics, acteurs miniers, magistrats, avocats et universités.

Vincent KANGULUMBA MBAMBI
Professeur ordinaire à l'Université de Kinshasa
Avocat à la Cour de cassation et au Conseil d'État
Avocat au barreau de Bruxelles
Mandataire en mines et carrières

REMERCIEMENTS

La rédaction d'un ouvrage est certes le fruit des efforts personnels. Néanmoins, il arrive que l'auteur bénéficie du soutien ou de l'apport tant matériel, financier, moral qu'intellectuel de nombreuses autres personnes. Notre ouvrage n'échappe nullement à la règle. C'est pourquoi, comme de tradition, il est indiqué que nous exprimions à ces personnes toute la gratitude qu'elles méritent. Car, disait Hans Christian Andersen, écrivain danois, la reconnaissance est la mémoire du cœur.

Nous tenons ainsi particulièrement à remercier Madame Chantal Bashizi Lembo, avocate de profession, alors directeur administratif du Cadastre minier, qui n'a pas hésité un seul instant pour proposer notre engagement au sein de cet établissement public, ce qui fut fait.

C'est grâce à la pratique quotidienne du droit minier (durant plus de quinze ans), doublée de notre qualité d'enseignant-chercheur, que nous avons réussi autant que faire se peut à cerner les spécificités du domaine minier congolais.

Qu'elle trouve ici notre reconnaissance la plus profonde pour cette opportunité qu'elle nous a offerte et qui restera inoubliable.

Nous adressons nos vifs remerciements aux professeurs ordinaires Vincent Kangulumba Mbambi et Eddy Mwanzo Idin'Aminye, tous deux de la Faculté de droit de l'Université de Kinshasa, pour leur disponibilité et les observations judicieuses qu'ils ont formulées, cela a pu faire avancer notre réflexion.

Nous remercions tous les collègues du Cadastre minier qui, d'une manière ou d'une autre, ont contribué à cet ouvrage. Les différents échanges que nous avons eus, parfois par téléphone, sur tel ou tel autre aspect du droit minier, ont pu lever certaines zones d'ombre sur notre appréhension de la loi minière. Chacun d'eux se reconnaîtra sûrement à travers ces écrits.

Nos remerciements s'adressent également à notre père, à nos frères et sœurs, à nos amis et connaissances qui ne cessent de nous encourager à aller toujours de l'avant.

Enfin, une pensée pour notre mère Victorine Lugerero Kadebende que le Tout-Puissant a rappelée auprès de lui. Sans aucun doute, elle aurait été très fière de cette œuvre. Paix à son âme !

AVANT-PROPOS

En République démocratique du Congo, le secteur des mines est régi par la loi n° 007/2002 du 11 juillet 2002 portant Code minier telle que modifiée et complétée par la loi n° 18/001 du 9 mars 2018. Plusieurs années auparavant, bon nombre de textes de loi ont été pris pour organiser ce secteur vital de l'économie nationale. L'existence de textes épars, ayant porté sur le domaine minier, a rendu inéluctable un travail de codification, destiné à mettre de l'ordre dans la profusion des normes.

Historiquement, à l'ère léopoldienne, le secteur minier était organisé par le décret du 8 juin 1888 sur le régime des mines tel que modifié et complété par le décret du 20 mars 1893.

Dans la même veine, le décret du 22 juillet 1904 sur le trafic des substances minérales avait également été pris non pas pour modifier et/ou compléter le régime minier prévu par celui de 1888, mais bien plutôt pour fixer les règles applicables à la commercialisation, à l'exploitation, à la détention et au transport des substances minérales.

Après la cession par le roi Léopold II de l'État indépendant du Congo à la Belgique, le premier texte ayant réglementé le secteur minier du Congo belge était le décret du 16 décembre 1910 sur la recherche et l'exploitation des mines au Katanga tel que modifié et complété par le décret du 16 avril 1919.

Certaines modifications de ce texte étaient intervenues et, dans l'entre-temps, d'autres textes ayant trait aux mines avaient été pris jusqu'en septembre 1937. Ce qui n'avait pas rendu possible l'adoption d'une législation minière cohérente. C'est précisément le 24 septembre 1937 qu'un nouveau décret avait été pris pour abroger et remplacer celui du 16 décembre 1910 et avait été appliqué sur l'ensemble du territoire national, et ce, en vue d'unifier les différents textes existants. Plus tard, après l'indépendance du Congo, ledit décret sera complété par celui du 3 mars 1967.

En réalité, le premier texte de loi qui avait véritablement marqué l'accession du Congo à l'indépendance fut l'ordonnance-loi n° 67-231 du 11 mai 1967 portant législation générale sur les mines et les hydrocarbures. Mais ce texte de loi sera abrogé par l'ordonnance-loi n° 81-013 du 2 avril 1981 portant législation générale sur les mines et les hydrocarbures telle que modifiée et complétée successivement par l'ordonnance-loi n° 82-039 du 5 novembre 1982 et l'ordonnance-loi n° 86-008 du 27 décembre 1986. Il sied de souligner ici que l'ordonnance-loi de 1981 telle que modifiée et complétée avait tout de même apporté quelques innovations, notamment avec l'élargissement de l'objet de la société minière aux activités agricoles et sociales, en plus des activités liées à la prospection, à la recherche, à l'exploitation, au traitement des minerais et aux opérations connexes. Toutefois, il avait été constaté que ces nouveautés n'avaient pas attiré les investissements directs étrangers attendus. Une réforme s'était donc imposée.

Pour ce faire, il a fallu attendre plus de vingt ans pour qu'il y ait une nouvelle loi minière. En effet, la nécessité de réorganiser le secteur minier a conduit à la mise en œuvre de la loi n° 007/2002 du 11 juillet 2002 portant Code minier qui a été prise pour remplacer cette ordonnance-loi de 1981.

Le contexte politico-administratif a constitué l'un des motifs majeurs conduisant à la réforme de 2002. Cette dernière a amené des innovations plus nombreuses par rapport à celles apportées par l'ordonnance-loi de 1981. Il est désormais organisé dans le Code minier un régime fiscal, douanier et de change plus avantageux en faveur des opérateurs miniers. Le caractère assez libéral qui a marqué cette réforme a suscité l'enthousiasme de bien des personnes dont les unes ont sollicité les différents droits miniers et/ou de carrières et les autres se sont livrées aux autres aspects que comprennent les activités minières. En dépit de cet engouement observé, les résultats escomptés n'ont pas été atteints, comme l'accroissement de l'assiette fiscale de l'État.

Aussi a-t-on estimé que l'exploitation et la gestion des ressources naturelles devraient se faire dans la transparence et de façon à générer une croissance économique, à promouvoir le bien-être de la population en général et à être écologiquement durable. De plus, à cause du faible profit généré par l'exploitation de ses substances minérales, l'État congolais devrait s'inscrire dans la « politique gagnant gagnant ». Ce type de partenariat devrait certes lui donner les moyens et ainsi accroître la contribution du secteur minier à l'économie nationale. C'est pourquoi les pouvoirs publics ont jugé indispensable d'améliorer la loi n° 007/2002 du 11 juillet 2002 portant Code minier dans l'intention à la fois de promouvoir et de réguler davantage le développement du secteur minier ainsi que de favoriser les intérêts de l'État. Cela a conduit, entre autres, à la révision à la hausse du taux de redevance minière versée à l'État, soit un taux de 10 % pour les métaux stratégiques, à l'instauration d'une taxe de 50 % sur les superprofits (des revenus engrangés grâce à un niveau des prix de 25 % supérieurs aux études de faisabilité), etc. Telle est la solution pour faire jouer au secteur minier congolais son rôle de créateur de richesses. C'est dans cette optique qu'a lieu la réforme de 2018.

Adoptée par l'Assemblée nationale, après harmonisation par la Commission mixte paritaire le samedi 27 janvier 2018, la loi n° 007/2002 du 11 juillet 2002 portant Code minier telle que modifiée et complétée par la loi n° 18/001 du

9 mars 2018 a été promulguée le vendredi 9 mars 2018 et publiée au *Journal officiel* en date du 3 mai 2018.

L'existence de la loi est une chose et sa connaissance en est une autre. Tout intellectuel, surtout le juriste, pense être capable d'appréhender parfaitement un texte juridique, mais souvent ce n'est pas le cas. Il arrive que le législateur dise une chose et que le lecteur comprenne une autre. Lorsque le vocabulaire juridique paraît obscur, principalement pour les non-juristes, il n'est pas étonnant que sa méconnaissance soit une source de malentendu. Lorsqu'on lit une loi, il faut tenir compte du contexte dans lequel elle se situe.

La mauvaise interprétation d'un texte légal ou réglementaire conduit forcément à sa mauvaise application. En principe, l'exécution d'une loi dépend largement de l'interprétation qu'on en fait.

Il faut savoir que « [...] les normes sont devenues plus précises, plus techniques, rendant finalement leur compréhension difficile » (M. Martin, 2013, p. 494). En outre, les spécificités de telle ou telle autre branche du droit peuvent être à l'origine de cette difficulté. Il n'est donc pas étonnant que la connaissance des lois ne puisse pas être si aisée pour tout le monde, même pour certains juristes. D'ailleurs, il ne suffit pas d'être juriste de formation pour prétendre comprendre toutes les lois, il faut en plus disposer d'autres atouts.

D'autre part, il est important de signaler que les Codes dits « du *Journal officiel* », autrement dit ceux qui sont publiés au *Journal officiel*, sont dépourvus de commentaires (avis doctrinaux) et d'annotations (notes juridiques ou notes de jurisprudence). Cette situation s'explique par le fait que le *Journal officiel* n'a pas pour mission de commenter ou d'annoter les lois qui lui sont soumises pour publication. L'annotation ou le commentaire constituent une valeur ajoutée à la lecture ainsi qu'à la compréhension du texte officiel publié et est l'œuvre des spécialistes en droit ou professionnels du droit.

Bien entendu, une loi sera mieux comprise et interprétée lorsqu'elle sera assortie des notes (de jurisprudence) et/ou des commentaires (de la doctrine). Mais cet exercice exige, outre des savoirs théoriques, un savoir-faire juridique important de l'annotateur ou du commentateur. C'est ici que la doctrine doit véritablement jouer son rôle, en clarifiant, expliquant, commentant, annotant le texte pour le rendre plus intelligible. Au demeurant, un texte de loi bien commenté et/ou annoté est toujours meilleur.

Il s'est avéré opportun, à cet égard, d'étudier minutieusement le Code minier, article par article, alinéa par alinéa, afin d'arriver à déduire la pensée du législateur et d'écrire un *Code minier commenté et annoté*. À ce propos, d'aucuns savent qu'un Code annoté n'est pas un Code commenté. L'un diffère de l'autre. Comme l'écrit M. Martin (2013, p. 194), « si un point de droit particulier soulève une question, la réponse apportée par le code annoté sera uniquement jurisprudentielle (l'annotateur parle au travers de la décision [judiciaire]), tandis qu'un code commenté pourra y répondre par un avis doctrinal ». C'est la raison pour laquelle il s'est révélé très utile d'offrir au grand public un Code minier à caractère mixte, mêlant des points de vue de la doctrine aux notes juridiques, c'est-à-dire aux commentaires rédigés à la suite de l'analyse des décisions judiciaires. Du reste, c'est ce qu'il y a de mieux si l'on veut davantage faire connaître cette loi minière qui, à l'instar des autres lois du pays, reste mal connue de l'ensemble de la population.

C'est dans cet élan qu'en juin 2020, le Cadastre minier a eu l'ingénieuse idée de publier un ouvrage intitulé *Code minier révisé et annoté de la République démocratique du Congo*. Cependant, les auteurs de cette œuvre de portée remarquable se sont limités à expliquer seulement des articles modifiés, complétés ou insérés du Code minier, en laissant ainsi de côté d'autres. À vrai dire, ils n'ont pas daigné commenter les articles qui n'ont pas été modifiés ou abrogés, et encore moins assortir ce texte de loi des quelques annotations, c'est-à-dire des notes de décisions judiciaires. Cet état de choses a suscité en nous le désir, en complément de ce qui a été fait, de commenter et d'annoter, plutôt, toutes les dispositions du Code minier, et ce, dans l'approche de les rendre compréhensibles.

De ce point de vue, il était nécessaire pour bien faire de ne pas limiter, à notre tour, les commentaires ou explications à une catégorie d'articles, mais de prendre en considération tous les articles du Code minier, à savoir ceux ayant été modifiés et complétés, ceux qui ont été insérés, ceux n'ayant pas fait l'objet de modification, voire d'autres d'entre eux qui ont été abrogés. Évidemment, rien ne devrait justifier que les articles inchangés ou non modifiés ne soient pas commentés et/ou annotés quand bien même le Code minier existerait depuis plus d'une décennie. Au fond, le fait que les articles n'aient pas été modifiés ou abrogés ne devrait pas laisser supposer qu'ils sont mieux compris, et partant ne peuvent être ni commentés ni annotés.

De même, il a paru indispensable d'annoter tous les articles se rapportant aux matières sur lesquelles les jugements ou arrêts ont été rendus. Qui plus est, il sied de souligner que les renvois aux articles du Règlement minier et des autres textes légaux sont de nature à faciliter au lecteur leur consultation, cela concourt une fois de plus à l'intelligibilité des dispositions du Code minier.

Cette étude a été renforcée par le recours aux droits étrangers en raison de la valeur inspiratrice de la comparaison. Cette approche comparatiste a permis de relever les dissemblances et les convergences entre les différents systèmes juridiques régissant le secteur minier. Certains concepts et notions sont mieux compris grâce aux différents textes légaux étrangers auxquels nous nous sommes référé.

Il est à noter que lorsqu'un texte de loi est commenté et/ou annoté, le lecteur attend de la part de son auteur (le commentateur ou l'annotateur) autant une précision de la loi qu'un éclaircissement de la jurisprudence.

Les notes explicatives ou critiques, les opinions doctrinales, les références des autres Codes ou textes légaux et réglementaires, les indications des articles du Règlement minier contenues dans cet ouvrage sont autant d'informations supplémentaires qui permettront une meilleure lecture et contribueront à la compréhension des dispositions de certains articles difficiles à saisir eu égard à leur particularité. Le lecteur y trouvera le développement de nos analyses et l'entendement que nous avons de tel ou tel autre article.

Nos commentaires s'appuient de manière considérable sur quelques jugements et arrêts. Sur ce point, il y a lieu d'ores et déjà d'indiquer qu'en droit minier congolais, il n'existe pas une jurisprudence abondante sur tous les sujets. Réellement, c'est en matière d'inscription par voie judiciaire ou d'inscription judiciaire qu'on trouve un grand nombre de décisions judiciaires.

Par ailleurs, l'ouvrage décrit comment le législateur a rendu incompréhensibles un certain nombre de dispositions du Code minier. En fait, cette publication permet de démontrer que l'inintelligibilité de certaines dispositions de ce texte de loi résulte notamment de la confusion découlant de l'imprécision des articles, de la contradiction entre les différents articles, de l'emploi des expressions ambiguës ou inappropriées, des renvois à des articles autres que ceux en rapport avec les questions ou matières abordées, d'où le risque d'être une source de contentieux qui impliquera souvent le juge. En sus, cet ouvrage met en évidence la redondance de certaines phrases et fait ressortir l'incohérence de l'exposé des motifs avec des dispositions de tel ou tel autre article. Il dégage les omissions des éléments substantiels dans les libellés de certains articles qui auraient aidé à la compréhension de ces derniers.

En définitive, ce constat, qui laisse transparaître certaines imperfections dudit texte de loi nous a amené à faire des propositions *de lege ferenda*. Voilà la démarche à laquelle nous nous livrons à travers cette œuvre.

Bien que volumineux, ce *Code minier commenté et annoté* est maniable et consultable. Rédigé dans un style aussi simple, pragmatique et concis que précis, l'ouvrage s'adresse à tous ceux que l'abondance et la complexité des articles du Code minier laissent perplexes. Remarquablement documenté, il est destiné aux acteurs du secteur minier, aux services ou organes intervenant dans l'application de ce texte de loi, aux mandataires en mines et carrières, aux avocats, aux magistrats, aux enseignants-chercheurs, etc.

Même si nos analyses, propositions ou suggestions peuvent donner lieu à des controverses ou des critiques dans le sens d'améliorer cette œuvre, étant perfectible, il n'y a pas de doute qu'elles permettront une avancée juridique.

Elles ne manqueront pas de servir de guide au juge lorsqu'il sera confronté à une lacune, à une obscurité ou à une insuffisance de la loi. Elles feront naître un vif intérêt chez les praticiens du droit minier pour s'en servir comme un outil de travail. Elles trouveront un écho favorable auprès du législateur lorsqu'il devra une seconde fois réviser la loi du 11 juillet 2002 telle que modifiée et complétée par la loi du 9 mars 2018. Car les réponses apportées par les deux dernières réformes, celle de 2002 et celle de 2018, ne sont en rien définitives, ce qui offre inéluctablement au législateur l'opportunité de s'y pencher dans les futures réformes.

En aucun cas, le présent ouvrage ne peut remplacer la loi minière en vigueur. Il rentre dans le cadre de la vulgarisation du Code minier tel que révisé à ce jour ainsi que de ses mesures d'application. En effet, l'absence de vulgarisation d'une loi ne facilite pas son assimilation par le grand public et peut entraîner sa mauvaise application à cause des interprétations erronées. C'est dans cette perspective que cette publication vient apporter sa pierre à l'édifice. À travers ces écrits, nombreux comprendront ainsi de plus belle la *ratio legis* de certaines dispositions du Code minier qui pourraient apparaître confuses. Après tout, cet ouvrage jette les jalons pour les prochaines recherches d'autres experts ou spécialistes en la matière.

Professeur Cim's MULUNGULUNGU NACHINDA

PRINCIPAUX SIGLES ET ABRÉVIATIONS

AECP	Autorisation d'Exploitation de Carrières Permanente
AECT	Autorisation d'Exploitation de Carrières Temporaire
ARPC	Autorisation de Recherches des Produits des Carrières
AUSCGIE	Acte uniforme relatif au droit des sociétés commerciales et du groupement d'intérêt économique
BA	Bulletin administratif
CAMI	Cadastre minier
CARF	Centre Arrupe pour la Recherche et la Formation
CEPAS	Centre d'Études pour l'Action Sociale
DGRAD	Direction Générale des Recettes Administratives et Domaniales
DSA	Droits superficiaires annuels
EIES	Étude d'Impact Environnemental et Social
ERSUM	École Régionale Supérieure de la Magistrature
IRD	Institut de Recherche pour le Développement
JORDC	Journal officiel de la République Démocratique du Congo
JORR	Journal officiel de la République du Rwanda
JORA	Journal officiel de la République Algérienne
LGDJ	Librairie générale de droit et de jurisprudence
PE	Permis d'Exploitation
PEPM	Permis d'Exploitation de Petite Mine
PER	Permis d'Exploitation des Rejets
PGES	Plan de Gestion Environnementale et Sociale
PR	Permis de Recherches
RC	Registre Civil
RCA	Registre Civil en Appel
RCE	Registre des Affaires Commerciales et Économiques
RDC	République Démocratique du Congo
RM	Règlement Minier
RMUA	Registre des Matières d'Urgences en Appel
RPNC	Registre des Procédures non Contentieuses
S.d.	Sans date (pas de date)
SAEMAPE	Service d'Assistance et d'Encadrement de l'Exploitation Minière Artisanale et à Petite Échelle
TGI	Tribunal de Grande Instance
Tricom	Tribunal de Commerce
UNIKIN	Université de Kinshasa

TITRE PREMIER :
DES GÉNÉRALITÉS

Chapitre Premier :
DES DÉFINITIONS DES TERMES, DU CHAMP D'APPLICATION ET DES PRINCIPES FONDAMENTAUX

Section I : Des définitions des termes et du champ d'application

Article 1er : Des définitions *(modifié et complété par l'article 1er de la Loi n° 18/001 du 09 mars 2018 modifiant et complétant la Loi n° 007/2002 du 11 juillet 2002 portant Code minier)*

Aux termes du présent Code, on entend par :

1. acheteur : tout employé agréé d'un comptoir d'achat, d'une entité de traitement d'or, de diamant et d'autres substances minérales d'exploitation artisanale, qui exerce ses activités conformément aux dispositions du présent Code ;

1 *bis*. ACE, Agence Congolaise de l'Environnement : établissement public à caractère technique et scientifique, créé par décret n° 14/030 du 18 novembre 2014 en vertu de la loi portant principes fondamentaux relatifs à la protection de l'environnement et exerçant, sur toute l'étendue du territoire national, les activités d'évaluation et d'approbation de l'ensemble des études environnementales et sociales ainsi que le suivi de leur mise en œuvre et veillant à la prise en compte de la protection de l'environnement dans l'exécution des projets miniers ;

2. activités minières : tous services, fournitures ou travaux de l'art des mines directement liés à la recherche, à l'exploitation minière et au traitement et/ou transformation des substances minérales, y compris les travaux de développement, de construction et d'infrastructure ;

3. administration des mines : ensemble des directions, divisions et autres services publics des mines et des carrières ;

3 *bis*. aire protégée : espace géographique clairement défini, reconnu, consacré et géré par tout moyen efficace, juridique ou autre, afin d'assurer à long terme la conservation de la nature ainsi que les services des écosystèmes et les valeurs culturelles qui lui sont associées conformément à l'article 2.1 de la Loi n° 14/003 du 11 février 2014 relative à la conservation de la nature ;

4. amodiation : un louage pour une durée déterminée ou indéterminée, sans faculté de sous-louage, de tout ou partie des droits attachés à un droit minier ou une autorisation de carrières moyennant une rémunération fixée par accord entre l'amodiant et l'amodiataire ;

5. ayant-droit : toute personne physique de nationalité congolaise ayant la jouissance du sol en vertu du droit coutumier ou toute personne physique ou morale occupant le sol en vertu d'un titre foncier ;

5 *bis*. bonus de signature : rémunération non remboursable exigée par l'offrant, l'État, et acceptée par le sollicitant au titre de droit d'accès, lors de la procédure d'appel d'offres, pour un gisement étudié, documenté ou travaillé appartenant à l'État, perçue par le Trésor public ;

5 *ter*. carré : unité cadastrale minimum octroyable, de caractère indivisible, délimitée par les méridiens et les parallèles du système des coordonnées de la carte de retombes minières, ayant une superficie de 84,95 Ha ;

6. carrière : tout gisement des substances minérales classées en carrières exploitable à ciel ouvert et/ou toute usine de traitement de produits de cette exploitation se trouvant dans le Périmètre de carrière pour réaliser leur transformation en produits marchands, y compris les installations et les matériels mobiliers et immobiliers affectés à l'exploitation ;

7. carte d'exploitant artisanal : titre en vertu duquel l'exploitant artisanal se livre à l'exploitation artisanale ;

8. carte de négociant : titre délivré conformément aux dispositions du présent Code, qui autorise la personne au nom de laquelle il est établi de se livrer aux opérations d'achat des substances minérales provenant de l'exploitation artisanale auprès des coopératives minières agréées et de les revendre aux comptoirs agréés et aux entités de traitement ;

9. carte de retombes minières ou carte cadastrale : une carte topographique officielle où sont indiquées les limites de chaque Périmètre minier ou de carrière en vigueur, ou dont la demande est en instance, maintenue à jour pour chaque province et zone par le Cadastre Minier conformément aux dispositions du chapitre II du titre Ier du présent Code ;

9 *bis*. CEEC, Centre d'Expertise, d'Evaluation et de Certification : établissement public à caractère technique régi par la Loi sur les établissements publics et ayant pour objet l'expertise, l'évaluation et la certification des substances minérales précieuses, semi-précieuses et pierres de couleur, les métaux précieux et semi-précieux, métaux rares ainsi que des substances minérales produites par l'exploitation artisanale ;

9 *ter*. Certificat environnemental : document administratif délivré par l'Agence Congolaise de l'Environnement à l'issue de l'instruction environnementale et sociale attestant que l'exécution du projet ainsi que l'exploitation de l'ouvrage se conforment aux principes de sauvegarde environnementale et sociale ;

9 *quater*. certification : ensemble de mécanismes, procédures et procédés visant à établir la nature, les caractéristiques physiques et/ou chimiques, l'origine et la provenance légale et licite des substances minérales, et ce, conformément aux normes nationales, régionales et internationales en la matière, prenant en compte à la fois le suivi et la traçabilité des substances minérales tout au long de la chaîne d'approvisionnement ;

9 *quinquies*. communauté locale : population traditionnellement organisée sur la base de la coutume et unie par les liens de la solidarité clanique ou parentale qui fonde sa cohésion interne. Elle est caractérisée, en outre, par son attachement au territoire du projet minier ;

10. comptoir agréé : toute personne autorisée à acheter des substances minérales d'exploitation artisanale provenant des négociants ou des exploitants artisanaux, en vue de les revendre localement ou de les exporter conformément aux dispositions du présent Code ;

10 *bis*. contribuable : titulaire d'un droit minier de recherches ou d'exploitation, d'une autorisation d'exploitation de carrières permanente ainsi que le sous-traitant préalablement agréé conformément à la loi sur la sous-traitance ;

10 *ter*. coopérative minière : société coopérative régie par l'Acte Uniforme du 15 décembre 2010 relatif au droit des sociétés coopératives regroupant les exploitants artisanaux, agréée par le ministre, et s'adonnant à l'exploitation artisanale de substances minérales ou de produits de carrières à l'intérieur d'une zone d'exploitation artisanale ;

11. date de commencement de l'exploitation effective : la date de l'expédition du premier chargement des produits marchands, quelle que soit la nature de la vente commerciale, exception faite des échantillons envoyés à l'étranger pour analyse et essai ;

12. détournement des minerais : tout changement de destination des substances minérales, appartenant à autrui, par n'importe quel moyen de locomotion ;

13. développement et construction : toute activité par laquelle une personne se livre, à travers les travaux d'aménagement des terrains, de construction des infrastructures, de mise en place et des essais des matériels et des équipements, à mettre au point son projet d'exploitation minière ou de carrière, en vue d'assurer sa viabilité commerciale ;

14. droit minier : toute prérogative d'effectuer la recherche et/ou l'exploitation des substances minérales classées en mines conformément aux dispositions du présent Code. Le Permis de Recherches, le Permis d'Exploitation, le Permis d'Exploitation des Rejets et le Permis d'Exploitation de Petite Mine sont des droits miniers ;

15. droit de carrières : toute prérogative d'effectuer la recherche et/ou l'exploitation des substances minérales classées en carrières conformément aux dispositions du présent Code. L'Autorisation de Recherches des Produits de Carrières, l'Autorisation d'Exploitation de Carrière Temporaire et l'Autorisation d'Exploitation de Carrière Permanente sont des droits de carrières ;

16. entité de traitement : toute entité économique constituée sous forme d'une entreprise individuelle, de société commerciale ou de coopérative minière qui, par des procédés minéralurgiques et/ou métallurgiques obtient, à partir des minerais, un produit minier marchand sous forme d'un concentré ou de métal affiné ou raffiné ;

17. entité de transformation : toute entité économique constituée sous forme d'une entreprise individuelle, de société commerciale ou de coopérative minière qui, par des procédés industriels, change la forme et la nature du concentré ou du métal affiné ou raffiné et en obtient les produits finis ou semi-finis commercialisables ;

18. État : le Pouvoir central, la Province et l'Entité Territoriale Décentralisée ;

18 *bis*. étude de faisabilité : un rapport détaillé faisant état de la faisabilité de la mise en exploitation d'un gisement découvert dans le périmètre minier couvert par les droits de recherches et exposant le programme envisagé pour cette mise en exploitation lequel devra comprendre notamment :

a. l'évaluation des réserves exploitables conformément aux normes internationalement admises ;

b. le choix de la méthode d'exploitation et sa justification ;

c. le choix du procédé de traitement et sa justification sur base des résultats des tests de traitement ;

d. le planning de construction des installations principales de production et infrastructures connexes ;

e. le compte d'exploitation prévisionnel assorti des détails sur les coûts opératoires ;

f. le coût total d'investissement en ce compris, le coût en capital devant être exposé pour acquérir et installer toutes les machines, équipements nécessaires de production et infrastructures connexes ;

g. les spécifications des produits à élaborer et tous les produits intermédiaires ;

h. le programme séquentiel des opérations d'exploitation au regard des objectifs de production ;

i. le plan de commercialisation des produits et frais correspondants ;

j. le calendrier arrêté pour la mise en route de la production commerciale tenant compte de la période d'essais.

19. EIES, Étude d'Impact Environnemental et Social *:* processus systématique d'identification, de prévision, d'évaluation et de réduction des effets physiques, écologiques, esthétiques et sociaux préalable au projet d'aménagement, d'ouvrage, d'équipement, d'installation ou d'implantation d'une exploitation minière ou de carrière permanente, ou d'une entité de traitement, et permettant d'en apprécier les conséquences directes ou indirectes sur l'environnement ;

19 *bis*. exploitant artisanal : toute personne physique majeure de nationalité congolaise détentrice d'une carte d'exploitant artisanal en cours de validité membre d'une coopérative minière qui se livre aux travaux d'exploitation artisanale des substances minérales à l'intérieur d'une zone d'exploitation artisanale ;

20. exploitation : toute activité par laquelle une personne morale se livre, à partir d'un gisement identifié, et au moyen des travaux de surface et/ou souterrains, à l'extraction des substances minérales d'un gisement ou d'un gisement artificiel, et éventuellement à leur traitement afin de les utiliser ou de les commercialiser ;

21. exploitation artisanale : toute activité par laquelle un exploitant artisanal, se livre, dans une zone d'exploitation artisanale à l'extraction et à la concentration des substances minérales en utilisant des outils, des méthodes et des procédés non industriels conformément aux dispositions du présent Code ;

22. exploitation minière à petite échelle ou de petite mine : toute activité par laquelle une personne morale se livre à une exploitation de petite taille et permanente, exigeant un minimum d'installations fixes, en utilisant des procédés semi-industriels ou industriels, après la mise en évidence d'un gisement ;

23. exploitation des rejets des mines : toute activité par laquelle un tiers, personne morale, extrait d'un gisement artificiel des substances afin de les traiter éventuellement et de les utiliser ou de les commercialiser ;

23 *bis*. extinction d'un droit minier ou de carrières : fin de la validité d'un droit minier ou de carrières du fait de la caducité, de l'annulation, du retrait, de la renonciation et de l'expiration du droit, conformément aux dispositions du présent Code ;

24. installation classée de la catégorie 1A : source fixe ou mobile, quel que soit son propriétaire ou son affectation, susceptible d'entraîner des nuisances et porter atteinte à l'environnement, notamment aux ressources du sol, du sous-sol, en eau, à l'air et aux ressources forestières soumise à autorisation ;

25. gisement Artificiel : tout gîte artificiel exploitable de manière rentable dans les conditions économiques du moment ;

26. gîte Artificiel : toute concentration artificielle des substances minérales à la surface provenant de l'exploitation des mines et/ou des rejets découlant des traitements minérallurgique et métallurgique ;

27. gîte Géothermique : tous gîtes minéraux naturels classés à haute ou basse température et dont on peut extraire de l'énergie sous forme thermique, notamment par l'intermédiaire des eaux chaudes et vapeurs souterraines qu'ils contiennent ;

28. gîte Minéral : toute concentration anormale et naturelle des substances minérales à la surface ou en profondeur de l'écorce terrestre ;

28 *bis*. loi sur la protection de l'environnement : loi n° 11/009 du 9 juillet 2011 portant principes fondamentaux relatifs à la protection de l'environnement ;

28 *ter*. loi sur les établissements publics : loi n° 08/009 du 7 juillet 2008 portant dispositions générales applicables aux établissements publics ;

28 *quater*. matériaux de construction à usage courant : toutes substances minérales non métalliques de faible valeur, classées en carrières et utilisées dans l'industrie du bâtiment comme matériaux ordinaires non décoratifs, exploitées extensivement à petite échelle, tels qu'énumérés par voie réglementaire ;

28 *quinquies*. métaux de base : métaux qui s'oxydent, se ternissent ou se corrodent de manière relativement aisée quand ils sont exposés à l'air ou à l'humidité. Le cuivre, l'étain, l'aluminium, le nickel, le zinc et le plomb en font partie. Du fait de leur abondance naturelle dans la croûte terrestre, les métaux de base ont des prix de loin plus bas que ceux des métaux précieux tels l'or, le rhodium, le platine, le palladium, l'argent ;

28 *sexies*. métaux ferreux : outre le fer et la fonte, les aciers dits au carbone et les aciers spéciaux ;

28 *septies*. métaux non-ferreux : métaux de base auxquels peuvent être ajoutés certains métaux rares et semi-précieux comme le titane, le cobalt, le vanadium et le molybdène. Ces métaux entrent dans la composition des alliages ne contenant que très peu ou pas de fer ;

29. mine : tout gisement exploitable à ciel ouvert ou en souterrain avec l'usine comprise de traitement ou de transformation des produits issus de cette exploitation et se trouvant dans le périmètre minier, y compris les installations et les matériels mobiliers et immobiliers affectés à l'exploitation ;

29*bis*. mine distincte : mine distincte d'une autre mine existante et de ce fait nouvelle, qui fait l'objet d'un nouveau droit minier d'exploitation ou d'un contrat d'amodiation, dès lors qu'elle concerne un gisement distinct nécessitant des méthodes d'exploitation et des procédés de traitement séparés ainsi que des moyens de production nettement individualisés, ou du fait de leur éloignement ou de leurs conditions d'exploitation, nécessitant la création d'installations minières distinctes ;

30. minerai : toute roche contenant un ou plusieurs minéraux possédant un ou plusieurs éléments chimiques ayant une valeur économique ;

30*bis*. minerais radioactifs : toute roche contenant un ou plusieurs minéraux radioactifs possédant un ou plusieurs éléments chimiques ayant une valeur économique ;

31. minéral : l'ensemble d'éléments chimiques constituant un corps naturel, simple ou composé, inorganique ou organique, généralement à l'état solide, et dans quelques cas exceptionnels, à l'état liquide ou gazeux ;

31*bis*. minéraux industriels : substances et minéraux, non métalliques pour la plupart, se trouvant en concentrations variables dans divers types de roches naturelles et qui sont utilisées comme matières premières de base ou complémentaires dans les processus de fabrication de nombreux secteurs industriels. Ce sont essentiellement les argiles, la silice, le kaolin, le quartz, le gypse, le talc, le mica, le feldspath et l'andalousite ;

32. ministre : ministre du Gouvernement ayant les Mines et les Carrières dans ses attributions ;

32 *bis*. ministre des Finances : ministre du Gouvernement ayant les Finances dans ses attributions ;

32 *ter*. ministre de l'Environnement : ministre du Gouvernement ayant l'Environnement et le Développement durable dans ses attributions ;

32*quater*. ministre provincial : ministre du Gouvernement provincial ayant les mines et les carrières dans ses attributions ;

33. négociant : toute personne physique majeure de nationalité congolaise, détentrice d'une carte de négociant délivrée conformément aux dispositions du présent Code ;

34. non-résident : une personne qui n'a ni domicile ni résidence en République Démocratique du Congo ;

35. opération Minière : toute activité de recherche et/ou d'exploitation des substances minérales ;

36. organisme spécialisé de recherches : établissement public placé sous la tutelle du ministre, créé par décret du Premier ministre, en vue de réaliser des activités d'investigation du sol ou du sous-sol dans le but d'améliorer la connaissance géologique du territoire national ou des provinces à des fins scientifiques ou d'amélioration et de promotion de l'information géologique ;

36 *bis*. pas de porte : taxe non remboursable perçue par l'État, en cas d'appel d'offres, au titre de rémunération des efforts initialement consentis ou fournis par l'État ou une entreprise minière de son portefeuille pour découvrir un gisement considéré dès lors comme étudié, documenté et travaillé ou un gisement repris par l'État après extinction d'un droit minier d'exploitation, conformément aux dispositions du présent Code ;

37. périmètre : une superficie délimitée en surface et indéfiniment en profondeur sur laquelle porte un droit minier ou un droit de carrière ;

38. pierres précieuses : substances minérales précieuses constituées d'un ou de plusieurs éléments chimiques et possédant les propriétés particulières qui leur donnent ainsi une valeur marchande élevée. Il s'agit notamment de : diamant, émeraude, rubis, saphir, chrysobéryl, topaze, andésine, tanzanite, corindon, tourmaline et toute autre pierre de joaillerie de valeur comparable généralement négociée en carats ;

39. personne : une personne physique ou morale ;

40. plan d'Atténuation et de Réhabilitation, PAR en sigle : le plan requis pour les opérations en vertu d'un droit minier ou de carrières de recherches, ou d'une Autorisation d'Exploitation de Carrière Temporaire, consistant en l'engagement du titulaire de réaliser certaines mesures d'atténuation des impacts de son activité sur l'environnement ainsi que des mesures de réhabilitation du lieu de leur implantation, y compris l'engagement du titulaire, de fournir ou de constituer une sûreté financière pour assurer ou garantir le coût d'atténuation et de réhabilitation de l'environnement ;

41. PGES, Plan de Gestion Environnementale et Sociale : cahier des charges environnementales du projet minier consistant en un programme de mise en œuvre et de suivi des mesures envisagées par l'EIES pour supprimer, réduire et éventuellement compenser les conséquences dommageables du projet minier sur l'environnement ;

41 *bis*. pleine concurrence : principe selon lequel les prix pratiqués pour des transactions entre sociétés affiliées ou toutes autres conditions convenues qui s'appliquent auxdites transactions, doivent être établis par référence aux prix pratiqués sur le marché par des entreprises indépendantes ;

42. **produit marchand** : toute substance minérale commercialisable, légalement extraite de manière artisanale, semi-industrielle ou industrielle, ou tout produit élaboré dans des usines de concentration, d'extraction métallurgique ou de traitement, et ce, conformément à la nomenclature édictée par l'autorité compétente ;

42 *bis*. produits radioactifs : tous produits issus du traitement et/ou de la transformation des substances radioactives ;

42 *ter*. projet ou Projet minier : tout projet mis sur pied par le titulaire, visant une ou plusieurs activités minières ou de carrières, en vue de la découverte ou de l'exploitation d'un gisement et la commercialisation des produits marchands ;

42 *quater*. projet minier d'exploitation : projet mis sur pied par le titulaire d'un droit minier d'exploitation visant l'exploitation soit d'une ou plusieurs mines se trouvant dans le même périmètre minier soit d'une mine distincte ;

42 *quinquies*. projet minier de recherches : tout projet mis sur pied par le titulaire d'un ou de plusieurs droits miniers de recherches visant la recherche d'une ou plusieurs substances minérales ;

43. prospection *(abrogé par l'article 31 de la Loi n° 18/001 du 09 mars 2018 modifiant et complétant la Loi n° 007/2002 du 11 juillet 2002 portant Code minier)* ;

44. recherche : toute activité par laquelle le titulaire d'un droit minier ou de carrière de recherche se livre, à partir d'indices de l'existence d'un gîte minéral, et au moyen des travaux de surface ou en profondeur, en utilisant notamment des techniques géologiques, géophysiques et géochimiques, y compris diverses méthodes telles que la télédétection, à mettre en évidence l'existence d'un gisement des substances minérales, à le délimiter, et à évaluer la qualité et la quantité des réserves ainsi que les possibilités techniques et commerciales de leur exploitation ;

44 *bis*. rayonnement ionisant : rayonnement capable de produire des paires d'ions dans la matière biologique ;

45. règlement minier : ensemble des mesures d'exécution des dispositions du présent Code, prises par Décret du Premier ministre délibéré en Conseil des ministres ;

46. rejets des mines : les stériles ou le remblai provenant de l'exploitation minière ou tout résidu solide ou liquide provenant du traitement minéralurgique ou métallurgique ;

46 *bis*. requérant : toute personne qui sollicite l'obtention d'un titre minier ou de carrières ;

46 *ter*. SAEMAPE, Service d'Assistance et d'Encadrement de l'Exploitation Minière à Petite Échelle : service public à caractère technique doté d'une autonomie administrative et financière, lequel a pour objet l'assistance et l'encadrement de l'exploitation artisanale et à petite échelle des substances minérales ;

47. société affiliée : toute société qui détient directement ou indirectement plus de 50 % des droits de vote du titulaire ou celle dans laquelle des droits de vote sont détenus directement ou indirectement par le titulaire. Ce terme désigne également toutes les sociétés qui ont la caractéristique commune d'avoir plus de 50 % de leurs droits de vote détenus directement ou indirectement par une société qui en détient ce pourcentage du titulaire, directement ou indirectement ;

48. sous-traitant : toute personne morale de droit congolais à capitaux congolais fournissant du matériel ou effectuant des travaux et/ou prestations des services nécessaires pour le compte du titulaire dans le cadre de ses activités minières en vertu de son titre minier et comprenant notamment la construction des infrastructures industrielles, administratives, socio-culturelles et autres nécessaires au projet ainsi que toutes autres prestations directement liées au projet minier ;

48 *bis*. substance radioactive : toute substance ou matière contenant des atomes radioactifs instables qui émettent du rayonnement ionisant lorsqu'ils se désintègrent ;

48 *ter*. substance réservée : toute substance minérale qui, pour des exigences liées à la nécessité d'assurer la sûreté nationale et/ou la sécurité des populations, est déclarée comme telle conformément aux dispositions du présent Code, notamment la substance radioactive ;

48 *quater*. substance stratégique : toute substance minérale qui, suivant la conjoncture économique internationale du moment, à l'appréciation du Gouvernement, présente un intérêt particulier au regard du caractère critique et du contexte géostratégique ;

49. substance minérale : tout corps naturel inerte ou artificiel contenant un ou plusieurs minéraux sous forme amorphe ou cristalline, solide, liquide ou gazeuse ayant une valeur économique. Les produits des carrières sont des substances minérales au sens du présent Code ;

49 *bis*. superprofits ou profits excédentaires : profits supplémentaires au-delà des taux de rentabilité actuels et normaux, et dus à des conditions particulièrement favorables du marché ;

49 *ter*. taxe : tout prélèvement autre que les impôts et les droits de douane, perçu soit au profit du Gouvernement, de la province, de l'Entité territoriale décentralisée soit au profit d'autres services publics personnalisés de tous niveaux ;

50. territoire national : le sol, le sous-sol et les eaux constituant à la date du 30 juin 1960 le territoire de la République Démocratique du Congo dans ses limites du 1er août 1885, telles que modifiées par les conventions subséquentes, sa mer territoriale délimitée par la loi n° 74-009 du 10 juillet 1974, sa zone économique exclusive ainsi que son plateau continental ;

51. titres de carrières : les certificats officiels délivrés par le Cadastre Minier conformément aux dispositions du présent Code et constatant les Autorisations de Carrières. Le Certificat de Recherches de Produits de Carrières, le Certificat d'Exploitation de Carrière Permanente et le Certificat d'Exploitation de Carrière Temporaire sont des titres de carrières ;

52. titres miniers : les certificats officiels délivrés par le Cadastre Minier conformément aux dispositions du présent Code et constatant les droits miniers. Le Certificat de Recherches, le Certificat d'Exploitation, le Certificat d'Exploitation des Rejets et le Certificat d'Exploitation de Petite Mine sont des titres miniers ;

53. titulaire : toute personne morale au nom de laquelle un droit minier ou de carrières est accordé et un titre minier ou un titre de carrières est établi, conformément aux dispositions du présent Code. Toutefois, l'amodiataire est assimilé au titulaire ;

53 *bis*. traçabilité : mécanisme mis en place pour assurer le suivi des étapes de la filière de production minière et de flux financiers subséquents depuis le site d'extraction des produits miniers jusqu'à leur exportation en passant par leur détention, transport, commercialisation, traitement et/ou transformation ;

54. traitement : procédé minéralurgique et/ou métallurgique qui aboutit à l'obtention d'une substance minérale commercialisable à partir des minerais extraits ;

54 *bis*. transparence : ensemble de règles, mécanismes et pratiques rendant obligatoires les déclarations et les publications, de la part de l'État et des entreprises extractives, en particulier celles de l'industrie minière, des revenus et paiements de tout genre, comprenant, notamment les revenus des exploitations et des transactions minières, la publication des statistiques de production et de vente, la publication des contrats et la divulgation des propriétaires réels des actifs miniers ainsi que les données sur l'allocation des ressources provenant du secteur minier. Elle s'étend également au respect des obligations de procédures d'acquisition et d'aliénation des droits miniers ;

55. transformation : tout procédé industriel qui consiste à changer la forme et la nature d'une substance minérale traitée et à en obtenir les produits finis ou semi-finis commercialisables ;

55 *bis*. valeur commerciale brute : valeur du produit marchand au moment de sa sortie des installations d'extraction ou de traitement pour expédition. Cette valeur est égale à la cotation moyenne du produit marchand sur le marché international pendant le mois précédant cette sortie ou, à défaut, tout autre indice fiable du marché ;

56. zone d'exploitation artisanale : aire géographique délimitée en surface et en profondeur par le ministre.

Les définitions légales sont nécessaires à la compréhension ou à l'application des dispositions de la loi.

Généralement, la plupart des lois contiennent un nombre d'articles dans lesquels les mots sont définis de manière précise et contextuelle. Le besoin de définitions légales surgit surtout quand le législateur emploie des mots du langage usuel dans un sens qui s'écarte de celui-ci. En effet, le législateur ne définit un mot qu'au moment où son sens diverge de celui qu'il présente dans le langage usuel. Ainsi définit-il les concepts qui peuvent être pris dans un sens général tandis que dans la loi ils ont un sens différent que celle-ci donne.

« Le procédé des "définitions légales" consiste à définir dans un texte juridique (le plus souvent dans une subdivision introductive) le sens dans lequel il faut entendre les notions et les termes qui y sont employés, y compris, le cas échéant, s'il s'agit de leur sens ordinaire dans le langage courant (ou d'un sens qui se déduit de lui-même) [...] » (France. Sénat – Service des relations internationales, 2007, p. 30).

C'est dans cette perspective qu'en général le législateur congolais a de plus en plus pris l'habitude de définir, de manière succincte, dans la première partie des lois qu'il adopte, certains des termes qui y sont utilisés. Le but étant de faciliter la compréhension de bien des expressions. Le sens des mots, aussi bien dans le langage ordinaire que dans la loi, est déterminé d'une façon importante par le contexte. De la sorte, le législateur de ce texte de loi n'a pas voulu se soustraire à la règle.

Pour éviter les interprétations diverses, parfois controversées, et pour rendre aisée l'appréhension des dispositions légales et réglementaires, la loi minière en vigueur, contrairement à l'ancienne loi, en l'occurrence l'ordonnance-loi n° 81-013 du 2 avril 1981 portant législation générale sur les mines et hydrocarbures, innove en définissant préalablement les concepts de base.

Il sied de souligner que d'autres termes et expressions sont définis à l'article 2 du Règlement minier, qui constitue les mesures d'application de ce texte de loi.

Article 2 : Du champ d'application *(modifié et complété par l'article 1er de la Loi n° 18/001 du 09 mars 2018 modifiant et complétant la Loi n° 007/2002 du 11 juillet 2002 portant Code minier)*

Les dispositions du présent Code s'appliquent, dans leur intégralité et dans leur ensemble, aux opérations de recherches, d'exploitation industrielle, semi-industrielle et artisanale ainsi que de traitement, de stockage, de détention, de transport, de commercialisation et d'exportation des substances minérales.

Les activités de transformation des substances minérales et des produits des carrières extraits ou traités, effectuées par une personne autre que le titulaire d'un droit minier ou de carrière d'exploitation, sont régies par la législation et la réglementation générale sur l'industrie.

Sont exclues du champ d'application du présent Code, la prospection, l'exploration et l'exploitation des hydrocarbures liquides ou gazeux ainsi que les activités ou opérations concernant les eaux thermales ou minérales qui sont régies par la loi portant régime général des hydrocarbures ou par les législations particulières, selon le cas.

Toute loi a force obligatoire et s'applique dans le temps et l'espace. Le législateur de ce texte de loi a limité les matières qui font l'objet d'application de ce texte de loi. Ce dernier ne s'applique pas aux autres matières qu'il n'a pas expressément prévues ou organisées. Ainsi, la prospection des substances minérales, en tant qu'activité minière, qui était autorisée avant la modification dudit texte, se trouve désormais exclue du champ d'application, après sa révision.

Ce qui constitue l'une des avancées très significatives apportées par la réforme de 2018.

C'est dans ce cadre que les matières qui touchent au domaine des « hydrocarbures » ne sont plus régies par les dispositions de ce texte de loi. Il y a lieu de noter que la démarcation entre les « mines » et les « hydrocarbures » se révèle à travers l'article 3 du Code des investissements qui dispose : « Les dispositions de la présente loi ne s'appliquent pas aux secteurs suivants : mines et hydrocarbures... les investissements dans ces secteurs sont régis par des lois particulières. » D'ailleurs, à ce propos, Émile Lambert Owenga Odinga (2014, n° 78, p. 55) précise ceci :

> *« En mettant la conjonction "et" entre le terme "mine" et le terme "hydrocarbures", le législateur soutient que le "secteur minier" est différent du "secteur d'hydrocarbures", et qu'ainsi les "hydrocarbures" ne sont pas compris dans les termes "secteur minier". Cette interprétation s'harmonise bien avec la législation minière qui exclut les hydrocarbures du champ d'application du Code minier, sous réserve de l'exception afférente aux hydrocarbures solides. »*

« Dans la plupart des pays, les hydrocarbures solides tels que la houille ou les schistes bitumineux sont réglementés sous le régime de la législation sur les ressources minérales parce que les techniques d'exploitation pour ces produits sont similaires à celles utilisées pour les autres minéraux. Par contre, les hydrocarbures non solides (pétrole et gaz) sont généralement sous un régime différent, caractérisé par des règles différentes pour la concession de droits » (Enrique Ortega Girones, 2012, p. 13).

En République démocratique du Congo [ci-après RDC], le pétrole et le gaz sont exclus du domaine minier. Pour rappel, « la gestion du secteur des hydrocarbures a été confiée de 1959 à 2007 successivement au ministère des Travaux publics, au ministère de l'Économie, au ministère des Terres, Mines et Énergie, au ministère des Mines, au ministère de l'Énergie ». Repéré sur le site du ministère des Hydrocarbures : https://www. hydrocarbures.gouv.cd/?Secretariat-General-14, consulté le 10 mars 2020.

En définitive, il faut noter que c'est en février 2007 que le secteur des Hydrocarbures était érigé en un ministère autonome, qui était dirigé par Monsieur Lambert Mende Omalanga dans le Gouvernement Antoine Gizenga.

Section II : Des principes fondamentaux

Article 3 : De la propriété des substances minérales *(modifié à son alinéa 1er par l'article 1er de la Loi n° 18/001 du 09 mars 2018 modifiant et complétant la Loi n° 007/2002 du 11 juillet 2002 portant Code minier)*

Les gîtes des substances minérales, y compris les gîtes artificiels, les eaux souterraines et les gîtes géothermiques se trouvant sur la surface du sol ou renfermés dans le sous-sol ou dans les cours d'eaux du territoire national sont la propriété exclusive, inaliénable et imprescriptible de l'État, fondée sur sa souveraineté sur les ressources naturelles.

Toutefois, les titulaires de droit minier ou de carrières d'exploitation acquièrent la propriété des produits marchands en vertu de leur droit.

La propriété des gîtes des substances minérales, y compris les eaux souterraines et les gîtes géothermiques dont question à l'alinéa 1er du présent article constitue un droit immobilier distinct et séparé des droits découlant d'une concession foncière. En aucune manière, le concessionnaire foncier ne peut se prévaloir de son titre pour revendiquer un droit de propriété quelconque sur les gîtes des substances minérales, y compris les eaux souterraines et les gîtes géothermiques que renfermerait sa concession.

Il résulte de l'article 9 de la Constitution de la RDC que l'État exerce une souveraineté permanente, notamment sur le sol, le sous-sol, les eaux et les forêts, sur les espaces aérien, fluvial, lacustre et maritime congolais ainsi que sur la mer territoriale congolaise et sur le plateau continental.

C'est pour mettre en exergue le caractère souverain de l'État que cet article a ainsi été libellé. Ce dernier [l'article 3] détermine les modalités de gestion et de concession du domaine minier congolais. Puisque le sol et le sous-sol, y compris les cours d'eaux situés dans le territoire national, constituent le domaine exclusif, inaliénable et imprescriptible de l'État, ce dernier accorde à cet effet des permis ou autorisations de recherches et d'exploitation des substances minérales qui s'y trouvent, sous le statut de droits miniers et de carrières. Sur ce point, G. Bakandeja Wa Mpungu (2009, p. 97) écrit ce qui suit :

> *« La réaffirmation de ce principe d'étatisation des substances minérales a été présentée comme un moyen permettant de comprendre que l'exercice des activités minières et/ou de carrières est désormais ouvert à toutes les personnes qui en feraient la demande en sollicitant l'autorisation préalable auprès des services compétents, à la condition de remplir les conditions objectives d'éligibilité, de priorité et de capacité prévues dans le Code. »*

Cet article pose le principe fondamental de la séparation des droits fonciers et des droits miniers. La loi distingue, à cet article in fine, le droit foncier du droit minier, sans faire prévaloir celui-ci sur celui-là. En effet, il procède de l'esprit et de la lettre dudit article qu'aucun concessionnaire foncier, par exemple un agriculteur ou un éleveur de vaches, ne peut prétendre avoir un droit de priorité ou réclamer une quelconque prérogative sur les gîtes des substances minérales découverts dans sa concession foncière. Comme l'explique Adolphe Bambi Kabashi (2012, p. 83) :

> *« Ce principe [de la séparation des droits fonciers et des droits miniers] veut tout simplement dire que le titulaire d'une concession foncière ne pourrait revendiquer la propriété des substances minérales sur la base de son titre foncier. Il devra se conformer à la législation spéciale en matière de mines, c'est-à-dire que, si le concessionnaire foncier veut s'adonner à l'activité minière sur l'espace qu'il occupe sur la base de la loi foncière, il devra se prémunir d'un droit minier [ou de carrières]. »*

S'il arrive que le titulaire d'une concession foncière désire se livrer à une opération minière, il faut qu'il fasse sa demande d'octroi du droit minier ou de carrières, c'est-à-dire qu'il remplisse toutes les conditions requises quant à l'octroi dudit droit, en déposant son dossier de demande au guichet du Cadastre minier [ci-après CAMI]. Au cas contraire, il ne peut en principe pas s'opposer à ce qu'un autre demandeur ou requérant se fasse octroyer un droit minier ou de carrières sur le périmètre couvert par sa concession foncière pour se livrer aux opérations minières (de recherches et/ou d'exploitation) des gîtes des substances minérales que contiendrait ladite concession.

D'aucuns peuvent penser que cette situation n'est apparue que depuis la réforme de 2002. En réalité, cela remonte à l'ère léopoldienne. Car, en ces temps-là, l'article 2 du décret du 8 juin 1888 sur le régime des mines disposait : « Nul ne peut exploiter une mine si ce n'est en vertu d'une concession spéciale accordée par nous ou en vertu des dispositions générales qui seront prises ultérieurement en matière d'exploitation minière. »

Au temps ancien, il fallait disposer d'une autorisation spéciale, qui était différente de celle se rapportant à la concession foncière, avant de se livrer à l'exploitation minière.

Hier comme aujourd'hui, le détenteur d'un titre foncier ne peut pas exploiter les ressources enfouies sous ses fonds, dès lors qu'il ne détient pas un titre minier. Le simple fait de posséder un titre foncier ne confère aucun droit d'exploiter les substances minérales qui se trouvent dans le périmètre de la concession foncière.

Pour tout dire, « le décret du 8 juin 1888 s'était borné à poser deux principes :

1. *la propriété du sol ne donne aucun droit sur les richesses minérales que le sol peut renfermer ;*
2. *une mine ne peut être exploitée qu'en vertu d'une concession accordée par le roi souverain » (Annales des Mines, 1894, p. 278).*

On doit admettre que « le droit du dessus est soumis à un régime différent de celui du dessous et cette situation engendre des conséquences différentes sur le plan de la distinction et de la séparation de la propriété des mines et du sol en droit congolais » (A. Bambi Kabashi, 2012, p. 101).

Sous d'autres cieux, le droit du dessus a la primauté sur le droit du dessous. Cette situation paraît plus avantageuse pour le titulaire d'un droit minier ou de carrières que celui d'une concession foncière. Pourtant, cette affirmation, en droit congolais, n'est pas concevable. C'est ce que révèle la doctrine avec A. Bambi Kabashi (2012, p. 83) en ces termes : « Si en droit belge, la propriété du dessus emporte celle du dessous, la situation se présente autrement en droit congolais. »

De façon circonscrite, force est de constater qu'entre le régime minier et le régime foncier, une rupture définitive et radicalement farouche se crée. Rupture certes, mais pas refus pour les autorités de ces deux secteurs de se concerter mutuellement. En effet, un régime de concertation devrait toujours être envisagé pour une meilleure gestion et organisation de ces deux domaines (minier et foncier) qui sont le plus souvent à la base des conflits entre les différents détenteurs des titres fonciers et miniers (ou de carrières). Ainsi que l'affirme P.-A. Sondji Mulanza Kating (2014, p. 26) en ces termes :

> *« Les conflits fonciers constituent une source d'insécurité juridique tant dans le chef des populations que des groupes détenteurs de titres miniers. Des terres cultivées de longue date par les paysans sont souvent incluses dans le champ d'exploitation de concessions minières, posant ipso facto de graves problèmes de cohabitation. »*

Article 4 : Du classement des gîtes minéraux *(modifié à ses alinéas 2 et 4 par l'article 1er de la Loi n° 18/001 du 09 mars 2018 modifiant et complétant la Loi n° 007/2002 du 11 juillet 2002 portant Code minier)*

Les gîtes minéraux sont classés en mines et en carrières.

Sont classés en mines, les gîtes ou gisements des substances minérales non classées en carrières, autres que les combustibles minéraux liquides ou gazeux.

Sont classés en carrières : les gîtes ou gisements des substances minérales nonmétalliques utilisables comme matériaux de construction, d'empierrement et de viabilité, de l'industrie céramique, d'amendement pour la culture des terres, y compris notamment le sable, la craie, le gravier, les pierres à chaux et à ciment, la latérite, les terres à foulons et les argiles smectiques, les copals fossiles et les diatomites, à l'exception du marbre, du granite, des phosphates, des nitrates, des sels alcalins et d'autres sels associés qui sont classés en mines dans les mêmes gisements.

Nonobstant la classification ci-dessus, le Premier ministre peut, par décret délibéré en Conseil des ministres, sur proposition du ministre, après avis de l'organisme spécialisé de recherches, s'il y a opportunité, décider de classer, de déclasser ou de reclasser une substance des mines en produit de carrières et inversement.

Cet article vient classifier les substances minérales. Au fond, l'intérêt de la classification des substances minérales est remarquable, « puisque c'est sur elle que repose le système de la loi : elle couvre l'ensemble des substances, encore qu'elles ne soient pas toutes explicitement énumérées » (J. Personnaz, 1958, p. 19).

Il est à noter que la classification des substances minérales est ancienne et prévue dans d'autres lois étrangères. Car, admettons-le, elle n'est pas l'apanage du législateur congolais. D'ailleurs, déjà en 1928, M. Rossigneux-Meheust (p. 5) avait écrit ceci :

> *« Antérieurement à la loi du 21 avril 1810, les textes de l'ancien régime ne distinguaient, parmi les substances minérales, que les mines et les carrières. Cette classification n'était en réalité fondée sur aucun critère juridique bien défini mais plutôt sur des données empiriques à caractère essentiellement fiscal. »*

De même, en 1959, Bernard et François Boussageon (1959, p. 11) avaient souligné que « la loi du 21 avril 1810, au contraire, en classant "les substances minérales renfermées dans le sein de la terre ou existantes à sa surface" sous les trois qualifications de mines, minières et carrières, a précisé que cette distinction était établie en fonction des règles juridiques différentes régissant l'exploitation de chacune d'elle ».

En RDC, la classification des substances minérales présente un intérêt primordial. À l'heure actuelle, son importance n'est plus à démontrer dans l'arsenal juridique congolais. En effet, c'est à partir d'elle qu'est né le système juridique. Et celui-ci repose, non pas sur la classification tripartite, mais plutôt sur la classification bipartite des substances minérales, en ce sens qu'il établit deux types des gîtes minéraux selon leur régime légal tels que : les mines et les carrières.

La séparation du régime des mines à celui des carrières permet de déterminer les différents droits organisés. C'est de la classification des substances minérales que découle la typologie des droits miniers et de carrières.

La notion de « mine » et celle de « carrières » sont des notions juridiques définies par ce texte de loi, eu égard à la spécificité de chacune d'elles.

En droit minier congolais, la distinction établie entre « mines » et « carrières » ne découle pas du fait que l'exploitation est réalisée en sous-sol ou à ciel ouvert. Ce qui fait la différence, c'est la nature de la substance extraite ou du matériau extrait, peu importe la manière dont l'extraction est faite, c'est-à-dire en sous-sol ou en surface. En d'autres mots, cette distinction n'a aucun lien avec le fait que l'exploitation soit souterraine ou à ciel ouvert. Bien sûr, de même qu'il existe une panoplie des carrières tant souterraines qu'à ciel ouvert, de même on trouve des mines aussi bien à ciel ouvert que souterraines.

Cet état de choses remonte à l'époque coloniale où le décret du 8 juin 1888 sur les mines ne tenait nullement compte de l'emplacement d'une substance minérale pour déterminer son classement. Comme l'avaient souligné Georges Van der Kerken et al. (s.d, p. 175) de la façon suivante :

« Jamais, il n'y a lieu de distinguer à ce point de vue si un gisement se trouve à une profondeur plus ou moins grande, s'il est formé de filons ou d'allusions, s'il est exploitable à ciel ouvert ou en galeries. »

Il découle de l'alinéa 2 de l'article 1er de l'ordonnance 43-187 du 13 mai 1955 portant règlement sur les mesures de sécurité à observer dans l'exploitation des carrières à ciel ouvert que « "par carrières à ciel ouvert", il faut entendre toute masse de substances minérales ou fossiles qui se trouve dans la terre ou à la surface du sol et qui est exploité à ciel ouvert ».

Dans la nomenclature des substances minérales, le législateur distingue, d'une part, celles classées en mines et, d'autre part, celles classées en carrières. Concernant ces dernières, il faut signaler qu'elles sont de deux ordres : les unes pour matériaux de construction et les autres pour minéraux industriels.

Il est important de souligner que cet article, en énumérant les substances minérales de carrières, ne fait pas un classement orthodoxe pour une meilleure compréhension. Il tend à créer, cela s'entend, la confusion dans la mesure où il n'énumère pas en détail les substances minérales classées en carrières pour les matériaux de construction à usage courant et celles à usage non courant. Pourtant, cette précision est capitale d'autant plus qu'elle a une incidence sur la compétence de l'autorité d'octroi des droits de carrières, selon qu'il s'agit des droits de carrières d'exploitation des matériaux de construction à usage courant et ceux à usage non courant.

D'ailleurs, la mauvaise interprétation de cet article peut faire que ce soit le ministre provincial des Mines qui octroie un droit de carrières d'exploitation, au moment où cela devrait revenir à la compétence du ministre (central) des Mines.

En vue d'éviter des interprétations controversées, le législateur aurait dû poser le principe et laisser au Règlement minier le soin de classifier de manière détaillée les matériaux de construction à usage courant et les matériaux à usage non courant.

Comme le veut la légistique, dans la rédaction des textes de loi, le législateur doit axer son texte sur les questions essentielles et renvoyer, chaque fois que possible, les questions accessoires au pouvoir réglementaire. Dans tous les cas, il y a lieu d'établir une ligne de démarcation entre l'essentiel et l'accessoire.

L'article 2 du Règlement minier relatif aux définitions des termes énumère les matériaux de construction à usage courant et les minéraux industriels, mais sans donner plus de détails, c'est-à-dire sans être exhaustif.

Il en résulte que les substances classées en carrières pour matériaux de construction à usage courant sont : argiles à brique, sables, grès, calcaire à moellon, marne, quartzite, craie, gravier alluvionnaire, latérites, basaltes, etc.

Les substances classées en carrières pour matériaux industriels sont : gypse, kaolin, dolomie, sables de verrerie, fluorine, diatomites, montmorillonite, barytine, calcaire à ciment, etc. Il est à noter que ces substances ne peuvent pas être mélangées à celles destinées aux matériaux de construction. En principe, l'une exclut donc l'autre.

Il faut signaler ici que la liste de neuf minéraux indiqués dans le Règlement minier est incomplète et laisse de côté certains minéraux industriels qui sont, pourtant, importants pour l'industrie minière congolaise. C'est ce que fait remarquer Léonide Mupepele Monti (2012, p. 140) en ces termes :

> *« Une liste de neuf minéraux industriels est citée à titre exemplatif [...] le talc dont le pays dispose d'immenses ressources au Katanga, notamment, et qui, de ce fait, peut prétendre à un certain avenir industriel au Congo, a été omis de cette liste. Il en est de même des feldspaths, intrants industriels de consommation massive pour la fabrication du verre, du carrelage et de la céramique, qui, par ailleurs, sont des filières industrielles dont le décollage ne devrait plus tarder en RDCongo. »*

Au regard de ce qui précède, il siérait mieux d'élargir cette liste de neuf, en intégrant d'autres principaux minéraux industriels identifiés ou non et susceptibles d'être exploités en RDC. Cela contribuera à l'application correcte de ce texte de loi : il permettra de connaître avec précision l'autorité compétente d'octroi de tel ou tel autre droit de carrières, plutôt que de laisser aux uns et aux autres le soin d'interpréter selon leur connaissance, souvent erronée, en cette matière. Ainsi, on pourra éviter de tomber dans un pur subjectivisme.

Article 5 : De l'autorisation des opérations minières et/ou de carrières

(modifié et complété par l'article 1er de la Loi n° 18/001 du 09 mars 2018 modifiant et complétant la Loi n° 007/2002 du 11 juillet 2002 portant Code minier)

Toute personne morale est autorisée à se livrer à la recherche ou à l'exploitation non artisanale des substances minérales sur toute l'étendue du territoire national, à condition qu'elle soit titulaire d'un droit minier et/ou de carrières en cours de validité accordé par l'autorité compétente conformément aux dispositions du présent Code.

Toute personne physique majeure de nationalité congolaise, excepté la femme enceinte, qui désire se livrer à l'exploitation artisanale des substances minérales sur toute l'étendue du territoire national, ne peut le faire que dans le cadre d'une coopérative minière agréée, conformément aux dispositions du présent Code et dont l'adhésion est subordonnée à la détention d'une carte d'exploitant artisanal.

Sont autorisés à commercialiser les substances minérales :

- les titulaires des droits miniers et/ou de carrières d'exploitation ;
- les entités de traitement ;
- les comptoirs agréés ;
- les coopératives minières agréées ;
- les négociants.

Toutefois, ne peuvent exporter que les titulaires des droits miniers et/ou de carrières d'exploitation, les entités de traitement et les comptoirs agréés.

L'exploitant détenteur d'une carte d'exploitant artisanal ne peut commercialiser les produits issus de l'exploitation artisanale que par le truchement de la coopérative minière à laquelle il a adhéré.

Cet article met en exergue la nature juridique des activités minières. En effet, les opérations minières (la recherche et/ou l'exploitation des substances minérales) ainsi que les autres aspects que comportent les activités minières sont considérés comme les actes de commerce.

En RDC, à l'instar de bon nombre de pays, comme le Canada, le mode d'accession et d'aliénation des ressources minières repose essentiellement sur le système du « free mining ». Ce dernier permet à tout titulaire de droit minier ou de carrières d'exploitation d'acquérir la propriété des produits marchands en vertu de leur droit d'exploitation.

Néanmoins, les opérations minières ne sont pas exercées de n'importe quelle manière. Les personnes désireuses de s'y livrer sont appelées à connaître le principe qui commande l'accès à l'exercice desdites opérations, à savoir si elles sont éligibles à tel ou tel autre droit minier ou de carrières ou non.

Il sied de souligner ici qu'avant la modification de ce texte de loi et suivant le principe de la libéralisation du secteur minier, l'exercice des opérations minières était ouvert à toute personne éligible, physique ou morale, qui introduisait son dossier de demande du droit minier ou de carrières au guichet du CAMI. Cependant, avec la modification de ce texte de loi, les opérations minières ne peuvent être exercées que par des personnes morales, de droit congolais ou étranger, mais à condition d'abord d'être éligibles au droit sollicité. Et la seule possibilité laissée à toute personne physique majeure de nationalité congolaise pour exercer une activité minière est de se livrer principalement à l'exploitation artisanale, mais pas industrielle ou semi-industrielle, et d'être membre d'une coopérative minière.

À l'analyse des dispositions de l'alinéa 3 de cet article, on peut affirmer qu'il existe cinq principaux acteurs du secteur minier en RDC. Il s'agit de ceux qui effectuent les opérations minières (spécialement la recherche et/ou l'exploitation), ceux qui procèdent au traitement des substances minérales, ceux qui se livrent à l'exploitation artisanale, ceux qui détiennent et/ou commercialisent les substances minérales ainsi que ceux qui les exportent.

Il va sans dire que les activités minières des acteurs miniers se résument principalement à la recherche ou l'exploitation (industrielle, semi-industrielle ou artisanale), à la détention, à la commercialisation, au traitement (y compris la transformation) et à l'exportation des substances minérales.

Il faut savoir que le fait d'être titulaire du droit minier ou de carrières ne donne pas ipso facto droit à la commercialisation des produits miniers et/ou de carrières ; car cette possibilité n'est réservée qu'à un titulaire du droit minier ou de carrières, non pas de recherche mais d'exploitation. Aussi faut-il savoir que le droit de commercialiser les substances minérales n'est pas l'exclusivité des titulaires des droits miniers et/ou de carrières d'exploitation ; il est également reconnu à d'autres acteurs du secteur minier : les entités de traitement, les comptoirs agréés, les coopératives minières agréées et les négociants.

Il est de fait que les titulaires des droits miniers ou de carrières de recherche ne peuvent pas prétendre commercialiser un produit minier ou de carrières, alors qu'ils ne sont qu'au stade de recherche. En effet, rien ne peut justifier la possession des substances minérales par eux, en raison de la nature de leur droit minier ou de carrières. D'ailleurs, cela ne peut pas se comprendre quand on sait que la phase de recherche n'est pas à confondre avec la phase d'exploitation, qui est une des opérations minières réservées aux seuls titulaires détenteurs des titres miniers ou de carrières d'exploitation. S'il arrive qu'ils détiennent les substances minérales, alors qu'ils ne sont pas titulaires des droits miniers ou de carrières d'exploitation, ce ne serait que d'une manière frauduleuse, cela va sans dire. Ce qui constitue une détention illicite des substances minérales au sens de l'article 303 de ce texte de loi.

Cette option, consistant à ne pas reprendre expressément les titulaires des droits miniers ou de carrières de recherche dans la catégorie des acteurs miniers autorisés à commercialiser les substances minérales, n'était pas prévue avant la révision de ce texte de loi. Aujourd'hui, elle a donc l'avantage de lutter contre la fraude, étant donné que ces titulaires (des Permis de Recherches ou Autorisations de Recherches des Produits de Carrières), qui sont encore dans la phase des recherches, ne peuvent pas justifier de la provenance des substances minérales qu'ils détiennent, parce que pour en disposer dans le cadre des opérations minières, il faut forcément être titulaire d'un droit minier ou de carrières d'exploitation. Et l'exploitation, qui emporte la recherche, est une des opérations minières réservées aux seuls titulaires des droits miniers et de carrières d'exploitation.

Soulignons, enfin, que le droit d'exporter les substances minérales n'est pas reconnu à tous les acteurs du secteur minier. Seuls les titulaires des droits miniers et de carrières d'exploitation, les entités de traitement et les comptoirs agréés sont autorisés à cet effet. S'agissant des comptoirs agréés, on peut remarquer que ces derniers ne peuvent exporter que les substances minérales d'exploitation artisanale, conformément à l'article 120, alinéa 1, de ce texte de loi.

Article 5 bis : Des sondages, ouvrages souterrains, fouilles, levées géophysiques, travaux de terrassements, travaux d'utilité publique *(inséré par l'article 17 de la Loi n° 18/001 du 09 mars 2018 modifiant et complétant la Loi n° 007/2002 du 11 juillet 2002 portant Code minier)*

Toute personne titulaire de droits miniers ou de carrières, à l'extérieur du périmètre couvert par son droit, qui entreprend des travaux de recherches, notamment sondages, ouvrages souterrains, fouilles, quel qu'en soit l'objet, à l'exception des puits à usage domestique, dont la profondeur dépasse dix mètres, est tenue de faire une déclaration préalable auprès de la Direction de géologie.

Sans préjudice des dispositions du présent Code, toute personne qui désire faire des levées géophysiques ou toutes campagnes de prospection géochimique fait préalablement une déclaration auprès de la Direction de géologie et est tenue de communiquer à cette dernière les résultats de ces levées et campagnes qui sont couverts par la confidentialité en application de l'article 324 du présent Code.

Toute personne titulaire de droits miniers ou de carrières à l'extérieur du périmètre couvert par ces droits, désireuse d'effectuer des travaux de terrassement, quel que soit le lieu où l'objet, est tenue de solliciter et d'obtenir auprès de la Direction de géologie une autorisation préalable de terrassement avant ces travaux.

Les travaux d'utilité publique font l'objet d'une déclaration préalable à la Direction de géologie.

Les agents compétents de la Direction de géologie disposent du libre accès à tous sondages, ouvrages souterrains, travaux de fouilles, travaux de terrassement et travaux d'utilité publique organisés par le présent article et peuvent se faire remettre tous échantillons et se faire communiquer tous les documents et renseignements d'ordre géologique, géotechnique, hydrologique, topographique, chimique ou minier dans le respect des dispositions de l'article 324 du présent Code.

Les conditions et procédures afférentes aux déclarations visées à l'alinéa 1er, 2 et 4 du présent article ainsi que celles de la demande de l'autorisation de terrassement visée à l'alinéa 3 du présent article sont fixées par le Règlement minier.

En principe, le titulaire d'un droit minier ou de carrières est tenu de procéder aux opérations minières à l'intérieur du périmètre couvert par son droit. C'est exceptionnellement que la loi l'autorise à se livrer à certains travaux à l'extérieur de son périmètre. Dans ce cas, il ne devrait s'agir que des travaux de recherche, et non d'exploitation. Cela vaut autant pour le titulaire d'un droit minier ou de carrières de recherches que pour celui d'un droit minier ou de carrières d'exploitation. Lorsque ces travaux sont de nature à dépasser dix mètres de profondeur, une déclaration préalable auprès de la Direction de Géologie est requise.

De plus, pour faire les levées géophysiques ou toutes campagnes de prospection géochimique, le titulaire d'un droit minier ou de carrières est tenu non seulement de faire préalablement une déclaration auprès de la Direction de Géologie, mais aussi de communiquer à cette dernière les résultats de ces levées et campagnes. À cet effet, il n'a pas à craindre que d'autres personnes soient au courant de ces renseignements, étant donné qu'il est couvert par la confidentialité des renseignements qu'il fournit aux services de l'Administration des mines en général, et la Direction de Géologie en particulier, et ce, pour une durée de dix ans.

Ainsi, le terrassement, quel que soit le lieu où la substance minérale se trouve, requiert une autorisation préalable de la Direction de Géologie, tandis que les travaux d'utilité publique, quant à eux, font l'objet d'une déclaration préalable à la même Direction.

L'exigence de la déclaration préalable peut se justifier en ce sens que cette dernière permettra à la Direction de Géologie, en cas de contrôle, de confronter les renseignements fournis aux travaux qui s'effectuent dans le périmètre du titulaire concerné.

La principale question que l'on peut se pose est de savoir si le titulaire du droit minier ou de carrières dont les travaux de recherches, spécialement les fouilles, ne dépassent pas dix mètres de profondeur, encourt quelle sanction. C'est évident qu'il n'existe aucune sanction quant à ce.

Cependant, le titulaire devrait toujours faire, par mesure de prudence, une déclaration préalable, peu importe le niveau de profondeur de ses fouilles, c'est-à-dire que ces dernières soient susceptibles de dépasser les 10 mètres de profondeur ou non. En effet, il peut arriver que le titulaire se trompe et creuse au-delà de la limite fixée. Dans ce cas, il risque, lors du contrôle, d'être sanctionné par la suspension des travaux, conformément à l'article 292 de ce texte de loi.

Article 6 : Des zones interdites *(modifié et complété par l'article 1er de la Loi n° 18/001 du 09 mars 2018 modifiant et complétant la Loi n° 007/2002 du 11 juillet 2002 portant Code minier)*

Si la sûreté nationale, la sécurité publique, l'incompatibilité de l'activité minière et des travaux de carrières avec d'autres usages existants ou planifiés du sol ou du sous-sol, la protection de l'environnement ainsi que la préservation des sites touristiques l'exigent, le Premier ministre peut, sur proposition du ministre et des ministres ayant respectivement l'Aménagement du territoire, l'Environnement et le Tourisme dans leurs attributions ou du Gouverneur de province, après avis du Cadastre minier et de l'organisme spécialisé de recherches, déclarer une zone interdite aux activités minières et/ou aux travaux de carrières.

La déclaration de classement d'une zone interdite est faite sans limitation de durée par décret délibéré en Conseil des ministres.

Lorsque la conservation de la faune, de la flore, du sol, des eaux, et en général d'un milieu sensible présente un intérêt spécial nécessitant de les soustraire à toute intervention susceptible d'en altérer l'aspect, la composition et l'évolution, le Premier ministre peut, par décret délibéré en Conseil des ministres, sur proposition conjointe du ministre et des ministres ayant l'Environnement et la conservation de la nature ainsi que le Tourisme dans leurs attributions, délimiter une portion du territoire national en aire protégée, après avis du Cadastre minier et de l'organisme spécialisé de recherches.

Le décret portant délimitation des aires protégées peut en déterminer la durée.

Il ne peut être octroyé de droits miniers ou de carrières dans une aire protégée ni y être érigé une zone d'exploitation artisanale.

Il est du devoir des ministres ayant respectivement les Mines, l'Aménagement du territoire, l'Environnement et le Tourisme dans leurs attributions respectives ou du gouverneur de province, après avis du CAMI et du Service Géologique National du Congo [ci-après SGNC], de proposer au Premier ministre de déclarer une zone interdite aux activités minières et/ou aux travaux de carrières.

Il ne se pose aucun problème lorsqu'il n'est pas octroyé un droit minier ou de carrières sur la zone à déclarer interdite. Ce qui n'est pas le cas lorsqu'il y existe un droit minier ou de carrières valide. Dans ce cas, on ne peut recourir qu'à la mesure d'expropriation. Et l'article 275 de ce texte de loi relative à l'indemnité d'expropriation s'appliquera, en cas d'atteinte à l'exercice des droits miniers ou de carrières préexistants lors de la délimitation ou du classement d'un périmètre minier en aire protégée, conformément à l'article 3, alinéas 6 à 12, du Règlement minier.

Il faut savoir qu'une indemnité équitable sera versée à la victime, en l'occurrence au titulaire du droit minier ou de carrières, au moins six mois avant l'acte matériel d'expropriation. En cas de rejet de la proposition de la hauteur réelle de l'indemnisation faite par le titulaire du droit minier ou de carrières concerné, celui-ci peut user, selon son choix, du recours judiciaire prévu aux articles 315 et 316 de ce texte de loi ou du recours arbitral prévu aux articles 317 à 320 du même texte.

La délimitation ou le classement d'une portion du territoire national en aire protégée se fait si et seulement si le besoin de la conservation de la faune, de la flore, du sol, des eaux, et en général d'un milieu sensible, se fait sentir. Il revient au ministre des Mines et à ceux ayant l'Environnement et la Conservation de la Nature ainsi que le Tourisme dans leurs attributions respectives de juger de l'opportunité de proposer au Premier ministre la prise de cette mesure par un décret délibéré en Conseil des ministres.

On distingue plusieurs types d'aires protégées en RDC : les parcs nationaux, les domaines de chasse et réserve apparentes, les réserves de la biosphère, les réserves forestières, les jardins zoologiques et botaniques, les secteurs sauvegardés et les réserves naturelles initiées par les communautés locales. (Conseil Économique et Social – RDC, 2016, p. 19).

Ainsi délimité ou classé en aire protégée, le périmètre que couvre la portion du territoire national ne peut faire l'objet ni d'octroi d'un droit minier ou de carrières ni d'institution d'une Zone d'Exploitation Artisanale [ci-après ZEA], et cela pour une durée déterminée ou non par le décret la délimitant ou la classant.

En dépit de la délimitation ou du classement des aires protégées, le goût effréné du profit que procurent les activités minières au pays ne leur (aires protégées) permet pas de demeurer invulnérables. C'est d'ailleurs le constat fait par le Conseil économique et social de la RDC (2016, p. 65) à travers ses avis. Il écrit à cet effet ceci :

> *« Les aires protégées constituent un élément vital des stratégies de conservation de l'environnement aux niveaux national et mondial. Malgré l'accroissement du nombre et de l'étendue des aires protégées dans le monde ces dernières années (plus de 12 %), le rythme de perte de la diversité biologique ne alentit pas. Un constat amer montre qu'en RDC, la plupart des aires protégées demeurent très vulnérables à cause d'un certain nombre de facteurs. Il s'agit notamment de a préférence accordée aux secteurs des hydrocarbures et des mines, jugés à tort plus rentables, par rapport à la conservation de la biodiversité. En conséquence, les aires protégées congolaises, qui regorgent les matières premières, font l'objet de convoitise de toutes sortes. »*

À vrai dire, l'alinéa 5 de cet article découle de l'application des dispositions de l'article 155 de la loi n° 15/012 du 1er août 2015 portant régime général des hydrocarbures qui dispose : « L'exercice des activités d'hydrocarbures en amont est interdit dans les aires protégées et les zones interdites. » Car, a-t-on estimé, le problème qui se pose dans le secteur des hydrocarbures est le même que celui qui relève du secteur minier ; par conséquent, cet article devrait s'adapter à ce dernier.

L'article 4 du Règlement minier fixe les modalités applicables aux zones interdites.

Article 7 : Des substances réservées *(modifié à ses alinéas 1er et 2 par l'article 1er de la Loi n° 18/001 du 09 mars 2018 modifiant et complétant la Loi n° 007/2002 du 11 juillet 2002 portant Code minier)*

Si la sécurité publique l'exige, le Premier ministre peut, par décret délibéré en Conseil des ministres, sur proposition du ministre, après avis du Cadastre minier et de l'Organisme spécialisé de recherches, déclarer une substance minérale substance réservée qu'il soumet à des règles spéciales.

Le décret classant une substance minérale en substance réservée précise les règles et les dispositions auxquelles est soumise cette substance.

Les minerais d'uranium, de thorium et, d'une manière générale, tous les minerais radioactifs sont placés sous le régime des substances réservées prévu aux alinéas ci-dessus du présent article.

L'extraction de certains minerais requiert des mesures de sécurité spéciales, à cause de la présence de la radioactivité qui s'y trouve. C'est le cas de l'uranium. En effet, aujourd'hui, la plupart des scientifiques considèrent que toute exposition aux radiations atomiques constitue un risque pour la santé publique.

À l'état naturel, l'uranium est dangereux parce qu'il peut émettre des produits de désintégration radioactifs, comme le radon et le radium, dans l'environnement. C'est l'une des raisons, si pas la principale, pour laquelle le législateur exclut certaines substances minérales de la libre disposition des personnes éligibles aux droits miniers et de carrières afin de les astreindre à des conditions spécifiques pour leur exploitation.

C'est ainsi qu'il est demandé à tout opérateur minier ou acteur du secteur minier qui identifie des gîtes ou des indices à d'autres substances réservées d'en informer la Direction de Géologie. C'est ce que dit l'alinéa 3 de l'article 6 bis du Règlement minier.

Il est à noter ici que ni ce texte de loi ni ses mesures d'application ne donnent la définition du terme « indice ». Ce dernier est défini par d'autres lois étrangères, comme la loi minière algérienne. En effet, il ressort de l'article 4, onzième tiret, de la loi n° 14-05 du 24 Rabie Ethani 1435 correspondant au 24 février 2014 portant loi minière [ci-après la loi minière algérienne] que l'indice est tout renseignement certain, contrôlé directement, de l'existence en un point donné d'une minéralisation.

Dans tous les cas, le Gouvernement est libre d'autoriser toute personne morale à effectuer la recherche et l'exploitation d'une substance minérale dite « réservée ». Comme ce fut le cas, en mars 2009, du contrat signé entre l'État congolais avec le groupe nucléaire français Areva, donnant à ce dernier le monopole de la recherche et de l'exploitation de l'uranium sur l'ensemble du territoire de la RDC. À ce sujet, Léonide Mupepele Monti (2012, p. 140) a écrit ceci :

> *« La mine de Shinkolobwe est une propriété de la Gécamines. En mars 2009, Areva, le n° 1 français du nucléaire, a signé avec l'État congolais un accord-cadre attribuant le droit exclusif de recherche des gisements d'uranium sur l'ensemble du territoire de la RDCongo ainsi que l'exploitation future du minerai enfoui dans le sous-sol congolais. En dépit de l'ampleur de la médiatisation qui a été donnée à cet événement, rien ne semble avoir bougé trois ans après la signature dudit accord. »*

En fait, le législateur a voulu que les minerais d'uranium, de thorium, voire tous les autres minerais radioactifs, comme la chalcolite ou l'autunite, soient placés sous le régime des substances minérales réservées.

Il sied de souligner que les « substances réservées » ne sont pas à confondre avec les « réserves minérales ». Ces dernières désignent la partie économiquement exploitable des ressources minérales mesurées ou indiquées, démontrées par au moins une étude préliminaire de faisabilité. Pour cela, l'étude doit inclure les renseignements adéquats sur l'exploitation minière, le traitement, la métallurgie, les aspects économiques et les autres facteurs pertinents démontrant qu'il est possible, au moment de la rédaction du rapport, de justifier l'extraction rentable.

Signalons que l'exploitation de l'uranium remonte à l'époque coloniale. En effet, dans la revue Pour connaître le Congo, l'Office de l'Information et des Relations Publiques pour le Congo Belge et le Ruanda-Burundi (1958, p. 54) avait écrit ceci :

> *« Avant l'accession du pays à l'indépendance, un des plus importants filons d'uranium du monde est exploité par l'union Minière du Haut-Katanga à Shinkolobwe. Après concentration sur place, les minerais sont exportés vers les États-Unis d'Amérique, la Grande-Bretagne et la Belgique, suivant les accords internationaux. »*

Aujourd'hui, « en RDCongo, les gisements d'uranium connus sont situés à Kobokobo, dans le Sud-Kivu et à Shinkolobwe, au Katanga » (Léonide Mupepele Monti, 2012, p. 140).

Bien qu'il en existe sur le sol congolais, il n'y a donc pas d'uranium quantifié qui peut à ce jour constituer une réserve stratégique pour l'économie du pays. Il n'est pas inutile de signaler ici que c'est du gisement de Shinkolobwe que fut extrait l'uranium qui permit aux États-Unis de construire la bombe atomique lancée sur Hiroshima le 6 août 1945.

L'article 6 bis du Règlement minier fixe les modalités applicables aux substances réservées.

Article 7 bis : Des substances minérales stratégiques *(inséré par l'article 17 de la Loi n° 18/001 du 09 mars 2018 modifiant et complétant la Loi n° 007/2002 du 11 juillet 2002 portant Code minier)*

Si la conjoncture économique nationale ou internationale le permet, le Premier ministre peut, par décret délibéré en Conseil des ministres, sur avis des ministres sectoriels concernés, déclarer certaines substances minérales substances stratégiques.

L'accès, la recherche, l'exploitation et la commercialisation des substances stratégiques sont régis par des dispositions réglementaires particulières.

Les minerais peuvent servir à plusieurs usages. Certains d'entre eux paraissent plus importants que d'autres, en raison de leur utilisation par les industriels. L'industrialisation d'une certaine catégorie des minéraux requiert de hautes technologies. Une fois passés par le processus de transformation, les minerais sont utilisés dans la composition de bien des produits de base dont le besoin se fait ressentir dans le commerce. C'est pourquoi ils revêtent un caractère stratégique.

Le souci de promouvoir et de réguler davantage le développement du secteur minier a conduit le législateur à modifier cet article afin de favoriser les intérêts de l'État congolais. Il a estimé que ce texte de loi, dans son ancienne configuration, était plus favorable aux capitaux étrangers et ne pouvait pas permettre que l'économie du pays puisse profiter de l'essor des cours de certaines ressources naturelles.

Ainsi, il a été jugé bon de classer certaines substances dans la catégorie des substances dites « stratégiques », compte tenu de leur importance pour l'industrie et de leur prix sur le marché commercial international.

C'est pour se conformer aux dispositions de cet article que le Premier ministre a signé en date du 24 novembre 2018 un décret n° 18/042 portant déclaration du cobalt, du germanium et de la colombo-tantalite « coltan » comme substances minérales stratégiques.

Article 7 ter : De la transparence, la traçabilité et la certification *(inséré par l'article 17 de la Loi n° 18/001 du 09 mars 2018 modifiant et complétant la Loi n° 007/2002 du 11 juillet 2002 portant Code minier)*

Des mesures légales ou réglementaires particulières sont édictées en application des normes nationales, régionales et internationales en matière de transparence dans l'industrie minière, de traçabilité et de certification des substances minérales, notamment la divulgation et la publication des contrats et des bénéficiaires réels des actifs miniers ainsi que les déclarations de tous les impôts, taxes, droits et redevances dus et payés à l'État.

« En droit congolais, les termes "industrie minière" ont une signification différente des termes "secteur minier". Ceux-ci revêtent une connotation plus large. En effet, les termes "industrie minière" ne visent que les activités industrielles et à la limite celles semi-industrielles. Ce qui signifie que ces termes ne s'appliquent pas aux activités artisanales » (Émile Lambert Owenga Odinga, 2014, p. 47).

De plus en plus, on s'accorde à admettre que l'artisanat minier ne rentre pas dans le cadre d'une activité industrielle minière. Cela a comme conséquence la non-soumission du principe de la transparence aux activités artisanales. De cette façon, il faut encourager, pour une meilleure gestion du domaine minier congolais, l'industrialisation du secteur artisanal qui devrait passer par la transformation des ZEA en Permis d'Exploitation [ci-après PE] ou Permis d'Exploitation de Petite Mine [ci-après PEPM].

Parmi les innovations contenues dans ce texte de loi, il y a lieu de retenir l'obligation de déclarer le bénéficiaire réel ou propriétaire réel des actifs miniers. Il ressort de l'article 25 quater du Règlement minier que toute société titulaire de droits d'exploitation, toute entité de traitement, toute coopérative minière, tout comptoir agréé, ainsi que tout marché boursier exerçant ses activités en vertu des dispositions de ce texte de loi déclare son ou ses propriétaires réels. Cela pour répondre aux exigences de la transparence dans l'industrie minière.

En RDC, le Gouvernement s'est appuyé notamment sur le manque de transparence dans le secteur pour amorcer la révision de ce texte de loi en prenant en compte les principes et critères de l'Initiative pour la transparence dans les industries extractives [ci-après ITIE].

Le recours à la transparence est l'une des motivations de la révision de ce texte de loi. Aujourd'hui, la RDC est un pays membre de l'ITIE, en anglais Extractive Industries Transparency Initiative [ci-après EITI], qui est une organisation internationale à but non lucratif et de droit norvégien. Cette dernière a pour but de renforcer les systèmes gouvernementaux en accentuant la gouvernance publique et des entreprises. Et les règles et critères de l'ITIE rentrent parmi les principes de la bonne gestion du secteur des mines.

Puisque l'État congolais est parfois impliqué dans les industries extractives et génère des revenus, il est tenu de promouvoir la transparence dans le domaine minier suivant l'exigence 2.6 de l'ITIE, en plus de la traçabilité et de la certification des substances minérales, qui passe par la divulgation et la publication des contrats et des bénéficiaires réels des actifs miniers ainsi que les déclarations de tous les impôts, taxes, droits et redevances dus et payés à l'État.

La RDC n'est pas le seul pays d'Afrique à avoir intégré dans son arsenal juridique les principes et critères de l'ITIE. La prise en compte de la norme de l'ITIE est de mise dans les lois minières de beaucoup d'autres pays africains, à l'instar de celle du Sénégal. Il est à noter ici que c'est à l'issue d'un Conseil des ministres du 2 février 2012 que le Gouvernement sénégalais a pris l'engagement de mettre en œuvre la norme ITIE. Cela ne devrait donc pas échapper à la révision du Code minier sénégalais. C'est ce qu'avait pensé, avec raison bien entendu, la doctrine (M. Bonnin et al., 2016, p. 262) en ces termes :

> *« Les grandes réformes contenues dans le nouveau Code de 2016 devront améliorer la transparence avec notamment la suppression de la notion de confidentialité et l'introduction de l'obligation pour l'État de publier toutes les conventions signées conformément aux engagements liés à la norme de l'Initiative pour la Transparence dans les Industries Extractives […]. »*

Dans le document relatif aux propositions d'amendements au projet de loi modifiant et complétant la loi n° 007/2002 du 11 juillet 2002 adressé aux députés nationaux et sénateurs, la Coordination des plaidoyers de la société civile pour la gouvernance des ressources naturelles (2017, p. 21), en ce qui concerne la transparence, avait écrit ce qui suit :

> *« La société civile pense que l'obligation de publier les informations et documents de base des projets miniers ne doit pas faire l'objet des mesures légales particulières comme cela est déjà consacré dans le secteur des hydrocarbures […] dans le même sens, la société civile considère que tous les documents contenant les informations, les obligations en rapport avec les impacts sociaux et environnementaux doivent être publiés sans aucune formalité particulière. »*

On peut remarquer que l'application effective des dispositions légales relatives à la transparence des informations demeure le défi majeur, d'autant plus que, très souvent, la RDC peine à appliquer entièrement ses propres textes en matière de transparence.

Par ailleurs, il convient de souligner que cet article ne donne pas le sens que revêt le concept « contrat ». C'est plutôt le Règlement minier qui, en son article 2, sans le définir clairement, donne son contenu en ces termes :

> *- le texte intégral de tout contrat, concession, ou autre accord conclu par ou avec le Gouvernement congolais et fixant les conditions d'exploitation de ressources minières ;*
>
> *- le texte intégral de tout addenda, annexe ou avenant fixant les détails relatifs aux droits d'exploitation mentionnés au point a ou à leur exécution ;*
>
> *- le texte intégral de toute modification ou de tout amendement des documents décrits aux points a et b.*

Il apparaît que ce contenu est restrictif : il ne prend pas en compte tous les aspects que devrait recouvrir le contrat en droit minier. Il exclut, intentionnellement ou par omission, pense-t-on, les contrats conclus par les entreprises publiques ou du portefeuille et les démembrements de l'État.

Il s'ensuit qu'on peut définir le contrat minier comme étant l'accord conclu entre le Gouvernement, l'entreprise publique ou l'entreprise du portefeuille et la société (minière) à qui il est accordé le droit exclusif de procéder aux opérations minières ou à l'une des activités minières.

Il siérait mieux, dans la prochaine révision de ce texte de loi, d'intégrer les autres catégories des contrats dans le secteur des mines, en permettant la publication non seulement des contrats conclus par le Gouvernement avec les tiers, mais aussi ceux conclus par les entreprises du portefeuille et entreprises publiques.

En sus, la volonté politique de la gouvernance minière devrait amener le législateur, dans le futur, à prévoir la publication des cahiers de charge au regard de leur importance pour les communautés locales bénéficiaires des retombées du projet minier. C'est de cette façon que l'on peut éviter la fraude, et donc la mauvaise gouvernance minière.

Il importe d'insister sur le fait qu'il y a transparence dans les industries extractives lorsque les entreprises extractives diffusent l'information sur ce qu'elles paient à l'État et gagnent, et ce, à l'intention exclusive et sans désemparer de tous. Ainsi l'État devra-t-il mettre au vu et au su de tout le monde les détails de ce qui est perçu de ces entreprises et le type des accords qui le lient à celles-ci, notamment les contrats signés.

En définitive, il faudrait que les contrats miniers, leurs annexes et avenants fassent l'objet de publication au Journal officiel ainsi que sur le site du ministère des Mines, et cela, dans un délai qui ne devrait pas dépasser 45 jours à dater de leur conclusion. Pour cela, il importera, de lege ferenda, que le législateur le prévoie dans ce texte de loi, de manière à assurer sa contrainte. Ce n'est que de cette façon qu'on peut renforcer la transparence dans le secteur minier congolais.

Article 7 quater : De la publication *(inséré par l'article 17 de la Loi n° 18/001 du 09 mars 2018 modifiant et complétant la Loi n° 007/2002 du 11 juillet 2002 portant Code minier)*

Les contrats miniers, leurs annexe et avenant sont publiés au Journal officiel et sur le site web du ministère des mines endéans soixante jours de la date de leur signature.

C'est en vue de s'aligner sur les normes internationales en matière de transparence et de redevabilité que l'État congolais se voit dans l'obligation notamment de divulguer des contrats, des études d'impact environnemental et social, des bénéficiaires réels des sociétés, des revenus et des rapports financiers des sociétés étatiques. Tel qu'il est recommandé par la norme ITIE (Exigence 2.4.a).

« Pour s'assurer que les pays documentent la politique du Gouvernement en matière de divulgation des contrats (comme requis à l'Exigence 2.4.b), il est conseillé au groupe multipartite d'identifier les lois, règlements et systèmes financiers pertinents qui régissent le secteur extractif et de déterminer s'ils comportent des dispositions relatives à la divulgation ou non et ce qu'ils indiquent à ce sujet. La politique du Gouvernement sur la divulgation des contrats peut provenir de sources diverses, y compris de la Constitution (par exemple, en République centrafricaine, au Niger, aux Philippines), […] de décrets ou résolutions du Gouvernement (par exemple, en RDC) […] » Repéré sur le site : https://eiti.org/sites/default/files/documents/fr_guidance_note_7_on_contract_transparency_-_francais.pdf, consulté le 1 avril 2020.

Qui plus est, « dans certains cas, la législation et la réglementation peuvent prévoir la divulgation des contrats, sans toutefois que cela se reflète dans les pratiques de divulgation en vigueur. Ailleurs, les contrats peuvent être divulgués dans la pratique, même si la législation et la réglementation ne le prévoient pas. Dans certains cas, il peut être indiqué que les contrats sont confidentiels et interdits à la divulgation. D'autres lois et contrats peuvent être muets à ce sujet.

La divulgation des contrats n'est pas une fin en soi. Afin que les contrats publics contribuent à renforcer la gouvernance, ils doivent être utilisés. Les efforts déployés par les ITIE nationales pourraient permettre de renforcer les capacités d'analyse et de suivi des contrats.

Les sites internet des ITIE nationales contiennent des contrats divulgués dans un certain nombre de pays de l'ITIE, dont le Tchad, la République du Congo, la République démocratique du Congo (RDC), le Libéria, les Philippines et le Sénégal. » Disponible sur : https://eiti.org/sites/default/files/documents/fr_guidance_note_7_on_contract_transparency_-_francais.pdf, consulté le 1er avril 2020.

Chapitre II :
DU RÔLE DE L'ÉTAT ET DE LA RÉPARTITION DES COMPÉTENCES

Section 1re : Du rôle de l'État *(inséré par l'article 17 de la Loi n° 18/001 du 09 mars 2018 modifiant et complétant la Loi n° 007/2002 du 11 juillet 2002 portant Code minier)*

Article 8 : De la promotion et de la régulation du secteur minier *(modifié et complété par l'article 17 de la Loi n° 18/001 du 09 mars 2018 modifiant et complétant la Loi n° 007/2002 du 11 juillet 2002 portant Code minier)*

Le rôle principal de l'État est de promouvoir et de réguler le développement du secteur minier.

L'État assure la mise en valeur des substances minérales dont il est propriétaire en faisant appel notamment à l'initiative privée conformément aux dispositions du présent Code.

À cet effet, il entreprend, à travers des organismes spécialisés créés à cet effet, des activités d'investigation du sol ou du sous-sol dans le but d'améliorer la connaissance géologique du territoire national ou à des fins scientifiques ou d'amélioration et de promotion de l'information géologique du pays ou de la province qui ne requièrent pas l'obtention d'un droit minier ou d'un droit de carrières.

« L'exercice des activités minières ainsi que l'exploitation artisanale jouent un rôle prépondérant dans le fonctionnement du secteur minier. Généralement, ce sont eux qui justifient ou lubrifient le reste des activités du secteur minier, dans l'ensemble gérées et notamment régulées par l'État » (Émile Lambert Owenga Odinga, 2014, p. 18).

Pour développer le secteur minier, l'État, au moyen de l'initiative privée, est appelé à jouer principalement le rôle de promoteur et de régulateur dans le secteur minier. Pourtant, l'État va au-delà de son rôle principal, en agissant comme un acteur actif, plutôt qu'un arbitre, ainsi qu'il sera examiné à l'article 71 ci-après. D'ailleurs, ce rôle semble n'avoir jamais été bien assumé.

« Régulateur des activités minières à travers le ministère des Mines et de ses services spécialisés, l'État est un acteur à la fois central et fédérateur. Il est au centre de toutes les initiatives arrêtées, même par des particuliers, pour les activités minières. Il est le dernier décideur et l'auteur des lois et règlements qui orientent la vie minière

nationale, selon les pouvoirs régaliens ordinaires et ceux qui lui sont conférés par la Constitution nationale » (Solo Maninga Kiabilua et P. Mabolia Yenga, 2019, p. 35).

Pour cela, le ministère des Mines doit réglementer, d'une part, la recherche ou l'exploitation des substances minérales et, d'autre part, le traitement ou la transformation des produits issus de l'exploitation, ainsi que la commercialisation des produits marchands sur toute l'étendue du pays.

C'est principalement à travers le SGNC que l'État congolais pourra, outre établir sa carte géologique des ressources minérales, comme un outil de base indispensable, constituer une banque nationale des données géologiques des substances minérales économiquement exploitables, à l'instar de ce qui est prévu en droit minier algérien.

Il est à noter que la loi minière algérienne, en son article 4, premier tiret, définit la banque nationale des données géologiques comme étant un fonds documentaire rassemblant, après examen, interprétation et saisie, tous les renseignements relatifs aux travaux de fouilles et de reconnaissance du sol et du sous-sol du territoire national, notamment par la géophysique, la géochimie, la géologie, l'hydrogéologie.

Cet état de choses permettra d'améliorer la connaissance géologique du pays. Aussi doit-il assurer la mise en valeur des substances minérales dont il est propriétaire en faisant appel aux capitaux privés. Ce n'est que de cette façon que l'État jouera véritablement son rôle de promoteur et de régulateur du secteur minier congolais.

Article 8 bis : Du fonds minier pour les générations futures *(inséré par l'article 17 de la Loi n° 18/001 du 09 mars 2018 modifiant et complétant la Loi n° 007/2002 du 11 juillet 2002 portant Code minier)*

Il est institué un fonds minier pour les générations futures. Les ressources du fonds minier pour les générations futures sont constituées d'une quotité de la redevance minière.

Un décret du Premier ministre, délibéré en Conseil des ministres, crée et organise le fonds minier pour les générations futures.

L'idée de créer un fonds pour les générations futures en RDC n'est pas originale, les pays producteurs de pétrole ou de gaz l'ont mise en œuvre, dans l'optique d'investir pour l'avenir.

En effet, ces dernières décennies, bien des États du monde ont recouru à la création des fonds souverains avec des objectifs d'investissement à long terme, lesquels fonds sont alimentés par des recettes provenant de l'exploitation des ressources naturelles.

Il est un fait que, « dans un même pays, plusieurs fonds peuvent coexister, mais avec des objectifs différents (développement local ou sectoriel, accumulation d'argent en vue de constituer une épargne pour les générations futures, etc.) et des modes de gouvernance propres à chacun des fonds. […] Aux Émirats Arabes Unis, on compte au moins trois fonds souverains : Mubadala, Emirates Investment Authority (EIA) et le plus puissant d'entre eux, l'Abu Dhabi Investment Authority (ADIA). » Repéré sur le site :

https://www.frstrategie.org/programmes/observatoire-du-monde-arabo-musulman-et-du-sahel/fonds-souverains-golfe-2019, consulté le 26 novembre 2020.

C'est dans cette logique qu'ont été institués plusieurs fonds en RDC.

Comme on le dit souvent, « L'ambition primaire d'un fonds souverain est d'accumuler une épargne nationale à long terme au bénéfice des générations futures, notamment en diversifiant les investissements sur les plans sectoriel et géographique. Reprenant cette logique, les pays du Golfe ont alimenté pendant de nombreuses années leurs fonds souverains grâce aux gigantesques rentes pétrolières, notamment lorsque les cours du brut étaient au plus haut, atteignant le record historique de 143 dollars le baril en 2008. » Repéré sur le site : https://www.frstrategie.org/programmes/observatoire-du-monde-arabo-musulman-et-du-sahel/fonds-souverains-golfe-2019, consulté le 26 novembre 2020.

À l'instar de la loi n° 15/012 du 1er août 2015 portant régime général des hydrocarbures, qui a institué, en son article 19, un « fonds pour les générations futures », ce texte de loi prévoit également la création d'un « fonds minier pour les générations futures ».

L'institution d'un fonds minier pour les générations futures est une forme de la valorisation des ressources naturelles dans une perspective de développement durable, et se révèle comme une assurance à la préservation des revenus présents au profit des générations à venir.

Puisque les ressources minières sont parfois de nature non renouvelable, il est de bonne politique d'envisager un pourcentage des recettes fiscales, en l'occurrence de la redevance minière, afin de constituer un fonds pour que la rente minière profite aux populations et aux générations futures.

Après tout, c'est la nature intrinsèque des ressources minérales qui a conduit à l'institution dudit fonds. En d'autres mots, c'est la vulnérabilité, la faible disponibilité ou le faible renouvellement de certaines substances minérales qui serait à la base de la création du fonds minier pour que les générations futures en bénéficient.

En effet, « la prise en compte des générations futures dans la politique minière est une préoccupation légitime pour la RDC, car les ressources minières sont épuisables et non renouvelables. Il est louable de vouloir garantir l'équité intergénérationnelle » (NRGI, 2019, p. 17).

Étant donné que les ressources minérales ne sont pas inépuisables, le législateur congolais a estimé qu'il était important de constituer un levier pour la diversité de l'économie dans la perspective de l'« après-mine ». Ce fonds, dont l'importance n'est pas à démontrer, devrait permettre de répondre aux besoins des générations futures et même, dans une certaine mesure, de financer des projets d'intérêt général.

Sans nul doute, les besoins des générations constituent une prolongation du principe du développement durable, tel que proclamé au niveau international par la Déclaration de Rio de Janeiro sur l'environnement et renchéri au niveau national par l'article de la loi n° 11/009 du 9 juillet 2011 portant principes fondamentaux relatifs à la protection de l'environnement [ci-après nommée la loi portant protection de l'environnement] qui tire d'ailleurs sa source de l'article 123, point 15, de la Constitution de la RDC.

Les besoins des générations futures sont l'un des fondements du concept de développement durable, dont la définition est la suivante : « Un développement qui répond aux besoins des générations du présent sans compromettre la capacité des générations futures à répondre aux leurs. » Repéré sur le site : https://fr.wikipedia.org/wiki/G%C3%A9n%C3%A9rations_futures, consulté le 21 octobre 2020.

En RDC, le fonds minier pour les générations futures est l'une des importantes innovations de la réforme de 2018. Il s'agit d'un Établissement public dont la ressource principale est constituée de 10 % de la redevance minière.

Comme on peut le constater, le législateur congolais ne définit pas la notion de « générations futures ». Cette absence de définition ne facilite pas l'appréhension de cette expression.

Dans tous les cas, les générations futures s'analysent par rapport à celles d'aujourd'hui. Ainsi, sur le site web Wikipédia, on peut lire ceci : « Les générations futures sont les générations d'êtres humains qui viendront après les générations actuelles. » Repéré sur le site : https://fr.wikipedia.org/wiki/G%C3%A9n%C3%A9rations_futures, consulté le 21 octobre 2020.

Selon NRGI (2019, p. 17), « par "générations futures", entend-on les enfants congolais déjà nés ou bien les Congolais vivant en 2050 ou en 2100, qui avec la croissance démocratique, seront plus nombreux que les Congolais de 2019 [2021] ? Ces questions sont fondamentales. En fonction des réponses, l'État sera ensuite en mesure de développer une épargne adaptée. »

Pris dans le sens d'un fonds destiné aux générations futures, le fonds minier pour les générations futures apparaît dès lors comme un « fonds souverain ».

Malheureusement, cette appréhension n'est pas partagée par une certaine opinion dans la classe politique congolaise, qui ne considère pas ce fonds comme un « fonds souverain », devant être épargné pour l'affecter aux générations futures. On soutient que ledit fonds pouvait également financer les recherches minières, c'est-à-dire qu'il devrait y être prélevé une quotité pour allouer au SGNC afin que celui-ci remplisse sa mission légale. C'est d'ailleurs ce qui ressort de l'alinéa 2 de l'article du décret n° 19/17 du 25 novembre 2019 portant statut, organisation et fonctionnement d'un établissement public dénommé Fonds minier pour les générations futures, « FOMIN », qui dispose : « Pour la réalisation de sa mission, le FOMIN peut procéder au financement de tout ou partie des projets de recherches dans le domaine minier à travers le Service Géologique National du Congo […]. »

En outre, ce décret instituant le FOMIN ne donne pas les modalités pratiques de la quotité à affecter au financement des recherches géologiques. De cette façon, il y a lieu de redouter que les exigences des travaux de recherches minières, voire les multiples tâches assignées à cet établissement, engloutissent ce fonds qui devrait pourtant profiter aux générations futures.

Cet état de choses, pour mieux dire cette confusion entretenue par certaines autorités publiques, n'est pas de nature à faciliter aujourd'hui la mise en œuvre de ce fonds. On peut bien comprendre pourquoi sa mise en place avec la nomination de ses animateurs tarde jusqu'à ce jour, plus d'une année après la signature dudit décret du 25 novembre 2019.

À cet égard, on peut chercher à savoir, en l'absence de cette structure, quel est cet organe qui gère la part de la redevance du FOMIN, quand on sait que la redevance minière a généré près de 544 millions USD en 2019 dans sept provinces et Entités territoriales décentralisées.

N'y a-t-il pas lieu de craindre que les recettes destinées à cet établissement depuis le mois de mars 2018 jusqu'à ce jour (fin mai) soient détournées ?

Dans d'autres pays où les fonds souverains veulent conserver leur rôle clé dans l'économie mondiale, ils se sont progressivement affranchis de la manne pétrolière et sont la solution à la crise. Tel est le cas des États du Golfe, principalement de l'Arabie Saoudite. (Lire pour plus d'informations : https://www.latribune.fr/opinions/blogs/euromed/pourquoi-les-fonds-souverains-du-golfe-demeureront-des-acteurs-majeurs-de-l-economie-mondiale-625446.html, consulté le 26 novembre 2020).

Dans ce même élan, la Norvège, qui est le plus gros producteur d'hydrocarbures d'Europe de l'Ouest, recourt au fonds souverain pour financer son budget.

Ainsi qu'on peut s'en apercevoir, il y a risque de fouler aux pieds la mission première du fonds minier pour les générations futures, si l'on recourt à ce dernier dans le seul but de compenser les déficits budgétaires. Or, on ne le dira jamais assez, le fonds minier constitue une accumulation d'épargne de long terme au bénéfice des générations futures afin de réduire la dépendance des ressources naturelles et d'investir dans divers secteurs autres que les mines.

Il faut savoir que, sans mécanisme de transparence et de contrôle, le fonds minier pour les générations futures risque de ne pas générer le rendement escompté, comme il en est le cas pour le Fonds de Promotion pour l'Industrie [FPI]. En effet, « créé en 1989 pour développer le secteur industriel, le FPI semble avoir servi de caisse parallèle à certains décideurs politiques. Une enquête parlementaire citée par les médias a révélé que 70 à 78 % des projets financés n'ont pas été réalisés et que 98 millions de dollars ont été octroyés à des personnalités politiques » (NRGI, 2019, p. 19).

Au-delà de tout, la création du fonds minier pour les générations futures en RDC peut donner lieu à des critiques. En effet, il est difficile de mettre en place un fonds d'épargne, c'est-à-dire de constituer une réserve des recettes minières quand on sait que les revenus du secteur minier restent le plus souvent en deçà des besoins globaux, cependant que ces derniers requièrent pour leur satisfaction un financement public. Autrement dit, lorsque les revenus provenant du secteur minier ne peuvent pas couvrir tous les besoins d'intérêt général ou ne peuvent pas financer les besoins globaux de la population, il est illogique de retenir une partie de recettes générées par l'exploitation minière en vue de constituer une réserve, quelle que soit sa destinée. Comme le souligne NRGI (2019, p. 17) :

> *« En général, cette [...] politique est adaptée aux pays dont les recettes minières ou pétrolières dépassent les besoins d'investissement public, comme la Norvège ou les pays du Golfe. Il serait donc utile de débattre de l'opportunité, pour la RDC, de mettre en place un fonds d'épargne d'une partie des recettes minières aujourd'hui. »*

Il se dégage que le contexte économique de l'heure ne paraît pas favorable à la création d'un fonds minier pour les générations futures. À la place de ce dernier, le législateur congolais devrait plutôt instituer un « fonds de stabilisation » qui a fait ses preuves ailleurs et qui serait plus bénéfique pour le pays. En réalité, on peut bien constituer un fonds d'épargne dans un autre but que celui de l'affecter aux générations futures.

La création du fonds de stabilisation devrait permettre au pays de s'affranchir des variations de prix des matières premières. En effet, face à de grandes fluctuations des prix des matières premières, le Gouvernement serait appelé à mettre en place un mécanisme pour maintenir un niveau constant des recettes de l'État et protéger ainsi le pays contre les baisses potentielles de revenus liées aux exportations des matières premières. Il est question ici d'épargner non pas pour investir pour les générations futures, mais bien plus pour faciliter la stabilisation de la situation financière de l'économie nationale.

En définitive, cela donne à penser que les objectifs poursuivis par le « fonds de stabilisation », tel qu'institué dans d'autres pays, seraient mieux adaptés pour la RDC. C'est du reste ce qu'explique NRGI (2019, p. 18) en ces termes :

> *« La création de fonds de stabilisation est une pratique recommandée pour les pays dont l'économie dépend du secteur minier ou pétrolier. Un fonds de stabilisation a pour objectif d'absorber les chocs auxquels le Gouvernement doit faire face lorsque les prix des matières premières chutent de façon inattendue, ce qui peut avoir un impact négatif sur les finances publiques. Le fonds de stabilisation est alimenté par une partie des recettes du secteur lorsque les prix sont élevés et permet de compenser le déficit public lorsque les prix baissent. Il est curieux que le législateur congolais ait créé un fonds pour les générations futures sans que soit débattue l'option, alternative ou parallèle, de créer un fonds de*

stabilisation, dont l'efficacité est démontrée par des pays comme le Chili ou l'Arabie Saoudite. »

Section II : De la compétence du pouvoir central *(inséré par l'article 17 de la Loi n° 18/001 du 09 mars 2018 modifiant et complétant la Loi n° 007/2002 du 11 juillet 2002 portant Code minier)*

Article 9 : Du Premier ministre *(modifié et complété par l'article 17 de la Loi n° 18/001 du 09 mars 2018 modifiant et complétant la Loi n° 007/2002 du 11 juillet 2002 portant Code minier)*

Conformément aux dispositions du présent Code et des autres textes en la matière, le Premier ministre est compétent pour :

a. édicter ou modifier le Règlement minier pour l'application du présent Code ;

b. classer, déclasser ou reclasser les substances minérales en mines ou en produits des carrières et inversement ;

c. confirmer la réservation d'un gisement soumis à l'appel d'offres faite par arrêté du ministre ;

d. déclarer une substance minérale substance minérale stratégique ;

e. décréter une zone interdite aux travaux miniers, à l'activité minière ou aux travaux de carrières ;

f. déclarer le classement ou le déclassement d'une substance minérale en substance réservée ;

g. délimiter ou classer une portion du territoire en aire protégée.

Le Premier ministre exerce les prérogatives ci-dessus par voie de décret, délibéré en Conseil des ministres sur proposition du ministre, et le cas échéant, des ministres compétents.

L'exercice des prérogatives reconnues au Premier ministre au littera a de l'alinéa 1 du présent article n'est pas susceptible de délégation.

La compétence étant d'attribution et quelle que soit la matière, le Premier ministre ne peut pas, de sa propre initiative, appliquer les dispositions de ce texte de loi. Il n'intervient que sur proposition du ministre des Mines, et selon le cas, des autres ministres compétents.

Sauf en cas d'édiction ou de modification des mesures d'application de ce texte de loi, le Premier ministre peut déléguer l'exercice de ses compétences à une autre autorité. En pareille circonstance, il ne peut s'agir que d'une autorité compétente intervenant dans l'application de ce texte de loi.

Il sied de souligner qu'après la modification dudit texte, les prérogatives dévolues au Premier ministre sont celles qui étaient jadis reconnues au président de la République.

On s'aperçoit que celui-ci n'intervient plus dans l'application de la loi minière en vigueur et n'est donc plus l'un des organes y intervenant.

Article 10 : Du Ministre *(modifié et complété par l'article 17 de la Loi n° 18/001 du 9 mars 2018 modifiant et complétant la Loi n° 007/2002 du 11 juillet 2002 portant Code minier)*

Conformément aux dispositions du présent Code et aux autres textes en la matière, le ministre est compétent pour :

a. octroyer ou refuser d'octroyer les droits miniers et/ou de carrières pour les substances minérales autres que les matériaux de construction à usage courant ;

b. déchoir le titulaire, retirer les droits miniers et/ou de carrières, donner acte aux déclarations de renonciation aux droits miniers et/ou de carrières et acter l'expiration des droits miniers et/ou de carrières, conformément aux dispositions du présent Code ;

c. autoriser, par dérogation, les exportations des minerais à l'état brut par arrêté interministériel délibéré en Conseil des ministres ;

d. instituer les zones d'exploitation artisanale ;

e. agréer et retirer l'agrément des comptoirs d'achat des produits de l'exploitation artisanale, des coopératives minières ou des produits de carrières et des entités de traitement des substances minérales ;

f. autoriser l'extension des travaux d'exploitation ;

g. approuver les hypothèques minières ;

h. exercer la tutelle des Services publics spécialisés du ministère des Mines ;

i. réserver les gisements à soumettre à l'appel d'offres, à confirmer par le Premier ministre ;

j. accepter ou refuser l'extension d'un droit minier ou de carrières aux substances non associées ;

k. délivrer les autorisations de traitement des produits de l'exploitation artisanale ;

l. proposer au Premier ministre le classement, le reclassement ou le déclassement des substances réservées, des substances minérales classées en mines ou en produits de carrières et inversement ainsi que des zones interdites ;

m. nommer, sur proposition des ministres sectoriels concernés, les membres de la Commission Interministérielle chargée de sélectionner les offres relatives à l'exploitation d'un gisement soumis à l'appel d'offres ainsi que les membres de la Commission Interministérielle chargée d'examiner les listes des biens à importer pour les activités minières ;

n. agréer les mandataires en mines et carrières ;

o. agréer les laboratoires d'analyses des substances minérales ;

p. agréer les bureaux d'études géologiques ;

q. approuver ou refuser les transferts des droits miniers ;

r. édicter, en collaboration avec les ministres ayant l'Économie et le Commerce extérieur dans leurs attributions, la nomenclature des produits marchands ;

s. statuer sur les résultats des audits environnementaux conjointement avec le ministre ayant l'environnement dans ses attributions ;

t. approuver, conjointement avec le ministre ayant les Finances dans ses attributions, les listes des biens à importer sous le régime douanier privilégié ;

u. fixer, conjointement avec le ministre ayant les Finances dans ses attributions, les taux des droits, taxes et redevances à percevoir à l'initiative du ministre en charge des mines.

Les prérogatives reconnues au ministre des Mines sont expressément énumérées dans cet article. En aucun cas, il ne peut outrepasser son pouvoir dans l'application de ce texte de loi. Il va sans dire que le ministère des Mines, à travers son cabinet, ne peut pas interférer, par exemple, à l'instruction de la demande d'un droit minier ou de carrières, sans risque de violer la loi.

Le littera a de cet article crée la confusion dès lors qu'il ne précise pas si la compétence d'octroi reconnu au ministre des Mines, en ce qui concerne les droits de carrières, se limite seulement aux autorisations de carrières d'exploitation ou s'étend aussi aux autorisations de carrières de recherches. On peut remarquer ici que le législateur ne distingue pas les droits de carrières de recherches de ceux d'exploitation. Vraisemblablement, il a omis d'ajouter le groupe des mots « d'exploitation » au concept « carrières », ce qui éviterait toute mauvaise interprétation. Cela devrait permettre de comprendre que le ministre (central) des Mines n'est pas compétent pour octroyer les autorisations de recherches des produits de carrières. Cette prérogative est reconnue au ministre provincial des Mines. Un amendement à ce littera a s'impose de lege ferenda.

Dans la même perspective, il siérait de modifier le littera j in fine, étant donné que ce texte de loi n'admet plus l'extension d'un droit minier ou de carrières à des substances non associées, qui était prévue avant la modification dudit texte. Et cet amendement devrait consister en la suppression du mot « non » entre les termes « substances » et « associées ».

Ainsi, le littera j sera libellé comme suit : « accepter ou refuser l'extension d'un droit minier ou de carrières aux substances associées. »

En réalité, s'il est vrai que, conformément à l'article 7, point 4, du Règlement minier, le ministre des Mines est chargé de veiller à la coordination des activités du CAMI ou des autres services dans le cadre de l'octroi, du retrait et de la gestion des droits miniers et de carrières, il est aussi vrai que nulle part il n'est autorisé à intervenir parallèlement à ces services dans l'instruction minière des dossiers de demandes des droits miniers et de carrières. En effet, l'article précité parle de « veiller à la coordination des activités » et non de « concourir à la réalisation de celles-ci ». Dans ce cadre, on peut dire que le CAMI et les autres services de l'Administration des mines travaillent non pas « sous l'autorité » du ministre des Mines, mais plutôt sous sa « surveillance ». Malheureusement, les choses ne se passent pas comme prévu.

Au fond, « une structure n'est pas dans la même situation à l'égard d'une autorité administrative selon qu'elle est placée "sous l'autorité" de cette dernière – elle est alors soumise au principe hiérarchique et peut donc recevoir des instructions – ou sous sa "surveillance" ou sa "tutelle" – ce qui implique le respect de son autonomie et une définition plus précise du pouvoir de l'autorité administrative à l'égard des décisions que prend cette structure » (France. Conseil d'État, 2007, p. 297).

Par ailleurs, il faut souligner que, parmi les prérogatives dévolues au ministre des Mines au littera b de cet article, une seule n'est pas jusqu'à ce jour exercée, à savoir « acter l'expiration des droits miniers et/ou de carrières ».

En fait, dans la pratique, depuis l'avènement de la loi n° 007/2002 du 11 juillet 2002 portant Code minier, c'est-à-dire avant et après la modification de ce texte de loi, le ministre des Mines n'a jamais exercé sa prérogative en ce qui concerne la prise d'acte d'expiration d'un droit minier ou de carrières expiré, tel que mentionné au littera b, faute de procédure prévue en la matière.

Est-ce par ignorance ou mauvaise application de la loi ? Est-ce parce que les droits miniers et de carrières n'ont jamais fait l'objet d'expiration ?

Il convient de signaler que le ministre des Mines n'a jamais signé une décision prenant acte d'expiration, non pas du fait qu'il n'y a jamais eu des cas des droits miniers et de carrières expirés, mais simplement parce que le CAMI, censé amorcer une telle procédure, ne peut s'acquitter d'une telle tâche sans se référer aux dispositions y afférentes.

Il aurait été préférable que le CAMI ne se limite pas à constater l'expiration de tel ou tel autre droit minier ou de carrières et la notifier à son titulaire. Et une procédure de prise d'acte d'expiration aurait permis sa mise en œuvre, après le constat d'expiration du droit. Cela donne à penser qu'après la notification de l'expiration, le CAMI devrait préparer pour signature par le ministre des Mines un projet d'arrêté ministériel prenant acte d'expiration de tel ou tel autre droit minier ou de carrières, comme il en est le cas pour une décision d'octroi ou de refus d'octroi d'un droit sollicité. Pourtant, il n'en est rien.

Il est dommage que, dans la pratique, les droits miniers et de carrières soient octroyés sur des périmètres des droits expirés, au moment où l'expiration n'est jamais actée par décision du ministre des Mines.

Il importera, de lege ferenda, de prévoir cette procédure pour donner du sens au littera b in fine de cet article, c'est-à-dire pour que ce dernier ne soit pas lettre morte. Ce n'est que de cette façon que le législateur restera cohérent. En principe, celui-ci ne devrait pas accorder une telle prérogative au ministre des Mines, sans lui permettre de l'exercer pour la cohérence juridique de ce texte de loi.

Article 10 bis : De l'Administration des mines *(inséré par l'article 17 de la Loi n° 18/001 du 9 mars 2018 modifiant et complétant la Loi n° 007/2002 du 11 juillet 2002 portant Code minier)*

L'Administration des mines comprend le Secrétariat général, les directions, les divisions et autres services administratifs du ministère en charge des mines, y compris ceux qui interviennent dans l'administration du Code minier et de toutes ses mesures d'application. Ils sont régis conformément aux textes légaux et réglementaires en vigueur relatifs à l'Administration publique.

Les directions techniques qui interviennent dans le processus de l'octroi de droits miniers et/ou de carrières sont :

- la Direction de géologie ;
- la Direction des mines ;
- la Direction de protection de l'environnement minier.

Le Règlement minier détermine les attributions de chacun des services de l'Administration des Mines.

Les dispositions de l'alinéa 1 de cet article peuvent être incomprises lorsque le législateur emploie le concept « administration » en lieu et place du terme « application ». Il est bien évident qu'on n'administre pas une loi ; on l'exécute ou on l'applique. D'où il convient de modifier ledit alinéa en remplaçant le terme « administration » par le mot « application ».

Cet article décrit la composition de l'Administration des mines. Cette dernière comprend, à l'instar des autres Administrations publiques, outre le secrétariat général, un ensemble des services et directions qui ne jouissent pas d'autonomie administrative, mais qui relèvent du ministère des Mines.

Les attributions de chacun des services et directions de l'Administration des mines sont expressément définies aux articles 8 ter à 13 du Règlement minier.

Section III : De la compétence de la province *(inséré par l'article 17 de la Loi n° 18/001 du 9 mars 2018 modifiant et complétant la Loi n° 007/2002 du 11 juillet 2002 portant Code minier)*

Article 11 : Du Gouverneur de province *(modifié et complété par l'article 17 de la Loi n° 18/001 du 9 mars 2018 modifiant et complétant la Loi n° 007/2002 du 11 juillet 2002 portant Code inier)*

Sans préjudice des prérogatives lui reconnues notamment par la loi sur la libre administration des provinces et d'autres lois en la matière, le Gouverneur de province est, conformément aux dispositions du présent Code, compétent pour :

a. élaborer et proposer, conformément aux normes générales du planning national, à l'assemblée provinciale la politique provinciale relative aux programmes miniers, minéralogiques, industriels, énergétiques d'intérêt provincial ;

b. superviser l'exécution par le Gouvernement provincial des édits relatifs à la politique provinciale relative aux programmes miniers, minéralogiques, industriels, énergétiques d'intérêt provincial ;

c. proposer l'érection d'une zone interdite aux activités minières ;

d. émettre un avis en cas d'institution d'une zone d'exploitation artisanale.

Le Règlement minier organise les normes générales du planning national en matière minière, et fixe le cadre général des programmes miniers, minéralogiques, industriels et énergétiques d'intérêt provincial.

Le gouverneur de province est l'un des organes qui interviennent dans l'exécution ou l'application de ce texte de loi.

Avant la modification de ce texte de loi, il avait les prérogatives de délivrer les cartes de négociants des produits d'exploitation artisanale et de décider de l'ouverture des carrières pour les travaux d'utilité publique sur les terrains domaniaux. Avec sa modification, cela n'est plus pareil. Toutes ces prérogatives sont désormais dévolues au ministre provincial des Mines.

Outre les prérogatives énumérées ci-dessus dans cet article, le gouverneur de province est compétent pour décider de l'ouverture d'une carrière pour les travaux d'utilité publique sur un terrain domanial ne faisant pas l'objet d'un PE ou d'une Autorisation d'Exploitation de Carrières Permanente [ci-après AECP]. C'est ce que dispose l'article 15, point 5, du Règlement minier.

Article 11 bis : Du ministre provincial *(inséré par l'article 17 de la Loi n° 18/001 du 09 mars 2018 modifiant et complétant la Loi n° 007/2002 du 11 juillet 2002 portant Code minier)*

Conformément aux dispositions du présent Code et sans préjudice des dispositions de la loi sur la libre administration des provinces, le ministre provincial est compétent, après avis de conformité du Chef de Division provinciale des mines, pour :

a. exécuter, sous la supervision du Gouverneur de province, et le cas échéant en concertation avec d'autres départements ministériels provinciaux impliqués, les édits relatifs à la politique provinciale relative aux programmes miniers, minéralogiques, industriels, énergétiques d'intérêt provincial ;

b. délivrer les cartes d'exploitant artisanal ;

c. délivrer les cartes des négociants des produits d'exploitation artisanale ;

d. autoriser la détention des produits miniers par des bijoutiers, joailliers, artistes et dentistes ;

e. exercer, en harmonie avec les services techniques du ministère des mines et des établissements sous tutelle du ministre, la supervision des activités des services du ministère des mines installés en province ;

f. délivrer un récépissé au titulaire d'un droit minier ou de carrières avant le commencement de ses activités dans la province, conformément aux dispositions de l'article 215 du présent Code ;

g. accorder aux artistes agréés par le ministère en charge de la Culture et des Arts l'autorisation spéciale dont il est question à l'article 115 du présent Code ;

h. octroyer les autorisations de recherches des produits de carrières et les Autorisations d'exploitation de carrières de matériaux de construction à usage courant ;

i. décider de l'ouverture des carrières pour les travaux d'utilité publique sur les terrains domaniaux.

Le Règlement minier détermine les procédures de la délivrance des cartes d'exploitant artisanal et de négociant ainsi que les règles de collaboration entre les services techniques du ministère en charge des mines et des établissements sous tutelle du ministre.

Avec la décentralisation, le ministre provincial des Mines intervient désormais dans l'application de ce texte de loi et est placé sous l'autorité directe du gouverneur de province.

Le littera h de cet article met en évidence la confusion créée par le législateur lorsqu'il affirme que le chef de division provincial des mines a la compétence d'octroyer les autorisations de recherches des produits de carrières et les Autorisations d'exploitation de carrières de matériaux de construction à usage courant, comme il ressort des articles 129, 142 et 153 de ce texte de loi. Cette confusion, qui est due à l'inadvertance du législateur, ne peut pas faciliter la compréhension de la loi, surtout pour les non-professionnels. D'où ces articles devraient être modifiés de lege ferenda, ainsi qu'il sera souligné ci-après.

S'agissant de la délivrance des cartes d'exploitant artisanal, l'une des prérogatives reconnues au ministre provincial des Mines, les articles 223 à 233 du Règlement minier déterminent les modalités applicables à la carte d'exploitant artisanal des mines et/ou de carrières.

Article 11 ter : Du Chef de Division provinciale des mines *(inséré par l'article 17 de la Loi n° 18/001 du 09 mars 2018 modifiant et complétant la Loi n° 007/2002 du 11 juillet 2002 portant Code minier)*

Conformément aux dispositions du présent Code et sans préjudice d'autres prérogatives lui assignées par le cadre organique du ministère des mines, le Chef de Division provinciale des mines est compétent pour :

a. contrôler et surveiller les activités minières en province ;

b. réceptionner les dépôts de demande d'agrément au titre des coopératives minières adressée au ministre ;

c. émettre des avis de conformité préalablement aux décisions et actes du ministre provincial relativement à l'administration des dispositions du présent Code.

D'entrée de jeu, soulignons que le littera c in fine de cet article, à l'instar des dispositions de l'alinéa 1 de l'article 10 bis de ce texte de loi, devrait être modifié par le remplacement du concept « administration » par le terme « application », pour des raisons évoquées ci-dessus. Il en sera de même à l'alinéa 1 in fine de l'article 198 de ce même texte.

Le chef de division provincial des mines fait partie des organes de l'Administration des mines. D'autres de ses prérogatives non reprises dans cet article sont limitativement fixées à l'article 13 du Règlement minier.

Il convient de signaler d'ores et déjà que ni les dispositions de cet article ni celles de l'article 13 du Règlement minier ne reconnaissent au chef de division provincial des mines la compétence d'octroyer les autorisations de recherches des produits de carrières et les Autorisations d'exploitation de carrières de matériaux de construction à usage courant. Pourtant, cela est malheureusement affirmé aux articles 129, 142 et 153 de ce texte de loi, comme il sera relevé dans les commentaires ci-après.

Section IV : Des Services techniques spécialisés *(inséré par l'article 17 de la Loi n° 18/001 du 09 mars 2018 modifiant et complétant la Loi n° 007/2002 du 11 juillet 2002 portant Code minier)*

Article 12 : Du Cadastre minier *(modifié et complété par l'article 17 de la Loi n° 18/001 du 09 mars 2018 modifiant et complétant la Loi n° 007/2002 du 11 juillet 2002 portant Code minier)*

Le Cadastre minier est un établissement public chargé de la gestion du domaine minier ainsi que celle des titres miniers et des carrières et placé sous la tutelle du ministre.

Pour couvrir ses frais de fonctionnement, le Cadastre minier est autorisé à percevoir et à gérer les frais de dépôt des dossiers et une quotité des droits superficiaires annuels par carré.

Un décret du Premier ministre, délibéré en Conseil des ministres, en fixe les statuts, l'organisation et le fonctionnement conformément au présent Code et à la loi n° 08/008 du 7 juillet 2008 portant dispositions générales applicables aux établissements publics.

Avec la libéralisation du secteur minier, l'accès aux activités minières est permis à toute personne qui réunit les conditions prescrites. Le rôle de l'État « est désormais limité en ordre principal à promouvoir et réguler le développement du secteur par l'initiative privée. La nouvelle législation minière congolaise prévoit de ce fait la création d'un certain nombre de structures d'encadrement, dont la plus importante est le Cadastre minier » (T. Michel et al., 2009, p. 119).

Abordant la question de la définition de l'expression « Cadastre minier », Enrique Ortega Girones, Alexandra Pugachevsky et Gotthard Walser (2012, p. 1) écrivent ceci :

> *« Un Cadastre minier est l'institution publique principale gérant les titres miniers d'un pays. Un tel cadastre, lorsqu'il est bien développé et soutenu par des institutions publiques du secteur minier adéquates, intègre les aspects réglementaires, institutionnels et technologiques de l'administration des droits miniers et forme la pierre angulaire d'une bonne gestion des ressources minérales d'un pays. »*

Il faut dire que cette expression ne devrait pas être utilisée de manière restrictive. En fait, elle ne devrait pas se limiter aux aspects liés au processus d'acquisition des droits miniers et de carrières, comme la délivrance du titre minier, mais devrait être en plus comprise comme une structure de gestion des droits miniers et de carrières octroyés. Dans cet ordre d'idées, les auteurs cités ci-dessus (Enrique Ortega Girones et al., 2012, p. 12) précisent ce qui suit :

> *« Bien que le terme cadastre soit parfois limité à la liste des propriétés minières (le registre) ou aux représentations graphiques des droits miniers (cartes cadastrales), en général, on l'utilise aujourd'hui dans la plupart des pays miniers pour désigner les institutions publiques chargées des activités cadastrales. [...] Un Cadastre minier est une entité administrative qui a la responsabilité exclusive pour l'administration des demandes de droits miniers [et de carrières] octroyés, ainsi que pour la maintenance des registres cadastraux et le contrôle de la coordination temporelle et de la validité des permis [des droits] octroyés. »*

Il est vrai qu'il existe plusieurs services sont appelés pour concourir à l'application effective de ce texte de loi et de ses mesures d'application. Mais de tous, seul le CAMI intervient tant en amont qu'en aval dans la procédure d'octroi des droits miniers et de carrières, allant de la réception du dossier de demande d'un droit minier ou de carrières jusqu'à aboutir à la délivrance du titre minier ou de carrières y afférent. Les autres services n'interviennent qu'au cours de la procédure. En d'autres mots, le « CAMI » intervient a priori et a posteriori dans les différents processus de la procédure prévue par ce texte de loi.

Après plus de 17 ans d'existence, le CAMI, en tant qu'organisme essentiel de réglementation de gestion du domaine minier congolais, demeure un service mal connu du public, comme l'est d'ailleurs ce texte de loi duquel il tire son existence.

Dans sa triple fonction, notamment de guichet unique, de gestionnaire du domaine minier et de conservateur des titres miniers et de carrières, le CAMI joue un rôle indispensable et se trouve être au centre de tous les enjeux qui touchent directement aux opérations minières en RDC. À présent, le CAMI est un service moderne et est organisé pour assurer une meilleure gestion du domaine minier congolais. Cet état de choses est reconnu par beaucoup d'observateurs. C'est ce qu'affirment Enrique Ortega Girones et al. (2012, p. 58) en ces termes :

> *« Aujourd'hui, les droits miniers de la République Démocratique du Congo sont gérés par une institution moderne et efficace, bien organisée et disposant d'un personnel capable et bien formé. En dépit de quelques difficultés avec le logiciel, qui a maintenant été remplacé, l'organisme CAMI est un cadastre informatisé raisonnablement bien équipé. En outre, en conformité avec le régime juridique mis en place, les procédures cadastrales sont effectivement conçues pour encourager la transparence et garantir le respect de l'approche premier venu, premier servi. »*

Depuis son institution par l'article 12 dudit texte non modifié, certains confondent le CAMI avec d'autres services de l'Administration des mines. Du reste, son statut juridique a été longtemps confus. De la sorte, il a fallu attendre 9 ans après la promulgation par le président de la République de la loi n° 08/009 du 7 juillet 2008 portant dispositions générales applicables aux Établissements publics pour qu'un décret du Premier ministre fixe dès lors les statuts du CAMI.

Par ailleurs, il sied de signaler que le décret n° 17/005 du 13 avril 2017 portant organisation et fonctionnement d'un Établissement public dénommé « Cadastre minier », remplaçant le décret n° 068/2003 du 3 avril 2003, est venu à point nommé préciser les statuts du CAMI en vue de les mettre en conformité avec les dispositions de la loi du 7 juillet 2008 susmentionnée, notamment en supprimant la double tutelle (du ministre des Mines et du ministre des Finances) sous laquelle il était placé. Désormais, le CAMI est sous l'unique tutelle du ministère des Mines.

Il s'avère que le CAMI ne peut fonctionner convenablement et accomplir correctement ses missions qu'à défaut d'interférences politiques, un facteur limitant son niveau d'autonomie dans la gestion du domaine minier congolais.

D'autres tâches qui rentrent dans l'exercice des attributions du CAMI sont limitativement fixées, et ce de façon détaillée, à la fois dans le décret n° 17/005 du 3 avril 2017 cité ci-dessus et à l'article 14 quater du Règlement minier.

Article 12bis : De l'organisme spécialisé des recherches *(inséré par l'article 17 de la Loi n° 18/001 du 09 mars 2018 modifiant et complétant la Loi n° 007/2002 du 11 juillet 2002 portant Code minier)*

Un décret du Premier ministre institue un organisme spécialisé chargé de la recherche dans le domaine minier.

Il en détermine l'organisation et le fonctionnement.

Une autre innovation apportée dans ce texte de loi est l'institution d'un « organisme spécialisé des recherches », chargé notamment de mener des travaux de recherches dans le domaine minier congolais.

Plus précisément, il s'agit du SGNC (Service Géologique National du Congo), tel qu'il ressort de l'article 14 septies du Règlement minier, dont la mission principale est de procéder d'abord à la cartographie géologique assistée par la télédétection, les levées géophysiques, les études géochimiques et ensuite à l'investigation du sol et/ou du sous-sol en vue de l'identification des indices des gîtes minéraux et des produits de carrières.

Dans tous les pays où un service géologique est institué, l'État espère mettre en valeur ses potentielles ressources naturelles. Un tel service est incontournable en matière de géologie et de minéralogique. C'est ce service qui fournit les renseignements ou informations susceptibles de constituer une base des données géologiques pour un pays en vue de quantifier sa potentialité minière. Comme le soulignent si bien certains auteurs (Enrique Ortega Girones et al., 2012, p. 12) :

> *« Le service géologique élabore et met à jour une infrastructure nationale fiable des sciences de la terre, notamment des cartes géologiques et bases de données connexes. Il fournit les connaissances géologiques de base pour l'industrie minière et les autres besoins, tels que la gestion des ressources en eau, la gestion environnementale, l'utilisation du sol, la gestion des géorisques et les travaux d'infrastructures. »*

En RDC, la création de cet organisme spécialisé est à saluer non seulement dans la mise en œuvre de la politique minière du pays, mais aussi et surtout du fait que l'État préconise désormais de ne plus laisser la recherche des substances minérales aux seules initiatives des personnes privées.

Le domaine de recherche géologique devrait être une priorité pour l'État congolais en vue de dynamiser la recherche minière grâce, entre autres, à la valorisation du potentiel géologique de la RDC par la mise en évidence de tous les gisements miniers dont dispose le pays, à la production d'informations géologiques et minières utiles à la recherche ainsi qu'à la création d'une banque nationale de données géologiques et minières.

C'est pourquoi, en finançant la recherche minière dans le but d'aboutir à la découverte d'un gisement économiquement ou commercialement exploitable, l'État peut espérer avant tout pouvoir négocier, au mieux de ses intérêts, puis mettre à la disposition des potentiels investisseurs les données géologiques fiables à l'exploitation et enfin octroyer, sur appel d'offres, des droits miniers ou de carrières d'exploitation sur des périmètres miniers étudiés et documentés.

Avant l'institution du SGNC, le CAMI passait pour un service géologique. En effet, une certaine opinion avait toujours pensé, à tort bien entendu, qu'à partir du CAMI, on pouvait avoir des informations fiables sur dont regorgent le sol ou le sous-sol d'un périmètre minier ou de carrières, c'est-à-dire sur la nature de telle ou telle autre substance minérale contenue dans le sol ou le sous-sol. Pourtant, cela n'est pas une des tâches reconnues au CAMI. C'est plutôt le SGNC, seul organe compétent en la matière, qui est à même de fournir de tels renseignements. Dans ce cadre, le commun des mortels devrait comprendre que le CAMI n'a pas une mission spécifique liée à l'une des matières qui touchent à la géologie. Aussi a-t-on longtemps pensé que, pour gérer le domaine minier congolais, il faut impérativement disposer des connaissances en géologie, ce qui est faux.

L'article 14 septies du Règlement minier dégage les tâches ou attributions confiées au SGNC.

Article 13 : *(abrogé par l'article 31 de la Loi n° 18/001 du 09 mars 2018 modifiant et complétant la Loi n° 007/2002 du 11 juillet 2002 portant Code minier).*

Article 14 : *(abrogé par l'article 31 de la Loi n° 18/001 du 09 mars 2018 modifiant et complétant la Loi n° 007/2002 du 11 juillet 2002 portant Code minier).*

Article 15 : *(abrogé par l'article 31 de la Loi n° 18/001 du 09 mars 2018 modifiant et complétant la Loi n° 007/2002 du 11 juillet 2002 portant Code minier).*

Article 16 : De la restriction de compétence *(modifié et complété par l'article 1er de la Loi n° 18/001 du 09 mars 2018 modifiant et complétant la Loi n° 007/2002 du 11 juillet 2002 portant Code minier)*

Sans préjudice des dispositions de l'article 46 du présent Code et des dispositions du Règlement minier, en dehors des ministères en charge des Mines, de l'Environnement et des Finances, des Gouvernements provinciaux, des services publics qui en dépendent ou qui sont sous leur tutelle ainsi que des organes de l'État expressément visés dans le Code ou dans le Règlement minier, aucun autre service ou organisme public ou étatique n'est compétent pour faire appliquer les dispositions du présent Code et agir directement dans le secteur minier.

Il ressort de cet article que la compétence administrative dans le domaine minier est restrictive, en ce sens qu'en dehors des ministères en charge des Mines, de l'Environnement et des Finances, des Gouvernements provinciaux, des services publics qui en dépendent ou qui sont sous leur tutelle et des organes de l'État expressément visés dans ce texte de loi et ses mesures d'application, aucun autre service ou organisme public ou étatique n'est compétent pour faire appliquer les dispositions de ces derniers et agir directement.

Il y a lieu de faire remarquer que le législateur a omis, dans cet article, de mentionner le ministère des Affaires Sociales, au moment où celui-ci intervient également, à travers le Fonds National de Promotion et de Service Social, dans l'application de ce texte de loi, principalement dans l'instruction environnementale et sociale d'une demande d'octroi d'un droit minier ou de carrières d'exploitation, ainsi qu'il résulte de l'article 42 de ce texte de loi.

Par ailleurs, le législateur aurait dû penser au ministère des Affaires Foncières dans l'application des dispositions de ce texte de loi, en ce que la question relative aux mines, touchant au sol et sous-sol, a inéluctablement des incidences sur le secteur foncier. Il devrait s'agir là d'une gestion concertée, laquelle n'est pas à confondre avec l'immixtion de l'un dans le domaine de l'autre.

Article 16 *bis* : De la formation *(inséré par l'article 1er de la Loi n° 18/001 du 09 mars 2018 modifiant et complétant la Loi n° 007/2002 du 11 juillet 2002 portant Code minier)*

Le Gouvernement définit et met en œuvre la politique de l'emploi et de la formation des nationaux dans le secteur des mines.

Le Règlement minier fixe les modalités de l'application du présent article.

De tout temps, le secteur des mines constitue un véritable pourvoyeur d'emploi en RDC. Sans doute, le secteur minier a un impact sur l'emploi. Les investissements miniers offrent une bonne opportunité de création d'emplois dans l'industrie minière.

Cet article prône la politique d'embauche, en favorisant la main-d'œuvre locale et celle de renforcement des capacités des citoyens dans le secteur minier, qui doit impérativement passer par la formation. Cette dernière a pour clé de voûte de donner l'envie de former les nationaux et de faire de cette politique un pas vers le développement de la performance de la société congolaise.

Parmi les provinces pourvoyeuses d'emplois, on peut compter sur l'ex-Katanga. C'est ce que soutient Jean Omasombo Tshonda (dir., 2018, p. 12) :

> *« De ces richesses qui forcent l'idée d'une identité, les gisements miniers sont les principales manifestations. La matrice de l'économie du Haut-Katanga demeure son bassin cuprifère, dont l'exploitation industrielle ou artisanale est une forte pourvoyeuse d'emplois […]. »*

Pour développer le secteur minier congolais et soutenir l'emploi, le recours à la main-d'œuvre locale paraît nécessaire. Ce « recours devrait apporter des retombées directes sur l'économie nationale, en dehors des taxes et des revenus perçus par l'État » (NRGI, 2019).

Cependant, la carence de la main-d'œuvre locale qualifiée peut handicaper cette mesure. C'est pourquoi un accent particulier devrait être mis sur un programme de formation du personnel congolais en vue de le rendre compétitif, et même « en vue de répondre à la demande croissante de l'industrie minière » (NRGI, 2019).

Il s'avère que les perspectives de développement durable du secteur minier impliquent une maîtrise des enjeux liés à la gouvernance du secteur. Et si l'on veut sereinement voir l'avenir dans le secteur minier congolais, la formation du personnel devrait demeurer incontournable.

L'article 405 quinquies du Règlement minier fixe les modalités d'emploi, tandis que l'article 405 sexies du même texte détermine celles applicables à la formation.

Chapitre III :
DE LA PROSPECTION

Article 17 : *(abrogé par l'article 31 de la Loi n° 18/001 du 09 mars 2018 modifiant et complétant la Loi n° 007/2002 du 11 juillet 2002 portant Code minier).*

Article 18 : *(abrogé par l'article 31 de la Loi n° 18/001 du 09 mars 2018 modifiant et complétant la Loi n° 007/2002 du 11 juillet 2002 portant Code minier).*

Article 19 : *(abrogé par l'article 31 de la Loi n° 18/001 du 09 mars 2018 modifiant et complétant la Loi n° 007/2002 du 11 juillet 2002 portant Code minier).*

Article 20 : *(abrogé par l'article 31 de la Loi n° 18/001 du 09 mars 2018 modifiant et complétant la Loi n° 007/2002 du 11 juillet 2002 portant Code minier).*

Article 21 : *(abrogé par l'article 31 de la Loi n° 18/001 du 09 mars 2018 modifiant et complétant la Loi n° 007/2002 du 11 juillet 2002 portant Code minier).*

Article 22 : *(abrogé par l'article 31 de la Loi n° 18/001 du 09 mars 2018 modifiant et complétant la Loi n° 007/2002 du 11 juillet 2002 portant Code minier).*

Avant sa modification, ce texte de loi annonçait le principe de la liberté d'accès à la prospection minière sur toute l'étendue du territoire national.

La prospection était définie en son article 1, au point 43, comme toute activité par laquelle une personne se livre à des investigations, au moyen de l'étude de l'information disponible, des observations de près ou à distance, de la prise et de l'analyse des échantillons trouvés sur la surface de la terre ou dans les cours d'eaux, en utilisant notamment des techniques géologiques et géochimiques, y compris diverses méthodes telles que la télédétection afin de découvrir des indices de l'existence d'un gîte minéral à des fins économiques ou scientifiques.

On peut également définir la prospection minière comme une activité par laquelle une personne se propose, au moyen des travaux légers de surface, de découvrir des indices de l'existence de gisements de substances minérales, à des fins économiques.

Jadis, l'autorisation personnelle de prospection conférait le droit de procéder à des investigations minières superficielles n'affectant pas sensiblement la topographie et consistant notamment en des prélèvements d'échantillons, en des essais par méthodes géochimiques et géophysiques, et cela, dans le but de découvrir des indices de substances minérales. Pourtant, dans la pratique, il avait été constaté que certaines investigations s'étaient véritablement transformées en des travaux de recherches, voire d'exploitation.

Et les détenteurs des attestations de prospection se faisaient passer pour des titulaires des droits miniers ou de carrières. Ce qui était une fraude à la loi.

Pour éviter que les travaux de prospection dégénèrent en travaux de recherches ou d'exploitation déguisés, lorsque ces derniers sont menés par une personne autre qu'un titulaire d'un droit minier ou de carrières, ce qui était souvent le cas, le législateur a trouvé bon, avec raison, que l'autorisation personnelle de prospection soit carrément supprimée.

En conformité à ce texte de loi et à la suite de l'abrogation des anciennes dispositions des articles 17 à 22 de ce texte de loi, celles des articles 16 à 25 du Règlement minier relatifs à la prospection des mines et des produits de carrières ont également été abrogées.

TITRE II : DES DISPOSITIONS COMMUNES

Chapitre Premier : DE L'ÉLIGIBILITÉ

Article 23 : De l'éligibilité aux droits miniers et de carrières *(modifié aux litteras a et b de son alinéa 1er par l'article 2 de la Loi n° 18/001 du 09 mars 2018 modifiant et complétant la Loi n° 007/2002 du 11 juillet 2002 portant Code minier)*

Sans préjudice des dispositions de l'article 27 ci-dessous, sont éligibles aux droits miniers et de carrières :

a. toute personne morale de droit congolais qui a son siège social et administratif sur le territoire national et dont l'objet social porte exclusivement sur les activités minières ;

b. toute personne morale de droit étranger dont l'objet social porte exclusivement sur les activités minières et qui se conforme aux lois de la République ;

c. tout organisme à vocation scientifique.

Les personnes éligibles visées au littera b du présent article sont tenues d'élire domicile auprès d'un mandataire en mines et carrières établi dans le Territoire National et d'agir par son intermédiaire.

Les personnes morales de droit étranger et les organismes à vocation scientifique cités aux littera b et c du présent article ne sont éligibles qu'aux droits miniers et/ou de carrières de recherches.

Il s'avère que nul ne peut procéder à la recherche et/ou à l'exploitation minière ou de carrières à grande ou petite échelle, s'il n'est pas éligible aux droits miniers et/ou de carrières.

C'est l'éligibilité qui conditionne l'accès aux opérations minières. Ce dernier est assujetti à l'octroi d'un droit minier ou de carrières. Et la détention d'un titre minier ou de carrières confère à son titulaire le droit de procéder aux recherches sur le périmètre minier ou de carrières et/ou d'exploiter le gisement découvert.

Il convient de préciser, pour bien fixer les idées, que l'éligibilité aux droits miniers et de carrières se rapporte aux opérations minières, exclusivement à la recherche et/ou à l'exploitation des substances minérales, mais pas aux autres aspects que comprennent les activités minières, notamment la détention des substances minérales, la commercialisation, le traitement ou la transformation des produits miniers issus de l'exploitation, etc.

En effet, il découle de l'analyse minutieuse des points 2 et 35 de l'article 1 de ce texte de loi que toute opération minière est une activité minière. À l'inverse, toute activité minière n'est pas nécessairement une opération minière. Concrètement, on peut dire que le traitement ou la transformation des substances minérales se révèle une activité minière, mais ne rentre pas dans le cadre des opérations minières. On peut déduire qu'un titulaire du droit minier ou de carrières revêt à la fois la qualité d'un opérateur minier et d'un acteur du secteur minier. Il n'en sera pas de même pour une entité de traitement qui n'est qu'un acteur du secteur minier, mais pas un opérateur minier.

Il est à noter que seules les personnes éligibles aux droits miniers et/ou de carrières peuvent en devenir titulaires. Autrement dit sont appelés « opérateurs miniers », au sens de la lettre et de l'esprit de ce texte de loi, les titulaires des droits miniers et de carrières.

Vouloir procéder à une opération minière est une chose, s'y adonner en est une autre. Réellement, pour avoir droit aux opérations minières, il faut impérativement être éligible aux droits miniers et/ou de carrières. Pour cela, le législateur congolais a déterminé, à travers cet article, les personnes habilitées à effectuer lesdites opérations.

Pour ce qui est du siège social, la société minière est tenue de le mentionner dans ses statuts. Il peut être au lieu où se trouve son centre d'activités, soit à l'adresse de l'un de ses organes principaux. Ainsi, on ne peut viser que « le domicile de la personne morale en tant que sujet de droit ; le lieu où se réunissent ses organes d'administration et de direction mieux, là où se trouve son principal établissement » (Emery Mukendi Wafwana, 2005, p. 106).

S'agissant de l'objet social, la société minière de droit congolais, à l'instar de toute société commerciale, doit se constituer conformément à l'Acte uniforme relatif au droit des sociétés commerciales et du groupement d'intérêt économique [ci-après AUSCGIE]. Mais, contrairement à ce dernier, qui permet la diversification des activités commerciales, la loi minière, quant à elle, impose que la société minière circonscrive limitativement son champ d'activités.

En effet, le législateur établit le principe de l'exclusivité de l'objet social en droit minier. Il s'ensuit que les sociétés commerciales, qui désirent obtenir des droits miniers et/ou de carrières, sont tenues dans la constitution de leurs statuts de ne reprendre qu'un seul élément dans l'objet social, lequel élément ne doit porter que sur les activités minières. Il faut savoir qu'une société peut être constituée conformément à la loi, mais sans être nécessairement éligible aux droits miniers et de carrières. Il en découle que les sociétés commerciales qui existaient avant la révision de ce texte de loi, et même celles qui existent mais qui exercent d'autres activités que celles liées aux mines, sont tenues de modifier leurs statuts ou de créer d'autres sociétés pour se conformer à ce principe avant de solliciter les droits miniers et/ou de carrières.

Évidemment, pour qu'une société commerciale existante soit éligible aux droits miniers et/ou de carrières, elle doit prend en compte cet aspect, ce qui la contraindra à modifier son objet social pour le conformer au littera b de l'alinéa 1 de cet article. En d'autres mots, c'est ce qu'écrit Roger Mulamba Katamba (s.d.), dans un article publié sur l'internet :

> *« […] une société peut être régulièrement constituée et avoir un objet social licite conformément aux articles 19 et 20 de l'AUSCGIE sans être pour autant éligible à détenir les droits miniers si cet objet ne porte pas exclusivement sur les activités minières.*
>
> *Les associés sont donc tenus, s'ils veulent que leur société exerce des activités minières, au respect de cette exigence légale d'éligibilité, lors de la rédaction des actes constitutifs ou lors de la demande des droits miniers en procédant par une assemblée générale extraordinaire modificative des statuts sociaux. »*

Avant la modification de ce texte de loi, la personne physique de droit congolais ou de droit étranger était éligible aux droits miniers et/ou de carrières. Curieusement, avec la réforme de 2018, cette catégorie est aujourd'hui exclue des personnes qui y sont éligibles. Cet état de choses ne peut pas résister à la critique. Du reste, il serait même une des causes de l'exploitation anarchique et clandestine de l'artisanat.

En réalité, cet état de choses a conduit la plupart des personnes physiques à se tourner vers l'exploitation artisanale, du fait qu'ils ne peuvent devenir aujourd'hui titulaires d'un droit minier ou de carrières. Il apparaît que le secteur minier artisanal connaît, pour l'instant, un engouement d'artisanaux, jamais connu auparavant, avec la création de plusieurs coopératives dont la plupart sont, en réalité, tenues par des personnes physiques de nationalité étrangère. Mais il est vrai qu'avec le droit Ohada, la personne physique qui ne peut plus être éligible aux droits miniers et de carrières, a la possibilité de constituer seule une société commerciale, dans ce cas précis une société unipersonnelle, et ce pour contourner cette exclusion légale.

Il convient à cet effet de souligner qu'en droit minier congolais, la seule possibilité laissée à la personne physique majeure de nationalité congolaise, sauf la femme enceinte, qui manifeste le désir de se livrer aux activités minières, est d'accéder à l'exploitation artisanale. En pareille circonstance, elle ne peut le faire que par le biais d'une coopérative minière agréée, dont l'adhésion est subordonnée à la détention d'une carte d'exploitant artisanal.

L'exclusion des personnes physiques majeures, qu'il s'agisse des nationaux ou des étrangers, du droit de devenir titulaires des droits miniers et/ou de carrières par ce texte de loi n'est véritablement pas une solution aux problèmes qui gangrènent à ce jour le secteur minier congolais. En fait, cette option prise ne s'explique pratiquement pas, même lorsque l'on évoque à cet effet les raisons de la capacité financière suffisante que doivent prouver les personnes physiques par rapport aux personnes morales pour procéder à la recherche et/ou à l'exploitation des substances minérales.

Sans doute, le fait d'être personne physique ne peut pas justifier le manque de ressources financières suffisantes pour se livrer aux opérations minières. Au demeurant, cette exclusion ne favorise pas la promotion de la classe moyenne dans la société congolaise qui se voit aujourd'hui privée de l'opportunité d'avoir accès directement aux opérations minières par la détention d'un titre minier ou de carrières. Pourtant, cela était bel et bien l'un des objectifs visés par la loi du 11 juillet 2002, à savoir la promotion de la classe moyenne, le but étant de la faire participer à l'essor économique du pays. Visiblement, cette situation constitue un recul par rapport à la situation d'avant la révision du Code minier.

Le législateur devrait, de lege ferenda, revenir à la situation d'antan, c'est-à-dire d'avant la révision de ce texte de loi, en reprenant les personnes physiques dans la catégorie des personnes éligibles aux droits miniers et de carrières ; le but serait ici, insistons là-dessus, de promouvoir la classe moyenne pour une catégorie de la population.

L'article 26 du Règlement minier se rapporte à l'éligibilité aux droits miniers et de carrières.

Article 23 bis : De l'accès à l'exercice des droits miniers et de carrières

(inséré par l'article 18 de la Loi n° 18/001 du 09 mars 2018 modifiant et complétant la Loi n° 007/2002 du 11 juillet 2002 portant Code minier)

Les personnes morales désireuses d'investir dans le secteur minier sont tenues de fournir les documents ci-après :

a. l'attestation fiscale ou l'équivalent, en cours de validité délivrée par l'Institution compétente du pays d'origine du requérant ;

b. l'attestation de bonne vie et mœurs et l'extrait du casier judiciaire en cours de validité pour les associés de la personne morale, délivrés par les autorités compétentes du pays d'origine ;

c. l'engagement écrit de déclarer en République Démocratique du Congo les profits et revenus réalisés.

Suivant l'esprit et la lettre de cet article, on peut penser que ce dernier ne s'applique qu'aux investissements des personnes morales de droit étranger, demandeurs des droits miniers et de carrières de recherches, conformément à l'alinéa 3 de l'article précédent. Cela n'est pas le cas. Il s'avère que l'investissement de certaines personnes morales de droit congolais est également soumis aux exigences formulées par cet article, comme il sera précisé ci-dessous.

En effet, cet article fait dépendre tout investissement des personnes morales dans le secteur des mines de la possession des documents sus-indiqués. En d'autres mots, l'investissement dans le secteur minier de toute personne de droit étranger et de droit congolais, selon le cas, est conditionné par la présentation de pièces justificatives en rapport avec à la fois sa situation fiscale, sa situation judiciaire et son engagement de déclarer tout profit et revenu réalisé sur le territoire congolais à la suite de ses activités minières.

Soulignons d'abord que, pour investir dans le secteur des mines en RDC, justifier de la régularité de la situation fiscale est une obligation pour les requérants des droits miniers et de carrières. En fait, c'est l'attestation fiscale qui leur permet de prouver le bon paiement de leurs impôts et de la taxe sur la valeur ajoutée (TVA) si elles sont assujetties à cette dernière. C'est donc ce document officiel qui certifie de la régularité de la situation fiscale d'une entreprise qui veut investir en RDC.

Soulignons ensuite qu'avant de se lancer dans la procédure de création d'entreprise et espérer investir dans le secteur des mines en RDC, il faut préalablement bien connaître ses droits. Car les personnes physiques, qui n'ont pas une bonne moralité ou étant condamnées par la justice de leur pays d'origine pour telle ou telle autre infraction et ayant souvent un lien avec les activités commerciales, ne peuvent pas être autorisées, même par le truchement des sociétés dans lesquelles elles sont associées, à exercer les activités minières en RDC.

On peut remarquer ici que le législateur congolais, en exigeant d'un associé d'une société minière qu'il fournisse l'attestation de bonnes vie et mœurs ainsi que l'extrait du casier judiciaire, entend exclure de l'exercice des activités minières des personnes qui ne jouissent pas d'une bonne réputation et qui ont eu des antécédents judiciaires dans leur pays d'origine. Car bien des infractions qui sont prononcées par les cours et tribunaux, comme des peines principales ou complémentaires, peuvent être une interdiction d'exercer des activités commerciales ou une interdiction de diriger, administrer ou contrôler une société commerciale. Ainsi, les personnes concernées peuvent être interdites, par exemple, d'être associées dans une société commerciale.

Pour ce qui est principalement de l'octroi des droits miniers et de carrières, c'est donc grâce au casier judiciaire, qui se définit comme un fichier relevant les condamnations pénales d'un individu, que le CAMI pourra, lors de l'instruction cadastrale se rendre compte de la situation judiciaire de tel ou tel autre associé, et ainsi déclarer la société minière éligible ou non aux droits miniers et de carrières de recherches ou d'exploitation. Il faut noter que tout dépend de ce qui est inscrit dans le casier judiciaire de cette personne.

Soulignons enfin qu'aucune personne morale ne peut investir dans le secteur des mines, si elle ne s'engage pas de manière formelle, par un écrit, de déclarer en RDC ses profits et revenus réalisés. À ce propos, il y a lieu de souligner que cet engagement écrit de l'investisseur minier devrait être notarié pour que le notaire lui confère le caractère d'authenticité d'un acte de l'autorité publique. Car un tel engagement doit revêtir un caractère authentique, le but étant de rechercher son efficace, à travers sa force probante et sa force exécutoire.

Comme on peut le constater, il serait incompréhensible et inimaginable que le CAMI ne tienne pas compte de ces documents lors du dépôt des dossiers des demandes des droits miniers et de carrières ou même lors de l'instruction cadastrale, au risque de voir des sociétés minières, détentrices ou cessionnaires des droits miniers et de carrières, avoir en leur sein des personnes associées n'ayant pas une bonne moralité ou pouvant posséder des casiers judiciaires avec une interdiction d'exercer les activités commerciales ou de diriger une entreprise. D'ailleurs, certaines formes de sociétés, comme dans le cas d'une société en nom collectif, requièrent qu'une personne ne soit pas associée du fait qu'elle possède un casier judiciaire comportant une condamnation qui la déchoit de la qualité de commerçant. Dans un autre cas, il peut arriver qu'aucune fonction de direction ne soit assurée par l'associé ou l'actionnaire qui ne possède pas un casier judiciaire vierge. Cette situation doit être connue pour une meilleure application des dispositions de cet article.

En principe, l'obligation de fournir les documents susmentionnés s'impose aux personnes morales de droit étranger, qui sollicitent des droits miniers et de carrières de recherches, bien que les dispositions de cet article ne le disent pas expressis verbis. Cela découle plutôt des dispositions du 2e tiret de l'article 56 de ce texte de loi qui dispose : « Pour obtenir un Permis de recherches, le requérant : […] remplit les exigences formulées aux articles 23 bis et 38 du présent Code. » Il paraît évident que ce point précis ne soit appliqué qu'aux personnes morales de droit étranger pouvant solliciter les droits miniers et de carrières de recherches.

Aussi cette obligation s'impose-t-elle aux demandeurs des droits miniers d'exploitation et de carrières d'exploitation permanente ainsi qu'aux cessionnaires des droits miniers et de carrières. C'est ce qui ressort des dispositions du Règlement minier, en ses articles 145 relatif à l'établissement de la demande du Permis d'Exploitation, 191 relatif au dépôt des documents à joindre et à la recevabilité de la demande du Permis d'Exploitation des Rejets, 207 relatif au dépôt, à la recevabilité ou à l'irrecevabilité de la demande de Permis d'Exploitation de Petite Mine, 322 relatif au dépôt de la demande d'Autorisation d'Exploitation de Carrières Permanente et 375 relatif au formulaire de la cession.

Qui plus est, il faut savoir que le manque ou le défaut d'un seul de ces documents constitue un obstacle dirimant à l'accès à l'exercice aux activités minières. Il est certain que la tenue de ces documents est cumulative, et non alternative, soit l'un et l'autre, mais pas l'un ou l'autre. Dans cette perspective, l'octroi de tout droit minier ou de carrières dont l'instruction viole les dispositions de cet article est illégal, comme il est expliqué à l'article 56 de ce texte de loi.

Cet état de choses devrait être connu non seulement du préposé au guichet du CAMI, mais aussi des différents demandeurs ou acquéreurs des droits miniers et de carrières auxquels cet article s'applique. En effet, au dépôt du formulaire de demande ou de cession des droits miniers et de carrières, le préposé au guichet du CAMI doit vérifier si cette demande est recevable. Et pour qu'elle soit recevable, elle doit être dûment établie, déposée et accompagnée des exigences formulées ou des pièces requises conformément aux dispositions de cet article.

Au regard de ce qui précède, il y a fort à craindre que, dans la pratique, cet article ne soit pas appliqué, et ce, à cause notamment de l'inintelligibilité qui en résulte. En fait, il ne serait pas étonnant que l'absence de la vulgarisation de ce texte de loi soit bel et bien la cause de la non-application des dispositions de cet article, vu que ce dernier, qui n'existait pas avant la modification de ce texte, a été inséré après sa modification, ce qui constitue une nouveauté. D'où il est impérieux d'expliquer sa ratio legis pour mieux le faire comprendre.

Article 24 : De l'élection de domicile

L'élection de domicile dont question à l'article précédent est expresse et ne peut se faire que par écrit.

Toutes significations, demandes et poursuites pour l'exécution d'un acte pour lequel le domicile a été élu, sont valablement faites à ce domicile.

Pour ce qui est de l'élection de domicile, ce sont les dispositions de la loi n° 87-010 du 1er août 1987 portant Code de la famille telle que modifiée et complétée par la loi n° 16-008 du 15 juillet 2016 qui s'applique dans le secteur des mines.

En effet, le législateur de ce texte de loi a eu à recourir à l'article 168 du Code de la famille. Ce dernier dispose : « Toute personne peut élire domicile pour l'exécution de tous actes. L'élection doit être expresse et ne peut se faire que par écrit. Toutes significations, demandes et poursuites pour l'exécution d'un acte pour lequel domicile a été élu, peuvent être valablement faites à ce domicile et devant le juge dudit domicile. »

En droit civil, le domicile n'est pas à confondre avec la résidence. En effet, le premier est une notion juridique désignant le lieu où une personne a son principal établissement. Par contre, la deuxième désigne une situation de fait : le lieu où la personne habite.

Ainsi que le dispose l'article 161 du Code de la famille, « Le domicile de toute personne est au lieu où elle a son principal établissement. À défaut de domicile connu, la résidence actuelle en produit les effets. » L'article 169 du même texte, quant à lui, dit que la résidence est le lieu où une personne a sa demeure habituelle (Élie-Léon Ndomba Kabeya, 2017, pp. 54 et 55).

En sus, l'article 167 du Code de la famille dispose : « Les personnes morales ont leur domicile :

1. *au siège de leur administration en ce qui concerne les institutions publiques ou paraétatiques ;*

2. en ce qui est des personnes morales de droit privé reconnues ou instituées par l'État, à leur siège social ou à leur siège administratif au sens de l'article premier, alinéa 2, de l'ordonnance-loi 66-341 du 7 janvier 1966 ;

3. au siège social au sens du décret-loi du 18 septembre 1965 pour les associations sans but lucratif ayant la personnalité civile ;

4. au domicile élu au Zaïre [RDC] pour les sociétés de droit étranger qui exercent leurs activités. »

S'agissant des commerçants, comme les titulaires des droits miniers et de carrières, ces derniers ont une résidence au lieu où ils exercent leurs activités. Cela ressort de l'article 172 du Code de la famille. Il est à noter ici qu'aux termes de l'article 171 du Code de la famille, une personne peut avoir plusieurs résidences.

L'élection de domicile permet à un titulaire de droit minier ou de carrières, ou encore à toute autre personne œuvrant dans le secteur minier, sans domicile fixe ou résidence stable, de recevoir du courrier, de percevoir certaines prestations et d'accéder à certains droits, notamment la délivrance d'un avis cadastral.

La déclaration du domicile fait foi pour toute notification à adresser au titulaire du droit minier ou de carrières, à son représentant ou à son mandataire en mines et carrières. Et l'écrit de l'élection du domicile est exigé pour que nul n'en conteste son existence.

L'article 27 du Règlement minier fixe les modalités applicables à la déclaration du domicile.

Article 25 : Des mandataires en mines et carrières

Les mandataires en mines et carrières sont préalablement agréés par le Ministre en raison de leur honorabilité, moralité, compétences et connaissances approfondies dans la législation minière ou dans la gestion du domaine des mines ou de carrières.

Outre la représentation, les mandataires en mines et carrières ont pour mission de conseiller et/ou d'assister toute personne intéressée dans l'octroi et l'exercice des droits miniers et de carrières ainsi que dans le contentieux y afférent.

L'Administration des Mines tient et publie la liste des mandataires agréés et l'actualise annuellement.

Le Règlement Minier fixe les conditions d'agrément des mandataires en mines et carrières.

L'alinéa 1 de cet article pose quelques conditions d'agrément au titre de mandataire en mines et carrières.

Avant la modification de ce texte de loi, il était organisé deux types d'agréments des mandataires en mines et carrières : agrément ordinaire et agrément exceptionnel. Avec la réforme de 2018, le législateur ne retient plus que l'agrément ordinaire, avec l'abrogation de l'article 341 de ce texte de loi qui régissait l'agrément des mandataires en mines et carrières de manière exceptionnelle.

Contrairement à ce que certains pourraient penser, le législateur congolais a voulu que le mandataire en mines et carrières ne soit pas nécessairement un juriste, et ce, à la différence de la qualité d'avocat. Ce qui paraît étrange.

Au fond, la qualité de mandataire en mines et carrières est une prérogative reconnue à toute personne qui veut agir au nom et pour le compte d'un tiers, c'est-à-dire d'une personne morale de droit congolais ou de droit étranger désireuse d'investir ou agissant dans le secteur minier. En effet, le mandataire en mines et carrières est principalement appelé à conseiller et/ou à assister les demandeurs ou les titulaires des droits miniers ou de carrières dans l'exercice de leurs droits ou dans le contentieux qui rentre dans le cadre de leurs activités minières. Cela sous-entend que la personne morale de droit congolais peut toujours agir seule, sans assistance dudit mandataire, et ce, à travers ses organes statutaires. Ce qui n'est pas le cas pour la personne morale de droit étranger qui est tenue d'élire domicile auprès d'un mandataire en mines et carrières établi dans le territoire national et d'agir par son intermédiaire. C'est ce qui ressort de l'alinéa 2 de l'article 23 de ce texte de loi.

En droit minier congolais, il doit être entendu qu'aucune tierce personne, fût-elle avocat, ne peut agir au nom et pour le compte d'un titulaire du droit minier ou de carrières, si elle est dépourvue de la qualité de mandataire en mines et carrières agréé, ainsi que le dit l'article 30 du Règlement minier relatif à l'exercice de la profession de mandataire en mines et carrières. Ce dernier dispose : « Seuls les mandataires en mines et carrières agrées par le Ministre peuvent exercer les prérogatives prévues à l'article 25 du Code minier. Toute requête introduite au nom et pour le compte d'un tiers par toute personne dépourvue de la qualité de mandataire en mines et carrières agrée est nulle et de nul effet. »

La violation des dispositions dudit article 25 est sanctionnée par la nullité des actes posés par la personne autre que la personne morale ou le mandataire en mines et carrières agréé. Il est dommage que cet article soit souvent violé sous le silence de ceux-là mêmes qui sont appelés à veiller à l'application des dispositions de ce texte de loi.

Dans la pratique, il est curieux de constater que certains avocats s'arrogent librement les prérogatives des mandataires en mines et carrières, et se permettent ainsi d'agir au nom et pour le compte des requérants ou des titulaires des droits miniers ou de carrières. On pense, à tort évidemment, que l'élection du domicile au cabinet d'un avocat emporte d'office la qualité de mandataire en mine et carrières.

Ce n'est pas en vain qu'il est fait obligation à la Direction des Mines de tenir et publier la liste des mandataires agréés et de l'actualiser annuellement. Cela permet de savoir si la personne qui agit au nom et pour le compte de tiers, est revêtue de la qualité de mandataire en mines et carrières, et même de s'assurer, au cas où elle serait mandataire en mines et carrières, si son agrément est en cours de validité.

C'est pourquoi l'Administration des mines ainsi que les autres services spécialisés du ministère des Mines, dont le CAMI, devraient veillent à ce que la personne qui introduit une requête au nom et pour le compte du tiers, ait obligatoirement la qualité de mandataire en mines et carrières. Pratiquement, les choses ne se passent pas toujours comme prévu. Car il arrive qu'on donne suite à certaines correspondances émanant des avocats dépourvus de la qualité de mandataires en mines et carrières.

En ce qui concerne les frais administratifs d'enregistrement, dont le montant et les modalités de perception sont fixés par arrêté conjoint des ministres ayant respectivement les Mines et les Finances dans leurs attributions, il sied de souligner que le montant fixé est excessivement élevé. Au demeurant, cet état de choses n'est pas de nature à faciliter l'accès à la profession d'un grand nombre de personnes désireuses de devenir mandataires en mines et carrières, comme c'est le cas pour la profession d'avocat.

Au fond, la somme de 5.000 USD exigée pour le dépôt du dossier de demande d'agrément au titre de mandataire en mines et carrières ne se justifie pas, quand on sait que la profession de mandataire en mines et carrières est libérale et indépendante, à l'instar de celle d'avocat. Il semble illogique de continuer à maintenir ce montant, au regard du pouvoir d'achat de la population.

De plus, il est important de noter que l'alinéa 4 de cet article, dans sa formulation, peut entretenir une confusion. En effet, on peut penser qu'à travers ce dernier, un texte réglementaire peut méconnaître les conditions qui ressortent déjà de l'alinéa 1 dudit article. C'est ainsi qu'il est impérieux qu'il soit amendé. Cette modification devrait donc consister à remplacer le terme « conditions » par le terme « modalités ». L'article amendé devrait donc être libellé comme suit : « Le Règlement Minier fixe les modalités d'agrément des mandataires en mines et carrières. »

Les articles 30 à 38 du Règlement minier, fixant les modalités applicables aux mandataires en mines et carrières, auraient dû également fixer le montant pour le dépôt de dossier de demande d'agrément, en tenant compte, ainsi qu'il a été susmentionné, du pouvoir d'achat de la population, plutôt que de laisser aux ministres des Mines et des Finances le soin d'en déterminer le montant.

Soulignons que les articles du Règlement minier précités sont principalement axés sur l'exercice de la profession de mandataire en mines et carrières, la durée de la validité de l'agrément de mandataire en mines et carrières, les conditions d'agrément, la présentation de la demande d'agrément, la décision d'agrément ou de refus d'agrément, la notification de la décision d'agrément ou de refus d'agrément, la publicité de l'agrément des mandataires en mines et carrières, le retrait ou de la perte de l'agrément en qualité de mandataire en mines et carriers.

S'agissant des conditions d'agrément, le point relatif à la justification des compétences et connaissances approfondies dans la législation minière ou dans la gestion du domaine des mines et de carrières peut donner lieu à des critiques ou susciter des controverses.

On peut chercher à savoir si toute personne qui publierait un article sur un aspect en rapport avec le droit minier ou le domaine minier peut se targuer de devenir mandataire en mines et carrières. Est-ce que le fait d'avoir été employé dans l'un des services de l'Administration des mines ou des services spécialisés du ministère des Mines est assez pour qu'une personne puisse aspirer à la qualité de mandataire en mines et de carrières ?

La condition de publier un article ne devrait pas conditionner l'accès à la profession de mandataire en mines et carrières, lorsqu'on sait que certains articles sont parfois publiés dans des revues moins renommées. Aussi le seul fait d'avoir été employé dans l'Administration des mines ne devrait-il pas suffire à conférer à une personne la qualité de mandataire en mines et carrières. Puisque celui-ci est appelé à assister, à conseiller, à agir au nom et pour le compte d'un acteur du secteur minier, il va sans dire qu'il doit être à même de mieux comprendre et de bien interpréter ce texte de loi. Et ce n'est pas parce qu'on a travaillé dans l'Administration des mines, par exemple en tant qu'opérateur de saisi, qu'on peut prétendre avoir des connaissances suffisantes en droit minier ou faire valoir son savoir-faire pour exercer la profession de mandataire en mines et carrières.

Comme on peut le constater, un tel critère reste subjectif et ne peut pas permettre de démontrer objectivement que le fait d'avoir rendu des services honorables dans l'Administration des mines, soit dans une entreprise minière ou de carrières au courant des dix dernières années, est suffisant pour devenir mandataire en mines et carrières, comme il ressort précisément de l'article 33, alinéa 4, du Règlement minier.

Il paraît que toute personne autre que le juriste de formation n'aurait pas suffisamment d'atouts pour mieux répondre aux exigences en rapport avec les compétences et les connaissances approfondies de la législation minière. En d'autres mots, la formation de juriste serait plus adaptée à l'exercice de la profession de mandataire en mines et carrières. Sur ce point, il sied de souligner qu'il existe une complémentarité entre les disciplines juridiques : la connaissance de l'une peut servir à la connaissance de l'autre. D'ailleurs, le droit minier est au carrefour de plusieurs autres sciences juridiques (droit civil des obligations, droit civil des biens, droit commercial, droit fiscal, droit administratif, droit pénal, droit civil des personnes, etc.). C'est dans ce même ordre d'idées que la doctrine avec Émile Lambert Owenga Odinga (2014, n° 1083, p. 690) renchérit de la façon suivante :

> *« Eu égard aux termes utilisés par le législateur, notamment l'usage de l'adjectif "approfondies", il semble difficile pour un non-juriste de satisfaire cette condition. Étant donné l'unicité du droit, il est moins concevable que quelqu'un qui n'est pas juriste de formation puisse avoir des connaissances et des compétences approfondies d'une législation…*

Ainsi, une personne qui ignore les autres disciplines juridiques, ne peut pas avoir des connaissances et des compétences approfondies de la législation minière. »

Dans cet élan, il a été constaté que la plupart des mandataires en mines et carrières, surtout les non-juristes, faute d'une meilleure connaissance du droit en général, ont du mal à bien interpréter certaines dispositions de ce texte de loi ainsi que de ses mesures d'application. Du reste, cet état de choses a eu comme conséquence que certains titulaires ont été déchus de leurs prérogatives sur des droits miniers ou de carrières, à cause tout simplement de manque de connaissances suffisantes de la loi minière de leurs mandataires en mines et carrières moins qualifiés, voire de leur maladresse.

Concernant le retrait ou la perte de l'agrément en qualité de mandataire en mines et carrières, une circonstance aggravante est constituée lorsqu'une personne, ayant cette qualité, commet, dans le cadre ou en dehors de l'exercice de sa mission, une des infractions prévues par ce texte de loi. C'est ainsi qu'en plus des peines qu'on peut lui infliger, à la suite d'un jugement ou d'un arrêt définitif, le mandataire en mines et carrières perd d'office son agrément. Il en sera ainsi lorsqu'il ne peut plus satisfaire à l'une des conditions d'agrément durant l'exercice de sa mission, par exemple, lorsqu'il ne jouit plus de la plénitude de ses droits civiques (le cas de la personne physique) ou qu'il est en faillite, voire en cours de liquidation (le cas de la personne morale).

Au regard de tout ce qui précède, il est temps qu'une loi spécifique détermine un ordre national des mandataires en mines et carrières. Cela contribuera à mieux organiser la profession des mandataires en mines et carrières, qui n'est pas structurée. Pour tout dire, une loi devrait organiser cette profession, de manière à ne réserver l'accès à cette profession qu'aux seules personnes qualifiées, en l'occurrence les juristes de formation, ou tout au moins à une autre personne dont la connaissance approfondie de la loi minière ne pourrait être remise en cause. Pour cela, il siérait mieux d'envisager un test d'admission en qualité de mandataires en mines et carrières, ce qui permettra de vérifier si le candidat ou la candidate a des connaissances nécessaires et avérées sur la législation minière et des aptitudes éprouvées pour exercer la profession de mandataire en mines et carriers.

Article 26 : De l'éligibilité à l'exploitation artisanale *(modifié à son alinéa 1er par l'article 2 de la Loi n° 18/001 du 09 mars 2018 modifiant et complétant la Loi n° 007/2002 du 11 juillet 2002 portant Code minier)*

Sans préjudice des dispositions de l'article 27 ci-dessous, seules les personnes physiques majeures de nationalité congolaise détentrices des cartes d'exploitant artisanal et affiliées aux coopératives minières ou des produits de carrières agréées sont éligibles à l'exploitation artisanale.

Sans préjudice des dispositions de l'article 27 ci-dessous, seules les personnes physiques majeures de nationalité congolaise peuvent acquérir et détenir les cartes de négociant.

Dans le strict respect des dispositions de l'article 27 du présent Code, sont éligibles au titre de comptoir d'achat des substances minérales d'exploitation artisanale :

a) toute personne physique majeure de nationalité congolaise ;

b) toute personne physique majeure de nationalité étrangère ayant un domicile dans le Territoire National ;

c) toute personne morale de droit congolais ayant son siège social et administratif dans le Territoire National et dont l'objet social porte sur l'achat et la vente des substances minérales d'exploitation artisanale.

Cet article détermine les personnes éligibles à l'exploitation artisanale. En plus, il détermine les personnes éligibles au titre de comptoir d'achat des substances minérales d'exploitation artisanale.

L'éligibilité à l'exploitation artisanale, dont l'accès est uniquement réservé à la personne physique majeure de nationalité congolaise, est conditionnée à la fois par la détention de la carte d'exploitant et l'affiliation à une coopérative minière ou des produits de carrières agréées. Ces conditions sont cumulatives, et non alternatives. Cela veut dire que bien qu'on soit détenteur d'une carte d'exploitant, aussi longtemps qu'on n'est pas affilié à une coopérative minière ou des produits de carrières agréée, on ne peut pas exercer les activités minières artisanales.

En d'autres mots, il ne suffit pas d'être une personne physique majeure de nationalité congolaise pour accéder à l'exploitation artisanale. Le législateur a voulu, en plus de cette condition traditionnelle et obligatoire, que la personne éligible soit nécessairement affiliée à une coopérative minière agréée. Heureusement, dans la pratique, c'est ce qui se fait réellement.

Pour ce qui est de l'éligibilité au titre de comptoir d'achat des substances minérales d'exploitation artisanale, la personne morale de droit étranger ne peut pas y être éligible. La domiciliation dans le territoire congolais est une condition à l'éligibilité d'une personne physique de droit étranger au titre de comptoir d'achat.

Article 27 : Des personnes non éligibles *(modifié et complété par l'article 2 de la Loi n° 18/001 du 09 mars 2018 modifiant et complétant la Loi n° 007/2002 du 11 juillet 2002 portant Code minier)*

Ne sont pas éligibles pour solliciter et obtenir les cartes d'exploitant artisanal, de négociant, l'agrément au titre de coopérative minière ou des produits de carrières ainsi que l'agrément au titre de comptoir d'achat et de vente des substances minérales d'exploitation artisanale :

a) les agents et fonctionnaires de l'État, les magistrats, les membres des Forces Armées, les agents de la Police nationale et des Services de Sécurité, les employés des organismes publics habilités à procéder aux opérations minières.

b) Toutefois, cette incompatibilité ne concerne pas leur prise de participation dans le capital des sociétés minières ;

c) toute personne frappée d'incapacité juridique prévue à l'article 215 de la loi n° 87-010 du 1 août 1987 portant Code de la Famille, telle que modifiée à ce jour ;

d) toute personne frappée d'interdiction, notamment :

a. la personne condamnée par un jugement coulé en force de chose jugée pour des infractions à la législation minière et de carrières ou à celles se rapportant aux activités économiques de ses droits miniers et de carrières et de ses sociétés affiliées et ce, pendant dix ans ;

b. la personne à laquelle la carte d'exploitation artisanale ou de négociant a été retirée et ce, pendant trois ans ;

c. la personne à laquelle l'agrément au titre des comptoirs d'achat et de vente des substances minérales d'exploitation artisanale a été retirée et ce, pendant cinq ans.

Dans cet article, le législateur exclut expressément une catégorie des personnes du droit d'être éligible à certains droits se rapportant à l'exploitation artisanale.

S'agissant de l'incapacité juridique prévue à l'article 215 du Code de la famille tel que modifié à ce jour, il important de signaler qu'avant la réforme de 2016, la femme mariée, dont la capacité juridique était autrefois limitée, ne pouvait pas se livrer aux activités en rapport avec l'exploitation artisanale, voire aux opérations minières, alors éligible aux droits miniers et de carrières. Ce qui n'est plus le cas à présent avec la modification du Code de la famille qui la rend désormais capable. Comme l'affirme Eddy Mwanzo Idin'Aminye (2019, pp. 178-180) en ces termes :

> *« C'est ainsi que la femme mariée qui, avant la modification du Code minier, ne pouvait obtenir une carte d'exploitant artisanal que sous certaines conditions, notamment du fait que sa capacité juridique était limitée, peut aujourd'hui librement l'obtenir, avec la modification de l'article 215 du Code de la famille. »*

En excluant ces personnes du droit à l'éligibilité à l'exploitation artisanale, le législateur est sûrement parti du constat selon lequel l'implication directe ou indirecte de certaines personnes peut avoir des conséquences fâcheuses sur la bonne gouvernance dans le secteur minier artisanal. Ainsi, on tend à éviter la survenance des cas de conflits d'intérêts. C'est ce qui est sous-entendu pour ce qui est de l'octroi des droits miniers et/ou de carrières à cette catégorie des personnes.

En principe, il devrait être expressis verbis prévu qu'en cas d'octroi des droits miniers et/ou de carrières à cette catégorie des personnes, il leur serait appliqué l'article 27 bis de ce texte de loi relatif à la remise en cause de l'éligibilité aux droits miniers et de carrières. Malheureusement, cela ne reflète pas la lettre de cet article.

En effet, l'éligibilité à laquelle fait allusion cet article ne concerne qu'un aspect des activités minières, à savoir l'exploitation minière artisanale, et non dans le cadre des opérations minières, soit la recherche et/ou l'exploitation des substances minérales. De ce fait, elle ne vise pas l'inéligibilité des personnes morales, titulaires des droits miniers et de carrières.

Comme on pourra le constater, cette situation contraste avec l'esprit et la lettre de l'article suivant de ce texte de loi. Car ce dernier renvoie à l'application de cet article lorsqu'il est question de remettre en cause l'éligibilité d'un titulaire du droit minier ou de carrières. Et pourtant, cet article ne fait aucunement allusion audit titulaire. Un tel mauvais renvoi peut poser un problème de compréhension, d'interprétation et d'application dudit texte. Au fond, lorsque le législateur procède au renvoi, il vise à informer le lecteur afin que celui-ci puisse saisir la nature du texte auquel il fait référence. C'est pourquoi le renvoi doit être précis et correct.

Notons qu'avant la modification de ce texte de loi, cet article faisait rentrer expressis verbis dans la catégorie des personnes non éligibles, les titulaires des droits miniers et de carrières. C'est ce qui ressortait de l'article 27 non modifié de ce texte de loi qui disposait : « Ne sont pas éligibles pour solliciter et obtenir les droits miniers et/ou de carrières, les cartes d'exploitant artisanal, de négociants ainsi que l'agrément au titre de comptoir d'achat et de vente des substances minérales d'exploitation artisanale […]. »

Curieusement, avec la modification dudit texte, cet article les exclut expressément. Est-ce par omission ?

Pour rester cohérent, il importera, de lege ferenda, de modifier de nouveau cet article, en revenant à l'ancienne formulation, mais en mettant particulièrement l'accent sur les personnes morales, seules éligibles aux droits miniers et de carrières, l'objectif étant de rendre cet article conforme à l'esprit et à la lettre de l'article suivant.

Article 27 bis : De la remise en cause de l'éligibilité aux droits minier et de carrières *(inséré par l'article 18 de la Loi n° 18/001 du 09 mars 2018 modifiant et complétant la Loi n° 007/2002 du 11 juillet 2002 portant Code minier)*

L'éligibilité du titulaire d'un droit minier ou de carrières ne peut être remise en cause et entraîner l'annulation dudit droit par le juge, conformément à l'article précédent du présent Code, à la diligence du Cadastre minier, de l'officier du ministère public ou de tout tiers lésé, que dans les trois mois qui suivent la publication de cette loi au Journal Officiel ou à défaut, dans les trois mois qui suivent la date de la prise de connaissance de son existence.

Après le délai de trois mois dont question à l'alinéa précédent du présent article, à l'initiative du Cadastre minier, de l'officier du ministère public ou de tout tiers lésé, l'inéligibilité du titulaire peut être constatée par une décision de justice, coulée en force de chose jugée, laquelle est notifiée au Cadastre minier par l'officier du ministère public, le juge ou tout tiers lésé. Dans ce cas, le Cadastre minier prépare et envoie à l'autorité d'octroi, dans les dix jours qui suivent la notification, un projet d'arrêté du retrait dudit droit avec effet rétroactif au jour de la perte de l'éligibilité.

Cet article crée la confusion en renvoyant son application à l'article 27 de ce texte de loi, tandis que ce dernier ne reprend pas dans la catégorie des personnes non éligibles, les personnes morales, titulaires des droits miniers et de carrières.

Sans doute, le législateur n'est pas resté cohérent en prévoyant la remise en cause de l'éligibilité du titulaire du droit minier et de carrières conformément à l'article précédent, alors que ce dernier ne fait pas rentrer les personnes éligibles visées à l'article 23 de ce texte de loi dans la catégorie des personnes non éligibles aux droits miniers et de carrières et que l'exploitation artisanale ne les concerne pas. La modification de l'article précédent s'impose donc.

Qu'à cela ne tienne, il est dorénavant admis que l'éligibilité d'une personne à qui un droit minier ou de carrières a été octroyé peut être remise en cause, lorsqu'il s'avère qu'elle ne fait pas partie de l'une ou l'autre catégorie reprise à l'article 23 de ce texte de loi relatif à l'éligibilité aux droits miniers et de carrières.

La remise en cause ne peut se justifier que si le droit minier ou de carrières est encore valide. En fait, il serait impensable qu'un tiers lésé puisse chercher à remettre en cause l'éligibilité d'un titulaire dont le droit minier ou de carrières est soit déjà éteint, soit devenu caduc, soit annulé ou retiré ; c'est pourquoi la validité dudit droit octroyé reste le leitmotiv de l'action en remise en cause.

En réalité, c'est le droit qui est visé plutôt que son titulaire. À l'évidence, parce qu'on estime qu'un droit minier ou de carrières ne devrait pas être octroyé à telle ou telle autre personne, on voudrait à tout prix remettre en cause l'éligibilité de son titulaire.

La procédure judiciaire devant conduire à l'annulation du droit octroyé à la suite de la remise en cause de son titulaire a été fixée avec circonspection, en reconnaissant exclusivement au CAMI, à l'officier du ministère public ou à toute personne intéressée lésée, l'initiative d'une telle action judiciaire. Ce qui évite tout abus en la matière.

Il ne s'agit pas ici de l'annulation prévue à l'article 48 ter, alinéa 3, de ce texte de loi qui intervient en cas d'illégalité, lorsqu'il est évident que l'autorité d'octroi est incompétente, qu'il y a vice de forme ou qu'il y a détournement de pouvoir par l'autorité d'octroi. Dans tous les cas, le législateur prévoit deux temps forts de la saisine de l'organe juridictionnel, à savoir : dans les trois mois qui suivent la publication de cette loi au Journal officiel *ou à défaut, dans les trois mois qui suivent la date de la prise de connaissance de son existence.*

Il s'ensuit qu'à ce jour, aucune remise en cause n'a eu lieu. Mais toujours est-il qu'il est possible dans le futur qu'il y ait des cas de remise en cause de l'éligibilité des titulaires des droits miniers et de carrières. En effet, à chaque fois que l'inéligibilité du titulaire sera publiquement révélée ou connue, la remise en cause de celui-ci doit intervenir dans un intervalle de trois mois. Cela suppose que le dépassement de ce délai constitue une cause d'irrecevabilité de la demande de remise en cause.

Sûrement, en innovant par cet article, le législateur se rend compte qu'avec la complicité d'un des organes intervenant dans l'application de ce texte de loi, il n'est pas impossible que certaines personnes se fassent frauduleusement octroyer des droits miniers et/ou de carrières. Autrement dit, il est possible que des droits miniers et de carrières soient octroyés aux personnes non éligibles. D'ailleurs, cette situation était réelle, surtout lorsque les personnes physiques étaient encore éligibles aux droits miniers et de carrières. Les cas étaient légion.

En définitive, notons qu'avant la modification de ce texte de loi, puisqu'il n'existait pas de disposition légale pouvant donner lieu à la remise en cause de l'éligibilité d'un titulaire du droit minier ou de carrières, celui-ci pouvait paisiblement en jouir au vu et au su de tous, sans qu'aucune action judiciaire ne puisse être intentée contre lui.

Heureusement, avec la modification de ce texte de loi, le législateur y a inséré cet article en offrant désormais la possibilité de remettre en cause la qualité d'un titulaire du droit minier ou de carrières par une action judiciaire. Ce qui évite à présent la fraude à la loi.

Chapitre II :
DES PÉRIMÈTRES MINIERS ET DE CARRIÈRES

Article 28 : De la forme des Périmètres miniers et de carrières *(modifié à son alinéa 2 par l'article 2 de la Loi n° 18/001 du 09 mars 2018 modifiant et complétant la Loi n° 007/2002 du 11 juillet 2002 portant Code minier)*

Les droits miniers ou de carrières sont accordés pour des substances minérales à l'intérieur du Périmètre.

Le périmètre est en forme de polygone composé de carrés entiers contigus, sous réserve des limites imposables par les frontières du territoire national et celles se rapportant aux zones interdites et aires protégées telles que précisées dans le Règlement minier.

Le Territoire National fait l'objet d'un quadrillage cadastral minier selon le système des coordonnées appropriées précisé dans le Règlement Minier. Ce quadrillage définit les carrés uniformes et indivisibles dont les côtés sont orientés nord-sud et est-ouest.

Le Périmètre ne comprend pas des carrés qui ne font pas partie du Périmètre faisant l'objet du droit minier ou de carrières.

« … Le fait pour le titulaire d'un droit minier ou de carrières de jouir de l'octroi et de détenir ledit droit ne présente aucun avantage pour ce titulaire s'il ne sait pas accéder au périmètre minier couvert par son droit minier ou de carrières. Même lorsqu'il a la facilité d'accéder au périmètre minier afférent à son droit minier ou de carrières, il lui est indispensable de connaître l'étendue de son périmètre et d'en protéger les limites. C'est ainsi que le législateur a établi les normes sur la forme et la localisation des périmètres miniers ou de carrières… » (Émile Lambert Owenga Odinga, 2014, n° 483, p. 347).

Le législateur a voulu, à travers cet article, que la surface, l'étendue dans laquelle le titulaire du droit minier et de carrières est autorisé à procéder à ses opérations minières, ait la forme d'un carré, et non pas d'un cercle. Le périmètre minier devra donc être constitué des carrés entiers, que le polygone ait la forme régulière ou irrégulière.

Aussi le législateur a-t-il préféré remplacer, après la modification de ce texte de loi, l'expression « zones protégées » par celle d'« aires protégées » dans l'énumération des limites qui imposent la forme polygonale des périmètres et à leur contiguïté. Ainsi a-t-il voulu employer l'expression consacrée dans la loi n° 14/003 du 11 février 2014 relative à la conservation de la nature, en son article 2, point 1, qui définit l'expression « aire protégée » et qui n'emploie pas l'expression « zone protégée », voire celle qui est utilisée par l'Union internationale pour la conservation de la nature et de ses ressources (UICN).

« L'aire protégée, quelle que soit sa nature, doit souscrire à l'objectif premier de protection et de maintien de la diversité biologique. Cela implique que toute activité ayant cours sur le territoire ou sur une portion de ce territoire ne doit pas altérer le caractère biologique essentiel de l'aire. » Repéré sur le site du ministère de l'Environnement et de la Lutte contre les changements climatiques du Gouvernement du Québec : http://www.environnement.gouv.qc.ca/biodiversite/aires_protegees/contexte/annexe1.htm, consulté le 18 décembre 2020.

L'article 39 du Règlement minier détermine les modalités du quadrillage cadastral du territoire national.

Article 29 : De la localisation des Périmètres miniers et de carrières

La situation géographique du Périmètre est identifiée par les coordonnées du centre de chaque carré dont il est composé.

Les Périmètres sont indiqués sur des cartes à l'échelle 1/200.000 détenues par le Cadastre Minier.

Le Règlement Minier fixe les modalités du quadrillage cadastral minier ainsi que les règles régissant l'identification des Périmètres miniers et de carrières.

Cet article précise le mode de localisation d'un périmètre minier et de carrières. En effet, ce dernier n'est localisé que par les coordonnées géographiques du lieu de recherches ou d'exploitation, et non pas à partir du village, du territoire ou du district où il se trouve. Cette situation permet d'éviter une localisation biaisée du périmètre minier ou de carrières à identifier.

C'est pour cette raison que, lors du dépôt du formulaire de demande, le requérant est tenu d'annexer une liste des coordonnées géographiques de l'espace où il désire se faire octroyer un droit minier ou de carrières. Et tout demandeur a intérêt à se référer préalablement à la carte de retombes minières au CAMI en vue d'éviter tout empiétement marginal du périmètre couvert par les droits miniers et de carrières.

Curieusement, il arrive que certains requérants, sans se référer à la cartographie des périmètres et sans avoir été réellement sur le terrain, sollicitent des droits miniers et/ou de carrières, juste à partir de la localisation d'un tel ou tel autre village, et même par le simple fait que les périmètres faisant l'objet de nouvelles demandes sont voisins de ceux qui couvrent des droits miniers ou de carrières d'exploitation. D'où il n'est pas étonnant que ces titulaires, dès l'instant où ils se retrouvent sur les lieux des périmètres couvrant leurs droits miniers ou de carrières octroyés, se rendent compte que ces périmètres ne sont pas propices aux opérations minières. Cet état de choses, qui est une réalité, a conduit bien des titulaires à renoncer ou non formellement à leurs droits miniers et/ou de carrières, au moment où ces derniers sont encore valides.

Évidemment, la meilleure façon de procéder par tout demandeur du droit minier ou de carrières est de se rendre réellement sur le terrain, et ainsi se rassurer que le périmètre minier ou de carrières est susceptible de conduire aux recherches minières, afin d'espérer, par la suite, passer à la phase d'exploitation. C'est donc cette étape qui devrait donner lieu au prélèvement des coordonnées dont la liste est jointe au formulaire de demande du droit minier ou de carrières.

Ne pas procéder de cette manière-là peut laisser transparaître l'aventurisme caractérisant la plupart des titulaires des droits miniers et de carrières, désireux d'exercer les activités minières, sans en connaître les tenants et les aboutissants, c'est-à-dire les conséquences qui s'ensuivraient du fait de leur exercice. Cela explique pourquoi il existe aujourd'hui un grand nombre des droits miniers et de carrières de recherches ou d'exploitation valides, mais dont les titulaires n'ont jamais effectué telle ou telle autre opération minière.

Il ressort de l'article 40 du Règlement minier que les périmètres sont identifiés par les carrés qui les composent. Les carrés sont identifiés par les coordonnées géographiques de leurs points centraux sur la surface de la terre ou par les codes que le CAMI central leur assigne.

Article 30 : Des empiétements des Périmètres miniers et de carrières

(modifié et complété par l'article 2 de la Loi n° 18/001 du 09 mars 2018 modifiant et complétant la Loi n° 007/2002 du 11 juillet 2002 portant Code minier)

Les Périmètres des droits miniers et de carrières ainsi que les zones d'exploitation artisanale sont exclusifs. Ils ne peuvent empiéter les uns sur les autres, sauf dans les cas suivants :

a) le Périmètre d'un droit minier de recherches peut être superposé sur le Périmètre d'un droit de carrières de recherches ou d'exploitation temporaire ;

b) le périmètre d'un droit minier d'exploitation peut être superposé sur le périmètre d'un droit de carrières de recherches ou d'exploitation temporaire. Le droit sur la partie du périmètre de l'Autorisation de recherches des produits de carrières sur laquelle le périmètre d'un droit minier d'exploitation est superposé, est éteint moyennant une juste indemnisation ;

c) le périmètre d'une autorisation de recherches des produits de carrières peut être superposé sur le périmètre d'un droit minier de recherches, moyennant le consentement du titulaire du Permis de recherches ;

d) le périmètre d'une autorisation de carrières d'exploitation peut être superposé sur le périmètre d'un droit minier de recherches ou, avec le consentement du titulaire, sur une partie du périmètre d'un Permis d'exploitation ;

e) le périmètre d'une zone d'exploitation artisanale peut être superposé sur le périmètre d'un droit minier ou de carrières avec l'autorisation expresse et écrite du titulaire. Dans tous les cas, le titulaire est tenu de déposer concomitamment une demande de renonciation sur la partie du périmètre empiétée par la zone d'exploitation artisanale.

Cet article pose à la fois le principe du non-empiétement des périmètres miniers et de carrières ainsi que l'exception au principe d'interdiction d'empiétements. De la sorte, il détermine les cas d'empiétements des périmètres des droits miniers ou de carrières et ceux des ZEA qui sont admis, bien que les uns et les autres soient reconnus comme des droits exclusifs.

Les litteras a, b et d rentrent dans la première catégorie des empiétements autorisés d'office par le législateur.

Les litteras c, d et e rentrent dans la catégorie des empiétements qui requièrent, selon le cas, le consentement ou l'autorisation expresse et écrite du titulaire du droit minier ou de carrières, et non pas d'un empiétement qui est autorisé de plein droit par ce texte de loi

Par ailleurs, il est important de signaler qu'une autre catégorie d'empiétement est prévue à l'article 150, alinéa 5, de ce texte de loi. C'est l'hypothèse où le ministre des Mines est autorisé à imposer l'empiétement. Comme l'écrit Émile Lambert Owenga Odinga (2014, p. 767) :

> *« Le principe d'interdiction d'empiétements des périmètres n'a pas un caractère absolu. Il admet des exceptions par rapport aux empiétements autorisés de plein droit ; aux empiétements exigeant le consentement du titulaire du droit minier ou de carrières couvrant le périmètre empiété. »*

L'article 40 bis du Règlement minier fixe les modalités de la superposition des titres miniers et de carrières.

Article 31 : Du bornage des périmètres miniers ou de carrières *(modifié à son dernier alinéa par l'article 2 de la Loi n° 18/001 du 09 mars 2018 modifiant et complétant la Loi n° 007/2002 du 11 juillet 2002 portant Code minier)*

Dans les deux mois suivant la délivrance d'un titre minier ou de carrières d'exploitation, le titulaire procède, à ses frais, au bornage de son Périmètre.

Le bornage consiste en la pose d'une borne à chacun des sommets du Périmètre couvert par son titre en y installant un poteau permanent indiquant les mentions du nom du titulaire, du numéro de son titre et de celui de l'identification de la borne.

La nature et la forme de la borne ainsi que les modalités de réalisation du bornage sont déterminées par le Règlement minier.

Le voisinage des périmètres miniers ou de carrières peut être à la base des empiétements lors des travaux d'exploitation auxquels se livrent les différents titulaires des droits miniers ou de carrières d'exploitation. D'où le législateur est appelé à prévenir les éventuels conflits qui peuvent naître du fait de la contiguïté du voisinage. Et le moyen approprié pour y faire face est de délimiter les périmètres par le procédé du bornage.

En droit foncier, « délimiter la concession, c'est délimiter la sphère d'action du concessionnaire. C'est fixer, par l'objet, les limites de ses droits. Cette délimitation donne lieu à des opérations juridiques et matérielles, allant de la constitution du lotissement, passant par le bornage jusqu'à la clôture éventuelle de la concession » (J.-P. Kifwabala Tekilazaya, 2015, n° 289, p. 181).

Comme on peut le constater, ce principe s'applique également en droit minier.

On peut définir le bornage comme l'acte en vertu duquel il est procédé à la pose d'un poteau ou d'une borne sur chaque sommet du périmètre minier ou de carrières, lequel poteau ou laquelle borne reprend à la fois l'identité du titulaire du droit minier d'exploitation ou de l'AECP ainsi que les renseignements en rapport avec son titre.

Il découle de cette définition que le bornage ne concerne pas tous les types de droits miniers et de carrières. Il n'a lieu que pour les droits miniers ou de carrières d'exploitation, plus spécifiquement le PE, le Permis d'Exploitation des Rejets [ci-après PER], le Permis d'Exploitation de Petite Mine [ci-après PEPM], l'Autorisation d'Exploitation de Carrières Temporaire [ci-après AECT] et l'AECP.

Le bornage apparaît comme une action qui consiste à matérialiser les limites entre deux propriétés contiguës. Plus précisément, il intervient pour procéder aux limites d'un terrain, ou mieux, d'un périmètre minier ou de carrières.

Par le bornage, on recherche, détermine, définit et matérialise des périmètres miniers et de carrières par des marques extérieurs et apparentes, notamment des bornes.

Le droit minier, à l'instar du droit foncier, fait de la matérialisation des limites des périmètres miniers et de carrières une obligation légale. Il s'agit là d'une procédure de sécurisation des périmètres miniers et de carrières.

La gouvernance minière se caractérise par la compétition des opérateurs miniers. Cette dernière suscite de la convoitise sur les périmètres miniers et de carrières contigus ; d'où il est du devoir des titulaires des droits miniers et de carrières de sécuriser les limites de la surface dans laquelle ils doivent mener leurs travaux d'exploitation. Et cela passe par la fixation de manière irrévocable des limites des périmètres au moyen de repères matériels, appelés bornes.

Tout compte fait, la sécurisation, dans le cadre du bornage entre des périmètres miniers et de carrières, est une opération importante et aide non seulement à la délimitation exacte des périmètres, mais aussi à la reconnaissance des droits des titulaires sur les périmètres miniers et de carrières ainsi délimités, et ce, en cas d'un conflit dû à un empiétement.

Tout travail de bornage aboutit à l'établissement d'un procès-verbal. En effet, à la suite du bornage qui est effectué sous la direction d'un géomètre assermenté, agent du CAMI, ce dernier dresse un procès-verbal avec plan à l'appui, et le transmet à la diligence du titulaire, en double exemplaire à la Direction des Mines [ci-après DM] et au bureau du CAMI central ou provincial dans un délai qui ne peut dépasser quinze jours.

Il s'ensuit qu'une copie dudit procès devrait être gardée par le titulaire dont le périmètre du droit minier ou de carrières a fait l'objet de bornage. Car il a à cet effet droit à une copie ou un exemplaire du procès-verbal dans la mesure où il est directement concerné par cette procédure. C'est d'ailleurs cette copie qui devrait lui servir de preuve inéluctable que son périmètre a été certainement borné. Car, « pour prouver l'existence du bornage, le titulaire ne doit pas chaque fois aller faire visiter les bornes dans le périmètre minier ; une copie du procès-verbal de bornage peut largement servir de preuve » (Émile Lambert Owenga Odinga, 2014, p. 360).

L'article 482 du Règlement minier fixe les modalités du bornage, tandis que l'article 483 du même texte détermine les modalités applicables au défaut de bornage.

Chapitre III :
DE LA PROCÉDURE D'OCTROI DES DROITS MINIERS OU DE CARRIÈRES ET DE LA DÉLIVRANCE DES TITRES MINIERS ET DE CARRIÈRES

Article 32 : Du principe de la transparence des procédures

En vue d'assurer la transparence, l'objectivité, l'efficacité et la rapidité dans les processus de réception, d'instruction, de décision et de notification relatifs aux demandes d'octroi des droits miniers ou de carrières ainsi que dans la délivrance des titres octroyés y afférents, la procédure prévue dans le présent chapitre, s'applique, sous réserve des dispositions particulières à chaque droit minier et de carrières, à l'octroi des droits miniers et de carrières organisés dans le présent Code.

La procédure d'octroi des droits miniers ou de carrières et de délivrance des titres y afférents est de stricte application.

Les procédures cadastrales d'octroi, de renouvellement et de transformation des droits miniers et/ou de carrières et de la délivrance des titres y afférents, en ce compris l'information diffusée, répondent à l'un des principes fondamentaux qui est celui de la transparence.

Puisqu'il intervient aussi bien en amont qu'en aval dans lesdites procédures, le CAMI devrait s'évertuer à appliquer à chacune de ses étapes procédurales le principe de la transparence. Car il est impossible que le CAMI accomplisse efficacement ses missions sans transparence. Là-dessus, Enrique Ortega Girones et al. (2012, p. 16) écrivent ceci :

> *« Pour garantir la transparence de l'information cadastrale, le bureau du Cadastre minier doit être ouvert pour consultation et les cartes et registres cadastraux (tout au moins les parties considérées "publiques") doivent être accessibles aux demandeurs et aux titulaires. Au minimum, l'information suivante doit être disponible au public :*
>
> - *la position cartographique des droits miniers octroyés ainsi que toute demande en instance ;*
> - *la position cartographique des zones dans lesquelles l'activité minière est limitée ou interdite ;*

- *le registre physique permettant la vérification des soumissions, séquences et chronologies des demandes de permis ;*
- *l'information cadastrale pertinente sur tous les droits miniers octroyés ou demandés, notamment, au minimum, la date de la demande, le nom du demandeur, les substances minérales faisant l'objet de la demande ou concession, et la date d'expiration (dans le cas des permis déjà octroyés). »*

Le principe de la transparence implique comme corollaires les principes de l'objectivité, de l'efficacité et de la rapidité. Ces deux derniers [principes d'efficacité et de rapidité], interviennent successivement dans le processus de réception de dossier de demande, d'instruction de demande, de décisions d'octroi ou de refus d'octroi, de notification desdites décisions et de délivrance des titres miniers ou de carrières y afférents, ainsi que dans le mécanisme d'inscription d'office à l'expiration de délai de prise de décision par l'autorité compétente et le mécanisme d'inscription par voie judiciaire.

Quant au principe d'objectivité, il intervient dans les critères d'éligibilité, en ce qui concerne notamment, la preuve de la capacité financière, l'imposition des délais butoirs à tous les niveaux des procédures, le principe de priorité d'instruction, etc. Le CAMI est appelé à appliquer ce principe dans l'évaluation, ou plutôt l'instruction des dossiers de demandes, quel que soit le demandeur, lorsqu'une règle ou une procédure requiert une stricte interprétation. Le but étant d'éviter des décisions discriminatoires et des circonstances susceptibles de conduire à la corruption.

L'article 28 du Règlement minier fixe les modalités applicables à la transparence.

Article 33 : Des droits miniers et de carrières soumis à un appel d'offres

(modifié à ses alinéas 1er, 2, 3, 4 et 7 par l'article 2 de la Loi n° 18/001 du 09 mars 2018 modifiant et complétant la Loi n° 007/2002 du 11 juillet 2002 portant Code minier)

Le Gouvernement, par le truchement du ministre, soumet à l'appel d'offres, ouvert ou restreint, les droits miniers et de carrières portant sur tout gisement étudié, documenté ou éventuellement travaillé par l'État, à travers ses services.

Dans ce cas, le ministre réserve, par arrêté, les droits miniers sur le gisement à soumettre à l'appel d'offres. Avant de réserver des autorisations des carrières pour l'appel d'offres, le ministre consulte le ministre provincial des mines et la communauté locale concernée dans le cadre d'une commission de consultation dont les modalités sont fixées par voie réglementaire.

La réservation des droits miniers et/ou de carrières sur le gisement soumis à l'appel d'offres est confirmée par le Premier ministre dans les trente jours de l'entrée en vigueur de l'arrêté y relatif du ministre.

L'appel d'offres est conclu endéans neuf mois à compter de la réservation du gisement à soumettre à l'appel d'offres.

L'appel d'offres, précisant les termes et conditions des offres ainsi que la date et l'adresse auxquels les offres devront être déposées, est publié au Journal Officiel. Il peut également être publié dans les journaux locaux et internationaux spécialisés.

Les offres déposées conformément aux termes et conditions de l'appel d'offres sont examinées promptement par une Commission Interministérielle dont les membres sont nommés et convoqués par le Ministre afin de sélectionner la meilleure offre sur la base de :

a) programme des opérations proposées et des engagements des dépenses financières y afférentes ;

b) ressources financières et techniques disponibles de l'offrant ;

c) l'expérience antérieure de l'offrant dans la conduite des opérations proposées ;

d) divers autres avantages socio-économiques pour l'État, la province et la communauté environnante, y compris le bonus de signature offert.

L'appel d'offres se fait conformément à la procédure prévue par la législation congolaise en matière de passation des marchés publics et à celle généralement admise ou reconnue par la pratique minière internationale.

À la conclusion de la procédure de l'appel d'offres, le Ministre publie le résultat de la sélection et la levée de la réservation.

Le Règlement minier détermine les modalités d'organisation et de fonctionnement de la Commission Interministérielle prévue à l'alinéa 6 du présent article.

Il est important de souligner que l'alinéa 2 de cet article renforce l'idée selon laquelle l'octroi des droits de carrières de recherches et d'exploitation pour les matériaux à usage courant relève de la compétence du ministre provincial des Mines, mais pas du chef de division provinciale des Mines, contrairement aux dispositions des articles 129, 142 et 153 de ce texte de loi.

Le recours à l'appel d'offres contraste avec le principe du « premier venu, premier servi » prévu à l'article 34 de ce texte de loi. Cela découle des opinions des partisans et des détracteurs dudit principe [principe du premier venu, premier servi], comme il est expliqué à l'article précédent.

« Si les connaissances géologiques relatives à un certain gisement sont bonnes, que ce soit à la suite d'une campagne d'exploration du Gouvernement ou par le biais de toute autre activité, cela est un bon argument pour choisir la méthode de l'appel d'offres » (Enrique Ortega Girones et al., 2012, p. 34).

Cet article détermine deux modalités d'octroi des droits miniers ou de carrières : en général sur demande et exceptionnellement par appel d'offres.

Les droits miniers et de carrières peuvent être attribués par appel d'offres pour des gisements mis en évidence sur fonds publics.

Il faut noter que l'appel d'offres est de deux ordres :

- l'appel d'offres est national, lorsqu'il s'adresse aux personnes morales qui ont leur siège social en RDC ;

- l'appel d'offres est international, lorsque le mode de passation de marché recourt à une publicité de caractère international et s'adresse aux personnes morales ayant leur siège social en RDC ou en dehors de celle-ci.

Il faut noter également que l'appel d'offres revêt deux caractères :

- appel d'offres ouvert ou général, lorsque toute personne, sans distinction ou restriction, peut faire ou présenter une soumission ;

- appel d'offres restreint, lorsque seules les personnes qui ont été autorisées ou consultées par le ministre des Mines, après sélection, peuvent soumissionner.

« La réservation des gisements dont les droits miniers et de carrières sont soumis à l'appel d'offres, fait l'objet d'un arrêté du ministre des mines. La décision du ministre des Mines pour soumettre un titre minier à l'appel d'offres peut avoir pour origine : soit, la proposition de l'autorité ou d'un service de l'État concerné ; soit à sa propre initiative, après consultation du Cadastre minier centrale » (Jivet Ndela Kubokoso, 2020).

Soulignons que l'appel d'offres peut être fructueux, s'il s'avère avantageux pour le soumissionnaire. De ce fait, il se fait conformément à la procédure prévue par la loi congolaise en matière de passation des marchés publics et à celle généralement admise ou reconnue par la pratique minière internationale.

Soulignons encore que l'appel d'offres auquel sont soumis les droits miniers ou de carrières, peut se révéler infructueux. Il s'agit d'une situation où l'État, après avoir soumis les droits miniers ou de carrières à l'appel d'offres, n'enregistre aucun soumissionnaire. Cette situation peut être due au fait que les études, qui ont été menées sur un gisement, n'ont pas donné des renseignements attendus pouvant favoriser une exploitation commercialisable. En pareil cas, la commission constate que l'appel d'offres est infructueux et le ministre des Mines doit ainsi prononcer son infructuosité. C'est ce qui ressort de l'alinéa 1 de l'article 58 du Règlement minier.

En effet, si aucune soumission n'est reçue dans les conditions prescrites par les articles 43 et 45 du Règlement minier, la commission constate l'appel d'offres infructueux et émet un avis recommandant au ministre des Mines soit de déclarer l'appel d'offres infructueux, soit de proroger le délai pour le dépôt des soumissions. Cet avis est consigné dans le procès-verbal que la Commission dressera à cet effet.

Sauf en cas d'appel d'offres, qui déroge aux règles et principes établis dans les différentes étapes de la procédure d'octroi des droits miniers et de carrières, l'octroi sur demande requiert l'observance d'un certain nombre de principes directeurs.

Chaque pays fixe sa politique en matière d'appel d'offres. Le Gouvernement y recourt pour telle ou telle autre raison jugée utile pour la rentabilité de ses ressources naturelles. C'est ce que pensent Enrique Ortega Girones et al. (2012, p. 35) en écrivant ce qui suit :

> *« Certains pays ont choisi d'octroyer des concessions par appel d'offres parce que cela peut :*
>
> *- garantir la transparence de l'octroi des permis, dans la mesure où certaines conditions minimales sont respectées ;*
> *- permettre d'éliminer les spéculateurs des transactions ;*
> *- assurer la sélection d'un titulaire disposant d'une expérience et capacité opérationnelle suffisantes pour l'exploration ou l'exploitation de la zone ou du gisement. »*

En dépit de ces avantages potentiels, toutefois, la méthode de soumission peut impliquer des risques substantiels de discrimination et d'évaluations subjectives (par conséquent aussi de corruption) si certaines conditions minimales en termes d'exigences ne sont pas remplies. De cette façon, le régime juridique doit déterminer les directives générales pour les critères d'évaluation, et l'annonce de chaque processus de soumission doit donner toutes les informations requises suffisamment à l'avance pour que les parties intéressées puissent préparer leur soumission et tous les détails concernant les délais et les documents à soumettre, des informations précises sur les critères d'évaluation et de notation utilisés, et le score minimal qui sera considéré acceptable. Les conditions, la notation et les critères d'évaluation de la soumission doivent être cohérents et commensurables avec l'information disponible sur le potentiel de la zone.

Par ailleurs, l'appel d'offres ne devrait pas se limiter aux droits miniers et de carrières. Il devrait concerner également la cession de la participation et des actifs des entreprises dans lesquelles l'État est actionnaire. Cela répond au besoin de transparence.

En définitive, il serait hasardeux de soumettre à l'appel d'offres les droits miniers et de carrières retirés, expirés ou renoncés, sans avoir procédé à des investigations sérieuses pour confirmer ou infirmer si l'exploitation des périmètres miniers ayant été couverts par lesdits droits requiert un investissement ; car si leurs titulaires ont renoncé ou se sont abstenus de les maintenir en validité, c'est parce qu'ils ont estimé qu'ils ne sont pas économiquement rentables. Il paraît normal que le Gouvernement cherche préalablement à connaître les potentialités en ressources minérales de ces périmètres avant de les soumettre à l'appel d'offres. Car, en règle générale, on ne peut pas faire la promotion d'un secteur qu'on ne connaît pas.

Les articles 43 à 66 du Règlement minier déterminent la procédure et des modalités d'octroi des droits miniers ou de carrières soumis à l'appel d'offres.

Article 33 bis : De l'accès à l'exploitation d'un gisement étudié *(inséré par l'article 18 de la Loi n° 18/001 du 09 mars 2018 modifiant et complétant la Loi n° 007/2002 du 11 juillet 2002 portant Code minier)*

L'accès à l'exploitation d'un gisement étudié, documenté ou travaillé appartenant à l'État, obtenu par appel d'offres, est conditionné par le versement d'un pas de porte à ce dernier, représentant 1 % de la valeur en place dudit gisement. La valeur en place du gisement est définie comme étant le prix obtenu pour ledit gisement dans le cadre de l'appel d'offres.

Lorsque le gisement a été étudié, documenté ou travaillé par une société commerciale appartenant à l'État, le pas de porte revient à 100 % à cette société.

Il est fait obligation à tout soumissionnaire, ayant gagné le marché à la suite d'appel d'offres, de verser une taxe représentant 1 % de la valeur du gisement étudié. C'est ce que le législateur qualifie de « pas de porte ».

Le 1 % est versé à l'État congolais lorsque les recherches minières menées pour aboutir au gisement étudié, documenté ou travaillé sont l'œuvre de ses services, ce serait le cas pour le SGNC. Il en sera autrement si les travaux de recherches sont l'œuvre d'une société commerciale appartenant à l'État, comme la Gécamines. En pareille situation, cette dernière recevra les 100 % dudit pas de porte.

Article 34 : De la priorité d'instruction *(modifié à son alinéa 1er par l'article 2 de la Loi n° 18/001 du 09 mars 2018 modifiant et complétant la Loi n° 007/2002 du 11 juillet 2002 portant Code minier)*

Sans préjudice de l'octroi des droits miniers et/ou de carrières suivant la procédure d'appel d'offres prévue à l'article 33 du présent Code, et sauf si elles sont irrecevables, les demandes des droits miniers et/ou de carrières pour un périmètre donné sont inscrites dans l'ordre chronologique de leur dépôt.

Tant qu'une demande est en instance, aucune autre demande concernant le même Périmètre, entièrement ou partiellement, ne peut être instruite.

Le droit minier ou de carrières sollicité peut être octroyé à toute personne éligible. Cependant, l'octroi d'un droit obéit au principe de la « priorité d'instruction ».

« La grande majorité des pays à travers le monde délivrent les licences et les contrats accordant les droits d'entreprendre des activités minières sur un terrain donné en fonction du système : "premier arrivé, premier servi". Ce système est logique, dans la mesure où, en théorie, il devrait permettre de ne pas favoriser une partie quelconque et inciter à attirer ceux qui sont désireux d'obtenir une licence leur permettant de se lancer dans une exploitation minière » (Joseph Bell et al., 2014, pp. 26-27).

En RDC, les droits miniers et de carrières sont réellement octroyés sur la base du principe de la « priorité d'instruction », qui se traduit par l'expression « premier venu, premier servi ». Ce qui veut dire que le droit minier ou de carrières sera accordé au premier demandeur ou requérant qui, tout en réunissant les conditions d'éligibilité au droit sollicité, aura déposé son dossier de demande avant tous les autres postulants, et cela sur un même périmètre.

« Le principe du "premier venu, premier servi" est le critère le plus fréquemment adopté pour la concession de permis de ressources minérales dans le monde entier et est appliqué dans tous les pays où le secteur minier est bien développé » (Enrique Ortega Girones et al., 2012, p. 34).

Le droit minier ou de carrières est octroyé dans le respect de l'ordre chronologique d'enregistrement des demandes lors du dépôt du dossier au guichet du CAMI.

Pour l'illustrer, on peut prendre l'exemple suivant : l'instruction d'une demande B portant sur un périmètre donné ne peut être instruite tant que l'instruction d'une demande A introduite avant et portant sur le même périmètre n'a pas été clôturée. En un mot, la demande A exclut la possibilité d'instruction, et même peut être la cause de rejet par le CAMI qui émettrait à cet effet un avis défavorable.

Il y a lieu d'insister sur le fait que l'avis défavorable émis et notifié au requérant ne devrait pas être un motif pour le CAMI de procéder à l'instruction d'une autre demande sur le même périmètre, dès lors que la décision de refus d'octroi n'a pas été prise par l'autorité compétente.

Sans doute, lorsque la deuxième demande est introduite, au moment où la première n'est pas encore clôturée par la prise d'une décision défavorable, il y a lieu que le CAMI y émette carrément un avis défavorable. Toute autre procédure, en dehors de celle prévue par ce texte de loi, serait illégale.

Du reste, il serait étonnant que le CAMI ne poursuive pas l'instruction cadastrale d'un dossier de demande d'octroi du droit minier ou de carrières introduit après celui en instance d'instruction et qu'il se refuse d'émettre un avis défavorable, au motif que ce dernier [le premier dossier de demande] devrait d'abord être clôturé. On se tromperait si l'on pense que l'instruction d'une deuxième demande est tributaire de la décision d'octroi ou de refus d'octroi du droit sollicité, à la suite d'une première demande. Cela est contraire à l'esprit des dispositions de ce texte de loi. Et une décision d'octroi prise dans une telle confusion devrait faire l'objet d'annulation pour illégalité, conformément à l'article 48 ter, alinéa 3, de ce texte de loi.

Le principe de la priorité d'instruction applicable dans le cadre de la modalité d'octroi des droits miniers et de carrières sur demande, qui est importante, ne fait pas l'unanimité dans l'opinion, en raison de certaines faiblesses constatées, notamment à cause de l'aventurisme de bien des personnes à vouloir simplement détenir un titre minier ou de carrières sans procéder réellement à la recherche et/ou à l'exploitation des substances minérales pour lesquelles ledit titre est établi. Mais toujours est-il que ce principe mérite d'être maintenu, entre autres pour l'objectivité dans l'octroi des droits miniers et de carrières qu'il consacre. C'est ce qu'expliquent certains auteurs (Enrique Ortega Girones et al., 2012, p. 34) de la façon suivante :

> *« La méthode du premier venu, premier servi, qui prévaut dans le processus de concession de droits miniers depuis des siècles, a des avantages et des inconvénients.*
>
> *Du côté des avantages, l'élimination de toute décision discrétionnaire ou subjectivité rend les procédures cadastrales transparentes et impartiales. De plus, la règle est facile à appliquer et à contrôler, ne nécessitant que l'utilisation d'un registre des priorités. Pour ces raisons, ce principe est largement accepté dans le monde entier par les titulaires et les demandeurs.*
>
> *Du côté des inconvénients, certains Gouvernements estiment que l'application de cette méthode peut conduire à la concession de permis à des titulaires "non acceptables", par exemple ceux qui peuvent ne pas disposer de la capacité technique ou économique nécessaire pour développer adéquatement les ressources minérales. Dans ces cas, les Gouvernements peuvent préférer des procédures dirigées qui permettent la sélection des "meilleurs" titulaires. Cependant, selon la rigueur et la transparence d'un tel processus de sélection dirigée, il peut exister un risque substantiel affectant le droit de tenure des titulaires et demandeurs. »*

L'article 29 du Règlement minier détermine les modalités applicables à la priorité d'instruction.

Article 35 : De la demande des droits miniers ou de carrières *(modifié et complété par l'article 2 de la Loi n° 18/001 du 09 mars 2018 modifiant et complétant la Loi n° 007/2002 du 11 juillet 2002 portant Code minier)*

Toute demande des droits miniers ou de carrières est rédigée sur un formulaire à retirer auprès du Cadastre minier pour le droit concerné et comprend des renseignements ci-après :

a) les statuts, l'inscription au Registre de Commerce et de Crédit Mobilier, et la preuve de publication au Journal officiel ;

b) les renseignements sur l'identifiant fiscal ;

c) la qualité et le pouvoir de la personne habilitée à engager la personne morale et l'identité de son mandataire si la demande est introduite par ce dernier ;

d) l'adresse du siège social de la personne morale, ainsi que tous les changements ultérieurs ;

e) le type de droit minier ou de carrières demandé ;

f) l'indication des substances minérales pour lesquelles le droit minier et/ou de carrières est sollicité ;

g) l'emplacement géographique du périmètre sollicité ;

h) le nombre de carrés constituant la superficie du périmètre requis ;

i) l'identité des sociétés affiliées du requérant ;

j) la nature, le nombre et la superficie des périmètres de droit minier ou de carrières déjà détenus par le requérant et ses sociétés affiliées ;

k) la preuve de la capacité financière du requérant.

Le dossier de demande comprend le formulaire de demande dûment rempli et signé, les pièces d'identité du requérant et les autres documents requis selon le type de droit postulé. Le requérant dépose le dossier de demande auprès du Cadastre Minier.

Le Règlement minier fixe le modèle du formulaire de demande de droit minier ou de carrières.

Respectueux des libertés individuelles, le législateur congolais a voulu que l'accès aux opérations minières procède avant tout du principe de l'autonomie de la volonté.

Il découle de l'esprit de cet article qu'en principe le droit minier ou de carrières n'est octroyé que sur demande d'un requérant. En d'autres termes, on peut dire que le droit minier ou de carrières est octroyé en général sur demande établie sur un formulaire ad hoc, moyennant paiement des frais de dépôt.

Il résulte de l'article 304 du Règlement minier que le formulaire à retirer au CAMI central ou provincial contient les renseignements suivants :

- l'identité et les coordonnées du requérant et de son mandataire ;

- les substances de carrières et les quantités pour lesquelles l'Autorisation d'Exploitation de Carrières Temporaire est sollicitée ;

- les coordonnées géographiques des sommets du périmètre d'Exploitation proposé ainsi que le nombre des carrés y compris.

Comme on peut s'en rendre compte, il s'agit ici de la modalité d'octroi qui se fait sur un site minier nouveau et non étudié documenté sur fonds publics ou non. Ce qui n'est pas le cas lorsqu'il s'agit de l'octroi sur appel d'offres, prévu à l'article 33 de ce texte, qui ne peut avoir lieu qu'à titre exceptionnel.

Il faut entende par « site minier », au sens de l'article 4, vingt et unième tiret, de la loi minière algérienne, le « périmètre d'un terrain susceptible de renfermer des minéralisations, des occurrences minéralisées, des concentrations géologiques de substances minérales ou fossiles, d'un gisement de substances minérales ou fossiles à exploiter, en exploitation ou déjà exploité partiellement ou totalement, ou d'une exploitation orpheline ou abandonnée ».

Par ailleurs, il convient de signaler qu'à travers cet article, le législateur a omis de mentionner d'autres documents devant être joints au formulaire du dossier de demande d'un droit minier ou de carrières de recherches. Il s'agit là des exigences formulées à l'article 23 bis relatif à l'exercice des droits miniers et de carrières, qui concernent notamment les personnes morales de droit étranger, demandeurs des droits miniers et de carrières de recherches.

En effet, suivant l'esprit et la lettre de l'article 56 de ce texte de loi, il y a lieu d'indiquer que les documents requis à cet article 23 bis du même texte qui conditionnent l'obtention d'un Permis de Recherches (y compris l'Autorisation de Recherches de Produits de Carrières) doivent également être joints au formulaire de demande du droit minier (ou de carrières) de recherches d'une personne morale de droit étranger pour leur prise en considération lors de l'instruction cadastrale par le CAMI.

Mais le fait de ne pas reprendre ces documents expressis verbis dans cet article peut laisser penser qu'ils ne sont pas ici de rigueur. Cette omission conduit à la confusion et risque d'amener le préposé au guichet à ne pas en faire une exigence de recevabilité lors du dépôt du dossier de demande du droit minier ou de carrières par une personne morale de droit étranger, voire de droit congolais. Ce qui serait une aberration.

C'est la raison pour laquelle le préposé au guichet du CAMI devrait connaître ces impératifs pour appliquer correctement la loi. Pour cela, il devrait être un juriste de formation, capable de lire correctement ce texte de loi ou tout au moins un agent dont les compétences en matière de loi minière sont avérées. Cet état des choses est à prendre en considération d'autant plus que la décision dudit préposé revêt une importance capitale et a une incidence sur le processus d'octroi des droits miniers et de carrières ; d'où elle ne doit pas être prise avec légèreté.

C'est pourquoi lorsque ledit préposé exerce sa fonction, il doit quitter le terrain du subjectivisme pour émettre un jugement d'appréciation fondé sur les connaissances de la loi. Dans cette perspective, le CAMI devrait vulgariser ce texte de loi auprès de ses agents et privilégier le seul critère lié à la compétence dans l'affectation de ces derniers aux différents postes.

Tout compte fait, il importera, de lege ferenda, que les exigences formulées à l'article 23 bis soient également et expressément mentionnées dans cet article pour faciliter la compréhension et l'application de ce texte de loi par le CAMI.

Bien des dispositions du Règlement minier, notamment les articles 97, 134, 145 et 304, renseignent sur les éléments devant être mentionnés sur le formulaire. De la sorte, le CAMI a eu l'ingénieuse idée de concevoir les différents modèles de formulaires suivant telle ou telle autre procédure requise.

Article 36 : De la langue de la demande

La demande d'institution, de renouvellement, de mutation ou d'amodiation des droits miniers et/ou de carrières ou toute autre demande formulée dans l'exécution des dispositions du présent Code est rédigée en langue française.

Tous autres documents produits ou pièces jointes à la demande sont rédigés en langue française ou accompagnés d'une traduction en langue française dûment certifiée par un traducteur agréé auprès des tribunaux.

Toute nature de demande d'un droit minier ou de carrières ne peut être formulée qu'en français. Cela découle du fait que la RDC est reconnue comme l'un des pays francophones dont le français est la langue principale.

Ainsi est-il fait obligation à tout requérant dont les documents produits ou pièces jointes à sa demande écrits en une autre langue, de les traduire en langue française, la RDC étant un pays francophone, cela va sans dire.

Article 37 : Des frais de dépôt du dossier *(modifié à son alinéa 1er par l'article 2 de la Loi n° 18/001 du 09 mars 2018 modifiant et complétant la Loi n° 007/2002 du 11 juillet 2002 portant Code minier)*

Il est perçu, en contrepartie de la prestation, au titre des frais de dépôt, un montant à l'occasion du dépôt de chaque demande d'institution, de renouvellement, d'extension, de mutation ou d'amodiation d'un droit minier ou de carrières.

Toute demande de cette nature doit, sous peine d'irrecevabilité, être accompagnée de la preuve du versement des frais de dépôt prévu à l'alinéa ci-dessus.

Ces frais ne sont pas remboursables quelle que soit la suite réservée à la demande.

Cet article prescrit le caractère définitif et non remboursable des frais de dépôt. Ces derniers représentent la contrepartie de la prestation, et cela, quel que soit le sort réservé à la demande du droit minier ou de carrières introduite par tout requérant.

Il faut signaler que les frais de dépôt dépendent du type du droit minier ou de carrières sollicité.

L'article 67 du Règlement minier fixe les modalités applicables aux frais de dépôt.

Article 38 : De la recevabilité de la demande *(modifié à ses litteras a, b et d par l'article 2 de la Loi n° 18/001 du 09 mars 2018 modifiant et complétant la Loi n° 007/2002 du 11 juillet 2002 portant Code minier)*

La demande de droit minier ou de carrières n'est recevable que si elle remplit les conditions suivantes :

a) l'existence de tous les renseignements requis à l'article 35 du présent Code ;

b) la production de la preuve du paiement des frais de dépôt ainsi que celle du numéro fiscal, d'identification nationale et du Registre de Commerce et de Crédit Mobilier pour les personnes morales ;

c) la conformité de la forme et de la localisation du Périmètre aux dispositions des articles 28 et 29 du présent Code ;

d) – l'existence de l'entièreté du périmètre demandé à l'intérieur du périmètre faisant l'objet du Permis de recherches ou de l'Autorisation de recherches des produits de carrières, s'il s'agit d'une demande des droits miniers ou celle d'exploitation de carrière permanente ;

– la production de la preuve d'immatriculation du requérant au Registre du Commerce et de Crédit Mobilier s'il est légalement assujetti à cette obligation.

Le Cadastre Minier se prononce sur la recevabilité de la demande au moment du dépôt du dossier.

Si la demande est déclarée recevable, le Cadastre Minier délivre au requérant un récépissé indiquant les jour, heure et minute du dépôt, qui fait foi, et inscrit la demande dans le registre correspondant, avec mention des jour, heure et minute du dépôt.

Dès sa création, le CAMI a affiché sa volonté de simplifier les démarches administratives avec la mise en place, en son sein, d'un guichet unique.

Le dépôt et la réception des dossiers de différentes demandes ont lieu audit guichet dont le préposé se prononce séance tenante sur leur recevabilité ou non. En d'autres mots, c'est au moment du dépôt de dossier de demande que le préposé à ce guichet se prononce sur sa recevabilité.

En gros, en ce qui concerne les devoirs assignés à ce guichet, celui-ci remplit, entre autres les tâches suivantes :

- fournir le formulaire (gratuit) à remplir par le requérant. Le formulaire peut être également et gratuitement être téléchargé et imprimé à partir du site du CAMI (www.cami.cd).

- percevoir les frais de dépôt et délivrer la quittance y afférente ;

- recevoir les dossiers avec toutes les pièces requises ;

- se prononcer sur la recevabilité des dossiers ;

- enregistrer les divers dossiers de demande ou de déclaration dans les registres appropriés ;

- transmettre aux autres services attitrés le dossier pour encodage et instruction cadastrale, etc.

Puisque le sort d'un dossier de demande du droit minier ou de carrières, lors de son dépôt, dépend de l'examen du préposé à ce guichet, il y a lieu que celui-ci ait des connaissances avérées en droit minier pour éviter l'arbitraire. Car un dossier peut être rejeté non pas parce qu'il y manque telle ou telle autre pièce, mais simplement à la suite de la mauvaise appréciation dudit préposé. C'est pourquoi le choix de ce préposé, insistons là-dessus, devrait se faire sans aucune autre considération que celle de la compétence.

Par ailleurs, en matière de tenue des cahiers d'enregistrement et des registres, il a été confié au CAMI la tâche d'assurer leur établissement et leur mise à jour régulière. C'est pourquoi ce dernier devrait s'employer pour que l'article 68 du Règlement minier trouve tout son sens. En effet, le CAMI est appelé à établir et à tenir la liste des différents cahiers d'enregistrement et des registres, lesquels répondent à certaines exigences légales.

Il a cependant été constaté que, dans la pratique, les choses ne se passent toujours pas comme prévu. Le défaut de tel ou tel autre cahier ou registre, voire le fait de ne pas tenir l'un ou l'autre à jour comme il se devait, ne sont pas de nature à garantir la bonne information dans la gestion du domaine minier congolais, tel que le veut le législateur de ce texte de loi. À cet égard, le CAMI devrait fournir des efforts supplémentaires pour la bonne tenue desdits registres, ce qui renforcera son image d'être un service moderne et un bon gestionnaire du domaine minier congolais.

Article 39 : De l'instruction de la demande

Conformément aux dispositions de l'article 34 du présent Code, l'instruction de la demande commence par l'instruction cadastrale suivie de l'instruction technique et de l'instruction environnementale.

Une fois déclarées recevables, les demandes d'octroi, de renonciation, de renouvellement ou de transformation des droits miniers ou de carrières font l'objet d'une instruction cadastrale suivie le cas échéant, des instructions technique et environnementale.

En principe, toute instruction de la demande d'un droit minier ou de carrières consiste à examiner à fond le dossier y afférent, en vue de s'assurer que le requérant a réuni les conditions requises par la loi et que le droit sollicité peut lui être octroyé.

D'une manière générale, l'instruction de la demande se déroule en deux étapes : une instruction au CAMI et une instruction à l'échelle de l'Administration des mines.

Il est à noter que c'est à travers non seulement des directions du ministère des Mines, notamment la DM et la Direction de protection de l'environnement minier [ci-après DPEM], mais aussi de ceux des ministères des Affaires Sociales et de l'Environnement que l'instruction a lieu. Il s'ensuit que l'instruction en ce qui concerne l'Administration des mines peut se dérouler en deux temps : l'instruction technique ainsi que l'instruction environnementale et sociale.

Article 40 : De l'instruction cadastrale *(modifié à ses alinéas 1er, 3 et 4 par l'article 2 de la Loi n° 18/001 du 09 mars 2018 modifiant et complétant la Loi n° 007/2002 du 11 juillet 2002 portant Code minier)*

Le Cadastre minier central ou provincial procède à l'instruction cadastrale dans un délai de vingt jours ouvrables au maximum à compter du dépôt de la demande.

Aux fins d'instruction, le Cadastre Minier vérifie si :

a) le requérant est éligible pour le type de droit minier ou de carrières demandé ;

b) les limites du nombre de droit minier ou de carrières, de la forme et de la superficie du Périmètre demandé ont été respectées ;

c) le Périmètre demandé empiète sur un Périmètre faisant l'objet d'un droit minier ou de carrière ou d'une demande en instance d'instruction, saut empiétements autorisé à l'article 30 du présent Code.

Lors de l'instruction cadastrale des demandes des droits miniers et/ou de carrières, les règles suivantes s'appliquent en cas d'empiétements autres que ceux prévus à l'article 30 du présent Code :

a. lorsqu'une demande des droits miniers et/ou de carrières de recherches porte sur un périmètre dont plus de 25 % empiètent sur un autre périmètre minier ou de carrières en cours de validité ou est introduite pendant qu'une autre demande est en instruction, cette demande est rejetée.

b. lorsqu'une demande des droits miniers et/ou de carrières de recherches porte sur un périmètre dont 25 % au maximum empiètent sur un autre périmètre minier ou de carrières en cours de validité ou est introduite pendant qu'une demande est en instruction, la situation est corrigée de façon à éliminer les empiétements.

Dans tous le cas, les demandes suivantes ne peuvent être rejetées pour cause d'empiétement lors de l'instruction cadastrale :

a. la demande de droits miniers ou de carrières d'exploitation du titulaire de droit minier ou de carrières de recherches sur le même périmètre ;

b. la demande de transformation des droits miniers ou de carrières de recherches ou d'exploitation en plusieurs droits miniers ou de carrières de recherches ou d'exploitation sur le même périmètre ;

c. la demande du Permis d'exploitation des rejets du titulaire du droit minier couvrant le périmètre sur lequel sont entreposés les rejets.

L'instruction cadastrale a lieu au sein du CAMI à travers les différents services de l'une et/ou de l'autre de ses Directions.

Aux fins d'instruction, le CAMI vérifie si :

- simultanément sur la carte de retombes minières, dite aussi carte physique, ainsi que sur la carte électronique, le périmètre sollicité est disponible, c'est-à-dire qu'il est libre de tout droit ;

- les limites du nombre de droits miniers ou de carrières, de la forme et de la superficie du périmètre minier demandé ont été respectées ;

- le périmètre demandé empiète sur un périmètre faisant l'objet d'un droit minier ou de carrières ou d'une demande en instance d'instruction ;

- le requérant est éligible pour le type de droit minier ou de carrières sollicité ;

- le requérant dispose de la capacité financière requise pour l'exercice des opérations minières.

Dans ce même élan, le CAMI applique les règles prévues en matière d'empiétements des périmètres.

Il appert qu'avec la révision de ce texte de loi, le délai de l'instruction cadastrale est désormais de vingt jours au lieu de dix jours.

À l'issue de son instruction, le CAMI émet soit un avis favorable, soit un avis défavorable. Dans ce second cas, l'instruction est obligatoirement clôturée et le dossier de demande est directement transmis à l'autorité compétente pour décision de refus d'octroi. Dans le premier cas, le dossier est transmis, le cas échéant, à l'une ou l'autre direction du ministère des Mines et du ministère des Affaires Sociales et/ou de l'Environnement pour la suite de l'instruction.

Article 41 : De l'instruction technique

Aux fins d'instruction technique, la Direction des Mines détermine si les conditions d'octroi du droit minier ou de carrière sollicitée sont satisfaites. Elle transmet son avis technique au Cadastre Minier dans le délai d'instruction prescrit à chaque type de demande prévu dans le présent Code.

Dans un délai maximum de cinq jours ouvrables à dater de la réception de l'avis technique, le Cadastre Minier procède à :

a) l'affichage du résultat de l'avis technique dans la salle de consultation de ses locaux. Une copie dudit avis est communiquée au requérant ;

b) la transmission du dossier de demande, avec l'avis cadastral et l'avis technique, à l'autorité compétente pour décision.

L'instruction technique a lieu à la Direction des Mines. Cette dernière émet un avis dit « technique ».

Les devoirs de la DM sont fixés à l'article 10 du Règlement Minier.

Article 42 : De l'instruction environnementale et sociale *(modifié et complété par l'article 2 de la Loi n° 18/001 du 09 mars 2018 modifiant et complétant la Loi n° 007/2002 du 11 juillet 2002 portant Code minier)*

Conformément aux dispositions des articles 16 et 185 du présent Code et des dispositions concernant chaque type des droits miniers et/ou de carrières, l'Agence Congolaise de l'Environnement, le Fonds national de promotion et de service social, en collaboration avec la Direction chargée de la protection de l'environnement minier et, le cas échéant, tout autre organisme de l'État concerné, instruisent l'EIES et le PGES relatifs à la demande de droit minier d'exploitation ou de l'autorisation d'exploitation de carrière permanente, le PAR relatif à une demande d'autorisation d'exploitation de carrière temporaire, le dossier de la demande de transfert du droit minier ou de l'autorisation d'exploitation de carrières permanente, ainsi que le plan pour la contribution du projet au développement des communautés environnantes.

Une synthèse de l'EIES, du PGES ou du PAR, le cas échéant, est publiée au site web du ministère en charge des Mines dans les quinze jours après réception. Le demandeur du droit minier et/ou de carrières concerné est tenu de publier cette synthèse sur son propre site web, au cas où il en a un. L'Agence Congolaise de l'Environnement transmet, à la conclusion de l'instruction environnementale réalisée, son certificat environnemental, le cas échéant, au Cadastre minier dans le délai prescrit pour chaque type des droits miniers et/ou de carrières. Une copie du certificat environnemental est communiquée au requérant.

Dans un délai maximum de cinq jours ouvrables à compter de la réception du certificat environnemental, le Cadastre minier procède à :

a. l'affichage du certificat environnemental de l'Agence Congolaise de l'Environnement dans la salle déterminée par le Règlement minier. Une copie du certificat environnemental est communiquée au requérant ;

b. la transmission du dossier de demande, avec l'avis cadastral, l'avis technique et le certificat environnemental, le cas échéant, à l'autorité compétente pour décision.

L'Agence Congolaise de l'Environnement, en collaboration avec la Direction chargée de la protection de l'environnement minier instruit également le PAR soumis par le titulaire des droits miniers et/ou des carrières de recherches et transmet, à la conclusion, son certificat environnemental au Cadastre minier dans le délai prescrit dans le Règlement minier.

Toute personne qui, pour les besoins d'une activité minière, est contrainte de déboiser une portion de forêt est tenue au préalable d'obtenir à cet effet un permis de déboisement auprès de l'administration compétente.

Soulignons d'entrée de jeu que ce texte de loi soumet à une étude d'impact environnemental tous les droits miniers et de carrières d'exploitation, mais l'exploitation artisanale des mines et des carrières n'est pas astreinte à cette obligation.

« La publication des documents des informations relatives à l'impact des activités minières sur l'environnement figure parmi les innovations du Code minier révisé, bien appliquée, elle constitue une opportunité importante pour la société civile de mieux documenter les impacts environnementaux de l'industrie minière » (NRGI, 2019, p. 22).

Les matières ayant un impact direct sur l'environnement ne laissent pas indifférent le Gouvernement. D'ailleurs, celui-ci est appelé à définir la politique nationale en matière d'environnement et de gestion durable des ressources naturelles en un plan national environnemental. C'est ce que dit l'article 15 de la loi portant protection de l'environnement. À cet égard, le Programme d'investissement pour la forêt [ci-après PIF] du ministère de l'Environnement, Conservation de la Nature et Tourisme (2015, p. 17) souligne ceci :

> *« Conformément aux prescriptions de la Constitution du 18 février 2006, la RDC s'est dotée d'une Loi-cadre, à savoir la Loi n° 11/009 du 09 juillet 2011 portant principes fondamentaux relatifs à la protection de l'environnement. Cette dernière fixe les principes fondamentaux relatifs à la protection de l'environnement, conformément à l'article 123 point 15 de la Constitution. Elle vise à favoriser la gestion durable des ressources naturelles, à prévenir les risques, à lutter contre toutes les formes de pollutions et nuisances, et à améliorer la qualité de la vie des populations dans le respect de l'équilibre écologique.*
>
> *Cette Loi-cadre introduit notamment l'obligation d'une évaluation environnementale, d'une étude d'impact environnemental et social, d'un audit environnemental et d'une enquête publique. »*

Par ailleurs, l'article 18 de la loi susvisée dispose : « Sans préjudice des autres attributions que lui confèrent des textes particuliers, le ministère en charge de l'environnement met en œuvre, en collaboration avec d'autres ministères et organismes publics et privés, la politique du Gouvernement en matière d'environnement et de développement durable. Il assure la coordination des politiques sectorielles ayant une incidence sur l'environnement. »

Autrefois, la protection de l'environnement dans le secteur des mines relevait exclusivement du ministère des Mines, spécialement de la DPEM.

Aujourd'hui, avec la modification de ce texte de loi et pour ne pas être en contradiction avec la loi du 09 juillet 2011 précitée, le législateur a prévu deux autres services en plus devant également intervenir, selon le cas, dans l'instruction environnementale et sociale en vue de la protection de l'environnement. Il s'agit de l'Agence congolaise de l'environnement [ci-après ACE] relevant du ministère de l'Environnement et du Fonds national de promotion et de service social [ci-après FNPSS] dépendant du ministère des Affaires Sociales.

Concernant l'ACE, il y a lieu de signaler que, « créée par le décret n° 14/030 du 18 novembre 2014, elle est la concrétisation de la volonté du Gouvernement de la RDC en matière de l'évaluation environnementale et sociale des activités susceptibles d'avoir des effets sur l'environnement. Sa mission est de : définir le processus de l'évaluation environnementale et sociale en RDC ; veiller à l'exécution de tout projet/programme de développement dans le strict respect des normes environnementales et sociales ; pourvoir au renforcement des capacités de l'Administration congolaise ainsi que des investisseurs tant publics et privés en matière d'évaluation environnementale » Repéré sur le site du ministère de l'Environnement et de Développement Durable : https://medd.gouv.cd/ace/, *consulté le 20 mars 2020.*

En ce qui concerne le FNPSS, il sied de signaler que ce dernier est créé par l'ordonnance n° 68/057 du 13 février 1968 modifiant l'ordonnance n° 161 du 27 juillet 1963. En effet, puisqu'il a, en vue de réaliser son objet social, entre autres comme mission d'émettre des avis techniques sur les projets à caractère social et humanitaire, il apparaît normal que le FNPSS intervienne également dans le processus de l'instruction d'une étude d'impact environnemental et social dans le secteur des mines.

Désormais, le ministère des Mines, à travers la DPEM, est tenu de collaborer avec le ministère de l'Environnement, par le biais de l'ACE et le ministère des Affaires Sociales, via le FNPSS et, au besoin, avec tout autre organisme de l'État concerné, dans diverses matières, surtout dans la mise en œuvre de la réglementation minière concernant la protection de l'environnement, l'instruction environnementale.

Il est à noter que les devoirs de la DPEM sont fixés à l'article 11 du Règlement minier.

Sans nul doute, à travers ces trois ministères, appelés à intervenir dans le cadre de la protection de l'environnement, l'État sera à même de veiller et de s'assurer davantage que les entreprises minières s'impliquent dans la prise en charge des impacts environnementaux et sociaux. Ainsi qu'on peut le remarquer, le législateur tient au renforcement de la protection environnementale et sociale, et ce, dans le cadre de la politique du développement durable. Ce qui est une avancée significative et salutaire.

L'avis émis par la DPEM est dit « environnemental ». Quant à l'ACE, il émet un « certificat environnemental » qu'il transmet au CAMI. Une copie dudit certificat est transmis au requérant.

Les modalités applicables au certificat environnemental sont déterminées par les articles 31 à 34 du décret n° 14/019 du 2 août 2014 fixant les règles de fonctionnement des mécanismes procéduraux de la protection de l'environnement.

Il est important de souligner que le ministère des Mines, à travers son cabinet, ne devrait pas interférer à l'instruction de la demande, sans risque de violer la loi. Car il est ressort de l'article 7, point 4, du Règlement minier, que le ministre des Mines est chargé de veiller à la coordination des activités du CAMI ou des autres services dans le cadre de l'octroi, de la gestion et de l'annulation des droits miniers et de carrières.

Nulle part dans ce texte de loi le ministre des Mines n'est autorisé à intervenir parallèlement à ces services dans l'instruction minière des dossiers de demande des droits miniers et de carrières. En effet, l'article 7 précité parle de « veiller à la coordination des activités », mais pas de « concourir à la réalisation de celles-ci ». Dans tous les cas, l'instruction menée en marge de la procédure prévue par ce texte de loi est purement et simplement illégale.

Après avoir émis son avis et, le cas échéant, reçu l'avis technique de la DM, l'avis environnemental du Service de Protection de l'Environnement Minier et le certificat environnemental de l'ACE, le CAMI prépare le projet d'arrêté ou de Décision d'octroi ou de refus motivé du droit sollicité, selon le cas, et le soumet à l'autorité compétente pour décision d'octroi ou de refus d'octroi.

Article 43 : De la décision d'octroi *(modifié et complété par l'article 2 de la Loi n° 18/001 du 09 mars 2018 modifiant et complétant la Loi n° 007/2002 du 11 juillet 2002 portant Code minier)*

À la réception du dossier de demande avec avis cadastral et, le cas échéant, technique, environnemental et social favorables, l'autorité compétente prend et transmet sa décision d'octroi au Cadastre minier dans le délai de décision prescrit pour chaque type de demande de droit minier ou de carrières.

Dans ce cas, le Cadastre Minier procède à l'inscription du droit accordé, à la notification de la décision d'octroi au requérant et à son affichage dans la salle déterminée par le Règlement Minier.

Au cas où l'autorité compétente ne transmet pas sa décision conformément à l'alinéa 1er ci-dessus, la décision d'octroi du droit minier ou de carrières est réputée accordée.

Le requérant demande au Cadastre minier, dans les soixante jours de l'expiration du délai imparti à l'autorité compétente, de procéder à l'inscription de son droit et à la délivrance du titre y afférent. Passé ce délai, le droit est d'office renoncé.

Le Règlement minier détermine les modalités de cette renonciation d'office.

Il découle des disposions de cet article et de celles de l'article 46 de ce texte de loi que sont prévus deux modes de décisions d'octroi du droit minier et de carrières, à savoir :

- *la décision d'octroi du droit par voie administrative ;*
- *la décision d'octroi du droit par voie judiciaire.*

Concernant la décision d'octroi du droit par voie administrative, le législateur a prévu deux modes d'octroi du droit minier et de carrières. Il s'agit de :

- l'octroi du droit par décision du ministre des Mines ou du ministre provincial des Mines ;

- l'octroi du droit par inscription du CAMI.

La décision d'octroi ou de refus d'octroi est prise soit par :

- arrêté du ministre des Mines pour les droits miniers ou de carrières d'exploitation (pour les matériaux autres que ceux à usage courant : calcaire à ciment, gypse, sables de verrerie, kaolin, dolomie, fluorine, diatomites, montmorillonite, barytine, etc.),

- arrêté du ministre provincial des Mines pour les droits de carrières de recherches et d'exploitation (pour les matériaux à usage courant : argiles à brique, sables, grès, calcaire à moellon, marne, quartzite, craie, gravier alluvionnaire, latérites, basaltes, etc.).

À propos de l'octroi du droit par décision du ministre des Mines, il y a lieu de noter qu'à la fin de l'instruction minière, le CAMI doit transmettre le dossier de demande du droit minier au ministre des Mines pour signature de la décision d'octroi ou du refus d'octroi. Autrement dit, après avoir émis son avis et, le cas échéant, reçu l'avis technique de la DM, l'avis environnemental de la DPEM ainsi que le certificat environnemental de l'ACE, le CAMI prépare le projet d'arrêté d'octroi ou de refus d'octroi motivé du droit sollicité et le soumet à l'autorité compétente pour décision d'octroi.

Il faut entendre par décision d'octroi un acte administratif émanant de l'autorité administrative, principalement du ministre des Mines ou du ministre provincial des Mines, qui constate les droits d'un demandeur ou requérant sur un droit minier ou de carrières sollicité. Elle a un caractère national et est régie par ce texte de loi avant tout, qui donne à la partie requérante le droit d'explorer et/ou d'exploiter le sol et le sous-sol, y compris le droit de détenir, de commercialiser, d'entreposer les substances minérales issues de l'exploitation de son périmètre.

S'agissant de l'octroi du droit par inscription d'office, le législateur laisse au demandeur la latitude de solliciter du CAMI l'inscription de son droit minier et la délivrance du titre minier y afférent.

On constate, à travers l'alinéa 4 de cet article, que le droit ne peut être réputé accordé d'office que si le requêtant saisit le CAMI et si celui-ci ne procède pas à l'inscription dudit droit ainsi qu'à la délivrance du titre y afférent, cela dans les soixante jours de l'expiration du délai imparti à l'autorité compétente.

Il semble que la contrainte qui est faite au requérant devrait plutôt être faite au CAMI. En principe, c'est ce dernier qui devrait procéder à l'inscription d'office du droit sollicité, à défaut de la décision d'octroi de l'autorité compétente et même si ledit requérant ne lui fait pas la demande, et ce, pour la simplification et la célérité dans le traitement ou l'examen des dossiers administratifs. De la sorte, son inertie (du CAMI) aurait été considérée comme une abstention coupable.

La renonciation d'office d'un droit minier ou de carrières est une nouvelle procédure d'extinction d'un droit minier ou de carrières. Il est désormais de rigueur, lorsque le requérant dépasse les soixante jours à partir de l'expiration du délai imparti à l'autorité compétente pour prendre la décision d'octroi du droit sollicité, sans qu'il ait demandé au CAMI de procéder à l'inscription d'office de son droit.

Article 44 : De la décision de refus d'octroi

À la réception du dossier de la demande avec avis cadastral, et le cas échéant, technique et environnemental défavorables, l'autorité prend et transmet sa décision de refus motivée au Cadastre Minier dans le délai prescrit pour chaque type de demande de droit minier ou de carrières.

Dans ce cas, le Cadastre Minier procède à l'inscription de la décision de refus d'octroi des droits sollicités, à la notification de la décision au requérant et son affichage dans la salle déterminée par le Règlement Minier.

Au cas où l'autorité compétente ne transmet pas sa décision conformément à l'alinéa 1er du présent article, le Cadastre Minier radie, sans délai, l'inscription du Périmètre sur la carte cadastrale. L'acte de radiation est notifié au requérant.

Après avoir émis son avis et, le cas échéant, reçu l'avis technique de la DM, l'avis environnemental de la DPEM et le certificat environnemental de l'ACE, le CAMI prépare le projet d'arrêté de refus motivé du droit sollicité et le soumet à l'autorité compétente pour décision de refus d'octroi.

Il s'ensuit que l'inscription du périmètre doit d'office être radiée sur la carte cadastrale, dès que la décision de refus d'octroi est transmise au CAMI par l'autorité compétente. Cependant, l'acte de radiation, quant à lui, n'intervient qu'à défaut de la décision de refus d'octroi de l'autorité compétente. Cet acte vaut décision de refus d'octroi et produit les mêmes effets de droit que produirait une décision de refus d'octroi prise par l'autorité compétente.

Il est un fait que, dans la pratique, l'acte de radiation n'est pas systématiquement notifié aux différents requérants, et ce, pour des raisons inavouées. À vrai dire, cette dernière étape de la procédure de refus d'octroi des droits miniers et de carrières ne se déroule pas comme il se devait. Car il arrive que le CAMI s'empresse de notifier, aussitôt qu'il y a dépassement de délai, l'acte de radiation à tel requérant, mais pas à tel autre.

On peut à cet égard se demander à quel critère le CAMI recourt pour notifier à l'un, et non pas à l'autre requérant, l'acte de radiation de l'inscription. De même, on peut chercher à savoir quelle conséquence résulterait du défaut de notification de l'acte de radiation à un requérant.

Il paraît que c'est la notification de l'acte de radiation qui permet, d'une part, d'informer définitivement le requérant de la clôture de l'instruction du dossier de sa demande d'octroi du droit minier ou de carrières, d'autre part, de rendre libre le périmètre ayant fait l'objet de l'inscription sur la carte cadastrale, autrement dit, la carte de retombes minières. Aussi paraît-il que l'acte de radiation doit être notifié au requérant afin que celui-ci en tire toutes les conséquences, notamment en exerçant le recours en cas de décision de refus d'octroi non motivé.

Puisque le CAMI notifie de temps à autre aux requérants l'acte de radiation, cela démontre l'importance de ce dernier dans la procédure de refus d'octroi des droits miniers et de carrières. Si tel n'était pas le cas, il s'en passerait sûrement. En effet, le caractère impératif de la notification de l'acte de radiation devrait amener le CAMI à appliquer toujours et sans attendre les dispositions de l'alinéa 3 in fine de cet article, dès l'instant que l'autorité compétente ne lui a pas transmis sa décision de refus motivé dans le délai imparti. Le faux-fuyant utilisé par le CAMI pour parfois justifier son refus ou son inertie d'appliquer correctement et sans atermoiements ce texte de loi n'aide guère les choses.

Article 45 : Du délai de décision d'octroi ou de refus *(modifié à son alinéa 1er par l'article 2 de la Loi n° 18/001 du 09 mars 2018 modifiant et complétant la Loi n° 007/2002 du 11 juillet 2002 portant Code minier)*

Le délai d'octroi ou de refus d'octroi de droit minier ou de carrières imparti à l'autorité compétente par les dispositions du présent Code commence à courir au jour de la réception du dossier transmis par le Cadastre minier avec les avis cadastral et, le cas échéant, technique, environnemental et social requis.

La transmission du dossier à l'autorité compétente par le Cadastre minier se fait par courrier avec accusé de réception.

La transmission du dossier à l'autorité compétente par le Cadastre Minier se fait par tout moyen de communication tel que le courrier électronique, la télécopie, le courrier recommandé à la poste ou par courrier au porteur avec accusé de réception. Dans tous les cas, le dossier transmis est censé être reçu au plus tard un jour ouvrable en cas de transmission par courrier électronique ou télécopie et huit jours ouvrables pour les autres moyens de communication.

Toutefois, il est censé être transmis avec accusé de réception le même jour en cas du courrier au porteur.

Le Cadastre Minier réserve une copie de la lettre de transmission du dossier au requérant.

L'autorité compétente saisie du dossier par le Cadastre Minier prend à son tour, dans les 30 jours ouvrables qui suivent la réception dudit dossier, la décision d'octroi ou de refus du droit sollicité et la notifie au requérant.

Cet article institue un délai à partir duquel est décompté celui qui est imparti à l'autorité de la prise de décision d'octroi ou de refus d'octroi du droit minier ou de carrières sollicité.

En instituant des délais, le législateur a cherché, d'une part, à assurer la protection du droit du requérant et, d'autre part, à mettre en évidence le caractère contraignant attaché à la prise de décision par l'autorité compétente.

En plus, cet article établit le mode de transmission des dossiers à l'autorité compétente. Désormais, seule est privilégiée la transmission par courrier au porteur avec accusé de réception. Ce mode offre l'avantage de faciliter l'établissement de la preuve de la réception du courrier par rapport aux autres modes.

Ne sont donc plus admis comme modes de transmission des dossiers : le courrier électronique, la télécopie et le courrier recommandé à la poste.

En ce qui concerne la notification de décision, la confusion créée par l'alinéa 6 in fine de cet article n'est pas de nature à faciliter la procédure prévue quant à ce. Comme on peut le constater, le législateur dit que l'autorité compétente notifie au requérant la décision d'octroi ou de refus d'octroi. Cela a amené, dans la pratique, certains organes, notamment la division provinciale des mines et le secrétariat général aux mines, à s'arroger la compétence de notifier les décisions d'octroi ou de refus d'octroi des droits aux requérants, et ce, parallèlement à la notification faite par le CAMI. Ce qui est déplorable.

Il faut savoir que « la prérogative de notifier la décision d'octroi ou de refus d'octroi » est dévolue au Cadastre minier, seul et unique organe compétent en la matière. Il est regrettable d'observer des irrégularités d'ordre administratif dans le chef de certains organes, intervenant dans l'application du Code minier et à cause d'une mauvaise interprétation de la loi, qui s'arrogent cette prérogative de notifier aux requérants certaines décisions, parallèlement au Cadastre minier » (Cim's Mulungulungu Nachinda, 2012, p. 162).

C'est donc l'article 107, alinéa 1, du Règlement minier qui met fin à cette confusion en disposant ceci : « Le Cadastre minier notifie la décision d'octroi ou de refus d'octroi au requérant sans frais par le moyen le plus rapide et fiable et procède à l'affichage de ladite décision dans la salle de consultation publique. »

Comme on peut s'en rendre compte, de même que l'alinéa 6 in fine de cet article crée la confusion en matière de notification des décisions, de même il ne facilite pas la bonne gestion du domaine minier. Aussi se trouve-t-il être à la base de certains conflits qui opposent le CAMI à tel ou tel autre requérant. En effet, dans la pratique, Il n'est pas surprenant de voir ce dernier, une fois en possession de la décision d'octroi lui étant notifiée par un autre organe que le CAMI, se prévaloir de certains droits. Or seul le titre minier, en l'occurrence le certificat afférent au droit sollicité, en tant qu'instrumentum, établi après le paiement des droits superficiaires prorata temporis, constitue la preuve du droit de propriété minière opposable aux tiers.

D'ailleurs, il ressort de l'article 107, alinéa 2, du Règlement minier que « la notification de la décision d'octroi par le CAMI indique le montant à payer par le requérant au titre des droits superficiaires annuels par carré pour la première année de la validité du Permis de Recherches prorata temporis dont le calcul est précisé à l'article 394 du présent décret à partir de la date de la décision d'octroi. En sus, la notification précise également la date limite pour le paiement de cette somme. »

Il en découle qu'une notification, qui ne tient pas compte des éléments devant être pris en compte dans la notification d'une décision d'octroi est un acte irrégulier. En réalité, la notification de la décision d'octroi du droit sollicité adressée au requérant par le CAMI s'accompagne de la note de débit reprenant le montant des droits superficiaires prorata temporis à payer, alors que la décision qui serait notifiée par un autre organe que lui ne se conformera point aux prescrits de cet alinéa 2 de l'article 107 du Règlement minier.

Pour remédier à cette situation, il faudrait, de lege ferenda, supprimer l'ajout du groupe des mots « et la notifie au requérant » repris dans l'alinéa 6 in fine de cet article. Ce ne serait que de cette façon qu'on pourra éviter toute confusion. Tout compte fait, cet alinéa devrait être libellé de la manière suivante :

« L'autorité compétente saisie du dossier par le Cadastre minier prend à son tour dans les trente jours ouvrables qui suivent la réception dudit dossier, la décision d'octroi ou de refus du droit sollicité. » Ce ne serait que de cette façon qu'on pourra éviter toute confusion.

Article 46 : De l'inscription par voie judiciaire *(modifié à ses alinéas 2 et 3 par l'article 2 de la Loi n° 18/001 du 09 mars 2018 modifiant et complétant la Loi n° 007/2002 du 11 juillet 2002 portant Code minier)*

Si le Cadastre Minier ne procède pas à l'inscription du droit minier ou de carrières conformément à l'alinéa 4 de l'article 43 du présent Code dans les cinq jours ouvrables à compter de la demande d'inscription, le requérant peut, par requête adressée au Président du Tribunal de Grande Instance territorialement compétent, avec copie et les éléments du dossier à l'Officier du Ministère Public près cette juridiction, obtenir un jugement valant titre minier ou de carrières selon le cas.

Dans les quarante-huit heures de la réception de la requête, le Président du Tribunal de Grande Instance territorialement compétent fixe l'affaire à la première audience utile de sa juridiction. Le Tribunal notifie, par voie d'huissier, le jour et l'heure de l'audience au requérant, au Cadastre minier et à l'Officier du Ministère public.

Conformément aux dispositions de l'article 68 alinéa 2 et en dérogation de celles de l'article 69 alinéa 1er de la loi organique n° 013/011-B du 11 avril 2013 portant organisation, fonctionnement et compétence des juridictions de l'ordre judiciaire, le Ministère public émet son avis verbalement sur les bancs lequel est acté au plumitif de l'audience.

Sans qu'il y ait lieu à remise, l'affaire est appelée, instruite, plaidée et prise en délibéré à l'audience déterminée dans l'exploit de notification de date d'audience.

Sous peine d'irrecevabilité, la requête dont question à l'alinéa précédent doit :

a) être introduite dans un délai des huit jours ouvrables à compter de l'expiration du délai de cinq jours prévu à l'alinéa premier du présent article ;

b) contenir en original ou en copie certifiée conforme, outre les éléments de la demande prévus à l'article 35 du présent Code, le récépissé de sa demande, la preuve du paiement de frais de dépôt de sa demande et les copies des avis cadastral, technique et le cas échéant, environnemental requis.

La décision du Tribunal intervient dans les 72 heures à compter de la prise en délibéré de l'affaire et doit :

a) constater l'absence de la décision d'octroi de l'autorité compétente dans le délai de décision qui lui est imparti ;

b) déterminer le Périmètre sur lequel porte le droit minier ou de carrières postulé, sa localisation géographique ainsi que le nombre de carrés entiers constituant sa superficie ;

c) enjoindre le Cadastre Minier d'inscrire le dispositif du jugement dans ses registres et de délivrer le titre minier ou de carrières correspondant et de porter le Périmètre minier ou de carrière sur la Carte de retombes minières.

En tout état de cause, le jugement obtenu vaut titre minier ou de carrières.

À titre de rappel, l'alinéa 4 de l'article 43 de ce texte de loi dispose que le requérant demande au CAMI, dans les soixante jours de l'expiration du délai imparti à l'autorité compétente, de procéder à l'inscription de son droit et à la délivrance du titre y afférent. Passé ce délai, le droit est d'office renoncé.

Il va sans dire que le législateur laisse au demandeur du droit minier ou de carrières la latitude de solliciter du CAMI l'inscription de son droit minier et la délivrance du titre minier y afférent. De la sorte, si le CAMI ne procède pas à l'inscription du droit minier ou de carrières, à défaut de la décision d'octroi, le requérant peut solliciter, par requête adressée au président de l'organe juridictionnel territorialement et matériellement compétent, avec copie et les éléments du dossier à l'officier du ministère public près cette juridiction, un jugement valant titre minier ou de carrières selon le cas. C'est ce qu'on appelle « inscription par voie judiciaire » ou « inscription judiciaire ».

D'une manière générale, cet article institue la procédure devant aboutir à l'inscription judiciaire du droit minier ou de carrières.

Soulignons qu'avant la modification de ce texte de loi, l'instance judiciaire avait un caractère gracieux, du fait que le CAMI n'y était pas partie. Cela ressortait de l'alinéa 2 de l'article 46 non modifié de ce texte de loi qui disposait : « Dans les quarante-huit heures de la réception de la requête, le président du tribunal de grande instance territorialement compétent fixe l'affaire à la première audience utile de sa juridiction. Le tribunal notifie, par voie d'huissier, le jour et l'heure de l'audience au requérant et à l'Officier du ministère public. »

En revanche, avec la modification de ce texte de loi, l'alinéa 2 in fine de cet article vient mettre en exergue le caractère contradictoire que revêt aujourd'hui l'instance judiciaire en matière d'inscription par voie judiciaire des droits miniers et de carrières, vu que le CAMI est appelé à y comparaître. Cela aurait dû permettre au CAMI, chaque fois que possible, de solliciter de l'organe juridictionnel l'irrecevabilité ou le rejet des différentes requêtes formulées par les demandeurs des droits miniers et de carrières pour violation des dispositions de cet article. Cela n'a toutefois pas toujours été le cas dans la pratique.

On peut à cet égard chercher à savoir quelle est l'importance du CAMI, en tant que partie au procès, dans le déroulement d'une telle instance judiciaire s'il ne peut pas démontrer la pertinence de cet article. Là est la question.

À propos de jugements rendus en matière d'inscription par voie judiciaire, il faut savoir que la jurisprudence est assez abondante par rapport à d'autres matières. Aussi faut-il savoir que les requêtes en obtention d'inscription par voie judiciaire ne concernent pas uniquement les nouvelles demandes[1]*. Les demandes de renouvellement*[2]*, et même*

---

[1] Il convient de préciser pour fixer les idées qu'une nouvelle demande du droit minier ou de carrières est celle qui est introduite pour la première fois au guichet du CAMI en vue de l'octroi du droit sollicité par l'autorité compétente (ministre des Mines ou ministre provincial des Mines). Dans cette situation, on peut dire que lorsqu'on introduit une nouvelle demande, on est qualifié de requérant ou demandeur du droit, et non de titulaire du droit. Car, pour revêtir la qualité de titulaire du droit minier ou de carrières, il faut que ce dernier ait été octroyé et qu'un certificat y afférent ait été délivré.

Bref, il s'agit ici des décisions judiciaires rendues faute de décision d'octroi de l'autorité compétente ou d'inscription d'office par le CAMI à la suite de la demande du droit. Il n'est donc pas question des décisions judiciaires rendues concernant un droit minier ou de carrières qui a déjà été octroyé, mais dont son titulaire a sollicité un renouvellement ou une transformation dudit droit.

À titre indicatif, on peut citer les jugements suivants :

- Jugement RPNC 45.903 du 30/10/2019 du tribunal de grande instance de Kinshasa/Gombe, inédit ;
- Jugement RPNC 45.922 du 13/11/2019 du tribunal de grande instance de Kinshasa/Gombe, inédit ;

celles de transformation du PR en PE ou PEPM[3] ou de l'ARPC en AECP[4] peuvent faire l'objet d'inscriptions judiciaires.

De même, certaines matières font l'objet d'inscriptions par voie judiciaire. Il s'agit de l'inscription de l'hypothèque (prévue à l'article 169, alinéa 7, de ce texte de loi), de l'inscription de la mutation d'une hypothèque (prévue à l'article 173, alinéa 4, de ce texte de loi), de l'enregistrement du contrat d'amodiation (prévue à l'article 169, alinéa 4, de ce texte de loi) et de l'approbation du transfert du droit (prévue à l'article 185 bis, alinéa 2, de ce texte de loi).

Le refus, l'omission ou l'abstention de l'autorité compétence de prendre la décision d'une part, et celui du CAMI de procéder à l'inscription d'office d'autre part, sont la conséquence de la saisine de l'organe juridictionnel compétent pour obtention d'un jugement d'inscription par voie judiciaire.

- Jugement RPNC 46.005 du 24/12/2019 du tribunal de grande instance de Kinshasa/Gombe, inédit ;
- Jugement RPNC 45.512 du 30/07/2020 du tribunal de grande instance de Kinshasa/Gombe, inédit ;
- jugement RPNC 46.205 du 9/06/2020 du tribunal de grande instance de Kinshasa/Gombe, inédit ;
- jugement RPNC 46.251 du 15/07/2020 du tribunal de grande instance de Kinshasa/Gombe, inédit ;
- jugement RPNC 46.255 du 8/07/2020 du tribunal de grande instance de Kinshasa/Gombe, inédit ;
- jugement RPNC 46.248 du 7/07/2020 du tribunal de grande instance de Kinshasa/Gombe, inédit ;
- jugement RPNC 46.205 du 9/06/2020 du tribunal de grande instance de Kinshasa/Gombe, inédit ;
- jugement RPNC 46.171 du 7/04/2020 du tribunal de grande instance de Kinshasa/Gombe, inédit.

[2] Jugement RPNC 45.988 du 13/12/2019 du tribunal de grande instance de Kinshasa/Gombe, inédit ;

- Jugement RPNC 44.922 du 5/03/2018 du tribunal de grande instance de Kinshasa/Gombe, inédit ;
- jugement RC 395/2018 du 5/03/2018 du tribunal de grande instance de Tshikapa, inédit ;
- Jugement RPNC 45.370 du 22/11/2018 du tribunal de grande instance de Kinshasa/Gombe, inédit.

[3] Jugement RPNC 45.933 du 15/11/2019 du tribunal de grande instance de Kinshasa/Gombe, inédit.

[4] Jugement RPNC 46.015 du 30/12/2019 du TGI/Gombe du tribunal de grande instance de Kinshasa/Gombe, inédit.

Jugement RPNC 45.512 du 30/07/2020 du tribunal de grande instance de Kinshasa/Gombe, inédit.

Concernant la décision de l'autorité compétente, principalement du ministre des Mines, on a dit que la non-prise de sa décision est le fait, non pas toujours de la lenteur administrative dans l'examen des dossiers, mais plutôt et quelquefois de la méfiance qu'il a à l'égard de tel ou tel autre service intervenant dans l'instruction minière, surtout du CAMI. Il pense, à tort ou à raison, que certaines instructions ne se font pas correctement, d'où sa réserve de ne pas les entériner par la signature de la décision d'octroi.

S'agissant de l'inscription d'office par le CAMI, ce dernier n'a aucun motif à faire valoir pour ne pas procéder à l'inscription d'office du droit minier ou de carrières, une fois saisi et à la suite du dépassement de délai imparti à l'autorité compétente pour la prise de décision. Cet état de choses n'est pas de nature à faciliter la célérité dans le traitement des dossiers administratifs. Mais, comme le CAMI, voire les autres organes intervenant dans l'instruction minière des dossiers de demande des droits miniers et de carrières, ne sont exposés ni à la sanction administrative ni à la sanction pénale, il n'est pas étonnant que cette situation perdure.

Or nul n'ignore qu'en droit pénal, lorsqu'un fonctionnaire est investi d'une mission de rendre service à la population, mais ne l'accomplit pas sans motif valable, son comportement est qualifié d'abstention coupable. Malheureusement, la pratique judiciaire semble oublier cette imputation, prévue à l'article 150 g du Code pénal congolais.

Il convient de retenir à cet égard que « Plusieurs pénalistes ont défini cette incrimination, et sans pour autant se noyer dans une polémique doctrinale et, pour besoin pédagogique, […] [il y a lieu de recourir à] la définition de Bony Cizungu M. Nyangezi lorsqu'il soutient que l'abstention coupable d'un fonctionnaire est le fait pour un fonctionnaire ou toute personne chargée de service public de retarder ou de retenir sans motif valable des fonds ou deniers publics dont il a la gestion et qui sont destinés au paiement des rémunérations, des créances, des traitements ou salaires. Elle vise aussi le fonctionnaire qui s'abstient volontairement de faire dans le délai lui imparti par la loi ou par les règlements un acte de sa fonction ou de son emploi, qui lui a été régulièrement demandé. Est également concerné le retard manifestement exagéré dans l'accomplissement de l'acte de sa fonction ou de son emploi lorsqu'un délai n'est pas expressément fixé. » Repéré à https://leganews.cd/index.php/analyses-et-opinions/2016-abstentions-coupables-des-fonctionnaires-infractions-meconnues-dans-la-pratique-judiciaire-congolaise, consulté le 5 juillet 2020.

Au regard de cette définition, on peut dire que le comportement du CAMI n'est ni plus ni moins qu'une abstention coupable. Ainsi les titulaires des droits miniers et de carrières devraient-ils être en droit de faire comparaître le CAMI en citation directe devant la juridiction compétente. Ce serait une manière de le contraindre d'accomplir sa mission, les tâches lui confiées, dans les conditions et délais impartis par la loi.

En fait, lorsqu'il n'applique pas ce texte de loi ou tergiverse pour appliquer ce dernier, le CAMI recourt parfois au faux-fuyant pour justifier sa compréhension dudit texte ou son attitude.

Tout bien considéré, le législateur devrait, de lege ferenda, incriminer l'abstention ou l'inertie du CAMI à chaque fois que celui-ci ne saurait prouver qu'il se trouvait dans un cas de force majeure ne pouvant lui permettre d'accomplir telle ou telle autre tâche. Et là, ce ne serait que rechercher l'efficacité de la loi qui doit s'appliquer sans atermoiements ; et là encore, on éviterait l'implication intempestive des juges dans cette matière, du fait que le CAMI sera souvent amené à inscrire d'office le droit minier ou de carrières dans le respect de ce texte de loi.

Par ailleurs, on peut remarquer que si l'on doit s'en tenir aux dispositions de cet article, l'on doit affirmer que la matière en rapport avec l'inscription par voie judiciaire relève exclusivement de la compétence du tribunal de grande instance de Kinshasa/Gombe [ci-après TGI/Gombe]. Aussi peut-on remarquer qu'en considération de ce même article, on peut facilement déduire que la compétence territoriale de l'organe juridictionnel doit s'apprécier par rapport au siège social du CAMI central, qui est la ville de Kinshasa, précisément la commune de la Gombe. Telle devrait être la meilleure interprétation de cet article en cette matière.

Il n'est pas question ici du lieu où se trouve le périmètre couvert par tel ou tel autre droit. Du reste, le principe applicable en droit foncier pour un bien immobilier, qui veut que le tribunal compétent soit celui dont dépend l'immeuble concerné en cas de conflit, par exemple, ne s'applique pas en droit minier.

C'est évident que l'organe juridictionnel territorialement et matériellement compétent en matière d'inscription par voie judiciaire des droits miniers et de carrières est le TGI/Gombe. Mais, comme on va le constater ci-dessous, dans la pratique, les choses ne se passent pas toujours comme prévu.

Il découle de l'analyse des jugements rendus en matière d'inscription par voie judiciaire que la plupart d'entre eux n'ont pas été rendus dans le strict respect de cet article. C'est le cas du jugement RPNC 45.903 du TGI/Gombe du 30 octobre 2019 qui a été rendu en violation de l'alinéa 5, littera a, de cet article. Ici, le tribunal de céans ne s'est pas rendu compte que la partie demanderesse a introduit sa requête au-delà du délai imparti pour sa saisine.

En effet, il en ressort que le CAMI a transmis les demandes de transformation au ministre des Mines pour décisions en date du 26 août 2019 par ses lettres référencées CAMI/DG/681 à 682/2019 portant transformation des droits miniers d'exploitation. Après le dépassement du délai de trente jours de prise de décision, la partie requérante a saisi le CAMI pour demande d'inscription d'office desdites demandes en date du 1er octobre 2019. À l'expiration du délai de cinq jours imparti au CAMI, à savoir au plus tard le 7 octobre, la requête adressée au tribunal devrait être introduite dans un délai de huit jours, soit avant le 16 octobre 2019. Mais cette dernière a été plutôt introduite le 25 octobre 2019, soit après neuf jours passés.

Dans le même ordre d'idées, il est arrivé que la requête d'un requérant soit introduite plus d'une année après que la demande d'inscription d'office a été formulée auprès du CAMI. C'est le cas du Jugement RPNC 45.512 du 30 juillet 2020 du TGI/Gombe.

Il est également arrivé que la décision judiciaire ne mentionne pas les références de la lettre de demande d'inscription d'office adressée au CAMI par le titulaire, et encore moins celles de la lettre de transmission des dossiers au ministre des Mines par le CAMI. Pourtant, c'est la date de cette lettre de demande d'inscription qui aurait permis de calculer le délai imparti au titulaire pour introduire sa requête auprès du tribunal. Il s'agit là d'un élément probant devant déterminer l'organe juridictionnel à se prononcer. Car, à défaut de la lettre de demande d'inscription du droit minier ou de carrières sollicité, il est difficile de savoir s'il y a eu violation de l'alinéa 5, littera a, de cet article. Ce cas résulte du jugement RPNC 46.251 du 15 juillet 2020 du TGI/Gombe.

Dans une autre affaire, le tribunal a pris une décision d'inscription judiciaire des droits de carrières, en violation de la loi. Car ces derniers étaient censés avoir été d'office renoncés, faute pour le requérant de n'avoir pas demandé au CAMI, dans les soixante jours de l'expiration du délai imparti à l'autorité compétente, de procéder à leur inscription d'office et à la délivrance des titres y afférents, conformément à l'article 43, alinéa 4, de ce texte de loi. En outre, le tribunal du céans ne s'est pas rendu compte de la forclusion du délai imparti à la partie demanderesse pour sa saisine, suivant l'alinéa 5, littera a, de cet article. Il s'agit là d'un cas découlant du jugement 45.922 du 13 novembre 2019 du TGI/Gombe.

D'autre part, il peut arriver, sait-on jamais, que le titulaire, au même moment où il demande au CAMI de procéder à l'inscription d'office de son droit, introduise entre-temps sa requête auprès du tribunal pour obtenir un jugement d'inscription judiciaire. Il est dommage que le législateur n'ait pas prévu une telle hypothèse.

Dans l'éventualité où le délai imparti au CAMI serait encore en cours pour que celui-ci inscrive d'office le droit et, dans cet intervalle, il serait notifié du jugement d'inscription judiciaire du droit qui l'enjoint d'inscrire le dispositif du jugement dans ses registres, on peut chercher à connaître quelle sera la conséquence.

À tout prendre, le CAMI ne devrait pas surseoir à la procédure amorcée, et donc devrait inscrire d'office le droit. Sur ce point, l'injonction du tribunal sera nulle et de nul effet.

En ce qui concerne la compétence territoriale de l'organe juridictionnel, il est étonnant que le tribunal de grande instance de Tshikapa ait pu se déclarer compétent, à la suite de la requête d'un titulaire du droit minier, alors qu'il ne l'est pas territorialement. De la sorte, il s'est mépris en rendant une décision d'inscription par voie judiciaire, cependant qu'il devrait, de ce fait, se déclarer simplement incompétent. Tel n'avait pourtant pas été le cas dans le jugement RC 395/2018 du 5 mars 2018 du tribunal de grande instance de Tshikapa.

Pour ce qui est de la compétence matérielle du tribunal, il est surprenant de constater que le tribunal de commerce de Kinshasa/Gombe, en matière d'inscription judiciaire, ait eu à dire dans le dispositif de sa décision, entre autres, que son jugement vaut titres miniers. C'est ce qui ressort du jugement RCE 5660 du 15 mai 2018 du tribunal de commerce de Kinshasa/Gombe.

Dans l'un ou l'autre cas, c'est-à-dire lorsqu'il s'agit de question de l'incompétence matérielle ou territoriale d'un tribunal, les décisions rendues en matière d'inscription par voie judiciaire peuvent faire l'objet d'annulation. C'est d'ailleurs dans ce cadre que s'inscrit un arrêt de la cour d'appel annulant une ordonnance du tribunal de commerce. En effet, par son arrêt RMUA 026 du 23 décembre 2016, la cour d'appel de la Gombe avait constaté l'incompétence territoriale du tribunal de commerce qui, sous l'ordonnance n° 0975/216 du 28 septembre 2016, avait ordonné la saisie des titres miniers d'un titulaire des droits miniers. Par conséquent, elle avait annulé cette ordonnance en toutes ses dispositions parce que, dit-il, le tribunal de commerce était territorialement incompétent pour connaître la requête lui adressée et rendre une telle ordonnance.

Visiblement, dans bien des cas sus-évoqués, d'une part, le tribunal de céans aurait dû carrément déclarer les requêtes en obtention des jugements d'inscriptions judiciaires irrecevables pour forclusion du délai, et ce, sur pied de l'alinéa 5, littera a, de cet article. Cela devrait également être le cas pour bon nombre de jugements rendus en cette matière[5]*, mais il n'en est rien.*

D'autre part, le tribunal de céans aurait dû se déclarer matériellement ou territorialement incompétent. Ce n'est pas du tout le cas.

Toutes ces erreurs judiciaires auraient pu être évitées si le CAMI avait compris la pertinence du caractère contradictoire qui consacre l'instance judiciaire. Sa présence au procès aurait permis d'expliquer la ratio legis de cet article, qui semble être mal comprise par l'organe juridictionnel.

Signalons toutefois que peu de jugements ont été rendus dans le strict respect des dispositions de cet article. C'est notamment le cas des jugements RPNC 46.248 du

---

[5] Il s'agit notamment de :
- jugement RPNC 46.005 du 24/12/2019 du tribunal de grande instance de Kinshasa/Gombe, *inédit* ;
- jugement RPNC 45.988 du 13/12/2019 du tribunal de grande instance de Kinshasa/Gombe, *inédit* ;
- Jugement RPNC 45.933 du 15/12/2019 du tribunal de grande instance de Kinshasa/Gombe, *inédit* ;
- jugement RPNC 46.255 du 8/07/2020 du tribunal de grande instance de Kinshasa/Gombe, *inédit* ;
- jugement RPNC 46.205 du 9/06/2020 du tribunal de grande instance de Kinshasa/Gombe, *inédit*.

7 juillet 2020, RPNC 46.042 du 9 janvier 2020 et RPNC 46.015 du 30 décembre 2019 du TGI/Gombe.

Force est malheureusement de constater que tous ces jugements rendus en violation des dispositions de cet article depuis l'entrée en vigueur de ce texte de loi, plus d'une quarantaine[6]*, ont été exécutés par le CAMI et ont abouti à l'octroi des droits miniers et de carrières sollicités.*

À l'avenir, il serait mieux que le CAMI veille pour que les décisions judiciaires, qui sont prises en violation de ce texte de loi, ne soient plus exécutées à l'aveuglette. On ne le dira jamais assez : le législateur, en faisant du CAMI une partie au procès, avait pensé, à juste titre, que celui-ci aura l'opportunité de demander à tous les coups à l'organe juridictionnel d'appliquer correctement la loi, cela en invoquant soit la forclusion de délai de sa saisine soit son incompétence matérielle ou territoriale. Dommage que, jusqu'à ce jour, cela n'a pas été le cas.

De toute façon, puisque le CAMI est désormais partie à l'instance en matière d'inscription par voie judiciaire et que les décisions y relatives lui sont signifiées, il est en droit de les mettre à néant quand elles sont prises en violation de la loi. Nul n'ignore qu'en matière contradictoire, la voie de l'appel ou le pourvoi en cassation reste ouverte aux parties au procès. Dès lors, il vaut mieux que le CAMI use de toutes les voies de recours pour arriver à faire annuler ces décisions pour non-respect des dispositions de cet article. Sinon, ce serait un argument très simpliste pour le CAMI de prétendre n'avoir aucune raison pour attaquer ces jugements. Cela paraît peut-être bien défendable, mais ce n'est qu'un faux-fuyant qui est tout à fait inacceptable. Au demeurant, le comportement du CAMI en cette matière laisse à désirer.

Quel intérêt aurait-il (le CAMI) de conserver des titres miniers et de carrières, bien que sachant pertinemment que les droits y afférents sont illégalement octroyés ?

Il s'avère qu'une bonne lecture de cet article par le CAMI ainsi que par le TGI/Gombe aurait évité la prise de ces décisions judiciaires. Ainsi pense-t-on que c'est par ignorance pure et simple de ce texte de loi que ces jugements sont rendus. De ce fait, pour pallier les interprétations diverses et erronées dudit article ou sa méconnaissance, la vulgarisation de la loi minière s'impose à bien des égards. Pour cela, l'organisation des séminaires, de formation des magistrats demeure un des mécanismes appropriés pour expliquer la ratio legis de cet article dont l'application pose en ce moment des problèmes à cause, notamment, de sa mauvaise lecture. Ce n'est que de cette façon qu'on peut lutter contre les égarements judiciaires en cette matière.

L'article 106 du Règlement minier détermine les modalités applicables à l'inscription du Permis de Recherches ou de la décision de refus. À noter ici que cet article s'applique

---

[6] Il a fallu analyser plus d'une quarantaine de jugements rendus en matière d'inscription par voie judiciaire pour arriver au constat que la plupart d'entre eux ne sont pas conformes aux prescrits de l'article 46 de ce texte de loi.

mutatis mutandis aux autres types des droits miniers et de carrières devant faire l'objet d'inscription judiciaire.

Article 47 : De la délivrance du titre *(modifié et complété par l'article 2 de la Loi n° 18/001 du 09 mars 2018 modifiant et complétant la Loi n° 007/2002 du 11 juillet 2002 portant Code minier)*

En cas de décision d'octroi ou en cas de décision d'inscription par voie judiciaire prévue à l'article 46 du présent Code, le Cadastre minier délivre au requérant les titres miniers et/ou de carrières constatant les droits miniers ou des carrières octroyés, moyennant paiement des droits superficiaires annuels par carrés y afférents.

Aux fins de la délivrance du titre, le Cadastre minier s'assure de l'authenticité des preuves de paiement des droits superficiaires annuels par carré et inscrit le titre minier ou de carrières dans le registre correspondant.

Sans préjudice des dispositions de l'article 198 du présent Code, les droits superficiaires annuels par carré sont payés, pour la première année, au plus tard trente jours ouvrables à compter de la notification de l'octroi du droit sollicité et des notes de débit afférentes aux droits superficiaires annuels par carré. Passé ce délai, le droit accordé devient d'office caduc. »

L'établissement du titre minier ou de carrières constitue l'une des dernières étapes de la procédure cadastrale. En effet, il se produit sur présentation de la preuve de paiement des droits superficiaires prorata temporis, en l'occurrence la quittance de paiement délivrée par le CAMI. Autrement dit, l'établissement du titre est assujetti au paiement des droits superficiaires prorata temporis par le requérant.

Le titre (certificat), ainsi établi, est aussitôt délivré au requérant.

La délivrance du titre minier ou de carrières n'a pas pour but de créer le droit de la propriété minière, mais de le consacrer, de l'entériner pour lui donner les effets voulus par la loi. Le certificat constitue le seul mode de preuve de l'existence de droit octroyé. Il est la preuve par excellence du droit de propriété minière. Ainsi, comme en matière foncière, la détention du titre minier ou de carrières fait foi de preuve.

En outre, la délivrance du titre minier ou de carrières rend le droit opposable aux tiers. Puisque c'est la délivrance du titre minier ou de carrières qui met fin à la procédure d'octroi des droits miniers et de carrières, il est logique que cet article relatif à la délivrance du titre soit placé après le suivant se rapportant à la fin de l'instruction de la demande, laquelle [instruction] ne doit du reste pas être confondue avec la fin de la procédure cadastrale.

Au fond, dans la rédaction de la loi, le législateur devra veiller à l'agencement des articles dans le corps d'un texte de la loi afin de faciliter la lecture et la compréhension de ce dernier.

Article 48 : De la fin de l'instruction de la demande

L'instruction de la demande des droits miniers et/ou de carrières prend fin au jour de la notification de la décision d'octroi au requérant ou de la décision du juge prévue à l'article 46 du présent Code au Cadastre Minier.

En cas de décision de refus et sous réserve des dispositions des articles 313 et 314 du présent Code, l'instruction de la demande des droits miniers et/ou de carrières prend fin au jour de la notification de la décision au requérant.

Après la délivrance du titre, les droits miniers et/ou de carrières accordés sont portés sur la carte des retombes minières.

La notification de la décision d'octroi du droit minier ou de carrières au requérant constitue la fin de l'instruction de la demande, mais pas la fin de la procédure de demande d'octroi qui est pourtant consacré par la délivrance du titre minier ou de carrières afférent au droit octroyé. Car cette procédure commence par le dépôt du dossier de la demande du droit minier ou de carrières par le requérant jusqu'à la délivrance du titre y afférent.

À vrai dire, la notification consiste à informer le requérant du résultat de l'examen de son dossier de demande de droit sollicité. À l'inverse, c'est l'établissement du titre minier ou de carrières, avec comme conséquence sa délivrance au requérant, qui constitue la dernière étape de la procédure d'octroi du droit minier ou de carrières, comme il a été dit ci-dessus.

Bien plus, la délivrance du titre minier ou de carrières confère à son titulaire la possibilité de le brandir comme preuve dudit droit octroyé. Ce titre constitue une preuve par excellence de ses droits sur un périmètre minier ou de carrières.

Le législateur a voulu que les droits miniers et/ou de carrières octroyés ne soient portés sur la carte des retombes minières qu'après la délivrance du titre. Dans la pratique, les choses ne se passent pas comme prévu. En fait, il est déjà arrivé que les droits miniers et de carrières de recherches soient définitivement portés sur la carte des retombes minières, non pas après la délivrance du titre afférent à tel ou tel autre droit sollicité, mais juste au dépôt des preuves de paiement des droits superficiaires prorata temporis. Ce qui est une pratique contra legem.

Il est important de souligner que le titre est aussi établi, non pas toujours à la suite de l'instruction de la demande d'octroi d'un droit minier ou de carrières, mais parfois sur injonction judiciaire. En effet, il est déjà arrivé que les parties portent leur différend devant une juridiction qui prend une décision ordonnant, entre autres, au CAMI d'établir le titre minier au nom de telle ou telle autre partie au procès, suite soit à l'annulation du contrat cession minière soit à la dissolution d'une société minière. C'est ce qui ressort des jugements RCE 6183 du 26 juin 2019, RCE 4600 du 29 novembre 2017 et RCE 5456 du 22 décembre 2017 du TGI/Gombe ainsi que du jugement RCA 2168 du 4 juin 2018 du tribunal de commerce de Lubumbashi.

Malheureusement, s'agissant de l'annulation du contrat de cession, le tribunal ne tire pas de conséquence suivant le type de cession, parce que l'établissement du nouveau titre en dépend considérablement. Il est à noter ici qu'en cas de cession partielle, le CAMI, en exécution du jugement, aura encore à établir un nouveau titre au bénéfice du cessionnaire que l'ancien titre soit perdu ou non.

Par contre, en cas de cession totale, ce n'est pas un nouveau titre qui sera établi, mais plutôt un duplicata, et ce, lorsque l'original du titre est perdu ou est introuvable. C'est ce qu'avait ordonné à bon droit le tribunal de commerce de Kinshasa/Gombe sous RCE 5660 du 15 mai 2018, et cela, faute des originaux des titres dont détenait l'amodiataire et à la suite de l'annulation du contrat d'amodiation qui liait les deux parties. Mais lorsque l'original du titre est disponible et remis à cet effet au CAMI, celui-ci devra simplement y porter les inscriptions au dos, et non établir un nouveau titre.

Article 48 bis : Du début de la durée de validité des droits miniers et/ou de carrières *(inséré par l'article 18 de la Loi n° 18/001 du 09 mars 2018 modifiant et complétant la Loi n° 007/2002 du 11 juillet 2002 portant Code minier)*

La durée de validité des droits miniers et/ou de carrières commence à courir à compter du jour de la notification de la décision d'octroi au requérant, de la notification de l'inscription d'office ou de la signification de la décision du juge prévue à l'article 46 du présent Code.

Le législateur a voulu que le point de départ de la durée de validité des droits miniers et de carrières commence à courir le jour de la notification de la décision d'octroi, de celle de l'inscription d'office ou de la signification de la décision judiciaire.

Comme on peut le constater, dans la pratique, la date de la notification de la décision d'octroi, de l'inscription d'office ou de la signification de la décision d'inscription judiciaire ne coïncide jamais avec celle de la délivrance du titre. C'est pourquoi le temps qui s'écoule entre les deux étapes de la procédure, pouvant varier de 1 à 2 semaines, voire plus, sera inévitablement préjudiciable aux titulaires des droits miniers et de carrières. Or ce temps d'attente de la délivrance du titre, une fois pris en compte, aurait une influence sur la durée de la validité du droit minier ou de carrières concerné.

De lege ferenda, le législateur devrait retenir la date de la délivrance du titre minier ou de carrières au requérant comme le début de la durée de validité du droit, étant donné que c'est elle qui conditionne l'inscription à titre définitif du périmètre demandé sur la carte de retombes minières ou le report sur la carte des retombes minières d'un droit minier et de carrières octroyé.

Article 48 ter : De l'extinction des droits miniers et/ou de carrières *(inséré par l'article 18 de la Loi n° 18/001 du 09 mars 2018 modifiant et complétant la Loi n° 007/2002 du 11 juillet 2002 portant Code minier)*

Les droits miniers et/ou de carrières s'éteignent par :

a. la caducité ;
b. l'annulation. ;
c. l'expiration ;
d. la renonciation ;
e. le retrait.

Les droits miniers et/ou de carrières deviennent caducs de plein droit en application de l'article 47 alinéa 2 du présent Code.

Ils peuvent faire l'objet d'annulation, avec effet rétroactif, par décision du juge administratif saisi en annulation par un officier du ministère public ou un tiers lésé, dans les trois mois qui suivent la publication de la décision d'octroi au Journal Officiel ou à défaut, dans les trois mois qui suivent la date de la prise de connaissance de son existence, pour illégalité, en cas d'incompétence de l'autorité d'octroi, de vice de forme ou en cas de détournement de pouvoir par l'autorité d'octroi.

Les droits miniers et/ou de carrières expirent lorsqu'ils arrivent à terme, conformément aux articles 61, 78, 94, 106, 144 et 163 du présent Code.

Ils s'éteignent par renonciation totale de leurs titulaires, conformément aux articles 60, 79, 96, 108, 145 alinéa 4 et 164 du présent Code. En cas de renonciation partielle, les droits miniers et/ou de carrières s'éteignent sur la partie du périmètre qui fait l'objet de ladite renonciation, conformément aux mêmes dispositions.

À l'issue de la déchéance du titulaire, le Permis de recherches, le Permis d'exploitation, le Permis d'exploitation des rejets et le Permis d'exploitation de petite mine, les autorisations d'exploitation de carrières permanente autres que celles des matériaux de construction d'usage courant sont retirés par le ministre, et par le ministre provincial des mines pour les Autorisations d'exploitation de carrières permanente, conformément à l'article 290 du présent Code.

Les droits miniers et/ou de carrières peuvent être retirés ou rapportés, sans effet rétroactif, par l'autorité d'octroi en cas d'illégalité lors de l'octroi, dans les trois mois qui suivent la publication de la décision d'octroi au Journal Officiel ou à défaut, dans les trois mois qui suivent la date de la prise de connaissance de son existence, soit à la demande d'un tiers lésé, soit à l'initiative de l'autorité d'octroi.

Le Règlement minier détermine les modalités d'application de cet article.

Le droit minier ou de carrières, qu'il soit de recherches ou d'exploitation, n'est pas un droit permanent. Il a une durée. C'est ainsi qu'il arrive à terme, c'est-à-dire à la fin de la durée de sa validité.

C'est vrai qu'à l'instar des autres droits subjectifs, le droit minier ou de carrières a une certaine validité. Au fond, conformément aux prescrits de la loi, un droit minier ou de carrières s'éteigne, en arrivant au terme de sa validité, voire par la volonté de son titulaire ou par le non-exercice par celui-ci de ses prérogatives.

Suivant cet article, tout droit minier ou de carrières peut s'éteindre de diverses façons. Selon le cas, il peut faire l'objet de caducité, d'annulation, d'expiration, de renonciation ou de retrait.

La description ci-dessous permet de dégager une vue d'ensemble de ces cinq (5) cas pouvant donner lieu à l'extinction des droits miniers et/ou de carrières.

1) *Caducité*

Le droit devient caduc en cas de non-paiement des droits superficiaires prorata temporis dans le délai de 30 jours, à dater de la notification de la décision d'octroi au requérant et de la réception de la Note de débit par ce dernier.

Il est établi que lorsque la décision est notifiée au requérant, celui-ci a un délai de trente jours pour procéder au paiement de ses droits superficiaires dits « prorata temporis ». Il s'agit ici des droits superficiaires calculés pour le reste des jours couvrant l'année civile.

À titre d'exemple, lorsque la décision est signée le 31 mars, les droits superficiaires prorata temporis ne couvriront que la période allant du 1 avril au 31 décembre, soit seulement 9 mois. Ce qui n'est pas le cas pour les droits superficiaires dits « annuels » qui prennent en compte dans le calcul les 12 mois d'une année civile.

2) *Annulation*

Le juge administratif annule, avec effet rétroactif, le droit pour illégalité, en cas de :

- *incompétence de l'autorité d'octroi ;*
- *vice de forme de la procédure d'octroi ;*
- *détournement de pouvoir par l'autorité d'octroi.*

Aussi, il y a annulation en cas de remise en cause de l'éligibilité du titulaire d'un droit minier ou de carrières octroyé et valide.

3) *Expiration*

Le droit minier ou de carrières expire lorsqu'il est arrivé à son terme ou à la fin de la période de validité, et ce, à défaut du renouvellement dans le délai prévu ou de la transformation d'un PR en PE ou PEPM, d'une PEPM en PE, d'une ARPC en AECT ou AECP.

4) *Renonciation*

La loi prévoit deux types de renonciation, à savoir : la renonciation volontaire et la renonciation d'office.

- La renonciation est volontaire, lorsque le titulaire décide de son propre gré de renoncer aux droits attachés à son titre minier ou de carrières :

À tout moment, un titulaire d'un droit minier ou de carrières, qui ne veut plus poursuivre ses travaux de recherches et/ou d'exploitation, peut mettre fin à la validité de son droit par la renonciation.

En pareil cas, la renonciation peut être partielle ou totale.

- La renonciation est d'office, lorsqu'elle résulte de la volonté du législateur, indépendamment de celle du titulaire du droit minier ou de carrières :

À titre de rappel, la loi impose au requérant de demander au CAMI, dans les soixante jours de l'expiration du délai imparti à l'autorité compétente, de procéder à l'inscription de son droit et à la délivrance du titre y afférent. C'est lorsque ce délai est passé que le droit est réputé d'office renoncé.

En effet, si le requérant ou son mandataire n'a pas adressé au CAMI une demande d'inscription d'office de son droit dans les soixante jours ouvrables à compter de l'expiration du délai imparti à l'Autorité de décision, le requérant est réputé avoir renoncé à son droit minier. C'est ce que dispose l'article 106, alinéa 7, du Règlement minier ce texte de loi.

5) *Retrait ou rapport*

Trois cas de retrait ou de rapport peuvent se présenter :

a. Il y a retrait du droit octroyé en cas de déchéance pour :

- non-exercice du recours contre la décision de déchéance ;

- forclusion des voies de recours dans le cadre de la procédure de déchéance ;

- rejet du recours contre la décision de déchéance.

b. Il y a retrait ou rapport, sans effet rétroactif, en cas d'illégalité lors de l'octroi d'un droit minier ou de carrières.

Il est important de signaler que la déchéance du titulaire de ses droits sur tel ou tel autre droit minier ou de carrières n'est pas en soi un mode d'extinction de celui-ci. C'est plutôt la décision de retrait qui fait éteindre ledit droit

Article 49 : De la prorogation de la validité de droits miniers et/ou de carrières pendant l'instruction

Dans le cas où une demande de transformation d'un droit minier ou de carrières de recherches en celui d'exploitation ou celle de renouvellement d'un droit minier ou de carrières de recherches est en cours d'instruction au moment de son expiration, la validité de ce droit est prorogée tant qu'il n'a pas été statué sur ladite demande.

Cet article permet de proroger d'office la durée de validité des droits miniers et/ou de carrières lorsque ces derniers font l'objet de transformation ou de renouvellement et que l'instruction des demandes y afférentes n'a pas encore abouti. Cela est une conséquence logique dans la mesure où le retard que peut occasionner l'instruction des dossiers ne peut pas être imputé aux titulaires des droits miniers et/ou de carrières qui auraient respecté les délais prescrits pour le dépôt de renouvellement de leurs droits, voire qui auraient procédé à leur transformation.

D'une manière générale, la lenteur administrative dans le traitement des dossiers de demande constitue un motif valable de prorogation de la validité d'un droit minier ou de carrières. Au fait, un dossier de demande dont l'instruction minière, soit l'instruction technique n'est pas clôturée peut amener le titulaire à solliciter du tribunal la prorogation de la durée de validité de son droit, en cas de défaut de décision ministérielle portant prorogation de la durée de validité de son droit. C'est ce qui est arrivé dans un cas où le TGI/Gombe a ordonné, par son jugement RC 117.284 du 20 avril 2019, notamment la prorogation de la durée de validité d'un droit minier.

La lenteur administrative devient la règle dans l'Administration publique. Cet état de choses a même été déploré par le ministre des Mines à travers sa lettre référencée CAB.MIN/MINES/01/00693 du 23 juillet 2020 en réponse à celle référencée 01/327/CAB/GROUPRO-SK/2020 du 28 mars du gouverneur de province du Sud-Kivu en ces termes : « […] Une lenteur administrative inadmissible dans l'instruction du dossier de demande d'octroi des droits miniers (juin 2017 à novembre 2019) par les services techniques du ministère des Mines, jusqu'à ce qu'une demande d'octroi d'office […] a été introduite […]. »

Il s'agit là d'un aveu d'impuissance du ministre des Mines face à la lenteur administrative de ses services techniques. Au lieu de se plaindre, le ministre des Mines devrait recourir de temps à autre à son autorité pour sanctionner certains agissements ou comportements qui ne sont pas de nature à favoriser la promptitude dans le traitement administratif des dossiers, et même qui portent atteinte aux droits des requérants. Car le législateur a institué des délais dans la procédure d'octroi des droits miniers et de carrières pour des raisons de célérité.

Il est à noter que « Le droit étant fondé principalement sur un système de contrainte (la "force de la loi"), les obligations et les interdictions juridiques n'ont d'efficacité certaine qu'à partir du moment où des contrôles sont possibles et où les manquements à ces prescriptions exposent à une sanction » (Sénat – Service des Relations Internationales – France, 2007).

Pour cela, la sanction du ministre des Mines à infliger devrait être plus dissuasive, par exemple en suspendant de ses fonctions, le responsable de service concerné par cette lenteur. Ce n'est que de cette façon qu'on peut rechercher l'efficacité de la loi.

TITRE III :
DES DROITS MINIERS

Chapitre Premier :
DE LA RECHERCHE MINIÈRE

Article 50 : De la portée du Permis de Recherches *(modifié et complété par l'article 3 de la Loi n° 18/001 du 09 mars 2018 modifiant et complétant la Loi n° 007/2002 du 11 juillet 2002 portant Code minier)*

Le Permis de recherches porte sur les substances minérales classées en mines pour lesquelles il a été accordé et sur les substances associées, si son titulaire en demande l'extension à ces dernières.

Cet article précise la portée du PR. Il est entendu que ce dernier ne peut porter que sur les substances minérales qui ont fait l'objet de demande ou auxquelles le titulaire a demandé l'extension de son droit minier aux autres substances minérales. En clair, cela revient à dire que le titulaire du PR, ayant demandé d'effectuer des recherches sur le cuivre par exemple, ne peut pas user de ses droits pour effectuer les recherches sur le cobalt, sans avoir obtenu l'extension de son droit à ce dernier.

Notons que le PR est, autrement dit, un droit minier de recherches.

Aux termes de l'article 94 du Règlement minier, sont seuls autorisés à effectuer la recherche des substances minérales classées en mine et, le cas échéant, des substances associées à l'intérieur du périmètre précisé, le titulaire d'un Permis de Recherches [ci-après PR] ou d'un PE en cours de validité et ses amodiataires éventuels.

Article 50 bis : Des droits conférés par le Permis de recherches *(inséré par l'article 19 de la Loi n° 18/001 du 09 mars 2018 modifiant et complétant la Loi n° 007/2002 du 11 juillet 2002 portant Code minier)*

Le Permis de recherches confère à son titulaire le droit exclusif d'effectuer, à l'intérieur du Périmètre sur lequel il est établi et pendant la durée de sa validité, les travaux de recherches des substances minérales classées en mines pour lesquelles le permis est accordé et les substances associées, si le titulaire demande l'extension du permis à ces substances.

Toutefois, le titulaire du Permis de recherches ne peut initier des travaux sur le terrain sans avoir obtenu au préalable l'approbation de son PAR, conformément aux dispositions du présent Code.

Le titulaire d'un Permis de recherches est autorisé à prélever des échantillons des substances minérales dans le Périmètre faisant l'objet de son Permis de recherches pour des analyses ou des essais industriels dans le laboratoire ou dans l'usine de son choix.

Tout échantillon prélevé dans le cadre du Permis de recherches est propriété de l'État.

Sans préjudice de la législation douanière, si le titulaire désire envoyer les échantillons prélevés à l'étranger pour analyse ou essais, il dépose préalablement une description desdits échantillons reprenant notamment leurs nombre, volume et poids auprès de la Direction de géologie et obtient le visa de ce service sur une copie de la description, qui vaut laissez-passer pour les échantillons prélevés.

Le Permis de recherches confère également à son titulaire le droit d'obtenir un Permis d'exploitation pour tout ou partie des substances minérales qui font l'objet du Permis de recherches et les substances associées à l'intérieur de la superficie couverte par le Permis de recherches s'il en découvre un gisement économiquement exploitable.

Cet article indique les droits reconnus à un titulaire du PR. Il détermine, sans être exhaustif, l'étendue des prérogatives lui reconnues.

D'une manière générale, les activités minières d'un PR reposent sur une seule et unique opération qui est la recherche minière.

Spécifiquement, le titulaire du PR est autorisé à :

- *entrer et occuper le périmètre couvert par son droit minier ;*
- *extraire, enlever et disposer des rochers, de la terre, du sol ;*
- *prendre et utiliser l'eau située sur ou coulant à travers ledit terrain pour tout besoin nécessaire aux travaux de recherches ;*
- *mener tous autres travaux appropriés pour entreprendre les recherches sur le terrain.*

En plus, cet article fait de la détention d'un PR pour un titulaire une condition préalable à la demande d'un PE (et d'un PEPM), et cela lorsque le droit est octroyé sur demande, et non pas sur appel d'offres, comme modalité d'octroi des droits miniers et/ou de carrières.

Ici, la détention d'un PR est considérée comme un privilège accordé à son titulaire afin de solliciter d'office un droit d'exploitation en cas de découverte d'un gisement. C'est de cette façon qu'en Nouvelle-Calédonie, « dès lors qu'une société obtient un permis de recherche, l'attribution d'une concession d'exploitation est de droit, dès lors que la présence d'une ressource exploitable a été démontrée. Le principe, c'est que les mineurs conduisent à leurs frais les travaux d'exploration et ont donc besoin de la garantie de pouvoir ensuite exploiter. Cette logique est héritée du code minier métropolitain. Elle est en vigueur en Nouvelle-Calédonie depuis plus de 100 ans, et a été reconduite lors de l'adoption du code minier de la Nouvelle-Calédonie, celui-ci ayant suivi le modèle du code métropolitain. » Repéré sur le site : https://journals.openÉ.org/developpementdurable/9884?lang=en#tocto2n4, consulté le 26 novembre 2020.

L'idée de faire de la détention d'un PR une condition préalable à l'obtention d'un droit minier d'exploitation ne peut résister à la critique. Car il peut arriver qu'un périmètre soit directement susceptible d'exploitation, par exemple lorsque sont découverts à ciel ouvert les indices d'une substance minérale. C'est ce qui est arrivé au mois de février de cette année à Luhili dans la province du Sud-Kivu où des villageois ont découvert un gisement riche en or, ce qui a attisé la convoitise de tout le village. La vidéo, qui avait circulé sur les réseaux sociaux, montrait des centaines de villageois se transformer en orpailleurs pour récupérer un peu d'or d'une source qui paraissait visiblement assez riche.

En pareil cas, rien ne peut justifier la conditionnalité préalable d'octroi d'un PR, et non pas d'un PE ou PEPM, sur un tel périmètre. Dans tous les cas, le droit d'exploitation emporte le droit de recherches.

C'est pourquoi le législateur devrait, de lege ferenda, prévoir des cas d'octroi des droits miniers d'exploitation, sans préalablement passer par la phase de recherches, lorsqu'il y a possibilité de procéder directement aux travaux d'exploitation, comme c'est le cas dans un périmètre qui a déjà fait l'objet d'exploitation, mais dont le droit minier d'exploitation sur lequel il portait a fait l'objet d'extinction. Cela évitera la perte de temps inutile et permettra, de ce fait, une mise en œuvre rapide du projet minier.

Article 51 : De la nature du Permis de Recherches

Le Permis de Recherches est un droit réel, immobilier, exclusif, cessible et transmissible conformément aux dispositions du présent Code.

Ce droit est constaté par un titre minier dénommé « Certificat de Recherches ».

C'est pour des raisons de sécurité juridique qu'il a paru préférable que le législateur définisse expressément la nature des droits miniers et de carrières. Cela dans le but d'éviter le flou juridique.

En effet, le PR est un droit réel, immobilier, exclusif, cessible et transmissible.

L'exclusivité qui caractérise le droit minier de recherches « […] oblige l'Administration aussi bien que les tiers à ne rien faire qui puisse nuire à la personne qui en est activement titulaire. […] En effet, le droit réel administratif permet à son titulaire de bénéficier de l'exclusivité tant au regard de l'Administration que des tiers dans des conditions voisines du droit civil. Même vis-à-vis de l'Administration, celui-ci [le titulaire] jouit de garanties légales et d'une situation stable dont la précarité ne se manifeste que par la limitation de sa durée [du droit minier ou de carrières octroyé] […] » (Akono Minlo Ruben, 2014, pp. 5-6).

Étant un droit immobilier, le PR confère à son titulaire un droit de jouissance exclusive, ce qui lui laisse la possibilité de le céder à un tiers. Car tout détenteur d'un titre minier ou de carrières a le droit d'user, de jouir et de disposer à son gré de son droit immobilier. En ce sens, ce dernier peut non seulement être cédé à un tiers, mais encore faire l'objet de transmission en tout ou en partie en vertu d'un contrat de fusion, et non pour cause de décès, comme il a été souligné à l'article 191 de ce texte de loi.

D'une manière générale, le droit minier de recherches permet à son titulaire d'avoir un droit de préférence et un droit de suite, dans le sens où, d'une part, il peut poursuivre les substances minérales ayant le caractère des produits marchands entre les mains de tiers et, d'autre part, il a droit d'être désintéressé le premier en cas de mise en concours avec d'autres créanciers.

Par ailleurs, le législateur a estimé que le PR, vu sa nature, ne peut pas être loué à un tiers, c'est-à-dire qu'il est un droit non amodiable. Du reste, on peut chercher à savoir quel intérêt aura une personne à louer un droit minier qui n'est qu'au stade des recherches.

S'agissant du principe de l'exclusivité des droits du titulaire sur PR (y compris les autres droits miniers et de carrières), il paraît que cette exclusivité ne s'applique pas toujours (et de la même façon) sous d'autres cieux. Autant dire que, ailleurs, on admet le chevauchement des droits sur un même périmètre pour les substances minérales différentes. Comme le soulignent Enrique Ortega Girones et al. (2012, p. 10) :

> *« Dans certains pays, par exemple la Mauritanie, les titulaires peuvent faire la demande pour (et recevoir) des permis d'exploitation se chevauchant, chaque permis étant valide pour une substance minérale particulière ou un groupe de substances particulières. En d'autres termes, les droits du titulaire ne sont pas exclusifs, car un permis relatif à la même parcelle peut être octroyé plusieurs fois, mais pour des substances.*
>
> *[…] Bien que cette façon de procéder ait pour motivation de promouvoir des explorations simultanées pour différents types de ressources minérales, dans la pratique, elle génère de graves difficultés, car plusieurs substances sont souvent présentes dans le même gisement ou encastrées dans la même roche, ce qui rend une exploitation séparée impossible. Les gisements d'uranium et d'or trouvés ensemble dans la région Witwatersrand d'Afrique du Sud sont un des exemples les plus connus de ce type de situation.*
>
> *Pour cette raison, dans les pays où un tel chevauchement est permis pour les permis d'exploration, il est interdit pour les permis d'exploitation minière. »*

En droit minier congolais, on peut remarquer que le droit minier (ou de carrières) du titulaire, que celui-ci soit au stade de recherches ou d'exploitation, ne peut pas faire l'objet d'un chevauchement avec un autre sur un même périmètre.

Le « Certificat de recherches » est la dénomination du titre qui consacre le PR.

Article 52 : De la Durée du Permis de Recherches *(modifié et complété par l'article 3 de la Loi n° 18/001 du 09 mars 2018 modifiant et complétant la Loi n° 007/2002 du 11 juillet 2002 portant Code minier)*

La durée du Permis de recherches est de cinq ans renouvelable une fois pour la même durée pour toutes les substances minérales.

Cet article fixe la durée de validité du PR à 5 ans et ne la fait plus dépendre de la nature de substance, comme il était le cas avant la modification de ce texte de loi.

Que les recherches portent sur les pierres précieuses (le cas du diamant) ou sur les autres substances minérales (le cas du cuivre ou du cobalt), la durée d'un PR est désormais de cinq (5) ans renouvelable une seule fois, et non plus deux fois.

Article 53 : Des limitations

La superficie du Périmètre faisant l'objet d'un Permis de Recherches ne peut pas dépasser un maximum de 400 km^2.

Une personne et ses sociétés affiliées ne peuvent détenir plus de cinquante Permis de Recherches.

Dans tous les cas, la superficie leur accordée ne peut dépasser 20.000 km^2 sur l'ensemble du Territoire National.

Le droit minier ou de carrières délimite le périmètre à l'intérieur duquel il s'applique et précise la ou les substances minérales pour lesquelles il est octroyé.

Cet article limite la superficie que doit couvrir le périmètre d'un PR ainsi que celle de l'ensemble de la superficie sur lequel doit porter le nombre des PR que peut détenir un titulaire. En d'autres mots, il établit une limite pour le nombre de permis pouvant être octroyés à un titulaire et, par conséquent, pour la superficie maximale qu'il peut détenir, seul ou avec ses sociétés affiliées.

À travers cet article, le législateur a voulu éviter que les titulaires des PR, et même des autres droits miniers et de carrières, s'accaparent des périmètres de trop grande superficie, quand on sait que certains d'entre eux les sollicitent, mais n'effectuent réellement pas sur le terrain les recherches minières appropriées et préfèrent plutôt pratiquer la spéculation.

Cette approche introduite dans la loi a l'avantage de ne pas octroyer des périmètres couvrant excessivement une grande superficie et qui risquent d'être ingérables. Toutefois, même la superficie de 400 km^2 pour un PR paraît trop grande. Un maximum de 200 km^2 de superficie, avec un nombre limité de 10 PR que doivent détenir une personne et ses sociétés affiliées, pourrait être suffisant.

En application des dispositions de cet article, il ressort de l'article 95 du Règlement minier que la superficie du périmètre du PR ne peut excéder un maximum de 471 carrés.

La superficie couverte par l'ensemble de tous les périmètres qui font l'objet des PR détenus par le titulaire et ses sociétés affiliées ne peut excéder 23.542 carrés.

Article 54 : De l'établissement, du dépôt, de la recevabilité et de la demande de Permis de Recherches

Le requérant doit établir sa demande du Permis de Recherches et la déposer auprès du Cadastre minier pour son instruction conformément aux dispositions des articles 35 à 42 du présent Code.

Il est joint à la demande la preuve de la capacité financière minimum.

Cet article détermine les modalités concernant les étapes de l'établissement, du dépôt, de la recevabilité de la demande de PR, telles que prévues aux articles 35 à 42 de ce texte de loi.

Il s'agit, en effet, des éléments ou pièces qui sont annexés au formulaire de demande, des conditions de recevabilité d'un dossier de demande ainsi que de la manière dont l'instruction de ladite demande doit s'effectuer.

S'agissant des frais de dépôt, ces derniers sont fixés en francs congolais équivalant à 1.000 USD par carré, et non par dossier de demande. À titre d'illustration, lorsqu'une personne dépose trois dossiers de demande d'octroi des PR situés à des territoires différents ou non et dont la totalité des carrés est de 350 carrés, les frais de dépôt à payer seront de 350.000 USD, mais pas de 3.000 USD.

Pour ce qui est de la capacité financière minimum exigée du requérant, il s'agit là d'un montant global du budget prévu pour l'exécution du programme de recherches. Elle est calculée en fonction du montant à payer des droits superficiaires annuels par carré qui ne peut être inférieur à cinquante fois le montant total.

Les articles 97, 98 et 100 du Règlement minier fixent les modalités de l'établissement, du dépôt et de la recevabilité de la demande du PR.

Article 55 : De l'instruction technique et environnementale de la demande du Permis de Recherches

La demande du Permis de Recherches ne peut faire l'objet des instructions technique et environnementale.

Au regard de sa nature, le PR ne peut faire l'objet que de l'instruction cadastrale.

L'article 102 du Règlement minier fixe les modalités de l'instruction cadastrale.

Article 56 : Des Conditions d'octroi du Permis de Recherches *(modifié et complété par l'article 3 de la Loi n° 18/001 du 09 mars 2018 modifiant et complétant la Loi n° 007/2002 du 11 juillet 2002 portant Code minier)*

Pour obtenir un Permis de recherches, le requérant :

- apporte la preuve de la capacité financière et de la compétence technique nécessaires pour mener à bien les recherches afférentes au Permis sollicité ;
- remplit les exigences formulées aux articles 23 bis et 38 du présent Code.

Cet article conditionne l'obtention d'un PR par la présentation de la preuve de la capacité financière et de la preuve d'une compétence technique nécessaire à la recherche minière.

Compte tenu de l'importance que revêtent la capacité financière et la compétence technique pour obtenir un droit minier de recherches, il paraît logique que le législateur envisage, de lege ferenda, de sanctionner la perte de capacités techniques ou financières qui garantissaient au moment de l'octroi dudit droit la bonne exécution des opérations par son titulaire. En pareille situation, le retrait devrait être prononcé par l'autorité compétente.

En application des dispositions de cet article, l'article 99 du Règlement minier dispose : « Il [le requérant d'un PR] joint également le curriculum vitae du géologue chargé du programme minier de recherches, membre d'un bureau d'études géologiques agréé par le ministre. »

À ce propos, il sied de signaler que l'examen de ce curriculum vitae devrait se faire à l'éligibilité lors de l'instruction cadastrale et conduire, soit à l'émission d'un avis cadastral favorable, soit d'un avis cadastral défavorable, mais il paraît que les choses ne se passent pas ainsi. Et le Règlement minier devrait, à cet égard, fixer les modalités applicables à l'examen dudit curriculum vitae pour éviter toute analyse arbitraire.

D'autre part, cet article exige du requérant qu'il satisfasse aux conditions relatives à l'accès à l'exercice des droits miniers et de carrières, prévues à l'article 23 bis et à celles relatives à la recevabilité de la demande prévues à l'article 38 de ce texte de loi. En effet, il conditionne l'obtention d'un PR, entre autres, par le dépôt non pas d'un des documents, mais de tous les documents repris audit article 23 bis de ce texte. Le fait pour les demandeurs des droits miniers de recherches de ne pas en fournir un seul ou de ne pas satisfaire à une de ces exigences, devrait suffire pour justifier l'irrecevabilité des dossiers de demandes à déposer au guichet du CAMI.

Il convient de souligner qu'avant la modification de ce texte de loi et suivant l'expression latine « ex nihilo nihil fit », c'est-à-dire « rien ne vient de rien », il paraissait normal que le préposé au guichet du CAMI ne puisse pas exiger aux personnes morales de droit étranger, sollicitant les droits miniers ou de carrières de recherches, de fournir tous ces documents, parce que cette condition n'était pas prévue.

Cependant, avec la modification de ce texte de loi, l'application de cet article 23 bis doit être de rigueur. Sinon, on tomberait dans l'illégalité.

En fait, la violation des dispositions de cet article ou sa non-prise en compte constitue ni plus ni moins qu'une illégalité, avec comme conséquence l'annulation du droit minier (ou de carrières) de recherches octroyé, suivant la procédure de l'annulation prévue en cas de la remise en cause de l'éligibilité aux droits miniers et de carrières.

Pour tout dire, les droits miniers (et de carrières) de recherches qui seraient octroyés en violation de cet article devraient purement et simplement être annulés par le juge, et ce, en application des dispositions de l'article 27 bis de ce texte de loi.

Comme on pourra le constater, si cela devait réellement arriver, seuls les titulaires des droits annulés seront fortement préjudiciés. Car le législateur n'a prévu aucune sanction à l'égard du CAMI, même lorsqu'il paraît évident que ce dernier ait intentionnellement ou non violé la loi.

Pour éviter d'arriver à une telle situation, il serait de bon aloi que le CAMI s'évertue en amont, si cela n'est pas encore le cas, à exiger aux personnes morales de droit étranger, lors du dépôt de leurs dossiers de demandes d'octroi des droits miniers et de carrières de recherches, d'y annexer les documents exigés pour tout investissement dans le secteur minier, tel qu'il ressort de l'article 23 bis de ce texte de loi. L'absence d'un de ces documents devrait constituer un motif valable du refus de la recevabilité du dossier de demande du PR par le préposé au guichet. Mais, en cas de recevabilité du dossier, lesdits documents devraient être ainsi pris en compte pendant l'instruction cadastrale, à l'échelle de l'éligibilité, ce qui ne sera pas sans incidence sur la nature de l'avis cadastral à émettre. Ce n'est que de cette façon que la loi sera correctement appliquée.

Voilà pourquoi le pouvoir public devrait faire de la vulgarisation de ce texte de loi et de ses mesures d'application son cheval de bataille. Cela devrait se faire auprès des acteurs du secteur minier ainsi que des organes ou services intervenant dans l'application de ce texte de loi, comme le CAMI.

Voilà encore pourquoi les mandataires en mines et carrières qui sont appelés, notamment, à assister les personnes morales de droit étranger lors de la constitution de leurs dossiers de demandes des droits miniers et de carrières de recherches, devraient faire preuve de connaissances avérées sur la loi minière. À ce sujet, il y a lieu d'insister sur le fait que les requérants des droits miniers et de carrières devraient bien choisir leurs mandataires en mines et carrières. Ils ont donc intérêt à faire montre de prudence quant à ce. Car, comme dans la profession d'avocat, il est des bons et des mauvais mandataires en mines et carrières. D'ailleurs, dans la pratique, la méconnaissance de ce texte de loi par certains mandataires en mines et carrières a souvent préjudicié leurs clients qui sont, dans ce cas-ci, des opérateurs miniers. Les cas sont légion.

Il est à noter que les documents exigés à l'article 23 bis de ce texte de loi sont cumulatifs et non alternatifs avec tous les autres renseignements requis à l'article 35 de ce texte de loi et doivent être joints au formulaire de demande du droit minier ou de carrières de recherches à déposer par la personne morale de droit étranger au guichet du CAMI.

Outre les conditions prévues dans cet article, l'article 96 du Règlement minier fixe d'autres conditions d'octroi du PR. Ainsi, il dispose que le PR est octroyé si :

- le périmètre demandé est disponible ;

- le requérant est la première personne à demander un droit minier sur le périmètre ;

- le requérant est éligible aux droits miniers ou de carrières conformément aux dispositions de l'article 23 de ce texte de loi et ne tombe pas dans l'une des catégories des personnes non éligibles visées à l'article 27 du même texte ;

- l'octroi du permis n'aura pas comme effet de dépasser les limitations relatives à la superficie ou au nombre de permis.

Article 57 : De l'octroi ou refus d'octroi du Permis de Recherches

Sans préjudice des dispositions de l'article 46 du présent Code, le Permis de Recherches portant sur un Périmètre défini est octroyé ou refusé par le Ministre au requérant qui a réuni les conditions d'octroi du Permis dans un délai qui ne peut excéder trente jours ouvrables à compter de la date de la réception du dossier transmis par le Cadastre minier.

Tout refus d'octroi du Permis de Recherches est motivé et donne droit aux recours prévus par les dispositions des articles 313 et 314 du présent Code.

Hormis le cas d'inscription judiciaire, cet article fixe le délai endéans lequel le ministre des Mines est tenu de prendre la décision d'octroi ou du refus d'octroi du PR.

Ce délai est donc de trente jours ouvrables à compter de la date de la réception du dossier transmis par le CAMI, suivant le mode de transmission des dossiers prévu à l'alinéa 2 de l'article 45 de ce texte.

La décision de refus d'octroi du PR est impérativement motivée et ouvre la voie au recours administratif, tel qu'organisé aux articles 313 et 314 de ce texte de loi.

L'article 105 du Règlement minier détermine les modalités d'octroi ou refus d'octroi du PR.

Article 58 : De la preuve de la capacité financière minimum *(modifié et complété par l'article 3 de la Loi n° 18/001 du 09 mars 2018 modifiant et complétant la Loi n° 007/2002 du 11 juillet 2002 portant Code minier)*

Conformément à l'article 56 du présent Code, la capacité financière minimum est fonction du budget prévu pour l'exécution du programme de recherches.

Dans tous les cas, la capacité financière minimum ne peut être inférieure à cinquante fois le montant total des droits superficiaires annuels payables pour la dernière année de la première période de la validité du Permis de Recherches sollicité.

Les fonds représentant cette capacité sont versés dans un compte ouvert auprès d'une banque congolaise agréée et sont bloqués pendant toute la période de l'examen du dossier.

Cet article fixe la hauteur du montant de la capacité financière minimum. En effet, celle-ci ne peut pas être inférieure à cinquante fois le montant total des droits superficiaires annuels par carré payables pour la période de la validité du PR. Elle ne peut être constituée que des fonds propres, conformément à l'article 80, alinéa 2, du Règlement minier.

Avant la modification de ce texte de loi, il ressortait de l'article 58, alinéa 2, que la capacité financière pouvait être constituée des fonds propres, des fonds empruntés ou encore d'une garantie ou d'une caution bancaire. Aussi ressortait-il du littera c de l'alinéa 2 de l'article 79 du Règlement minier que les fonds propres, le prêt, la garantie ou le cautionnement constituaient les éléments d'appréciation de la capacité financière.

Avec la modification de ce texte de loi, l'ancien alinéa 2 de cet article 58 et l'article 79 du Règlement minier ont été purement et simplement abrogés.

En plus, cet article fixe le sort réservé aux fonds représentant la capacité financière en imposant non seulement qu'ils soient versés dans un compte ouvert auprès d'une banque congolaise, mais aussi qu'ils soient bloqués pendant toute la période de l'examen du dossier de requérant.

On peut remarquer à cet effet que cette dernière condition consistant à bloquer les fonds ne peut pas justifier le fait qu'ils soient réellement les fonds propres et personnels du requérant. Car, une fois l'instruction arrivait à terme par la délivrance du titre minier ou de carrières, le requérant peut toujours lever les fonds bloqués pour s'en servir autrement, et même pour les remettre à son vrai propriétaire auprès de qui il aurait emprunté. Le but étant ainsi d'obtenir simplement le droit minier ou de carrières sollicité, au-delà de toute autre considération.

C'est pourquoi la constitution des fonds par le mécanisme de prêt devrait être prévue de nouveau de lege ferenda.

L'article 99 du Règlement minier détermine les modalités applicables à la preuve de capacité financière et technique du requérant.

Article 59 : De l'extension du permis à d'autres substances

Avant de procéder à la recherche active des substances minérales autres que celles pour lesquelles son Permis de Recherches a été établi, le titulaire doit obtenir l'extension de son permis à ces autres substances. Une telle extension est de droit si :

a. le Permis de Recherches est en cours de validité ;

b. le titulaire décrit l'information qui lui fait croire à l'existence des substances minérales pour lesquelles l'extension du permis est demandée.

Les modalités de la procédure d'extension sont déterminées par le Règlement minier.

Il est sûr que si les résultats des travaux entrepris dans le périmètre d'un PR mettent en évidence d'autres substances minérales, autres que celles visées par ledit PR et/ou font apparaître la nécessité d'étendre ces travaux à l'intérieur du périmètre couvrant le doit octroyé, le titulaire peut demander l'extension du permis à ces substances.

Cet article offre l'opportunité à tout titulaire d'obtenir l'extension de son PR à d'autres substances minérales autres que celles pour lesquelles ce dernier est établi. Cependant, la demande d'extension ne peut se faire que si le PR est valide et que son titulaire étale les raisons pour lesquelles il sollicite cette extension.

Il faut préciser ici que l'extension n'a lieu que pour les substances associées, mais pas pour les substances non associées qui, dans ce cas, requièrent l'obtention d'un autre droit minier de recherches distinct. C'est ce que prévoit désormais ce texte de loi après sa révision. Il en sera de même pour les autres droits miniers et de carrières.

Au temps ancien, sous le régime du décret du 8 juin 1888 sur les mines, peu importe que la substance minérale soit de nature à être associée ou non à la substance pour laquelle un permis est établi, cela ne donnait pas lieu à l'extension de ce dernier à cette substance, mais devrait conduire son propriétaire à solliciter un nouveau permis. C'est ce qu'avaient écrit Georges Van Der Kerken et al. (s.d, p. 181) en ces termes :

> *« Si un permis spécial est accordé pour la recherche du fer, le titulaire de ce permis peut rechercher seulement le fer dans son cercle ; s'il trouve plus tard des indices d'où il conclut à l'existence probable d'un gisement de cuivre dans le même cercle, il demandera un second permis spécial pour la recherche du cuivre. »*

Les modalités d'extension sont fixées aux articles 111 à 117 du Règlement minier.

Article 60 : De la renonciation au Permis de Recherches *(modifié à l'alinéa 2 par l'article 3 de la Loi n° 18/001 du 09 mars 2018 modifiant et complétant la Loi n° 007/2002 du 11 juillet 2002 portant Code minier)*

Le titulaire d'un Permis de Recherches peut renoncer à tout moment en tout ou en partie au droit couvrant son Périmètre.

La déclaration de renonciation partielle ou totale adressée au ministre, déposée au Cadastre minier, précise les coordonnées du tout ou de la partie du périmètre renoncée et celle retenue. Elle prend effet au jour du donner acte du ministre ou dans tous les cas, dans les trois mois à dater du dépôt de la déclaration.

La partie du Périmètre faisant l'objet de renonciation doit être composée de carrés entiers.

La partie du Périmètre restant doit respecter la forme d'un Périmètre minier prévue à l'article 28 du présent Code.

Le Périmètre couvert par le Permis de Recherches est libre en tout ou en partie selon le cas, de tout droit à compter du donner acte du Ministre.

La renonciation totale ou partielle n'ouvre droit à aucun remboursement des droits et frais payés à l'État pour l'octroi ou le maintien du permis. Elle ne dégage pas le titulaire de sa responsabilité relative à la protection de l'environnement.

En règle générale, la renonciation est une des prérogatives reconnues à tout titulaire du droit minier ou de carrières.

En principe, un PR peut être renoncé totalement ou partiellement. En cas de renonciation partielle, la demande, qui doit porter sur un ou plusieurs carrés entiers, précise les coordonnées de la partie du périmètre renoncée et/ou celles de la partie retenue.

La déclaration de renonciation est faite à tout moment, en tout ou partie du périmètre. Elle est établie sur un formulaire disponible au CAMI.

La déclaration de renonciation ne devrait être reçue qu'à la condition que le droit minier soit valide, c'est-à-dire que le titulaire n'ait pas failli à l'une de ses obligations de maintien de validité, telle que prescrite par l'article 196 de ce texte de loi. Cela n'est pas le cas.

Il faut souligner que la loi ne conditionne pas le paiement des frais de dépôt quant à ce. D'ailleurs, le contraire aurait paru étrange, parce qu'on ne peut pas demander à une personne de payer les frais pour un droit dont elle ne veut plus jouir.

Par ailleurs, il convient de noter que, tant que le ministre des Mines n'a pas donné acte de la renonciation, le périmètre couvert par le droit minier de recherches ne peut faire l'objet d'aucune demande de droit, dans les trois mois, après le dépôt de la déclaration de renonciation au guichet du CAMI. Mais la renonciation est de mise après les trois mois du dépôt de la déclaration, même si le ministre n'en a pas donné acte et bien que le CAMI n'ait pas transmis le dossier au ministre ou non. Telle est la ratio legis de l'alinéa 2 de cet article.

Il paraît nécessaire que le CAMI fasse diligence pour transmettre le dossier de renonciation du droit au ministre des Mines, à l'effet d'éviter que son inertie soit qualifiée d'abstention coupable.

Il est de fait que le périmètre couvert par un PR renoncé devient libre de tout droit et peut donc faire l'objet d'une nouvelle demande. Il va sans dire que ce principe s'applique mutatis mutandis aux autres droits miniers et de carrières.

Le législateur a levé cette option (de rendre libre de tout droit le périmètre du droit renoncé après un certain laps de temps) pour éviter la lenteur administrative qui, dans ce cas, peut se révéler comme un gel du périmètre couvert d'un droit déjà renoncé. Sinon, l'absence du donner acte du ministre des Mines, pendant une longue période, aurait empêché de rendre libre de tout droit ledit périmètre.

En outre, il faut souligner que le fait de renoncer à son droit minier ne donne pas lieu au remboursement des droits et frais payés à l'État. Et le titulaire, bien qu'ayant renoncé à son droit, est tenu des obligations en rapport avec la protection de l'environnement. Autrement dit, le titulaire du droit renoncé reste responsable des dégâts causés par son projet minier sur l'environnement.

Il est à noter ici que la responsabilité du titulaire se limite à répondre aux obligations découlant de la protection de l'environnement, mais ne s'étend pas aux autres obligations, dont celle se rapportant au paiement des sommes dues à l'État. Il semble, à cet égard, que la renonciation ne doive pas être une occasion pour le titulaire du droit minier de recherches, voire des autres droits miniers et de carrières, de se soustraire à certaines de ses obligations financières vis-à-vis de l'État et des tiers.

Le législateur de ce texte de loi devrait, de lege ferenda, prévoir des mesures contraignantes pour que le titulaire demeure responsable de toutes les obligations qui résultent de son titre, et ce, même après renonciation. C'est ce qui est d'ailleurs prévu en droit rwandais. En effet, l'article 24, alinéa 2, de la loi n° 13/2014 du 20 mai 2014 portant exploitation des mines et carrières de la République du Rwanda dispose :

> *« Le titulaire d'un permis minier doit, dans un délai prescrit après la renonciation à un périmètre sous permis minier :*
>
> *1° présenter une attestation de non-créance fiscale délivrée par l'autorité compétente ;*
>
> *2° présenter une attestation de non-créance envers les employés émis par le service d'inspection du travail au niveau du district ;*
>
> *3° présenter une attestation de conformité au programme de gestion de l'environnement délivrée par les organes compétents. »*

C'est dans cet élan que le législateur rwandais conditionne toute renonciation d'un permis minier à certains préalables, cela, semble-t-il, en vue d'éviter toute fraude en la matière. C'est ce qui ressort de l'alinéa 1 de l'article 24 de la loi précitée qui dispose :

> *« Le titulaire d'un permis minier qui souhaite renoncer à un périmètre sous permis minier ou une partie de celui-ci doit :*
>
> *1° donner au ministre un préavis d'au moins quatre-vingt-dix (90) jours calendrier ;*

2° se conformer aux conditions y relatives qui sont prescrites ou mentionnées sur le permis minier ;

3° fournir un plan avec toutes les coordonnées du périmètre à être remis ;

4° soumettre des rapports techniques détaillés tels que prescrits contenant toutes les informations relatives au périmètre à être remis depuis l'attribution d'un permis minier. »

Dans la même veine, le législateur algérien prévoit que le titulaire du permis minier qui souhaite renoncer à ce dernier doit préalablement informer l'autorité administrative compétente l'ayant délivré de sa volonté d'y renoncer. C'est ce que dispose l'article 84, alinéa 2, de la loi minière algérienne en ces termes :

« [...] Le titulaire du permis minier doit notifier par écrit à l'autorité administrative compétente, ayant délivré le titre minier quatre-vingt-dix (90) jours à l'avance, sa décision de renonciation au permis minier. »

Comme on peut se l'imaginer, le délai de préavis à donner au ministre devrait permettre à celui-ci de vérifier si la déclaration de renonciation du titulaire du permis minier ne constitue pas une fraude à la loi. Sur ce point, le législateur congolais devrait emboîter le pas à celui du Rwanda et de l'Algérie.

Article 61 : De l'expiration du Permis de Recherches *(modifié aux alinéas 3 et 4 par l'article 3 de la Loi n° 18/001 du 09 mars 2018 modifiant et complétant la Loi n° 007/2002 du 11 juillet 2002 portant Code minier)*

Le Permis de Recherches expire lorsqu'il arrive au dernier jour de sa dernière période de validité ou lorsqu'il n'a pas été renouvelé à la fin des premières périodes de validité, ni transformé en Permis d'Exploitation ou en Permis d'Exploitation de Petite Mine.

Dans ce cas, le Périmètre couvert par le Permis de Recherches est libre de tout droit à compter de la date de l'expiration du Permis.

À l'expiration du Permis de recherches, le Cadastre minier notifie immédiatement au titulaire l'expiration de son droit avec copie à l'Organisme spécialisé de recherches et à la Direction de géologie.

Toutefois, le titulaire n'est pas déchargé de ses responsabilités en matière de réhabilitation environnementale après l'expiration de son droit.

Cet article détermine les hypothèses pouvant donner lieu à l'expiration du PR.

En effet, le PR expire lorsqu'il est arrivé à son terme ou à la fin de la période de validité, et ce, à défaut de son renouvellement dans le délai prévu ou de sa transformation en PE ou PEPM qui peut intervenir à tout moment. Dans tous les cas, le périmètre couvert par le PR est libre de tout droit.

Il est important de souligner ici que lorsqu'un droit minier expire, son périmètre minier devient libre et, conséquemment, est exempté de restrictions légales, c'est-à-dire qu'il peut faire l'objet d'une nouvelle autre demande.

Contrairement à certaines affirmations, l'expression « libre de tout droit » ne sous-entend pas que le périmètre faisant l'objet du droit expiré doit ipso facto revenir au domaine public de l'État et être réservé à la recherche géologique. En fait, bien que les droits miniers, comme le PR, soient octroyés à titre temporaire, c'est-à-dire qu'ils aient une certaine durée de validité, leurs périmètres ne devraient pas retourner automatiquement au domaine public de l'État pour être réservés à la recherche géologique.

S'il devait en être ainsi, le législateur l'aurait dit expressis verbis, comme c'est le cas concernant les droits retirés, tel qu'il résulte de l'article 290 de ce texte de loi relatif au retrait des droits miniers et/ou de l'Autorisation d'Exploitation de Carrières Permanente.

En principe, « pour qu'un bien constitue une dépendance du domaine public, il doit avoir été affecté à l'usage de tous ou à un service public par une décision de l'autorité administrative compétente. L'affection est ainsi une manifestation de la volonté de l'État, tendant à placer le bien hors commerce. Elle n'est pas une aliénation étant donné que le bien ne sort pas du patrimoine dans lequel il se trouve » (J.-P. Kifwabala Tekilazaya, 2016, n° 184, p. 77).

Toutefois, la loi peut être à l'origine de l'affectation, comme c'est le cas à l'article 290 susmentionné, à travers lequel le législateur impose que le périmètre dont le droit est retiré rentre d'office dans le domaine public de l'État et soit réservé à la recherche géologique.

Lorsque le législateur dit que le périmètre est libre de tout droit, il veut simplement dire que rien ne peut empêcher que ledit périmètre couvert par un droit expiré soit octroyé encore une fois à une personne éligible à ce droit, autrement dit, le périmètre devient disponible pour l'octroi de nouveaux droits. Sur ce point, la doctrine avec Émile Lambert Owenga Odinga (2012, n° 452, p. 332) affirme ceci : « Lorsqu'il est libre de tous droits, le droit minier ou de carrières peut être octroyé à tout celui qui le demande pourvu que ce dernier remplisse les conditions légales. »

Comprendre différemment l'expression « libre de tous droits », comme on l'entend çà et là, serait une mauvaise interprétation des dispositions de l'alinéa 2 de cet article. Il est donc inadmissible de donner une lecture autre à l'esprit et à la lettre de cet article.

Au demeurant, cette expression est aussi utilisée dans d'autres domaines du droit avec la même connotation. C'est ainsi qu'en droit de propriété intellectuelle, lorsqu'on dit que les images d'un auteur sont libres de tout droit, cela signifie que toute personne autre que son auteur peut les utiliser autrement et librement, sans aucune restriction.

En droit minier, pour bien appréhender l'expression « libre de tout droit », il y a lieu de se reporter au cas relatif à l'octroi d'un PER. En effet, il est entendu qu'une demande d'un PER n'a lieu que si sa superficie est libre de tout droit minier ; dans une telle hypothèse, le requérant n'est pas tenu d'être le titulaire du PR, comme c'est le cas pour le PE ou le PEPM. Cela résulte de l'article 190, alinéa 2, du Règlement minier aux termes duquel, s'il s'agit d'une demande de PER sur une superficie libre de tout droit minier, le requérant n'est pas tenu a priori d'être le titulaire du PR sur le périmètre.

Par ailleurs, le législateur a voulu que tout périmètre dont le droit est expiré soit susceptible de faire l'objet d'une nouvelle demande. Et cette possibilité est prévue au Règlement minier. En effet, l'article 192, alinéa 3, de ce texte réglementaire dispose : « Toutefois, s'il s'agit d'une demande de PER sur une superficie libre de tout droit minier et si l'avis cadastral est favorable, le Cadastre minier central ou provincial remplace l'inscription à titre indicatif du périmètre demandé sur la carte de retombes minières par l'inscription provisoire du périmètre pour lequel lavis cadastral favorable a été émis [...]. »

Il s'ensuit que nul ne peut s'opposer à une demande ou requête introduite sur un périmètre minier ou de carrières dont le droit y afférent a expiré, ou encore a fait l'objet de caducité, sans violer la loi. Ce n'en sera pas le cas, doit-on le reconnaître, pour un droit minier ou de carrières qui a fait l'objet de retrait, notamment à la suite de la déchéance de son titulaire, tel qu'il procède du commentaire ci-après de l'article 290 de ce texte de loi.

Qui plus est, le législateur a voulu, à juste titre, que l'expiration d'un PR ne constitue pas une excuse absolutoire pour son titulaire de se décharger de ses responsabilités en matière de réhabilitation environnementale. Autant dire que peu importe la manière dont son droit minier de recherches expire, le titulaire est tenu de s'acquitter de son obligation de réhabilitation environnementale, c'est-à-dire qu'il doit remettre en bon état le site minier sur lequel étaient conduites les opérations minières de recherches. Ce principe s'applique mutatis mutandis aux autres droits miniers et de carrières.

En définitive, cet article en combinaison avec le littera b de l'article 10 de ce texte de loi devrait forcément avoir comme conséquence la prise d'acte d'expiration du PR expiré par décision du ministre des Mines. Il est dommage, cependant, de constater que, dans la pratique, cette étape, qui devrait mettre fin à la procédure d'expiration, n'ait jamais été mise en application par le CAMI, du fait que le législateur de ce texte de loi n'a pas prévu une disposition qui devrait déterminer clairement la procédure de prise d'acte d'expiration par le ministre des Mines. Cela aurait permis au littera b susvisé de trouver tout son sens.

Il faudra, de lege ferenda, instituer cette procédure pour les besoins de la cohérence que requiert la légistique.

Article 62 : Des conditions du renouvellement du Permis de Recherches

(modifié et complété par l'article 3 de la Loi n° 18/001 du 09 mars 2018 modifiant et complétant la Loi n° 007/2002 du 11 juillet 2002 portant Code minier)

Le Permis de recherches est renouvelable à condition que le titulaire :

a. n'ait pas failli à ses obligations de maintien de la validité du permis prévues aux articles 196 à 199 du présent Code, en présentant :

- la preuve de la certification de commencement des travaux dûment délivrée par le Cadastre minier ;
- la preuve de paiement des droits superficiaires annuels par carré et de l'impôt sur la superficie des concessions minières et d'hydrocarbures.

b. dépose un rapport des travaux de recherches réalisés pendant la période antérieure de validité de son titre et les résultats obtenus ;

c. dépose un calendrier d'exécution des travaux de recherche ;

d. prouve l'ouverture effective d'un Centre de recherches dûment constaté par les autorités locales et la Division provinciale des mines ;

e. n'ait pas failli à ses obligations fiscales, parafiscales et douanières ;

f. détermine les phases restantes à réaliser pour arriver à l'étape finale de certification des réserves et l'élaboration des études de faisabilité ;

g. présente le budget complémentaire en rapport avec le programme des travaux de recherches correspondant aux phases restantes reprises ci-dessus.

La demande de renouvellement du Permis de recherches est adressée par le requérant au Cadastre minier au moins trois mois et pas plus de six mois avant la date de l'expiration du Permis, et doit contenir les renseignements ci-après :

a. les mentions prévues aux litteras b et c de l'article 35 du présent Code ;

b. le nombre de carrés à renouveler et leur localisation ;

c. l'identité des sociétés ;

d. la nature, le nombre et la superficie des périmètres des Permis de recherches détenus par le titulaire et ses sociétés affiliées.

À l'occasion du renouvellement, le titulaire du Permis de recherches renonce d'office à au moins 50 % du périmètre couvert par son permis et doit élaborer et obtenir l'approbation du Plan d'atténuation et de réhabilitation révisé pour l'activité proposée, avant de poursuivre les travaux de recherches minières.

Le Règlement minier détermine les modalités du dépôt, de la recevabilité ou de l'irrecevabilité, de l'instruction, de la décision du renouvellement du Permis de recherches ainsi que son inscription et affichage.

Cet article énumère les conditions sous lesquelles le renouvellement du PR doit être effectué.

Ce renouvellement se fait dans les mêmes conditions que celles d'octroi d'une nouvelle demande, c'est-à-dire mutatis mutandis. En d'autres mots, il est statué sur la demande de renouvellement du PR dans les mêmes formes et conditions que celles dans lesquelles le droit minier initial a été accordé.

Tout renouvellement implique la renonciation d'office à au moins 50 %, c'est-à-dire à la moitié ou à plus de la moitié, du périmètre couvert par le PR.

Il est à noter que sous d'autres cieux, le cas de l'Algérie, la réduction du nombre des carrés lors du renouvellement n'est pas d'office. C'est ce que dit l'alinéa 3 de l'article 95 de la loi minière algérienne : « Lors de chaque renouvellement, la superficie du permis couverte par l'exploration peut être réduite. »

Les articles 125 à 133 du Règlement minier déterminent les modalités du dépôt, de la recevabilité ou de l'irrecevabilité, de l'instruction, de la décision du renouvellement du PR ainsi que son inscription et affichage.

Article 63 : De la transformation partielle du Permis de Recherches en Permis d'Exploitation ou en Permis d'Exploitation de Petite Mine

Le titulaire d'un Permis de Recherches peut à tout moment demander la transformation partielle de celui-ci en Permis d'Exploitation ou en Permis d'Exploitation de Petite Mine pour une partie de la superficie couverte par son Permis de Recherches tout en maintenant ses droits exclusifs de recherches sur le reste de la superficie, à condition de respecter les dispositions des articles 28 et 29, 69 à 76 et 103 à 105 du présent Code.

Le titulaire d'un Permis de Recherches peut également demander un Permis d'Exploitation ou un Permis d'Exploitation de Petite Mine pour un Périmètre qui comprend les superficies de plusieurs Permis de Recherches.

Si c'est nécessaire, le titulaire d'un Permis de Recherches peut solliciter la transformation de son Permis de Recherches initial en multiples Permis de Recherches sur la partie du Périmètre non transformée en Permis d'Exploitation ou en Permis d'Exploitation de Petite Mine afin de se conformer aux dispositions du présent Code sur la forme du Périmètre de recherches. Le cas échéant, le titulaire doit respecter la limite sur le nombre de Permis de Recherches qu'une seule personne peut détenir.

La durée des multiples permis est égale à la durée non échue du permis initial. La partie du Périmètre non transformée reste soumise aux termes et conditions du Permis de Recherches en cours de validité.

La loi n'impose aucun délai pour la transformation d'un PR en PE ou PEPM. Autrement dit, la déclaration d'une telle transformation peut se faire à tout moment, et ce, avant l'expiration de la durée du PR, c'est-à-dire même à la veille de la date d'expiration.

Généralement, le périmètre couvert par le PR est totalement transformé en PE ou en PEPM. C'est exceptionnellement que la transformation peut être partielle.

Le PR peut faire l'objet de transformation partielle en PE ou en PEPM, et non en PER. À noter ici que l'accès à l'exploitation des rejets ne peut résulter que des opérations d'exploitation, mais pas de recherches. Il s'agit, en fait, de l'exploitation des substances minérales contenues dans les rejets solides ou liquides résultant des traitements minéralogiques et métallurgique.

Le titulaire d'un PR peut solliciter la transformation de ce dernier en multiples PR sur la partie du périmètre non transformée en PE ou en PEPM à l'effet de se conformer à la forme du périmètre tel qu'exigé par la loi.

La durée des multiples Permis est égale à la durée non échue du Permis initial. La partie du périmètre non transformée reste soumise aux termes et aux conditions du PR en cours de validité.

Les articles 134 à 141 du Règlement minier déterminent les modalités de la transformation du PR en multiples PR.

Chapitre II :
DE L'EXPLOITATION MINIÈRE

Article 64 : De la portée du Permis d'Exploitation *(modifié et complété par l'article 3 de la Loi n° 18/001 du 9 mars 2018 modifiant et complétant la Loi n° 007/2002 du 11 juillet 2002 portant Code minier)*

Le Permis d'exploitation autorise son titulaire d'exploiter, à l'intérieur du périmètre qu'il couvre, les substances minérales pour lesquelles il est spécifiquement établi. Ces substances minérales sont celles que le titulaire a identifiées et dont il a démontré l'existence d'un gisement économiquement exploitable.

Sans préjudice de l'article 33 du présent Code, la superficie du périmètre faisant l'objet du Permis d'exploitation est celle du Permis de recherches dont il découle ou celle de la partie du périmètre d'un ou plusieurs Permis de recherches transformée en Permis d'exploitation ou encore celle du périmètre du Permis d'exploitation en cas de la transformation d'un Permis d'exploitation en plusieurs autres Permis d'exploitation.

Le Permis d'exploitation peut s'étendre aux substances associées ou non associées conformément aux dispositions de l'article 77 du présent Code.

Le Règlement minier détermine les conditions de ladite transformation.

L'article 21 de la loi minière algérienne dispose que les activités d'exploitation minière consistent en des travaux de développement ou d'extension, des travaux préparatoires, d'extraction et de valorisation des substances minérales ou fossiles, ainsi que des activités de ramassage, de collecte et/ou de récolte de substances minérales relevant du régime des carrières se trouvant en l'état à la surface du sol.

Il est important de souligner que les travaux d'exploitation des substances minérales qu'ils soient réalisés à ciel ouvert ou en souterrain doivent se faire suivant les « règles de l'art minier ».

Il faut entendre par « règles de l'art minier », au sens de l'article 4, 18e tiret, de la loi minière algérienne, « les conditions techniques et méthodes d'exploitation pour mieux valoriser le potentiel du gisement ainsi que pour optimiser la productivité et les conditions de sécurité, tant industrielle que publique, et de protection de l'environnement ».

Cet article précise la portée du PE. Il s'avère que ce dernier ne peut porter que sur les mines qui ont fait l'objet de demande ou sur celles ayant fait l'objet de l'extension et dont un gisement économiquement exploitable a été démontré.

Il précise, de plus, la superficie du périmètre que doit couvrir le PE.

Sauf en cas d'appel d'offres ou de fermeture d'une ZEA, un PE n'est octroyé qu'au détenteur d'un PR. En d'autres mots, la détention de ce dernier est une condition sine qua non à l'octroi d'un PE.

Le PE est, autrement dit, un droit minier d'Exploitation.

Article 64 bis : Des droits conférés par le Permis d'exploitation *(inséré par l'article 19 de la Loi n° 18/001 du 09 mars 2018 modifiant et complétant la Loi n° 007/2002 du 11 juillet 2002 portant Code minier)*

Le Permis d'exploitation confère à son titulaire le droit exclusif d'effectuer, à l'intérieur du Périmètre sur lequel il est établi et pendant la durée de sa validité, les travaux de recherche, de développement, de construction et d'exploitation visant les substances minérales pour lesquelles le permis est établi et les substances associées ou non associées s'il en a demandé l'extension. Il permet en outre, sans limitation, de :

a. entrer dans le périmètre d'exploitation pour procéder aux opérations minières ;

b. construire les installations et infrastructures nécessaires à l'exploitation minière ;

c. utiliser les ressources d'eau et du bois se trouvant à l'intérieur du périmètre minier pour les besoins de l'exploitation minière, en se conformant aux normes définies dans l'EIES et le PGES ;

d. disposer, transporter et commercialiser librement ses produits marchands provenant du Périmètre d'exploitation ;

e. procéder aux opérations de concentration, de traitement métallurgique ou technique des substances minérales extraites du gisement à l'intérieur du

f. Périmètre d'exploitation ;

g. procéder aux travaux d'extension de la mine.

Le titulaire du Permis d'exploitation a l'obligation de traiter et de transformer sur le territoire congolais les substances minérales par lui exploitées.

Cet article détermine les droits reconnus aux titulaires du PE. Il énumère, sans être exhaustif, l'étendue des prérogatives conférées par un PE.

Généralement, les droits sur le PE reposent sur les activités suivantes : recherche et exploitation, y compris les travaux de développement, de construction et d'infrastructure.

Spécifiquement, le titulaire du PE est obligé ou autorisé à :

- entrer et occuper le périmètre couvert par le droit minier ;

- construire les installations et infrastructures nécessaires à l'exploitation minière ;

- réaliser ou transformer toute substance minérale dérivant des opérations d'exploitation sur ledit terrain ;

- procéder aux opérations de concentration, de traitement métallurgique ou technique des substances minérales extraites du gisement à l'intérieur du périmètre ;

- prendre et utiliser l'eau et le bois se trouvant à l'intérieur du périmètre à toute fin nécessaire pour les opérations d'exploitation et de traitement conformément aux normes définies dans l'EIES (Étude d'Impact Environnemental et Social) et le PGES (Plan de Gestion Environnementale et Sociale) ;

- transformer les substances minérales en produits marchands en RDC ;

- commercialiser librement les produits miniers qui proviennent de son droit minier d'exploitation ;

- mener toute autre action appropriée pour la réalisation des opérations d'exploitation ou de traitement sur le terrain considéré.

Dans la réalisation de son étude d'impact environnemental et social, le titulaire du droit minier (ou de carrières) d'exploitation devrait repérer, analyser et évaluer les impacts potentiels négatifs et positifs de ses activités sur les milieux biophysiques et humains, et ce, tant dans la phase préparatoire que dans celle d'exploitation. Cela devrait le conduire à faire des propositions dans le but d'éviter, de réduire, de corriger les impacts environnementaux négatifs ou d'améliorer les impacts environnementaux positifs.

De plus, le titulaire devrait se conformer, dans la présentation de son étude, au cadre juridique de gestion de l'environnement en RDC, principalement à la loi portant protection de l'environnement, au décret n° 14/030 du 18 novembre 2014 fixant les statuts d'un établissement public dénomme Agence Congolaise de l'Environnement (ACE) ainsi qu'à l'ordonnance n° 41/48 du 12 février 1953 sur les établissements dangereux, insalubres ou incommodes telle que modifiée et complétée à ce jour.

Soulignons que l'alinéa 1 de cet article devrait être modifié de lege ferenda, vu que ce texte de loi ne prévoit plus l'hypothèse de l'extension d'un droit minier ou de carrières à des substances non associées, peu importe le type du droit. Cet amendement devrait consister en la suppression du groupe des mots « ou non associées ». Ainsi, ledit alinéa devrait être libellé comme suit :

> *« Le Permis d'exploitation confère à son titulaire le droit exclusif d'effectuer, à l'intérieur du Périmètre sur lequel il est établi et pendant la durée de sa validité, les travaux de recherche, de développement, de construction et d'exploitation visant les substances minérales pour*

lesquelles le permis est établi et les substances associées s'il en a demandé l'extension. Il permet en outre, sans limitation, de [...]. »

Les modalités applicables à l'Étude d'impact environnemental et social sont déterminées par les articles 18 et 19 du décret du 2 août 2014 sus-indiqué.

Article 65 : De la nature du Permis d'Exploitation

Le Permis d'Exploitation est un droit réel, immobilier, exclusif, cessible, transmissible et amodiable conformément aux dispositions du présent Code.

Ce droit est constaté par un titre minier dénommé Certificat d'Exploitation.

Le PE est un droit réel, immobilier, exclusif, cessible transmissible et amodiable.

Étant un droit réel immobilier, il est reconnu à son propriétaire un droit de jouissance exclusive.

Il est évident que l'exclusivité reconnue au titulaire du PE repose principalement sur le droit d'extraction. Celui-ci est un droit réel qui emporte le droit de suite permettant au titulaire du PE de revendiquer toute substance minérale, ou plutôt du minerai, dont l'extraction est autorisée par son permis en quelques mains qu'elle se trouve.

Puisqu'il a le droit exclusif sur son PE, le titulaire peut le céder à un tiers. En effet, un propriétaire d'immeuble minier, en l'occurrence le PE, a donc le droit d'en user, d'en jouir et d'en disposer à son gré. En ce sens, le PE peut non seulement être cédé à un tiers, mais encore faire l'objet de transmission en tout ou en partie en vertu d'un contrat de fusion.

À la différence du PR, le PE est amodiable en ce sens que son titulaire peut le louer à un tiers pour une durée fixe ou indéterminée.

Le « Certificat d'exploitation » est la dénomination du titre qui consacre le PE.

Article 66 : *(abrogé par l'article 31 de la Loi n° 18/001 du 09 mars 2018 modifiant et complétant la Loi n° 007/2002 du 11 juillet 2002 portant Code minier).*

Article 67 : De la durée du Permis d'Exploitation *(modifié et complété par l'article 3 de la Loi n° 18/001 du 9 mars 2018 modifiant et complétant la Loi n° 007/2002 du 11 juillet 2002 portant Code minier)*

La durée de validité du Permis d'exploitation ne peut excéder vingt-cinq ans.

Il est renouvelable sur demande de son titulaire pour des périodes n'excédant pas quinze ans chacune.

Cet article fixe la durée de validité du PE qui est ramenée à vingt-cinq ans. Avant la modification de ce texte de loi, la durée du PE était fixée à trente ans.

Le renouvellement du PE est fait pour une durée de quinze ans.

« Il est important d'assurer que les droits d'exploitation minière soient octroyés pour une durée suffisamment longue et puissent être renouvelés. » (Enrique Ortega Girones et al., 2012, p. 11).

Tout semble indiquer que la durée d'un PE devrait être longue pour rendre stables les droits de propriété minière. En effet, il est normal d'accorder au titulaire d'un PE beaucoup plus de temps pour lui permettre de procéder en toute quiétude à l'exploitation minière à grande échelle, qui requiert de plus grandes exigences, notamment de construire les installations et infrastructures nécessaires à l'exploitation minière, de procéder aux opérations de concentration, de traitement métallurgique ou technique. En somme, les opérations minières d'exploitation nécessitent un maximum de temps en vue de garantir l'investissement de l'opérateur minier. D'où une entreprise désireuse d'investir dans les opérations minières aura intérêt à avoir un droit minier qui doit couvrir une période suffisamment longue pour lui permettre d'amortir son investissement et de générer un profit.

Il convient de faire remarquer qu'étant donné que la limite de nombre du renouvellement n'est pas déterminée, on peut sous-entendre que le PE peut être renouvelé plusieurs fois, jusqu'à ce qu'il ne soit plus susceptible de renouvellement, notamment en cas d'épuisement du gisement.

Article 68 : Des limitations du Permis d'Exploitation

La superficie du Périmètre faisant l'objet du Permis d'Exploitation est celle du Permis de Recherches dont il découle ou celle de la partie du Périmètre du Permis de Recherches transformée en Permis d'Exploitation.

Une personne et ses sociétés affiliées ne peuvent détenir plus de cinquante Permis d'Exploitation.

Cet article limite la superficie que doit couvrir le périmètre d'un PE découlant de la partie couverte par le PR ou de celle de la partie du périmètre du PR transformée en PE.

À l'instar du PR, le titulaire du PE et ses sociétés affiliées ne peuvent détenir que cinquante PE.

Aux termes de l'article 142 du Règlement minier relatif aux limitations du périmètre du PE, le périmètre demandé au titre du PE doit faire partie du périmètre du PR en cours de validité et ne peut dépasser 471 carrés.

Article 69 : De l'établissement de la demande du Permis d'Exploitation

(modifié à son littera f par l'article 3 de la Loi n° 18/001 du 09 mars 2018 modifiant et complétant la Loi n° 007/2002 du 11 juillet 2002 portant Code minier)

Le requérant établit sa demande de Permis d'Exploitation et la dépose auprès du Cadastre Minier conformément aux articles 35 et 37 du présent Code.

Il est joint à la demande les documents ci-après :

a) une copie du Certificat de Recherches en cours de validité ;

b) le rapport sur le résultat de recherches en ce qui concerne la nature, la qualité, le volume et la situation géographique de la ressource minérale identifiée ;

c) l'étude de faisabilité de l'exploitation du gisement ;

d) le plan d'encadrement technique des travaux de développement, de construction et d'exploitation de la mine ;

e) l'EIES et le PGES pour le projet ;

f) le rapport sur les consultations avec les communautés locales et leurs représentants en application notamment des dispositions de la loi portant principes fondamentaux relatifs à la protection de l'environnement ;

g) le plan pour la contribution du projet au développement des communautés environnantes ;

h) le plan de financement avec identification des sources de financement visées ;

i) la preuve de paiement des frais de dépôt.

Cet article détermine les modalités concernant les étapes de l'établissement du dépôt, de la recevabilité et de l'instruction de la demande de PE, telles que prévues aux articles 35 et 37 telles que complétées par celles des articles 74 à 76 de ce texte de loi. Il s'agit, en effet, des renseignements à annexer au formulaire de demande et des frais de dépôt du dossier de demande.

Le rapport visé au littera f se rapporte aux consultations menées avec les communautés locales et leurs représentants. Il ne s'agit nullement des consultations avec les autorités des entités administratives locales et avec les représentants des communautés environnantes, comme il était de règle avant la modification de ce texte de loi. La Coordination des plaidoyers de la société civile pour la gouvernance des ressources naturelles (2017, pp. 11-12) note à cet effet ce qui suit :

> *« La consultation des populations est déjà réglementée par la loi portant principes fondamentaux relatifs à la protection de l'environnement. Les dispositions des articles 19 à 24 de cette loi imposent d'une part l'obligation de conduire une enquête publique préalable (consultation publique) pour tout projet ou activité susceptible d'avoir un impact sur l'environnement, et d'autre part elles définissent clairement l'objet et la portée de cette enquête publique. Dès lors, la consultation dans le cadre de cette loi-cadre qui s'applique à toutes les catégories de projets d'investissement ayant un impact sur l'environnement et le milieu de vie des populations. »*

Cette brèche paraît profitable à la population (communauté locale) dans le sens où elle doit être consultée en amont sur base, non seulement, d'un avis consultatif, mais aussi et surtout de ce que martèle l'article 9, alinéa 1, de la loi portant protection de l'environnement, en disposant : « Toute personne a le droit de participer au processus de prise de décision en matière d'environnement et de gestion des ressources naturelles. »

À la différence du PR, les frais de dépôt sont fixés en francs congolais équivalant à 5.500 USD par titre, et non par carré.

À titre d'exemple, lorsqu'une personne dépose 3 dossiers de demande d'octroi des PE et dont la totalité des carrés est de 10 carrés, les frais de dépôt à payer seront de 16.500 USD (5.500 USD x 3), mais pas de 55.000 USD (5.500 USD x 10).

Plus précisément, on peut dire que la personne qui sollicite l'octroi d'un PR, composé de 50 carrés, lors du dépôt de son dossier, devra payer un montant de 50.000 USD (50 x 1.000 USD), tandis que lorsqu'il le transforme en PE, il ne paiera, dans ce cas, que la somme de 5.500 USD des frais de dépôt.

L'article 145 du Règlement minier fixe les modalités de l'établissement de la demande du PE, tandis que l'article 146 du même texte détermine celles du dépôt de la demande du PE.

Article 70 : De la recevabilité et de l'instruction de la demande du Permis d'Exploitation

La demande du Permis d'Exploitation est reçue et instruite aux conditions et procédures fixées par les dispositions des articles 38 à 45 telles que complétées par celles des articles 74 à 76 du présent Code.

Cet article fixe les conditions de la recevabilité et de l'instruction de la demande du PE, lesquelles sont prévues aux articles 38 à 45 telles que complétées par celles des articles 74 à 76 de ce texte de loi.

Il convient de souligner que toute demande d'un PE fait l'objet de trois instructions minières (cadastrale, technique ainsi qu'environnementale et sociale) découlant des procédures d'octroi.

L'article 147 du Règlement minier détermine les modalités de la recevabilité de la demande du PE, tandis que l'article 148 du même texte détermine celles de la confirmation de la recevabilité des éléments de la demande concernant les aspects environnementaux et sociaux du projet.

Les articles 149 à 153 du Règlement minier fixent les modalités applicables à l'instruction cadastrale, technique et environnementale de demande du PE.

Article 71 : Des conditions de l'octroi du Permis d'Exploitation *(modifié à ses litteras b, c, d, e, f, g et h par l'article 3 de la Loi n° 18/001 du 09 mars 2018 modifiant et complétant la Loi n° 007/2002 du 11 juillet 2002 portant Code minier)*

L'octroi du Permis d'Exploitation est subordonné aux conditions suivantes dans le chef du requérant :

a) démontrer l'existence d'un gisement économiquement exploitable en présentant une étude de faisabilité, accompagnée d'un plan d'encadrement technique des travaux de développement, de construction et d'exploitation de la mine ;

b) démontrer l'existence des ressources financières nécessaires pour mener à bien son projet selon un plan de financement des travaux de développement, de construction et d'exploitation de la mine ainsi que le plan de réhabilitation du site à sa fermeture. Ce plan précise chaque type de financement, les sources de financement visées et les justifications de leur disponibilité probable. Dans tous les cas, le capital social apporté par le requérant ne peut être inférieur à 40 % desdites ressources ;

c) obtenir au préalable l'approbation de l'EIES et du PGES du projet ;

d) céder à l'État 10 % des parts ou actions constitutives du capital social de la société requérante. Ces parts sont libres de toutes charges et non diluables ;

e) créer, à chaque transformation, dans le cadre d'une mine distincte ou d'un projet minier d'exploitation distinct, une société affiliée dans laquelle la société requérante détient au moins 51 % des parts ou actions sociales ;

f) déposer un acte d'engagement de se conformer au cahier des charges définissant la responsabilité sociétale vis-à-vis des communautés locales affectées par les activités du projet ;

g) avoir respecté les obligations de maintien de la validité du permis prévues aux articles 196, 197, 198 et 199 du présent Code, en présentant :

h) la preuve de la certification de commencement des travaux dûment délivrée par le Cadastre minier ;

i) la preuve de paiement des droits superficiaires annuels par carré et de l'impôt sur la superficie des concessions minières ;

j) donner la preuve de la capacité de traiter et de transformer les substances minérales en République Démocratique du Congo et déposer un acte d'engagement de traiter et de transformer ces substances sur le territoire congolais.

Cet article détaille les conditions auxquelles est soumis le demandeur d'un PE.

Conformément à l'article 143 du Règlement minier, outre les conditions d'octroi du PE énumérées à cet article, le requérant doit remplir les conditions suivantes :

- être titulaire du ou des PR en cours de validité dont le périmètre de recherches ou l'ensemble des périmètres de recherches, comprend le périmètre demande au titre du PE ;

- être éligible au PE ;

- ne pas dépasser les limites relatives à la superficie ou le nombre des PE autorisé.

En droit minier congolais, le titulaire d'un PE est celui qui avait le PR. En effet, le législateur conditionne l'octroi sur demande d'un PE, et même d'un PEPM, à la détention préalable du PR. Ce qui n'est pas le cas pour le PER. À noter ici que le requérant d'un tel droit minier n'est pas tenu d'être préalablement le titulaire du PR sur le périmètre. Cela découle de l'article 190, alinéa 2, du Règlement minier.

Comme le souligne Pierre Charles Alexis Legoux (1950, p. 38), « l'obtention du Permis d'Exploitation est un droit pour le titulaire d'un Permis de Recherches qui a fourni la preuve par des travaux régulièrement poursuivis de l'existence d'un gisement ».

Dans la même veine, certains auteurs (E. Brunet et al., 1951, p. 45) font la distinction entre les travaux de recherches et les travaux d'exploitation pour démontrer la nécessité de procéder impérativement à la recherche avant d'envisager l'exploitation. Ils indiquent à cet effet que les travaux de recherches sont ceux qui ont pour but la découverte de la mine, la constatation de la présence de la substance minérale ou fossile, de sa quantité approximative et de sa recherche en teneur. Avant de tenter l'exploitation, on doit pouvoir prévoir si l'exploitation sera ou non fructueuse.

S'agissant du littera e de cet article, il convient de souligner qu'avec la modification de ce texte de loi, le législateur a porté une nouveauté en prévoyant une autre sous-catégorie de mine dite « mine distincte », comme il ressort de l'article 77 bis de ce texte de loi.

Pour ce qui est de la cession des parts ou actions constitutives du capital social de la société requérante, il sied de souligner qu'avec la réforme de 2018, il est dorénavant fait obligation à toute société détentrice d'un PE de céder à l'État congolais 10 % des parts sociales, alors que cette cession était jadis fixée à 5 %. Il s'agit là d'une possibilité d'offrir à l'État congolais une participation gracieuse en tant qu'actionnaire d'une société minière.

En réalité, l'attribution gratuite au profit de l'État des titres sociaux dans les sociétés d'exploitation minière constitue une survivance de la rente économique traditionnellement versée au Souverain en raison de sa propriété exclusive ou de sa souveraineté sur les richesses nationales du sol ou du sous-sol.

Il semble que le législateur congolais s'est inspiré de la pratique qui avait caractérisé le droit minier congolais pendant la période coloniale. À l'époque, les minerais appartenaient au Souverain. En ce temps-là, la stratégie du Roi Léopold II consistait à donner l'exploitation de ces concessions aux sociétés privées qui l'exploitaient ; en contrepartie, celles-ci versaient des impôts à « l'État Colonial du Congo » qui était également propriété du Roi. Les recettes réalisées par le système mis en place a permis à ce dernier de prendre des participations dans les sociétés qui avaient des concessions. À ce propos, Frans Buelens (2012, p. 199) a écrit ceci :

> *« [...] En échange des concessions, Léopold II développe un système ingénieux pour participer dans les profits futurs des entreprises quand une*

> *concession est reçue par une société, celle-ci doit donner une grande partie de ses actions à l'EIC [État Indépendant du Congo], qui s'est constitué de cette façon un portefeuille considérable : il est devenu un holding d'État ayant un intérêt majeur dans le rendement au maximum des entreprises. Il en profite automatiquement du moment que les entreprises font des profits et qu'une grosse partie des dividendes est payée à l'EIC. »*

En arrêtant cette mesure de cession obligatoire des parts sociales, le législateur ne dit pas si l'État peut, à titre onéreux, augmenter sa participation au capital dans les propositions, avec une limite à y souscrire. Si tel était le cas, cela devrait être précisé expressis verbis pour éviter les interprétations diverses, et parfois erronées, voire lacunaires.

Il semble clair que la participation gratuite de l'État aux bénéfices d'une société minière n'a aucun fondement, parce qu'elle apparaît comme un moyen d'assurer une source supplémentaire de revenu à l'État sans rapport étroit avec ses réelles capacités d'intervention, alors qu'il bénéficie déjà de plusieurs droits, taxes et impôts.

Qui plus est, le littera d repris ci-dessus est à l'opposé du rôle que l'État s'est lui-même donné qui est celui de réguler et de promouvoir le secteur minier. Par cette participation dans le capital des parts sociales des sociétés minières, l'État devient acteur actif du secteur minier. Comme le souligne Émile Lambert Owenga Odinga (2014, p. 571) :

> *« Le rôle de l'État tel que décrit à l'article 8 alinéa 1er du Code minier semble se contredire avec les dispositions de l'article 71 littera d du Code minier. En ce que, le droit d'acquérir d'autorité des parts sociales déborde le cadre du rôle de promotion et de régulation du secteur minier. »*

Par ailleurs, il se dégage que l'approbation de l'EIES et du PGES conditionne l'octroi du PE. On s'aperçoit ici que l'État tient à la protection de l'environnement dans lequel vit sa population. C'est de cette façon qu'il exerce sa souveraineté permanente sur l'environnement congolais, en faisant de ce dernier une partie du patrimoine commun de la Nation. La gestion et la protection de l'environnement congolais sont d'intérêt général et, par conséquent, sont soumises au respect du principe du développement durable. C'est ce que dit l'article 3 de la loi portant protection de l'environnement.

Dans cette perspective, il apparaît que l'élaboration de l'étude d'impact environnement et social se conforme à la loi sur la protection de l'environnement. Au demeurant, il découle de l'alinéa 1 de l'article 21 de cette dernière que « Tout projet de développement, d'infrastructures ou d'exploitation de toute activité industrielle, commerciale, agricole, forestière, minière, de télécommunication ou autre susceptible d'avoir un impact sur l'environnement est assujetti à une étude d'impact environnemental et social préalable, assortie de son plan de gestion, dûment approuvés ».

On peut remarquer qu'une fois déposée pour instruction environnementale et sociale, l'étude ainsi réalisée et présentée par le titulaire du droit minier ou de carrières devient la propriété de l'État. C'est ce que dit l'alinéa 2 de l'article 21 sus-évoqué. Cela sous-entend que l'État peut se servir librement des informations données ou renseignements fournis, qui sont contenus dans l'étude d'impact d'environnemental, pour définir les grandes orientations de sa politique en matière de protection de l'environnement, sans que le titulaire puisse se prévaloir de quelque droit que ce soit.

S'agissant du littera d repris aux dispositions de cet article, l'article 144 du Règlement minier fixe les modalités de la déclaration de cession à l'État de 10 % du capital social de la société. Et l'article 158 du même texte se rapporte à la cession des parts ou actions du capital à l'État.

Article 71 bis : De la participation des personnes physiques de nationalité congolaise au capital social *(inséré par l'article 19 de la Loi n° 18/001 du 09 mars 2018 modifiant et complétant la Loi n° 007/2002 du 11 juillet 2002 portant Code minier)*

La participation des personnes physiques de nationalité congolaise est requise pour la constitution de capital social des sociétés minières.

Les personnes visées à l'alinéa précédent détiennent au moins 10 % de capital social.

Cet article fait obligation à la société requérante du PE de faire participer les nationaux, Congolais personnes physiques, à son capital social à hauteur de 10 % au moins qui est réparti de la façon suivante :

- *5 % à un ou plusieurs Congolais capables d'acquérir les parts ou actions sociales ;*
- *5 % aux employés de l'entreprise minière.*

Cependant, il y a lieu de signaler que ce texte de loi ne dit pas si la participation est gratuite ou payante, et encore moins ne précise pas si cette participation est limitée à une catégorie d'employés de l'entreprise concernée.

Il appert que toutes ces préoccupations devraient être précisées dans le Règlement minier. Ce qui n'est cependant pas le cas. Il urge à cet effet qu'un texte réglementaire soit pris pour fournir des détails à cette question pertinente de la participation des personnes physiques de nationalité congolaise au capital social. Ayant fait le même constat, NRGI (2019) a, à cet égard, arrêté comme recommandations ce qui suit :

- *clarifier les modalités de prise de participation et les règles applicables. Des règles claires d'attribution et de revente sont notamment requises ;*

- *prévenir les risques de conflits d'intérêts et d'arrangements particuliers au détriment de l'État en renforçant le cadre légal relatif à la divulgation des bénéficiaires réels et de personnes politiquement exposées.*

Il est important de souligner ici que l'examen des dossiers à l'éligibilité lors de l'instruction cadastrale devrait être rigoureux pour éviter qu'il y ait fraude à la loi. C'est pourquoi l'agent affecté au service de l'éligibilité au sein du CAMI devrait avoir une bonne connaissance de ce texte de loi, ce qui facilitera l'application correcte de ses dispositions.

Au demeurant, le non-respect des dispositions de cet article devrait donner lieu à l'émission d'un avis cadastral défavorable. Si tel n'est pas le cas, un droit minier octroyé au mépris desdites dispositions devrait faire l'objet d'annulation pour illégalité, conformément à l'alinéa 3 de l'article 48 ter de ce texte de loi.

On peut remarquer que le législateur, en prévoyant la participation des personnes physiques de nationalité congolaise, entend promouvoir l'entrepreneuriat des Congolais dans le secteur des mines. D'où la violation des dispositions de cet article devrait être sanctionnée. Et l'annulation du droit minier est une sanction appropriée quant à ce.

Cependant, avec le pouvoir d'achat de la population congolaise, il n'est toujours pas certain que les dispositions de cet article soient appliquées. Il est difficile de trouver des Congolais intéressés par les activités minières et disposant des moyens financiers consistants pour participer au capital social d'une société minière, c'est-à-dire y acquérir les parts ou actions sociales. C'est ce que souligne Jivet Ndela Kubukoso (2020, p. 338) en ces termes :

> *« La mise en application de cet article risque d'être difficile, car les projets miniers à la base sont très capitalistiques, et il n'existe pas réellement du moins de manières officielles, un grand nombre d'entrepreneur congolais susceptible d'apporter 10 % dans les projets miniers. »*

L'article 144 bis du Règlement minier détermine les modalités de la participation des personnes physiques de nationalité congolaise au capital social.

Article 72 : De l'octroi du Permis d'Exploitation

Sans préjudice des dispositions de l'article 46 du présent Code, le Permis d'Exploitation est octroyé par le Ministre au titulaire du Permis de Recherches qui a réuni les conditions d'octroi du Permis dans un délai qui ne peut excéder trente jours ouvrables à compter de la date de la réception de la demande lui transmise par le Cadastre Minier.

Tout refus d'octroi du Permis d'Exploitation est motivé et donne droit au recours prévu par les dispositions des articles 317 à 320 du présent Code.

Hormis le cas d'inscription judiciaire, cet article fixe le délai endéans duquel le ministre des Mines est tenu de prendre la décision d'octroi ou du refus d'octroi du PR.

Ce délai est donc de trente jours ouvrables à compter de la date de la réception du dossier transmis par le CAMI, suivant le mode de transmission des dossiers prévu à l'alinéa 2 de l'article 45 de ce texte.

La décision de refus d'octroi du PE doit impérativement être motivée et ouvre la voie au recours arbitral, tel qu'organisé aux articles 317 à 320 de ce texte de loi.

Article 73 : Des justifications du refus de l'octroi du Permis d'Exploitation

Le Permis d'Exploitation ne peut être refusé que si :

a) l'étude de faisabilité est rejetée ;

b) la capacité financière du requérant est insuffisante ;

c) l'EIES a été rejetée de façon définitive conformément aux dispositions ci-dessous.

L'étude de faisabilité ne peut être rejetée que pour les motifs suivants :

a) sa non-conformité à la directive du Ministère des Mines précisant son contenu conformément à la pratique internationale généralement reconnue ;

b) la présence d'une erreur manifeste ;

c) sa non-conformité à l'EIES.

La preuve de la capacité financière du requérant ne peut être rejetée que pour l'un des motifs suivants :

a) la non-conformité du plan de financement avec l'étude de faisabilité ;

b) l'insuffisance manifeste des justifications de la disponibilité probable du financement qui est obtenu auprès des sources identifiées par le requérant.

La preuve de la capacité financière ne peut pas être rejetée si le requérant a produit, en cas de financement externe, des attestations des sources de financement identifiées prouvant la faisabilité du financement dans les paramètres envisagés par le requérant, et en cas de financement interne, les états financiers de la personne ou de la société certifiés par un Expert-comptable ou un Comptable agréé par les tribunaux démontrant sa capacité d'autofinancement.

Dans le souci de protéger le titulaire du PR ayant découvert un gisement économiquement exploitable, à l'issue de ses recherches, et qui, par conséquent, sollicite le PE, le législateur impose à l'autorité compétente une série de conditions à observer pour éviter toute décision arbitraire. Ainsi, il détermine les motifs pour lesquels, d'abord le PE peut être refusé, ensuite l'étude de faisabilité peut être rejetée et enfin la preuve de la capacité financière peut être rejetée.

La décision de refus d'octroi du PE doit impérativement être assortie des motifs justificatifs. Au cas contraire, le titulaire concerné peut recourir à l'arbitrage prévu aux articles 317 à 320 de ce texte de loi.

Article 74 : Du délai de l'instruction technique de la demande du Permis d'Exploitation

L'instruction technique de la demande du Permis d'Exploitation déclarée recevable est réalisée dans un délai qui ne peut excéder soixante jours ouvrables à compter de la date de réception du dossier de demande transmis par le Cadastre Minier à la Direction des Mines.

À la différence du PR, la demande du PE fait l'objet de l'instruction technique à la DM.

Le délai d'instruction est de soixante jours ouvrables à compter de la date de réception du dossier de demande transmis par le CAMI.

L'article 152 du Règlement minier fixe les modalités de l'instruction technique de la demande du PE.

Article 75 : Du délai de l'instruction environnementale et sociale de la demande du Permis d'Exploitation *(modifié et complété par l'article 3 de la Loi n° 18/001 du 09 mars 2018 modifiant et complétant la Loi n° 007/2002 du 11 juillet 2002 portant Code minier)*

L'instruction environnementale et sociale de l'EIES et du PGES afférente à une demande de Permis d'exploitation déclarée recevable est réalisée dans les six mois à compter de la date de transmission du dossier de demande par le Cadastre minier à l'Agence Congolaise de l'Environnement et le Fonds national de promotion et de service social, en collaboration avec la Direction chargée de la protection de l'environnement minier, conformément à la réglementation en matière de protection de l'environnement.

Contrairement au PR, la demande du PE fait l'objet de l'instruction environnementale et sociale à l'ACE et au FNPSS, en collaboration avec la DPEM.

Le délai de cette instruction est de six mois à compter de la date de réception du dossier de demande transmis par le CAMI.

Les articles 151 et 153 du Règlement minier fixent les modalités de l'instruction environnementale de la demande du PE.

Article 76 : De la décision du Ministre *(modifié et complété par l'article 3 de la Loi n° 18/001 du 09 mars 2018 modifiant et complétant la Loi n° 007/2002 du 11 juillet 2002 portant Code minier)*

Si les avis cadastral, technique, environnemental et social à la suite de l'instruction de la demande du Permis d'exploitation sont favorables, le ministre prend sa décision d'octroi dans un délai de trente jours ouvrables à compter de la date de la réception du dossier de demande lui transmis par le Cadastre minier.

Si l'avis cadastral sur une demande de Permis d'exploitation est défavorable, le ministre prend sa décision de rejet de la demande dans le délai de trente jours ouvrables à compter de la date de réception du dossier de demande lui transmis par le Cadastre minier.

Si l'avis technique sur une demande de Permis d'exploitation est défavorable mais l'avis cadastral favorable, le ministre prend sa décision de rejet dans un délai de trente jours ouvrables à compter de la date de réception du dossier de demande lui transmis par le Cadastre minier.

Si les avis cadastral et technique à la suite de l'instruction de la demande du Permis d'exploitation sont favorables mais le certificat environnemental est défavorable, le ministre prend sa décision de refus dans un délai de trente jours ouvrables à compter de la date de la réception du dossier de demande lui transmis par le Cadastre minier.

Si les avis cadastral et technique à la suite de l'instruction de la demande du Permis d'exploitation sont favorables mais le certificat environnemental n'est pas encore émis, le ministre prend une décision d'approbation préliminaire et conditionnelle dans un délai de vingt jours ouvrables à compter de la date de la réception du dossier de demande lui transmis par le Cadastre minier et diffère sa décision finale d'octroi ou de rejet du Permis d'exploitation jusqu'à la réception du certificat environnemental.

La décision d'approbation préliminaire et conditionnelle du ministre a pour effet d'entériner de façon définitive les avis cadastral et technique. Elle conditionne sa décision finale d'octroi à la réception d'un certificat environnemental favorable.

Le ministre prend et transmet la décision d'octroi ou de rejet motivé du Permis d'exploitation au Cadastre minier pour exécution dans un délai de trente jours à compter de la date de réception du certificat environnemental lui transmis par le Cadastre minier.

La décision du ministre des Mines est prise à l'issue des instructions cadastrale, technique, environnementale et sociale de la demande d'octroi d'un PE.

En principe, la décision du ministre des Mines peut résulter de cinq hypothèses. Mathéma-tiquement, cela peut se présenter de la manière suivante :

1. *Avis cadastral favorable + avis technique favorable + avis environnemental et social favorable = décision d'octroi ;*
2. *Avis cadastral défavorable = décision de refus d'octroi ;*
3. *Dans ce cas, l'instruction technique ou environnementale et sociale n'est plus de mise. On s'aperçoit que l'une et l'autre sont tributaires de l'avis cadastral. Mais toujours est-il que l'émission de l'avis cadastral favorable n'a aucune incidence sur la décision d'octroi, tant que l'avis technique et/ou l'avis environnemental et social ne sont pas encore émis.*
4. *Avis cadastral favorable + avis technique défavorable = décision de refus d'octroi.*
5. *Avis cadastral favorable + avis technique favorable + certificat d'environnemental défavorable = décision de refus d'octroi.*

6. Avis cadastral favorable + avis technique favorable + certificat d'environnemental non encore émis = décision d'approbation préliminaire et conditionnelle.

7. En pareil cas, le ministre des Mines diffère sa décision finale d'octroi ou de rejet, pour mieux dire, de refus d'octroi du PE jusqu'à la réception du certificat environnemental. La décision d'octroi ou de refus est dépendante de l'émission de l'avis favorable ou défavorable du certificat environnemental. Autrement dit, lorsque le certificat environnemental est défavorable, le ministre des Mines prend la décision de refus d'octroi.

Dans l'une de quatre premières hypothèses sus-épinglées qui peuvent se présenter, le ministre des Mines est astreint à prendre sa décision dans un délai de trente jours ouvrables à compter de la date de réception du dossier lui transmis par le CAMI, tandis que dans la dernière hypothèse, le délai est réduit à vingt jours ouvrables pour la décision d'approbation préliminaire et conditionnelle.

En un mot, le ministre des Mines prend la décision de refus d'octroi lorsqu'un avis au moins est défavorable, au moment où les deux autres peuvent être favorables.

À la lecture attentive des dispositions de cet article, on peut bien se rendre compte que ce dernier crée une confusion dans l'utilisation des expressions. En réalité, dans la rédaction de la loi, le législateur devrait éviter des termes et expressions ambigus et inappropriés.

À ce propos, il convient de noter que « la loi doit conserver une certaine solennité et se garder des expressions triviales, creuses ou éculées du langage commun, des qualificatifs en vogue, ainsi que des termes non consacrés […] Un même terme [ou une même expression] doit avoir la même acceptation juridique d'un bout à l'autre du même texte. » (Lire Sénat – Service des relations internationales – France, 2007, pp. 42-43).

En effet, le législateur emploie dans cet article tantôt l'expression « décision de rejet » tantôt « décision de refus ». Or c'est cette dernière qui devrait être de rigueur. À vrai dire, une demande du requérant, bien qu'elle puise être rejetée, ne peut donner lieu qu'à une décision de refus d'octroi, et non pas de rejet d'octroi. D'ailleurs, dans la pratique, il n'existe pas jusqu'à ce jour une décision dite « de rejet d'octroi » déjà prise par le ministre des Mines, voire le ministre provincial des Mines, à l'issue de l'instruction d'un dossier de demande du droit minier ou de carrières. Pour tout dire, c'est l'expression « décision de refus » qui est appropriée ou doit être employée.

Curieusement, il se trouve que, même dans le Règlement minier, en ses articles 194, 340, 341, 371 et 436, il est également employé l'expression « décision de rejet » en lieu et place de « décision de refus ». Ce qui devrait être corrigé.

De lege ferenda, cet article devrait subir une modification en procédant au remplacement de l'expression « décision de rejet » par celle de « décision de refus ».

L'article 154 du Règlement minier détermine les modalités de prise de la décision du ministre, alors que l'article 156 du même texte fixe celles de la notification de la décision du ministre.

Article 77 : De l'extension aux substances minérales associées *(modifié et complété par l'article 3 de la Loi n° 18/001 du 09 mars 2018 modifiant et complétant la Loi n° 007/2002 du 11 juillet 2002 portant Code minier)*

Avant de procéder aux activités de recherches ou d'exploitation visant des substances minérales autres que celles pour lesquelles son Permis d'exploitation a été établi, le titulaire est tenu d'obtenir l'extension de son permis à ces autres substances associées.

Dans le cas où le titulaire du Permis d'exploitation ne sollicite pas une telle extension, la Direction des mines le met en demeure de la solliciter dans un délai de soixante jours.

À l'expiration de ce délai, les dispositions de l'article 299 du présent Code s'appliquent au titulaire s'il continue à exploiter ces substances.

Toute substance minérale associée découverte et renoncée par le titulaire du Permis d'exploitation dans le cadre de l'extension, devient d'office propriété de l'État.

Cet article impose certaines restrictions auxquelles le PE est soumis, notamment en cas d'exploitation des substances minérales autres que celles pour lesquelles ledit Permis a été établi.

Bien qu'il en fasse usage dans ce texte de loi, « la législation minière en vigueur n'offre aucune définition de la substance minérale associée. Il s'agit des substances minérales se trouvant en état de liaison étroite avec une ou plusieurs autres substances minérales de sorte que l'extraction de l'une entraîne nécessairement et forcément celle de l'autre ou des autres » (Émile Lambert Owenga Odinga, 2014, n° 434, p. 321).

En effet, il peut arriver que, dans un même périmètre, on retrouve des substances minérales pour lesquelles un droit minier d'exploitation a été octroyé et qui sont étroitement liées avec d'autres. Ce qui nécessite que les unes et les autres puissent être concomitamment exploitées. Ainsi que le souligne Émile Lambert Owenga Odinga (2014, n° 434, p. 321) :

> *« Il existe en RDC beaucoup des substances minérales qui sont souvent en liaison avec les autres. C'est le cas du cuivre situé dans le gisement de Kipushi au Katanga qui se trouve en association avec le zinc et de l'association entre le cobalt et le cuivre dans la plupart de gisement ayant été exploité par la Gécamines. »*

Cet état de choses devrait amener le titulaire a sollicité l'extension de son PE à cette autre substance que celle pour laquelle son droit a été établi. C'est pourquoi cet article conditionne la recherche ou l'exploitation des substances minérales autres que celles pour lesquelles un PE a établi à l'extension de ce dernier à ces autres substances associées. Et le titulaire est tenu de s'y conformer.

Au cas contraire, il est mis en demeure pour solliciter cette extension. Sinon, il s'expose à une amende dont le montant en francs congolais est l'équivalent de 10.000 USD à 250.000 USD. Il s'agit là d'un cas des activités minières illicites prévues à l'article 299 de ce texte de loi.

Il est important de savoir qu'à travers cet article, le législateur a levé l'option de ne plus admettre l'extension des substances minérales non associées, ce qui n'était pas le cas avant la modification de ce texte de loi. Cela l'a amené à instituer une sous-catégorie de mine dite « mine distincte ». Et cette dernière est de rigueur à chaque fois que le titulaire du PE aura découvert une substance non associée à celle pour laquelle son titre a été établi et qu'il désire exploiter. C'est le sens de l'institution de la « mine distincte » par l'insertion dans ce texte de loi de l'article suivant.

Les articles 161 à 166 du Règlement minier fixent les modalités de l'extension du PE à d'autres substances associées.

Article 77 bis : De l'exploitation des substances minérales non associées

(inséré par l'article 19 de la Loi n° 18/001 du 09 mars 2018 modifiant et complétant la Loi n° 007/2002 du 11 juillet 2002 portant Code minier)

Le titulaire d'un Permis d'exploitation qui désire exploiter les substances minérales non associées est obligé de demander un droit minier d'exploitation distinct sur ces substances, conformément aux dispositions du présent Code.

Dans le cas où le titulaire du Permis d'exploitation ne sollicite pas une telle extension, la Direction des mines le met en demeure de la solliciter dans un délai de soixante jours.

Le titulaire qui ne sollicite pas l'octroi d'un nouveau titre, alors qu'il exploite lesdites substances dans le contexte d'une mine distincte, se fait appliquer les dispositions de l'article 299 du présent Code.

Le Règlement minier détermine les modalités de cette exploitation.

Cet article introduit une innovation en prévoyant l'hypothèse d'une mine dite distincte. En effet, l'exploitation des substances minérales non associées fait l'objet d'un droit minier d'exploitation distinct.

Le législateur congolais est parti de l'hypothèse de l'extension d'un droit minier ou de carrières à des substances non associées pour instituer la notion de mine distincte dans ce texte de loi.

Comme on peut le constater, avant la modification de ce texte de loi, le titulaire d'un droit minier ou de carrières (d'exploitation) avait la possibilité d'étendre celui-ci à des substances associées ou non associées, en plus de celles pour lesquelles son droit est établi.

Cependant, avec la modification dudit texte, cette possibilité n'est plus de mise. Ainsi a-t-il assimilé cette hypothèse au cas d'une mine distincte.

Il sied de signaler que le législateur n'a pas établi la différence entre une mine distincte et un nouveau gisement issu d'une mine existante. Du reste, la définition de la mine distincte, telle qu'elle ressort de l'article 1, point 29, de ce texte de loi ne permet pas nettement de relever cette nuance. Elle ne précise pas à cet effet la distance d'éloignement entre deux gisements exploitables pour arriver à mieux les différencier.

Il paraît qu'on peut découvrir un nouveau gisement qui ne peut pas forcément donner lieu à une mine distincte. Il peut arriver qu'on se retrouve dans une situation d'un prolongement d'une mine existante, mais pas véritablement d'une mine distincte. En effet, les travaux d'aménagement d'un gisement peuvent conduire à un simple prolongement d'une mine existante vers un nouveau gisement, et pas nécessairement à une nouvelle mine.

La différence entre un nouveau gisement découlant d'une mine existante et une mine distincte est importante à dégager, parce qu'elle a inévitablement une incidence sur le régime fiscal. D'ailleurs, pour s'en rendre compte, il y a lieu de se référer au droit étranger, le cas du Canada, où un organe juridictionnel s'est déjà prononcé sur cette question.

En effet, dans une affaire dite « affaire MacLean », opposant le ministre du Revenu National (appelant) à la Société The MacLean Mining Compagy Limited (intimée), le juge d'appel avait infirmé le jugement de la Cour de l'Échiquier qui avait affirmé que le gisement de McLean dont les travaux d'aménagement procédaient de la mine existante (le Rothermere) était une mine distincte. De la sorte, la société MacLean devrait bénéficier du droit d'exemption prévu par la loi de l'impôt sur le revenu du fait qu'elle aurait mis un nouveau gisement en exploitation, considérée comme une mine distincte. À l'opposé, le ministre national a soutenu que les travaux de la mine de Rothermere sont un simple prolongement d'une mine existante vers un nouveau gisement, et non une nouvelle mine au sens de la loi. C'est dire que la décision ministérielle était que le gisement MacLean n'a pas été aménagé comme une mine distincte. D'où cette société devrait être assujettie à la loi de l'impôt sur le revenu

Il apparaît que lorsqu'un nouveau gisement a été mis en valeur comme partie intégrante d'une exploitation que comprend une mine existante, il n'est pas indiqué qu'il soit considéré comme une mine distincte. En d'autres mots, lorsque les travaux d'une mine existante ont conduit à la découverte d'un nouveau gisement, ce dernier ne devrait pas nécessairement être pris pour une mine distincte.

Pour arriver à conclure à une mine distincte partant d'une mine existante, il faut être en mesure d'en déceler tous les éléments essentiels. De la sorte, on ne pourrait pas parler d'une mine distincte lorsque le minerai, qui y est extrait, n'a été extrait qu'à la suite du nouvel aménagement de la mine existante. Cependant, on considérera une mine comme une mine distincte lorsqu'on a commencé à extraire du minerai du gisement distinct au moyen de ses installations d'extraction séparées et distinctes de celles de la mine existante.

Il sied de noter que l'hypothèse de la mise en œuvre d'une mine distincte ne requiert pas que le titulaire soit préalablement détenteur d'un PR, comme il en est de principe. La demande d'octroi d'un PE portant sur une mine distincte ne se conçoit que dans le cas de la découverte par le titulaire dudit PE d'une substance non associée, à la suite de ses travaux d'exploitation.

Le recours aux dispositions relatives aux mines distinctes peut résoudre certains cas de chevauchement des périmètres. En effet, le titulaire du droit minier ou de carrières d'exploitation peut profiter de la situation de chevauchement de son projet minier pour se soustraire aux obligations pouvant résulter du fait de l'exploitation d'une mine distincte et, par conséquent, échapper à certains taxes et impôts. Lorsqu'une telle situation se présente, ce titulaire ne doit pas évoquer le chevauchement de son projet minier, alors qu'il se retrouve bel et bien dans une situation d'exploitation d'une mine distincte. D'ailleurs, c'est le cas pour bien des sociétés minières. Comme le révèle le Consortium Makuta ya Congo (2020, p. 26) en ces termes :

> *« […] Chemaf déclare l'ensemble de ses activités en tant qu'une seule entreprise, plutôt qu'à travers une filiale distincte. Un même raisonnement pourrait s'appliquer à la société Ruashi Mining, qui n'a pas jusque-là mis en place une filiale pour distinguer son projet à Lubumbashi (Ruashi) de son projet à Kolwezi (Dilala Est et Musonoie Est), ou encore la Compagnie Minière de Tondo, qui exploite un site dans la province du Lualaba et un autre site éloigné dans la province du Haut-Katanga. »*

La non-observance des dispositions de l'alinéa 3 de cet article expose le titulaire à la même peine que celle prévue pour celui qui refuse ou ne veut pas étendre son PE aux substances autres que celles pour lesquelles ce dernier a été établi. C'est autant dire que l'exploitation d'une mine distincte sans la détention d'un nouveau titre afférent au droit devant découler de la mine distincte constitue une activité minière illicite au sens de l'article 299 de ce texte de loi. De ce fait, le titulaire du PE qui exploite les substances minérales non associées, sans la détention d'un titre minier d'exploitation distinct, est puni d'une amende dont le montant en francs congolais est l'équivalent de 10.000 USD à 250.000 USD.

Le projet minier d'exploitation de la mine distincte est régi par les articles 166 bis et 166 sexies du Règlement minier. L'article 166 quater du même texte, quant à lui, fixe les modalités de l'exploitation des substances minérales non associées.

Article 77 ter : De l'extension des travaux d'exploitation *(inséré par l'article 19 de la Loi n° 18/001 du 09 mars 2018 modifiant et complétant la Loi n° 007/2002 du 11 juillet 2002 portant Code minier)*

Le titulaire d'un Permis d'exploitation qui désire procéder à l'extension de ses travaux est tenu de solliciter l'autorisation du ministre.

À cet effet, il présente une étude de faisabilité additionnelle intégrant les opérations requises pour ladite extension.

Le dépôt, la recevabilité et l'instruction de la demande d'extension sont soumis aux conditions prévues aux articles 37, 38, 39, 40, 41 et 42 du présent Code.

Cet article permet au titulaire d'un PE de procéder à l'extension de ses travaux d'exploitation.

En effet, il peut arriver qu'au cours des opérations d'exploitation, le titulaire du PE se trouve dans la nécessité de mener d'autres travaux que ceux repris dans son EIES et son PGES. En pareille situation, la loi impose au titulaire, qui le souhaite, de solliciter l'autorisation du ministre des Mines avant de procéder à l'extension de ses travaux.

Article 78 : De l'expiration du Permis d'Exploitation

Le Permis d'Exploitation expire à la fin d'une période de validité non suivie de renouvellement conformément aux dispositions du présent Code ou lorsque le gisement est épuisé.

À l'expiration du Permis d'Exploitation, le Cadastre Minier notifie immédiatement au titulaire l'expiration de son titre en réservant copie à la Direction des Mines.

Dans ce cas, le Périmètre couvert par le Permis d'Exploitation est libre de tout droit à compter de la date de l'expiration du permis.

Cet article retient trois hypothèses pouvant conduire à l'expiration du PE, à savoir : l'arrivée à terme de la durée de validité du droit, le non-renouvellement du droit et l'épuisement du gisement. Il faut préciser ici que ces cas sont alternatifs, et non cumulatifs, c'est-à-dire que l'un d'eux suffit pour que le droit minier d'exploitation expire.

En principe, il ne se pose aucun problème lorsque le PE arrive à son terme ou qu'il n'est pas renouvelé. C'est plutôt en cas d'épuisement du gisement qu'il peut se poser quelques préoccupations.

Le législateur n'a pas prévu les modalités applicables à un PE dont le gisement est épuisé. Comment peut-on alors savoir qu'un gisement couvert par un PE est épuisé ?

Le Règlement minier aurait dû apporter des réponses précises à cette interrogation. Ce qui n'est pas le cas.

En tout cas, le titulaire du PE aura intérêt à notifier au CAMI l'épuisement du gisement afin d'éviter de répondre à certaines de ses obligations, notamment au paiement des droits superficiaires.

Alors que le gisement est déjà épuisé, il n'est pas étonnant, par contre, que le titulaire, qui bénéficie de certains avantages du fait de la détention de son titre minier, comme l'exemption de certains droits en matière douanière, ne trouve aucun intérêt à notifier au CAMI l'épuisement de son gisement. En pareille hypothèse, seules les inspections prévues à l'article 217 de ce texte de loi permettront de mettre fin à cette supercherie d'un tel titulaire, et ainsi provoquer la fin de la validité du droit minier de celui-ci.

Étonnamment, en droit minier congolais, un périmètre libéré, à la suite de l'expiration du droit minier d'exploitation, ne peut faire l'objet que d'une demande de PR, même s'il paraît évident que certains indices puissent laisser penser à un autre éventuel gisement. Tel est le principe arrêté. Cependant, cela n'est toujours pas impossible. La présence des substances minérales à ciel ouvert, sait-on jamais, devrait être retenue comme une hypothèse pouvant conduire à l'octroi d'un PE, même en cas de modalités d'octroi sur demande, et non exclusivement sur appel d'offres. Comme ce fut le cas à Luhili dans la province du Sud-Kivu, tel qu'expliqué à l'article 50 bis de ce texte de loi.

En définitive, lorsque peut être démontrée l'existence d'un probable gisement dans un périmètre ayant déjà fait l'objet d'un PE, et même dans le cas d'un périmètre non encore exploité, il n'est pas normal que l'on conditionne l'octroi du PE sur un tel périmètre par la détention préalable du PR par le demandeur.

Par ailleurs, s'agissant de l'expression « libre de tout droit », il est à noter que cette dernière devrait être comprise de la même manière qu'elle a été expliquée à l'article 61 de ce texte relatif à l'expiration du PR. Il en sera de même pour les autres droits miniers et de carrières ayant fait l'objet d'expiration.

Article 79 : De la renonciation au Permis d'Exploitation

Le titulaire d'un Permis d'Exploitation peut, par déclaration adressée au Ministre, renoncer à tout moment en tout ou en partie au droit couvrant son Périmètre.

La déclaration de renonciation partielle précise les coordonnées de la partie du Périmètre renoncée et celles de la partie retenue. Elle prend effet au jour du donner acte du Ministre ou dans tous les cas, dans les trois mois à compter du dépôt de la déclaration.

La partie du Périmètre faisant objet de renonciation doit être composée de carrés entiers.

La partie du Périmètre restant doit respecter la forme d'un Périmètre minier prévue à l'article 28 du présent Code.

Le Périmètre couvert par le Permis d'Exploitation est libre, en tout ou en partie selon le cas, de tout droit à compter du donner acte du Ministre.

La renonciation totale ou partielle ne donne droit à aucun remboursement des droits et frais payés à l'État pour l'octroi ou le maintien du permis. Elle ne dégage pas le titulaire de sa responsabilité relative à la protection de l'environnement et de ses engagements envers la communauté locale.

En règle générale, la renonciation est une des prérogatives reconnues à tout titulaire du droit minier ou de carrières.

En principe, un PE peut être renoncé en tout ou en partie. En cas de renonciation partielle, la demande, qui doit porter sur un ou plusieurs carrés entiers, précise les coordonnées de la partie du périmètre renoncée et celles de la partie retenue. Dans tous les cas, la déclaration de renonciation n'est reçue qu'à la condition que le titre soit valide, c'est-à-dire celui dont le titulaire n'a pas failli à ses obligations de maintien de validité, telle que prescrite par l'article 196 de ce texte de loi.

Pour rappel, comme il a été souligné à l'article 60 relatif à la renonciation au Permis de Recherches, tant que le ministre des Mines n'a pas donné acte de la renonciation, le périmètre couvert par le droit minier d'exploitation ne peut faire l'objet d'une autre demande de droit, avant trois mois du dépôt de la déclaration de renonciation au guichet du CAMI. Ce qui veut dire qu'aucun droit ne peut être octroyé sur le périmètre du droit renoncé et non acté.

Mais, précisons que la renonciation est de mise dans les trois mois de son dépôt, lorsque le ministre des Mines n'en a pas donné acte. Cela revient à dire que, dans les trois mois de la transmission du dossier de la déclaration de renonciation par le CAMI au ministre des Mines, le périmètre couvert par un PE devient libre et peut donc faire l'objet d'une nouvelle demande. Ce ne sera pas le cas, si ledit dossier n'est pas transmis au ministre des Mines.

Il est à noter ici que ce principe s'applique mutatis mutandis aux autres droits miniers et de carrières.

Il sied de souligner que le législateur a levé cette option pour éviter la lenteur administrative qui, dans ce cas, peut se révéler comme un gel de périmètre couvert d'un droit déjà renoncé. Sinon, le défaut d'acte du ministre des Mines, pendant un long laps de temps, aurait empêché de rendre libre de tout droit ledit périmètre.

La déclaration de renonciation est faite sur un formulaire disponible au CAMI. En cas de renonciation, aucun frais n'est payé au dépôt de la déclaration.

Les modalités de demande de renouvellement sont fixées aux articles 173 à 179 du Règlement minier.

Article 80 : Des conditions du renouvellement du Permis d'Exploitation

(modifié et complété par l'article 3 de la Loi n° 18/001 du 09 mars 2018 modifiant et complétant la Loi n° 007/2002 du 11 juillet 2002 portant Code minier)

Le Permis d'exploitation est renouvelable à condition que le titulaire :

a. n'ait pas failli à ses obligations de maintien de la validité du permis prévues aux articles 196 à 199 du présent Code.

b. présente une nouvelle étude de faisabilité qui démontre l'existence de réserves exploitables ;

c. démontre l'existence des ressources financières nécessaires pour continuer à mener à bien son projet selon le plan de financement et de travaux d'exploitation de la mine ainsi que le plan de réhabilitation du site à sa fermeture. Ce plan précise chaque type de financement visé et les justifications de leur disponibilité probable ;

d. obtienne l'approbation de la mise à jour de l'EIES et du PGES ;

e. souscrive un engagement de continuer activement son exploitation ;

f. démontre l'entrée en phase de rentabilité du projet ;

g. démontre la mise en valeur régulière et ininterrompue du gisement ;

h. cède à l'État à chaque renouvellement 5 % des parts ou actions du capital social de la société en sus de celles cédées précédemment ;

i. n'ait pas failli à ses obligations fiscales, parafiscales et douanières ;

j. dépose un acte d'engagement de se conformer au cahier des charges définissant la responsabilité sociétale vis-à-vis des communautés locales affectées par les activités du projet.

La demande de renouvellement du Permis d'exploitation est adressée par le titulaire du Permis d'exploitation au Cadastre minier au moins un an et pas plus que cinq ans avant la date d'expiration du Permis d'exploitation. Cette demande comprend les renseignements ci-après :

a. les mentions prévues aux litteras a, b et c de l'article 35 du présent Code ;

b. l'identité des sociétés affiliées ;

c. la nature, le nombre et la superficie du périmètre détenu par le titulaire et ses sociétés affiliées.

Le Règlement minier fixe les modalités de l'établissement, du dépôt, de la recevabilité ou de l'irrecevabilité, de l'instruction cadastrale, technique, environnementale et sociale de la demande de renouvellement du Permis d'exploitation ainsi que de la décision de renouvellement, de son inscription, notification et affichage.

Cet article énumère les conditions sous lesquelles le renouvellement du PE doit être effectué.

Le renouvellement se fait dans les mêmes conditions que celles d'octroi d'une nouvelle demande, donc mutatis mutandis.

Il est à noter que, contrairement au renouvellement du PR, le renouvellement d'un PE n'implique pas la renonciation d'office à au moins 50 % du périmètre.

Avant la modification de ce texte de loi, en cas de renouvellement, la loi n'exigeait que la mise à jour de l'étude de faisabilité. Actuellement, cette possibilité a été supprimée et une exigence est faite au titulaire d'un PE d'élaborer une nouvelle étude de faisabilité.

Les modalités de demande de renouvellement sont fixées aux articles 180 à 188 du Règlement minier.

Article 80 bis : De la transformation du Permis d'exploitation en plusieurs Permis d'exploitation *(inséré par l'article 19 de la Loi n° 18/001 du 09 mars 2018 modifiant et complétant la Loi n° 007/2002 du 11 juillet 2002 portant Code minier)*

En cas de nécessité et si les conditions techniques le permettent, le titulaire d'un Permis d'exploitation peut solliciter la transformation de son Permis d'exploitation initial en multiples Permis d'exploitation sur tout ou partie du Périmètre de son Permis en se conformant aux dispositions des articles 28, 29 et 68 à 76 du présent Code.

La durée des multiples Permis d'exploitation issus de la transformation du Permis d'exploitation initial est égale à la durée non échue du Permis d'exploitation initial.

Le Règlement minier détermine les modalités de transformation du Permis d'exploitation en plusieurs Permis d'exploitation.

Cet article reconnaît au titulaire d'un PE le droit de transformer son droit d'exploitation en multiples PE. Qui plus est, il précise la durée de validité des multiples PE découlant de la transformation du PE initial, laquelle durée correspond à la durée restante de la validité de ce dernier.

Le Règlement minier n'a pas déterminé les modalités de transformation du PE en plusieurs PE, comme il l'a fait en ses articles 134 à 141 du Règlement minier pour ce qui est des modalités de la transformation du PR en multiples PR.

Article 81 : Du droit d'effectuer le traitement ou la transformation des substances minérales

Sous réserve des dispositions prévues à l'article 10, littera j, le traitement ou la transformation des substances minérales peut être réalisée soit par le titulaire d'un Permis d'Exploitation, soit par une Entité de traitement ou une Entité de transformation.

De même que le titulaire du droit minier d'exploitation peut commercialiser et exporter les produits miniers marchands, de même il peut se livrer à des actes de traitement ou de transformation des substances minérales.

Cet article ne reconnaît le droit d'effectuer le traitement ou la transformation des substances minérales qu'aux deux (2) acteurs du secteur minier qui sont : le titulaire du PE, l'Entité de traitement ou l'Entité de transformation.

Article 82 : De l'autorisation de traitement ou de transformation

Toute personne qui se propose de se livrer uniquement à la transformation des substances minérales doit requérir et obtenir une autorisation de traitement ou de transformation qui relève d'une législation particulière.

L'accès au traitement ou à la transformation des substances minérales est libre sur le territoire congolais, mais à la seule et unique condition de requérir et obtenir une autorisation de traitement ou de transformation qui est soumise à une loi particulière.

Article 83 : *(abrogé par l'article 31 de la Loi n° 18/001 du 09 mars 2018 modifiant et complétant la Loi n° 007/2002 du 11 juillet 2002 portant Code minier).*

Article 84 : *(abrogé par l'article 31 de la Loi n° 18/001 du 09 mars 2018 modifiant et complétant la Loi n° 007/2002 du 11 juillet 2002 portant Code minier).*

Article 85 : De la commercialisation des produits d'exploitation minière
(modifié et complété par l'article 3 de la Loi n° 18/001 du 9 mars 2018 modifiant et complétant la Loi n° 007/2002 du 11 juillet 2002 portant Code minier)

La commercialisation des produits miniers qui proviennent des Périmètres d'exploitation est libre. Le titulaire d'un Permis d'exploitation peut vendre ses produits aux clients de son choix à des prix librement négociés.

Cet article proclame la liberté de la commercialisation des produits d'exploitation minière.

L'exploitant minier est propriétaire des gisements extraits, encore appelés produits miniers, du fait de son activité. Partant, il est tout à fait logique que le titulaire du PE, étant propriétaire des produits miniers extraits, en dispose à son gré, notamment en les commercialisant, sans aucune obstruction quelconque d'un tiers. C'est ce qu'explique Dr. Akono Minlo Ruben (2014, n° 27, p. 10) en ces termes :

> *« Le droit d'exploitation entraîne logiquement celui de disposer librement des produits extraits du gîte. […] L'exploitant minier dispose sur ces produits, un droit de propriété absolu. C'est dans ce sens qu'il peut librement les commercialiser. En effet, ce qui caractérise l'exploitation, c'est qu'elle est entreprise en vue d'extraire les produits et les vendre. L'administration ne saurait pour quelque motif que ce soit, user de ses pouvoirs pour s'immiscer dans la fixation des prix ou dans le commerce, la vente et la répartition des produits miniers. En France, la jurisprudence a eu plusieurs fois l'occasion de tirer les conclusions logiques de cette liberté commerciale. C'est dans ce sens qu'a été annulée, une décision du préfet de la Loire enjoignant à tous les concessionnaires de mines de houille de son Département de livrer leurs combustibles à tous les utilisateurs sur le carreau des mines, sans tour de faveur, et à des conditions égales. De même qu'a été annulé par le Conseil d'État un arrêté préfectoral obligeant un groupe de concessionnaires à fournir annuellement à une usine voisine, moyennant un prix fixé par expert, une certaine quantité de leurs produits […]. »*

Il y a lieu de préserver la liberté dans le commerce des produits miniers marchands, sans pour autant exclure un droit de contrôle par l'État, en tant que régulateur du secteur minier congolais, afin que les opérateurs miniers n'en abusent. C'est ce que l'auteur précité (Dr. Akono Minlo Ruben, 2014, n° 27, p. 10), écrit en ces termes :

> *« Il faut sauvegarder la liberté commerciale de l'entreprise minière, tout en prenant certaines précautions pour éviter les abus. C'est ce qui a justifié en France, la technique des engagements contractuels à un moment donné. Elle a consisté à insérer dans les cahiers de charges des procédés qui permettaient de modifier les textes généraux, d'obtenir par voie de discussions avec les intéressés, certaines garanties quant à l'utilisation future de leur production. »*

En tout état de cause, le législateur devrait prescrire qu'un plan détaillé en rapport avec la commercialisation des produits miniers ou de carrières issus de l'exploitation des périmètres y afférents ou qui sont extraits des gisements miniers ou de carrières exploités soit annexé au dossier de demande des droits miniers et de carrières d'exploitation, en vue d'un meilleur suivi ou un bon contrôle sur la production réelle par l'État. Cela éviterait la fraude de certains opérateurs miniers. Il ne s'agit pas là d'une immixtion dans la fixation des prix dans le commerce ou la vente des produits miniers.

Chapitre III :
DE L'EXPLOITATION DES REJETS DES MINES

Article 86 : De l'accès à l'exploitation *des* rejets des mines

Le Permis d'Exploitation emporte le droit d'exploiter les gisements artificiels situés dans le Périmètre minier couvert par le permis, à moins que ce Permis d'Exploitation n'exclue expressément l'exploitation des gisements artificiels.

Le titulaire d'un Permis d'Exploitation peut céder le droit d'exploiter des gisements artificiels situés dans son Périmètre minier au tiers tout en gardant ses droits sur le sous-sol. Dans ce cas, il sollicite la transformation partielle de son Permis d'Exploitation en Permis d'Exploitation des Rejets des Mines ainsi que le transfert de ce permis au cessionnaire.

Le Ministre peut également octroyer un Permis d'Exploitation des Rejets sur un gisement artificiel qui ne fait pas l'objet d'un Permis d'Exploitation.

« L'exploitation des ressources minières ne s'effectue pas seulement dans les mines. Cette activité peut aussi s'exercer sur la surface de la terre ou sur une accumulation de minerais appelés "rejets" ou "remblais", sans que le souterrain ne soit touché » (A. Bambi Kabashi, 2012, p. 18).

Il est possible que certains déchets miniers puissent encore contenir des substances pouvant être récupérées ou réexploitées. Du coup, le titulaire d'un PE a droit d'exploiter directement ou indirec-tement les déchets issus de l'exploitation minière, sauf s'il ne veut pas expressément les exploiter.

Étant donné que les rejets ne peuvent que se trouver sur le sol, le titulaire d'un PE qui les cède à un tiers, conserve tous ses droits sur le sous-sol du périmètre couvert par le PER. Autrement dit, le droit d'exploiter les rejets n'emporte pas le droit d'exploiter le sous-sol par le titulaire du PER autre que le titulaire du PE dont sont issus les rejets.

Tout gisement artificiel trouvé sur le territoire, pour lequel aucun PE n'est établi, peut valablement faire l'objet d'une décision d'octroi du PER par le ministre des Mines.

Il faut préciser ici que les rejets ou déchets susceptibles d'être exploités devraient répondre aux exigences prescrites par les dispositions des articles 56 à 61 de la loi portant protection de l'environnement, lesquelles se rapportent à la gestion des rejets. Faute de quoi, lors de l'instruction environnementale et sociale de l'étude d'impact environnemental en rapport avec la demande d'octroi du PER, un certificat environnemental défavorable sera émis par l'ACE. Ce qui atteste que l'exécution du projet ainsi que l'exploitation de l'ouvrage ne se conforment pas aux principes de sauvegarde environnementale et sociale.

D'une part, l'État, la province et l'entité territoire décentralisée s'assurent de la gestion rationnelle des déchets de manière à préserver la qualité de l'environnement et la santé. D'autre part, sont interdits sur le territoire national : la détention, le dépôt ou l'abandon à des endroits non appropriés des déchets de toute nature susceptible de provoquer des odeurs incommodantes, de causer de nuisance et des dommages à l'environnement, à la santé et à la sécurité publique ; l'immersion, l'incinération ou l'élimination, par quelque procédé que ce soit, des déchets dangereux ou radioactifs dans les eaux continentales ou maritimes sous juridiction congolaise ainsi que leur enfouissement dans le sol ou le sous-sol. C'est ce que disposent les articles 56 et 57 de la loi sur la protection de l'environnement.

Les articles 189 à 202 du Règlement minier déterminent les modalités applicables au PER.

Article 87 : Des Périmètres d'exploitation des rejets des mines

La superficie constituant le Périmètre sur lequel porte le Permis d'Exploitation des Rejets doit se conformer aux dispositions de l'article 28 du présent Code.

La situation géographique du Périmètre minier faisant l'objet du Permis d'Exploitation des Rejets est identifiée conformément aux dispositions de l'article 29 du présent Code.

Les conditions relatives à la forme des périmètres miniers et de carrières, prévues à l'article 28 et celles en rapport avec leur localisation fixées à l'article 29 de ce texte de loi s'appliquent ici mutatis mutandis.

Article 88 : De la portée du Permis d'Exploitation des Rejets *(modifié et complété par l'article 3 de la Loi n° 18/001 du 09 mars 2018 modifiant et complétant la Loi n° 007/2002 du 11 juillet 2002 portant Code minier)*

Le Permis d'exploitation des rejets porte sur les substances minérales pour lesquelles il est spécifiquement établi. Le Permis d'exploitation des rejets peut s'étendre à d'autres substances minérales conformément aux dispositions de l'article 77 du présent Code.

Le titulaire d'un PER ne peut se livrer qu'aux opérations minières sur les substances pour lesquelles son droit d'exploitation est établi. Au cas contraire, il doit solliciter l'extension de son droit à d'autres substances minérales associées, en se conformant aux dispositions de l'article 77 de ce texte de loi ayant trait à l'extension des substances minérales associées.

Article 88 bis : Des droits conférés par le Permis d'exploitation des rejets

(inséré par l'article 19 de la Loi n° 18/001 du 09 mars 2018 modifiant et complétant la Loi n° 007/2002 du 11 juillet 2002 portant Code minier)

Le Permis d'exploitation des rejets confère à son titulaire les mêmes droits que ceux conférés au titulaire du Permis d'exploitation par l'article 64 bis du présent Code. Toutefois, les droits conférés au titulaire du Permis d'exploitation des rejets se limitent à la surface qu'il couvre et ne s'étendent pas en profondeur.

Le Règlement minier détermine les modalités d'application de l'alinéa précédent.

Cet article détermine les prérogatives reconnues au titulaire d'un PER qui sont les mêmes que celles qui sont prévues pour le titulaire d'un PE, suivant l'article 64 bis de ce texte de loi.

La seule différence réside dans le fait que le titulaire d'un PER ne peut pas se livrer à l'exploitation en profondeur de la surface sur laquelle se trouvent les rejets. En un mot, les droits conférés au titulaire du PER se limitent à la surface, mais pas en profondeur du sol.

L'article 189 du Règlement minier fixe les modalités de la limite du PER.

Article 89 : De la nature du Permis d'Exploitation des Rejets

Le Permis d'Exploitation des Rejets est un droit réel, immobilier, exclusif, cessible, transmissible et amodiable conformément aux dispositions du présent Code. Ce droit est constaté par un titre minier dénommé Certificat d'Exploitation des Rejets.

La nature du PER est la même que celle du PE.

Le « Certificat d'exploitation des rejets » est la dénomination du titre qui consacre le PER.

Article 90 : De la durée du Permis d'Exploitation des Rejets

La durée du Permis d'Exploitation des Rejets est de cinq ans renouvelable plusieurs fois pour la même durée.

Le PER ne peut être détenu que pour une durée de cinq ans et, par ailleurs, peut être renouvelé autant de fois pour la même durée.

Article 91 : De l'établissement, du dépôt, de la recevabilité et de l'instruction de la demande du Permis d'Exploitation des Rejets *(modifié à son alinéa 2 par l'article 3 de la Loi n° 18/001 du 09 mars 2018 modifiant et complétant la Loi n° 007/2002 du 11 juillet 2002 portant Code minier)*

Le requérant d'un Permis d'Exploitation des Rejets établit la demande de son Permis et la dépose auprès du Cadastre Minier pour son instruction conformément aux dispositions des articles 38 à 42 et 45 telles que complétées par celles des articles 74 à 76 du présent Code.

Sans préjudice des dispositions de l'alinéa précédent, le requérant cessionnaire partiel d'un Permis d'exploitation présente l'acte de cession partielle au Cadastre minier pour enregistrement auquel est jointe sa demande de Permis d'exploitation des rejets.

Cet article fixe les règles applicables aux modalités concernant les étapes de l'établissement, du dépôt, de la recevabilité de la demande de PER, telles que prévues aux articles 38 à 42 et 45 telles que complétées par celles des articles 74 à 76 de ce texte de loi.

Les articles 191 à 193 du Règlement minier déterminent les modalités du dépôt des documents à joindre et celles de la recevabilité de la demande du PER, de l'instruction cadastrale et de l'instruction technique et environnementale.

Il est à noter que le principe de la détention préalable par le titulaire d'un PR comme condition d'octroi d'un PE ne s'applique pas en cas de demande d'octroi d'un PER.

Article 92 : Des conditions d'octroi et l'octroi du Permis d'Exploitation des Rejets

Les conditions d'octroi des Permis d'Exploitation des Rejets et l'octroi de celui-ci sont régies par les dispositions des articles 71 et 72 du présent Code.

Les conditions d'octroi du PER et celles relatives à l'octroi de ce dernier sont les mêmes que celles applicables au Permis d'Exploitation. Conformément à l'article 190, alinéa 2, du Règlement minier, s'il s'agit d'une demande de PER sur une superficie libre de tout droit minier, le requérant n'est pas tenu d'être le titulaire du PR sur le périmètre à exploiter.

Article 93 : Du refus d'octroi du Permis d'Exploitation des Rejets

Les conditions de refus d'octroi du Permis d'Exploitation des Rejets sont déterminées par les dispositions de l'article 73 du présent Code.

Les conditions de refus d'octroi sont les mêmes que celles applicables au PE, prévues à l'article 73 de ce texte de loi.

Article 94 : De l'expiration du Permis d'Exploitation des Rejets

Le Permis d'Exploitation des Rejets expire dans les mêmes conditions que celles du Permis d'Exploitation prévues à l'article 78 du présent Code.

Le PER expire de la même façon qu'expire le PE, tel que prévu à l'article 78 relatif à l'expiration d'un PE.

Article 95 : Du renouvellement du Permis d'Exploitation des Rejets

(modifié et complété par l'article 3 de la Loi n° 18/001 du 09 mars 2018 modifiant et complétant la Loi n° 007/2002 du 11 juillet 2002 portant Code minier)

Les dispositions de l'article 80 du présent Code s'appliquent au dépôt, à l'instruction de la demande ainsi qu'à l'octroi ou au refus du renouvellement du Permis d'exploitation des rejets.

Le PER est renouvelé dans les mêmes conditions que celles du PE.
La procédure de renouvellement du PER est régie par les mêmes dispositions des articles 180 à 188 du Règlement minier qui s'appliquent au renouvellement du PE.

Article 96 : De la renonciation au Permis d'Exploitation des Rejets

Le titulaire d'un Permis d'Exploitation des Rejets peut renoncer à tout moment, en tout ou en partie, au Périmètre faisant l'objet de son permis conformément aux dispositions de l'article 79 du présent Code.

Le PER est renoncé dans les mêmes conditions que celles du PE.
La procédure de renonciation du PER est régie par les mêmes dispositions des articles 173 à 179 du Règlement minier qui s'appliquent à la renonciation au PER.

Chapitre V :
DE L'EXPLOITATION MINIÈRE À PETITE ÉCHELLE

Article 97 : De l'accès à l'exploitation minière à petite échelle *(modifié et complété par l'article 3 de la Loi n° 18/001 du 09 mars 2018 modifiant et complétant la Loi n° 007/2002 du 11 juillet 2002 portant Code minier)*

Sans préjudice des dispositions de l'article 23 littera a du présent Code, les personnes morales qui se proposent d'exploiter à petite échelle une mine peuvent solliciter et obtenir un permis d'exploitation de petite mine.

Il convient de souligner que l'exploitation minière à petite échelle se distingue de celle à grande échelle à bien des égards. Cette distinction est importante à dégager, car elle permet de déterminer la nature de l'exploitation à effectuer. Pour mieux l'appréhender, il sied de recourir à d'autres définitions formulées par certaines lois étrangères.

Aux termes de l'article 1 de la loi n° 2012-015 du 27 février 2012 portant Code minier (en République du Mali), « on entend par petite mine, l'exploitation minière de petite taille, permanente, possédant un minimum d'installations fixes, utilisant dans les règles de l'art des procédés semi-industriels ou industriels et dont la production annuelle en régime de croisière n'excède pas un certain tonnage du produit commercialisable (minerai, concentré ou métal), fixé par substance et par arrêté du Ministre chargé des Mines et fondé sur la justification de l'existence d'un gisement. » Repéré sur le site Droit-Afrique.com : http://www.droit-afrique.com/upload/doc/mali/Mali-Code-2012-minier.pdf, consulté le 12 novembre 2020.

Quant à la loi n° 031-2003/AN du 8 mai 2003 portant Code minier (au Burkina Faso), elle entend, en son article 4, point 8, par petite mine, « toute exploitation minière de petite taille, permanente, fondée sur la justification de l'existence d'un gisement, utilisant selon les règles de l'art, des procédés semi-industriels ou industriels et dont la production annuelle en régime de croisière n'excède pas un certain tonnage du produit commercialisable (minerai, concentré ou métal) fixé par substance et par la réglementation minière. » Repéré sur le site : http://www.droit-afrique.com/upload/doc/burkina/Burkina-Code-minier-2009.pdf, consulté le 12 novembre 2020.

Aussi la loi n° 37/2008 du 11 août 2008 portant exploitation des mines et des carrières de la République du Rwanda, en son article 2, point 15, avant son abrogation par la loi n° 13/2014 du 20/05/2014 portant exploitation des mines et carrières, définit-elle la petite mine comme une mine dont la taille est jugée petite eu égard aux réserves, en ce qui concerne les investissements, la production et le degré de mécanisation.

Cet article détermine les personnes éligibles à l'exploitation de petite mine. Il permet dès lors à la fois à la personne morale de droit congolais et à la personne morale de droit étranger de pouvoir solliciter et obtenir un PEPM. Toutefois, s'agissant de la personne de droit étranger, l'accès à l'exploitation minière à petite échelle est conditionné par la création d'une société de droit congolais en association avec une ou plusieurs personnes de nationalité congolaise dont la participation ne peut être inférieure à 25 % du capital social.

Les articles 203 à 215 du Règlement minier déterminent les modalités applicables au PEPM.

Article 98 : Des gisements d'exploitation minière à petite échelle

Lorsque les conditions techniques caractérisant certains gisements des substances minérales ne permettent pas d'en faire une exploitation à grande échelle économiquement rentable, mais permettent une exploitation minière de petite taille avec un minimum d'installations fixes utilisant des procédés semi-industriels ou industriels, ceux-ci sont considérés comme gisements d'exploitation minière à petite échelle.

Ces gisements d'exploitation minière à petite échelle peuvent résulter des travaux de recherches entrepris par le titulaire d'un Permis de Recherches ou par des travaux réalisés par l'État conformément à l'article 8 alinéa 2 du présent Code.

Les gisements d'exploitation minière à petite échelle résultant des travaux de recherches entrepris par l'État sont soumis à l'appel d'offres conformément à l'article 33 du présent Code.

Le Périmètre dans lequel se trouve le gisement d'exploitation minière à petite échelle est celui du Permis de Recherches dont il découle ou celui de la partie du Périmètre du Permis de Recherches transformée en Permis d'Exploitation de petite mine.

Si le gisement d'exploitation minière à petite échelle résulte des travaux de recherche entrepris par l'État, le Périmètre couvert par le Permis d'Exploitation de petite mine est celui déterminé par l'État. Il doit être de nature à permettre l'exploitation minière.

La forme et la localisation des Périmètres contenant le gisement d'exploitation minière à petite échelle sur lequel porte le Permis d'Exploitation de petite mine sont régies par les dispositions des articles 28 et 29 du présent Code.

Le Règlement Minier fixe les paramètres qui caractérisent l'exploitation minière à petite échelle, notamment le volume des réserves, le niveau d'investissement, la capacité de production, le nombre d'employés, la plus-value annuelle et le degré de mécanisation.

À partir de ses recherches, le titulaire d'un PR peut arriver à la découverte d'un gisement. Cependant, il n'est toujours pas certain qu'il découvre un gisement qui requiert une exploitation à grande échelle. Dans ce cas, la loi lui offre l'opportunité de solliciter et d'obtenir un PEPM lors de la transformation de son droit de recherches en droit d'exploitation.

Par ailleurs, il peut arriver que l'État, à travers le SGNC, mène des travaux de recherches qui aboutissent à la découverte des gisements d'exploitation à petite échelle. Dans ce cas, lesdits gisements seront soumis à l'appel d'offres.

Il se fait pourtant qu'au moment où toutes les conditions d'exploitation à grande échelle sont réunies, un titulaire du PR puisse solliciter la transformation de son droit de recherches non pas en PE, mais en PEPM. On profite, semble-t-il, de l'absence du contrôle des activités minières par les services de l'Administration des mines pour se soustraire à cette obligation légale. Ce qui ne profite pas au Trésor public, dans la mesure où les taxes ou impôts dus à l'État diffèrent suivant le type de droit minier d'exploitation, selon qu'il s'agit du PE ou du PEPM.

Les articles 28 et 29 de ce texte de loi relatifs à la forme et à la localisation des périmètres miniers et de carrières s'appliquent ici mutatis mutandis.

Article 99 : De la portée du Permis d'Exploitation de petite mine *(modifié et complété par l'article 3 de la Loi n° 18/001 du 09 mars 2018 modifiant et complétant la Loi n° 007/2002 du 11 juillet 2002 portant Code minier)*

Les dispositions de l'article 64 du présent Code s'appliquent au Permis d'exploitation de petite mine.

La portée du PEPM est la même que celle du PE. L'article 203 du Règlement minier détermine la portée du PEPM.

Article 99 bis : Des Droits conférés par le Permis d'exploitation de petite mine *(inséré par l'article 19 de la Loi n° 18/001 du 09 mars 2018 modifiant et complétant la Loi n° 007/2002 du 11 juillet 2002 portant Code minier)*

Le Permis d'exploitation de petite mine confère à son titulaire les mêmes droits qu'au titulaire d'un Permis d'exploitation prévu à l'article 64 bis du présent Code.

Le titulaire d'un Permis d'exploitation de petite mine peut transformer ce dernier en Permis d'exploitation si les conditions techniques de l'exploitation le justifient. De même, le titulaire d'un Permis d'exploitation peut transformer ce dernier en Permis d'exploitation de petite mine.

Le Règlement minier fixe les conditions dont question aux alinéas 2 et 3 du présent article.

Les droits conférés au titulaire d'un PEPM sont ceux reconnus à celui d'un PE. Cet article permet la transformation d'un PE en PEPM, et vice versa.

Article 100 : De la nature du Permis d'Exploitation de Petite Mine

Le Permis d'Exploitation de Petite Mine est un droit réel, immobilier, exclusif, cessible, amodiable et transmissible conformément aux dispositions du présent Code.

Ce droit est constaté par un titre minier dénommé Certificat d'Exploitation de Petite Mine.

La nature du PEPM est celle du PE et du PER. Le « Certificat d'Exploitation de Petite Mine » est la dénomination du titre qui consacre le PEPM.

Article 101 : De la durée du Permis d'Exploitation de petite mine *(modifié et complété par l'article 3 de la Loi n° 18/001 du 09 mars 2018 modifiant et complétant la Loi n° 007/2002 du 11 juillet 2002 portant Code minier)*

La durée de validité du Permis d'exploitation de petite mine est de cinq ans renouvelable une fois pour la même durée.

Toutefois, à la demande du titulaire et après avis favorable de la Direction des mines, le ministre peut proroger la durée d'un Permis d'exploitation de petite mine au-delà de dix ans, suivant le cas et pour les substances dont l'exploitation dépasse dix ans.

Le PEPM a une durée de cinq ans et ne peut être renouvelé qu'une fois pour la même durée.

Toutefois, la durée du PEPM peut être prorogée au-delà de dix par le ministre des Mines, après avis de la Direction des Mines, selon le cas, et à la condition que l'exploitation des substances dépasse dix ans. Pour ce faire, le titulaire devrait solliciter cette prorogation auprès du ministre des Mines, par le biais du CAMI. C'est ici que celui-ci se révèle être la plaque tournante : tout dossier de demande d'octroi du droit minier ou de carrières ne peut arriver auprès du ministre des Mines sans passer par lui.

Article 102 : *(abrogé par l'article 31 de la Loi n° 18/001 du 09 mars 2018 modifiant et complétant la Loi n° 007/2002 du 11 juillet 2002 portant Code minier).*

Article 103 : De l'établissement, du dépôt, de la recevabilité et de l'instruction de la demande du Permis d'Exploitation de Petite Mine

L'établissement, le dépôt, la recevabilité et l'instruction de la demande du Permis d'Exploitation de Petite Mine sont régis par les dispositions des articles 69, 70, 74 à 76 du présent Code.

Cet article indique les dispositions applicables aux étapes au travers desquelles ont lieu les processus de l'établissement, du dépôt, de la recevabilité et de l'instruction de la demande d'un PEPM, telles que prévues aux articles 35 et 37 et complétées par celles des articles 74 à 76 de ce texte de loi.

Il s'agit, en effet, des mêmes modalités que celles prévues pour le PE.

Le dépôt et la recevabilité de la demande du PEPM suivent les mêmes règles que celles prévues aux articles 146 et 147 du Règlement minier pour ce qui est du PE.

Article 104 : Des conditions de l'octroi du Permis d'Exploitation de petite mine *(modifié à son alinéa 1er par l'article 3 de la Loi n° 18/001 du 09 mars 2018 modifiant et complétant la Loi n° 007/2002 du 11 juillet 2002 portant Code minier)*

En sus des conditions prévues aux litteras b à g de l'article 71 du présent Code, nul ne peut obtenir un Permis d'exploitation de petite mine s'il ne démontre pas l'existence d'un gisement dont les facteurs techniques ne permettent pas une exploitation industrielle rentable en présentant une étude de faisabilité accompagnée d'un plan d'encadrement technique de développement, de construction et d'exploitation de la mine.

En plus des conditions énumérées ci-dessus, toute personne de nationalité étrangère doit créer une société de droit congolais en association avec une ou plusieurs personnes de nationalité congolaise dont la participation ne peut être inférieure à 25 % du capital social.

Hormis le littera a de l'article 71 de ce texte de loi (concernant l'exploitation à grande échelle), les conditions de l'octroi du PEPM sont les mêmes que celles du PE. En plus, la personne qui sollicite un PEPM doit démontrer, par son étude, que son exploitation ne peut pas être à grande échelle.

À cet égard, la DM devrait veiller lors de l'instruction technique pour que le requérant, qui annexe à son dossier de demande du PEPM des documents contenant des fausses informations, ne dissimule pas l'exploitation à grande échelle à travers celle à petite échelle, faisant ainsi croire à celle-ci alors qu'il s'agit bel et bien d'une exploitation à grande échelle. Cette surveillance devrait être tous azimuts, même lorsque le PEPM est déjà octroyé. Car, dans la pratique, il n'est pas étonnant de voir un titulaire d'un PEPM se livrer plutôt aux travaux d'exploitation à grande échelle.

L'accès à l'exploitation de petite mine est en principe réservé aux personnes de droit congolais. C'est ainsi qu'il est fait obligation à toute personne morale de droit étranger, rappelons-le, qui veut se livrer à l'exploitation de petite mine, de devoir créer une société de droit congolais en association avec une ou plusieurs personnes de nationalité congolaise dont la participation ne peut être inférieure à 25 % du capital social.

Il convient de souligner que le littera d de l'article 71 de ce texte de loi ne s'applique pas au requérant d'un PEPM, c'est-à-dire qu'il n'est pas tenu de céder à l'État congolais 10 % de ses parts ou actions constitutives du capital social. C'est ce que dispose l'alinéa 1 de l'article 206 du Règlement Minier relatif aux conditions d'octroi du PEPM.

Cette situation favorise certains demandeurs qui, pour échapper à la cession de 10 % de leurs parts sociales, préfèrent solliciter l'octroi d'un PEPM, plutôt qu'un PE, quand bien même ils sauraient pertinemment qu'ils se livreraient à une exploitation à grande échelle.

Il appert que cette dissimulation est motivée, entre autres, par le souci d'échapper au paiement des droits ou taxes, comme les droits superficiaires, dont le taux applicable au PE diffère de celui appliqué au PEPM. C'est ici que, et il y a lieu d'insister là-dessus, les services de l'Administration des mines devraient s'évertuer à être plus vigilants et procéder aux inspections régulières pour se rendre compte de la réalité sur le terrain, et prendre ainsi des mesures appropriées à l'égard des titulaires fraudeurs, qui s'illustrent à tout faire sans crainte de s'exposer à la rigueur de la loi. C'est de cette façon qu'on peut efficacement lutter contre la fraude à loi.

Article 105 : De l'octroi et du refus d'octroi du Permis d'Exploitation de petite mine

L'octroi ou le refus d'octroi du Permis d'Exploitation de petite mine sont régis par les dispositions des articles 72 et 73 du présent Code.

Les conditions d'octroi et de refus du PE ainsi que les justifications du refus d'octroi du PEPM sont les mêmes que celles prévues pour le PE.

Article 106 : De l'expiration du Permis d'Exploitation de petite mine

Le Permis d'Exploitation de petite mine expire dans les mêmes conditions que celles du Permis d'Exploitation prévues à l'article 78 du présent Code.

Les cas énumérés à l'article 78 de ce texte de loi comme conditions d'expiration du PE s'appliquent mutatis mutandis à cet article.

Article 107 : Des conditions du renouvellement du Permis d'Exploitation de petite mine *(modifié et complété par l'article 3 de la Loi n° 18/001 du 09 mars 2018 modifiant et complétant la Loi n° 007/2002 du 11 juillet 2002 portant Code minier)*

La demande de renouvellement du Permis d'exploitation de petite mine adressée au ministre est déposée au Cadastre minier au plus tôt un an et au plus tard six mois avant la date d'expiration dudit Permis. Cette demande comprend les renseignements énumérés à l'article 80 alinéa 2 *in fine* du présent Code.

Le Permis d'exploitation de petite mine est renouvelable à condition que le titulaire :

a. n'ait pas failli à ses obligations de maintien de la validité du permis prévues aux articles 196 à 199 du présent Code ;

b. présente une nouvelle étude de faisabilité qui démontre l'existence de réserves exploitables ;

c. démontre l'entrée en phase de rentabilité du projet ;

d. démontre la mise en valeur régulière et ininterrompue du gisement ;

e. démontre l'existence des ressources financières nécessaires pour continuer à mener à bien son projet selon le plan de financement des travaux d'exploitation de la mine ainsi que le plan de réhabilitation du site à sa fermeture. Ce plan précise chaque type de financement visé et les justifications de leur disponibilité probable ;

f. obtienne l'approbation de la mise à jour de l'EIES et du PGES ;

g. souscrive un engagement de continuer activement son exploitation ;

h. n'ait pas failli à ses obligations fiscales, parafiscales et douanières.

Le Règlement minier fixe les modalités de l'établissement, du dépôt, de la recevabilité ou de l'irrecevabilité, de l'instruction cadastrale, technique et environnementale de la demande de renouvellement du Permis d'exploitation de petite mine ainsi que de la décision de renouvellement, de son inscription, de sa notification et de son affichage. »

Cet article précise les conditions dans lesquelles le renouvellement d'un PEPM doit avoir lieu.

La procédure pour le renouvellement du PEPM est celle prévue aux articles 181 à 187 du Règlement minier

Article 108 : De la renonciation au Permis d'Exploitation de petite mine

Les dispositions de l'article 79 du présent Code sur la renonciation au Périmètre d'exploitation s'appliquent à la renonciation de tout ou partie du Périmètre d'exploitation minière à petite échelle par le titulaire.

La renonciation du PEPM se fait de la même façon que celle du PE.

Les articles 215 et 215 fixent les modalités de renonciation au PEPM.

Chapitre V :
DE L'INDUSTRIALISATION DU SECTEUR MINIER

(inséré par l'article 19 de la Loi n° 18/001 du 09 mars 2018 modifiant et complétant la Loi n° 007/2002 du 11 juillet 2002 portant Code minier)

Article 108 bis : De l'obligation du titulaire d'effectuer le traitement des substances minérales sur le Territoire national *(inséré par l'article 19 de la Loi n° 18/001 du 09 mars 2018 modifiant et complétant la Loi n° 007/2002 du 11 juillet 2002 portant Code minier)*

Sans préjudice des articles 64 alinéa 1er littera e, 88, 99 et 146 du Code minier, le titulaire d'un droit minier d'exploitation ou d'une Autorisation d'exploitation de carrière permanente est tenu de traiter ou de faire traiter les substances minérales en produits marchands dans ses propres installations ou auprès des entités de traitement agréées établies sur le territoire national.

Tout titulaire d'un droit minier d'exploitation ou d'une autorisation d'exploitation de carrière permanente est tenu de présenter à la Direction des mines son plan d'industrialisation contenant un programme de traitement des produits miniers extraits de son périmètre dans ses propres installations ou auprès des entités de traitement agréées établies sur le territoire national.

Le Règlement minier fixe le contenu du plan d'industrialisation ainsi que ses modalités de dépôt, d'instruction, d'approbation et de suivi.

Pour accélérer l'industrialisation du secteur minier, le pays compte dans sa stratégie pour la croissance et l'emploi le traitement des substances minérales en produits marchands. Cela devrait se faire soit dans les propres installations du titulaire d'un droit minier d'exploitation (PE, PEPM ou PER) ou d'une AECP, soit dans celles des entités de traitement agréées établies sur le territoire congolais.

Le plan d'industrialisation arrêté par le titulaire doit être présenté à la Direction des Mines et doit contenir un programme de traitement des produits miniers extraits de son périmètre.

Article 108 ter : Du traitement exceptionnel des substances minérales brutes à l'extérieur du territoire national *(inséré par l'article 19 de la Loi n° 18/001 du 09 mars 2018 modifiant et complétant la Loi n° 007/2002 du 11 juillet 2002 portant Code minier)*

Par dérogation aux dispositions de l'article précédent, le titulaire d'un droit minier d'exploitation peut être autorisé, pour une durée d'une année, à faire traiter ses produits miniers à l'extérieur du territoire national par un arrêté interministériel du ministre ainsi que de celui ayant le commerce extérieur dans ses attributions, délibéré en Conseil des ministres, moyennant le paiement de la taxe y afférente.

L'autorisation n'est accordée que si le titulaire démontre à la fois :

a. l'inexistence d'une possibilité de traitement dans le territoire national à un coût économiquement rentable pour le projet-minier ;

b. l'existence d'un contrat de traitement à façon des produits miniers à l'extérieur du territoire national conclu avec une firme établie à l'étranger ;

c. son acceptation que les statistiques du métal produit à l'issue du traitement à l'étranger seront comptabilisées en exportation pour le compte de la République Démocratique du Congo ;

d. son acceptation d'être assujetti aux droits et taxes dus au Trésor public en rapport avec le traitement exceptionnel des substances minérales brutes à l'étranger.

Le Règlement minier détermine les modalités de demande, de délivrance et de renouvellement de l'autorisation de traitement exceptionnel des substances minérales brutes à l'extérieur du territoire national.

Le traitement des substances minérales brutes à l'intérieur du pays étant la règle, le législateur assortit celle-ci d'une exception.

Cet article fixe une mesure exceptionnelle au sujet du traitement des substances minérales, en permettant au titulaire du droit minier d'exploitation de faire traiter ses produits miniers à l'extérieur du territoire pour une durée d'une année. Pour ce faire, un arrêté interministériel des ministres des Mines et du Commerce extérieur devrait être pris à cet effet.

Qui plus est, il soumet le titulaire bénéficiaire de cette mesure exceptionnelle à des conditions strictes et moyennant une taxe.

En analysant les dispositions de cet article, contrairement à l'alinéa 1 de l'article précédent, on s'aperçoit que le législateur ne vise que le titulaire du droit minier d'exploitation (PE, PEPM ou PER), et non celui de l'AECP. On peut dès lors conclure que le traitement exceptionnel ne concerne que les substances minérales classées en mines, mais pas celles classées en carrières.

Il faut souligner que le titulaire du droit minier d'exploitation est astreint à l'obligation de communication des statistiques d'exportation des minerais à l'état brut pour traitement à l'extérieur. C'est ce que l'article 222 du Règlement minier dispose en ces termes : « Au plus tard le 15 février de chaque année, le titulaire établit les statistiques des exportations des minerais à l'état brut pour traitement à l'extérieur en vertu de son autorisation se rapportant à l'année précédente. Il communique une copie de ces statistiques à la Direction des Mines. »

Les modalités de traitement exceptionnel des minerais à l'état brut à l'extérieur du territoire national sont prévues aux articles 218 à 222 du Règlement minier.

Article 108 quater : De l'entité de traitement et de l'usine de transformation *(inséré par l'article 19 de la Loi n° 18/001 du 09 mars 2018 modifiant et complétant la Loi n° 007/2002 du 11 juillet 2002 portant Code minier)*

a. De l'entité de traitement

Toute personne non détentrice d'un titre minier d'exploitation qui se propose de se livrer uniquement au traitement des substances minérales requiert et obtient une autorisation de traitement auprès du ministre conformément aux dispositions du présent Code et du Règlement minier.

b. De l'usine de transformation

Toute personne qui se propose de se livrer uniquement à la transformation des substances minérales, se conforme à la législation en la matière.

Toute personne non détentrice d'un titre minier d'exploitation qui se propose de se livrer uniquement au traitement des substances minérales réserve au moins 50 % du capital social aux Congolais.

Cet article définit les modalités d'accès à la qualité d'une entité de traitement et d'une usine de transformation pour toute personne non titulaire d'un droit minier d'exploitation.

Par ailleurs, il exige que la moitié du capital social soit au moins détenue par les nationaux au cas où toute personne autre que le titulaire d'un droit minier d'exploitation désirerait se livrer uniquement au traitement des substances minérales.

On s'aperçoit bien qu'en matière de traitement des substances minérales, le législateur privilégie les titulaires des droits miniers d'exploitation auxquels il ne soumet pas à une quelconque autorisation du ministre des Mines, ce qui n'est pas le cas pour les autres acteurs du secteur minier.

Article 108 quinquies : De la sous-traitance *(inséré par l'article 19 de la Loi n° 18/001 du 09 mars 2018 modifiant et complétant la Loi n° 007/2002 du 11 juillet 2002 portant Code minier)*

Les activités de sous-traitance déterminées à l'article 1 point 48 du présent Code sont exercées conformément à la Loi n° 17/001 du 8 février 2017 fixant les règles applicables à la sous-traitance dans le secteur privé.

Cet article renvoie l'organisation des activités d'un sous-traitant, qui œuvre dans le secteur minier, à la législation en matière de sous-traitance, à savoir la loi n° 17/001 du 8 février 2017 fixant les règles applicables à la sous-traitance dans le secteur privé qu'il faille y recourir.

Chapitre VI :
DE LA DÉTENTION, DU TRANSPORT, DE L'ENTREPOSAGE, DU STOCKAGE, DE LA COMMERCIALISATION ET DE L'EXPORTATION DES PRODUITS MINIERS

(inséré par l'article 19 de la Loi n° 18/001 du 09 mars 2018 modifiant et complétant la Loi n° 007/2002 du 11 juillet 2002 portant Code minier)

Article 108 sexies : De la détention du Produit Minier *(inséré par l'article 19 de la Loi n° 18/001 du 09 mars 2018 modifiant et complétant la Loi n° 007/2002 du 11 juillet 2002 portant Code minier)*

Sans préjudice des dispositions de l'article 5 alinéa 3 du présent Code, les établissements de crédit régulièrement installées sur le territoire national, le Trésor public, l'Administration des mines et certaines universités et institutions de recherche sont autorisés à détenir les produits miniers.

La détention des produits miniers par des bijoutiers, joailliers, artistes et dentistes est subordonnée à l'autorisation délivrée par le Gouverneur de province.

Toutefois, la Division provinciale des mines accorde aux artistes agréés par le ministère en charge de la Culture et des Arts l'autorisation spéciale visée à l'article 115 du présent Code.

Cet article détermine les catégories des personnes autorisées à détenir les produits miniers sur le territoire national sans une autorisation quelconque.

En effet, en plus de la catégorie comprenant cinq acteurs intervenant dans le secteur minier, tel que mentionné à l'alinéa 3 de l'article 5 de ce texte de loi, le législateur prévoit une autre catégorie d'acteurs pouvant détenir les produits miniers qui sont : les établissements de crédit régulièrement installées sur le territoire national, le Trésor public, l'Administration des mines et certaines universités et institutions de recherche.

Quant à la détention des produits miniers par les bijoutiers, joailliers, artistes et dentistes, elle est soumise à l'autorisation du gouverneur de province. Cependant, les artistes agréés par le ministère en charge de la Culture et des Arts sont soumis à l'autorisation de la Division provinciale des mines lorsqu'ils veulent détenir les produits miniers issus de l'exploitation artisanale, tel que prescrit à l'article 115 de ce texte de loi.

Article 108 septies : Du transport et de l'entreposage des produits miniers
(inséré par l'article 19 de la Loi n° 18/001 du 09 mars 2018 modifiant et complétant la Loi n° 007/2002 du 11 juillet 2002 portant Code minier)

Les personnes citées à l'article 5 alinéa 3 du présent Code ont le droit de transporter ou de faire transporter par le transporteur de leur choix, les produits miniers qui proviennent de leurs sites d'exploitation, usines, comptoirs ou points d'achat pour les négociants, selon le cas. Dans ce cas, elles sont tenues, en conformité avec l'article 7 *ter* du présent Code, de faire identifier leur transporteur.

Elles ont, en outre, le droit d'entreposer ou de stocker leurs produits miniers dans des sites clôturés, aménagés à cette fin, situés aux alentours des lieux de chargement, à condition de respecter la réglementation sur la sécurité du site et sur le contrôle de la pollution industrielle.

Le Règlement minier fixe les conditions et modalités d'identification des transporteurs, du transport et de l'entreposage des produits miniers.

Seuls les cinq acteurs intervenant dans le secteur minier, tels que cités à l'alinéa 3 de l'article 5 de ce texte de loi, ont le droit de transporter ou de faire transporter, d'entreposer ou de stocker les produits miniers, et cela sous certaines conditions.

La pollution dans le secteur minier, qui se caractérise par l'altération de l'environnement par des substances toxiques, naturelles ou anthropiques, n'est plus un fait à démonter.

En effet, « En zones urbaines [...], où beaucoup d'unités industrielles sont implantées dans les zones densément habitées, les populations riveraines ont à endurer des formes de pollution diverses qui menacent directement leur santé » (Jean Omasombo Tshonda, dir., 2018, p. 12).

Pour cela, le contrôle de la pollution industrielle doit se faire de manière rigoureuse, sans complaisance, pour préserver les populations de cette dernière (pollution) qui constitue un réel problème de santé publique.

L'article 216 du Règlement minier fixe les modalités applicables à la sécurité des sites d'entreposage des produits miniers.

Par ailleurs, suivant l'article 265 bis, alinéa 6, du Règlement minier, l'identification du transporteur se fait conformément aux prescrits du Manuel des procédures de traçabilité des produits miniers de l'extraction à l'exportation.

Article 108 octies : De la commercialisation et de l'exportation des produits miniers *(inséré par l'article 19 de la Loi n° 18/001 du 09 mars 2018 modifiant et complétant la Loi n° 007/2002 du 11 juillet 2002 portant Code minier)*

La commercialisation des produits miniers qui proviennent des Périmètres d'exploitation ou des entités de traitement ou de transformation agréées s'effectue conformément aux lois et règlements en vigueur en République Démocratique du Congo. Le titulaire d'un Permis d'exploitation peut vendre ses produits aux clients de son choix au prix juste par rapport aux conditions du marché.

Toutefois, en cas de vente locale, il ne peut vendre ses produits qu'à une personne morale exerçant l'activité minière ou à des manufactures ayant un lien avec l'activité minière.

Les produits miniers marchands sont conformes à la nomenclature telle que fixée par la réglementation en la matière.

Cet article fixe les modalités de la commercialisation et de l'exportation des produits miniers.

La liberté de vendre des produits miniers en dehors du territoire national est reconnue au titulaire d'un droit minier d'exploitation, en appliquant un juste prix par rapport aux conditions du marché. À l'inverse, en cas de vente locale, le titulaire d'un droit minier d'exploitation ne peut vendre ses produits miniers qu'à une personne morale qui exerce les activités minières ou à des manufactures ayant un lien direct avec l'activité minière concernée.

La Coordination des plaidoyers de la société civile pour la gouvernance des ressources naturelles (2017, pp. 12-13) avait proposé qu'il soit ajouté à l'alinéa 1 in fine de cet article le bout de phrase « au prix du marché international » pour remplacer « au prix juste par rapport aux conditions du marché » dans le but d'éviter que les sociétés affiliées rabaissent les prix réels de vente des minerais.

Malheureusement, cette proposition n'avait pas retenu l'attention des députés et sénateurs lors de l'adoption de ce texte de loi.

L'article 217 du Règlement minier détermine les modalités applicables à la circulation et à la commercialisation des produits miniers ou de carrières.

TITRE IV :
DE L'EXPLOITATION ARTISANALE DES MINES ET CARRIÈRES

(modifié et complété par l'article 4 de la Loi n° 18/001 du 09 mars 2018 modifiant et complétant la Loi n° 007/2002 du 11 juillet 2002 portant Code minier)

Chapitre Premier :
DE L'EXPLOITATION ARTISANALE PROPREMENT DITE

(modifié et complété par l'article 4 de la Loi n° 18/001 du 09 mars 2018 modifiant et complétant la Loi n° 007/2002 du 11 juillet 2002 portant Code minier)

Article 109 : De l'institution d'une zone d'exploitation artisanale *(modifié et complété par l'article 4 de la Loi n° 18/001 du 09 mars 2018 modifiant et complétant la Loi n° 007/2002 du 11 juillet 2002 portant Code minier)*

Lorsque les facteurs techniques et économiques qui caractérisent certains gîtes des substances minérales classées en mines ou carrières ne permettent pas d'en assurer une exploitation industrielle ou semi-industrielle, mais permettent une exploitation artisanale, de tels gîtes sont érigés, dans les limites d'une aire géographique couvrant maximum deux carrés, en zone d'exploitation artisanale.

L'institution d'une zone d'exploitation artisanale est faite par voie d'arrêté du ministre après avis de l'Organisme spécialisé de recherches, du Gouverneur de province, du Chef de Division provinciale des mines, de l'autorité de l'entité territoriale décentralisée et du Cadastre minier.

Un périmètre minier ou de carrières faisant l'objet d'un titre minier ou de carrières en cours de validité ne peut être transformé en zone d'exploitation artisanale. Un tel périmètre est expressément exclu des zones d'exploitation artisanale instituées conformément aux dispositions de ce chapitre.

L'institution d'une zone d'exploitation artisanale est notifiée par le Secrétaire général aux mines au SAEMAPE pour l'encadrement et l'assistance des exploitants artisanaux affiliés à une coopérative minière agréée et au Cadastre minier qui la porte sur la carte de retombes minières. Tant qu'une zone d'exploitation artisanale existe, aucun titre minier ou de carrières ne peut y être octroyé.

Sur la base des données pertinentes sur la minéralisation et la gîtologie d'une zone d'intérêt identifiée par l'organisme spécialisé de recherches, le SAEMAPE peut requérir l'institution d'une zone d'exploitation artisanale.

Toutefois, l'organisme spécialisé de recherches peut à tout moment procéder aux travaux de prospection et de recherches dans les zones d'exploitation artisanale.

Les facteurs techniques et économiques de certains gîtes des substances minérales sur un périmètre peuvent conduire, non pas à l'octroi d'un droit minier ou de carrières, mais à l'institution d'une ZEA, lorsqu'il paraît que ces substances ne peuvent pas faire l'objet d'une exploitation industrielle ou semi-industrielle.

Il revient au Service Géologique National du Congo de procéder en amont à l'étude et à l'évaluation du gisement pour conclure sur le type d'activité minière à exercer. Il s'agit, en effet, de déterminer si l'exploitation minière ou de carrières sera à grande ou petite échelle, ou bien s'il s'agira de l'exploitation minière ou de carrières artisanales. Le législateur de ce texte de loi a voulu, à cet égard, que l'institution d'une ZEA ne se fasse plus de n'importe quelle manière, mais suivant les règles précises. Cela a l'avantage d'éviter le gaspillage de certains gisements qui peuvent nécessiter qu'ils soient exploités de manière industrielle, mais pas en utilisant des méthodes et procédés manuels et peu mécanisés.

C'est pour cette raison qu'avec l'institution du SGNC, l'avis de celui-ci est requis en premier ; et en cas de son avis défavorable, les avis des autres services ne sont plus de rigueur. Autrement dit, ces derniers sont tributaires de l'avis du SGNC.

Il s'avère que l'absence d'une activité commerciale rentable dans une contrée donnée peut justifier l'institution d'une ZEA. Cette dernière contribuera dans la mesure du possible à réduire la pauvreté dans des zones où des populations locales ne disposent pas d'autres moyens de survie que les activités minières. Comme l'explique le Centre Arrupe pour la recherche et la formation (2015, p. 44) en ces termes :

> *« […] Pour une certaine opinion, la carrière contribue à la vie économique des populations car elles développent autour de cette exploitation certaines activités qui leur permettent de gagner un peu de sous pour leur survie, pour la satisfaction de certains besoins comme la scolarisation des enfants, les besoins médicaux, la ration alimentaire, l'équipement de travail et faire quelques investissements […]. »*

Cet article fixe les modalités d'institution d'une ZEA. En plus, il détermine les organes devant émettre leurs avis avant ladite institution, lesquels sont au nombre de cinq. Il s'agit de : l'Organisme spécialisé de recherches (le SGNC), le gouverneur de province, le chef de division provinciale des Mines, l'autorité de l'entité territoriale décentralisée (comme le maire, le bourgmestre, le chef de du secteur ou le chef de la Chefferie) et le CAMI.

Par ailleurs, il exclut la possibilité de transformer même partiellement un périmètre minier ou de carrières couvert par un titre minier ou de carrières en ZEA.

L'alinéa 1 in fine de cet article fixe à un maximum de deux, le nombre de carrés couvrant une ZEA. Ce qui n'était pas le cas avant la modification de ce texte de loi, car le législateur n'avait pas limité le nombre de carrés lors de l'institution d'une ZEA.

Cependant, il y a lieu de relever qu'après la révision de ce texte de loi, bien des ZEA continuent d'avoir jusqu'à ce jour plus de deux carrés. C'est notamment les cas de la ZEA n° 275 qui comprend 36 carrés, la ZEA n° 380 ayant 35 carrés et la ZEA n° 175 comptant 30 carrés.

Deux ans après l'entrée en vigueur de ce texte de loi, il est anormal que cette situation demeure comme telle. D'ailleurs, on peut redouter que les coopératives minières ou des produits de carrières qui sont toujours en activité dans certaines ZEA, par exemple les ZEA nos 600 (avec 5 carrés) et 523 (avec 3 carrés), se retrouvent dans l'hypothèse d'une exploitation illicite des substances minérales du fait de cette limitation légale.

Pourquoi cette situation doit-elle perdurer ? Que cache le silence des autorités publiques en cette matière ?

Il urge que le ministre des Mines puisse s'y pencher pour que toutes ces ZEA se conforment aux dispositions de cet alinéa 1 précité, c'est-à-dire que leur nombre de carrés soit réduit à deux. Pour ce faire, l'Administration des mines et le CAMI devraient travailler en étroite collaboration avec les différentes coopératives minières qui y sont installées pour délimiter de commun accord les deux carrés devant couvrir les périmètres miniers ou de carrières qui intéressent les exploitants artisanaux. Ce qui éviterait le mécontentement qu'aurait suscité une décision arbitraire prise sans la collaboration de ces derniers.

Pour cela, un état des lieux de l'existence des coopératives minières s'impose donc pour que les dispositions en rapport avec la limitation du nombre de carrés devant comporter une ZEA ne restent pas lettre morte.

En outre, l'alinéa 2 de cet article n'a pas permis la décentralisation du secteur artisanal : l'institution d'une ZEA n'est pas confiée au gouverneur de province, mais au ministre des Mines. Il paraît normal que l'institution d'une ZEA soit de la compétence du gouverneur de province pour un meilleur suivi des activités des exploitants artisanales sur terrain. Les services du gouvernorat, dans ce cas, apporteront un appui considérable au SAEMAPE.

Les données pertinentes sur la minéralisation et la gîtologie d'une zone d'intérêt identifiée par l'organisme spécialisé de recherches sont les seuls deux éléments pouvant permettre au Service d'Assistance et d'Encadrement de l'Exploitation Minière à Petite Échelle [ci-après SAEMAPE] de requérir l'institution d'une ZEA.

Après tout, l'institution d'une ZEA ne constitue pas un obstacle aux travaux de prospection et de recherches que le SGNC peut vouloir y mener. Cela s'explique par le fait que les recherches auxquelles ce dernier peut se livrer seront de nature à conduire à l'exploitation industrielle ou semi-industrielle d'une substance minérale.

Contrairement à l'exploitation artisanale, l'exploitation industrielle ou semi-industrielle paraît mieux structurée. En effet, la quantité de minerais extraite pour l'exploitation industrielle ou semi-industrielle peut être connue avec assez de précision. Les sites d'exploitation industrielle ou semi-industrielle sont délimités et fixes parce que les normes de sécurité sont appliquées et des mesures sont prises pour limiter l'impact sur l'environnement. Ce qui n'est pas toujours le cas pour les ZEA.

On peut constater ici que les retombées attendues du passage d'une exploitation essentiellement artisanale à une exploitation industrielle ou semi-industrielle ne sont plus à démontrer. Car l'État a plus à gagner des gros avantages financiers lorsque l'exploitation d'une gîte des substances minérales est industrielle ou semi-industrielle plutôt qu'artisanale.

Il appert que l'exploitation artisanale ne peut pas faire prospérer le secteur minier d'un pays, d'où l'État congolais devrait limiter les ZEA pour favoriser davantage l'exploitation industrielle ou semi-industrielle des mines ou des carrières. En réalité, c'est l'industrialisation du secteur minier qui peut procurer au pays un pouvoir d'achat plus élevé. Or la tendance actuelle est l'amplification des ZEA, surtout à l'ex-province du Katanga où les activités minières artisanales sont on ne peut plus intenses. À vrai dire, la politique d'expansion des ZEA, telle que menée par le Gouvernement congolais ces cinq dernières années, non seulement ne profitera pas à l'essor de l'industrie minière, mais aussi et surtout ne permettra pas au Trésor public d'élargir son assiette fiscale.

La question reste à savoir comment le Gouvernement devra procéder avant de fermer certaines ZEA afin de favoriser l'exploitation industrielle ou semi-industrielle sans que les exploitants artisanaux, qui sont regroupés dans les différentes coopératives, en soient préjudiciés.

Il faut reconnaître que l'implantation d'une entreprise minière dans un périmètre, jadis couvert par une ZEA, peut bouleverser l'économie locale dans le sens d'une paupérisation de la communauté concernée et, de ce fait, ne constitue pas une nouvelle opportunité économique pour les habitants du lieu où se trouve cette ZEA.

Voilà pourquoi une campagne de sensibilisation devrait être menée en amont auprès des habitants perturbés dans leurs activités pour qu'ils puissent s'adapter au changement. Et pour éviter une crise du milieu d'accueil, les pouvoirs publics devraient veiller afin que le titulaire du droit minier ou de carrières d'exploitation, appelé à exploiter le périmètre, autrefois couvert par une ZEA fermée, contribue réellement et efficacement au développement de la localité, du territoire concerné, c'est-à-dire que les besoins de la population locale soient pris en compte par cet opérateur minier.

C'est dommage que, dans la pratique, le constat soit amer, vu que les choses ne se font pas correctement. En effet, il a été constaté que, dans la plupart des cas et au début des opérations minières, l'opérateur minier est enclin à négocier des retombées locales de la rente minière avec la communauté locale, mais une fois que la production devient effective, il se ferme à toute négociation. Cela provoque des troubles entre la population et l'opérateur minier, voire des émeutes, avec comme conséquence la survenance de dommages incalculables et imprévisibles. Pour cela, une vigilance tous azimuts des services du pouvoir public doit être de rigueur.

Article 110 : De la fermeture d'une zone d'exploitation artisanale *(modifié et complété par l'article 4 de la Loi n° 18/001 du 09 mars 2018 modifiant et complétant la Loi n° 007/2002 du 11 juillet 2002 portant Code minier)*

Lorsque les facteurs qui ont justifié l'institution d'une zone d'exploitation artisanale ont cessé d'exister ou qu'un nouveau gisement ne relevant pas de l'exploitation artisanale vient à être découvert, le ministre, sur avis de l'organisme spécialisé de recherches, du SAEMAPE et du Gouverneur de la province concernée, procède à la fermeture de la zone d'exploitation artisanale.

La fermeture d'une zone d'exploitation artisanale est notifiée par le Secrétaire général aux mines à la Division provinciale des mines du ressort, au Cadastre minier et au SAEMAPE. Ce dernier en informe les coopératives minières ou des produits de carrières agréées, selon le cas, et se charge éventuellement de la relocalisation dans une autre zone d'exploitation artisanale légalement instituée. Dans ce cas, les coopératives minières ou des produits de carrières agréées sont tenues de libérer la zone d'exploitation artisanale dans les soixante jours à compter de la notification de la décision de fermeture.

La coopérative minière ou de produits de carrières agréée travaillant dans la zone d'exploitation artisanale concernée dispose d'un droit de préemption pour solliciter un Permis en vue d'une exploitation à petite échelle conformément aux dispositions du présent Code.

Cette coopérative minière ou de produits de carrières agréée dispose d'un délai de cent quatre-vingts jours, à compter de la notification de fermeture par le Secrétaire général aux mines, pour faire connaître si elle entend faire jouer son droit de préemption conformément aux dispositions du présent Code.

La coopérative minière ou de produits de carrières agréée se conforme, dans le délai de préemption lui imparti, aux conditions fixées à l'article 69 du présent Code pour l'obtention d'un Permis d'exploitation ou d'exploitation de petite mine.

L'établissement, le dépôt, la recevabilité et l'instruction de la demande du Permis d'exploitation de petite mine sont régis par les dispositions de l'article 103 du présent Code.

Cet article fixe les modalités de la fermeture d'une ZEA.

Deux situations alternatives peuvent provoquer la fermeture de la ZEA : la cessation des facteurs ayant conduit à l'institution d'une ZEA ou la découverte d'un gisement pouvant être exploité, non pas de manière artisanale, mais par le procédé semi-industriel, et même industriel. Seulement la découverte du gisement dont il est question ici devrait nécessairement conduire à l'exploitation à petite échelle, étant donné que la coopérative minière ou des produits des carrières ne peut solliciter que le PEPM.

On peut chercher à connaître les critères qui ont amené le législateur à arrêter le principe que le nouveau gisement ne peut relever que de l'exploitation à petite échelle, mais pas à grande échelle, sans qu'on ait procédé à l'étude de faisabilité.

Est-ce toujours vrai que le nouveau gisement découvert dans une ZEA ne peut relever que de l'exploitation à petite échelle, mais jamais à grande échelle ? Qu'arrivera-t-il si l'étude de faisabilité permet de conclure à une possibilité d'exploitation à grande échelle ?

Ce sont là des préoccupations auxquelles le législateur devrait donner des réponses de lege ferenda.

À la différence de la procédure d'institution d'une ZEA, seuls trois structures ou organes, au lieu de cinq, interviennent dans l'émission des avis de sa fermeture. Il s'agit de l'Organisme spécialisé de recherches, en l'occurrence le SGNC, du SAEMAPE et du gouverneur de province concernée.

Il revient au Secrétaire Général aux Mines la prérogative de notifier la fermeture de la ZEA à la division provinciale des mines du ressort de la ZEA, au CAMI et au SAEMAPE. Mais c'est ce dernier qui est tenu d'en informer les exploitants artisanaux. À ce propos, Émile Lambert Owenga Odinga (2014, p. 622) écrit ceci :

> *« Le législateur n'a pas précisé la forme sous laquelle l'information est portée à la connaissance des exploitants artisanaux. Nous pensons qu'il faille exclure la forme orale car le Cadastre minier sera buté au problème de preuve, il lui sera difficile de prouver que l'information a été donnée, en cas d'information verbale ou orale. »*

Il faut savoir que la fermeture d'une ZEA donne le droit de préemption à la coopérative minière ou des produits de carrières agréée de solliciter un droit minier d'exploitation en vue d'une exploitation à petite échelle, mais pas à grande échelle. Il s'agit là d'une exception à la règle selon laquelle la détention d'un PR conditionne l'octroi du PEPM.

Contrairement à une certaine opinion, la coopérative minière ou des produits de carrières agréée ne peut solliciter qu'un PEPM, et non pas un PE. C'est ce qui ressort expressis verbis de l'alinéa 3 de cet article. En pareille situation, il faudrait que la ZEA soit préalablement fermée. Par contre, pendant que la coopérative minière ou des produits de carrières agréée est encore en activité dans la ZEA, soit dans celle qui n'est pas encore fermée, elle peut solliciter l'octroi exceptionnel d'un PR. Il va sans dire que la fermeture de la ZEA n'est pas une condition d'octroi exceptionnel d'un PR à la coopérative minière ou des produits de carrières agréée.

Il faut noter que le droit de préemption reconnue à la coopérative minière ou des produits de carrières agréée ne s'applique qu'en cas de fermeture de ZEA et pour l'obtention d'un PEPM, et non d'un PR. Tout semble indiquer que la coopérative minière ou des produits de carrières agréée ne peut pas se prévaloir de son droit de préemption pour réclamer l'application du principe de la priorité d'instruction, prévu à l'article 34 de ce texte de loi, lorsque la demande d'octroi du PR sur le périmètre couvert par la ZEA fermée émane d'une autre personne, et ce, quand elle n'a pas fait jouer son droit de préemption.

Les modalités de l'octroi exceptionnel d'un PR aux coopératives minières et/ou des produits de carrières sont fixées par les articles 234 à 237 du Règlement minier.

Il est évident que la possibilité de solliciter un PEPM n'est réservée qu'à la coopérative minière ou des produits de carrières agréée qui était sur la zone minière ou de carrières fermée, et non pas à toute autre personne.

Il s'ensuit que des nouvelles demandes d'octroi des droits peuvent être introduites sur des périmètres ayant fait l'objet des ZEA fermées. C'est le cas d'une ZEA numérotée 025 occupée par une coopérative minière et qui a été fermée par arrêté du ministre des Mines référencé n° CAB.MIN/MINES/02/0534/2015 du 09/04/2015, mais dont le périmètre a fait cependant l'objet de deux nouvelles demandes d'octroi de droits miniers (PR et PEPM).

En pareille circonstance, il ne se pose aucun problème lorsqu'il s'agit d'une demande d'un PR, car toute autre personne que la coopérative minière ou des produits de carrières agréée peut le solliciter. Il se posera un problème lorsqu'il s'agira d'une demande d'un PEPM, parce qu'aucune autre personne qu'une coopérative minière ou des produits de carrières agréée ne peut le solliciter directement, sans détenir préalablement un PR, comme il est de principe en droit minier congolais.

À la fermeture d'une ZEA, seule la demande portant sur un PR peut être admis. Ce serait une aberration d'octroyer un PEPM sur un périmètre autrefois couvert par une ZEA fermée à une autre personne que la coopérative minière ou des produits de carrières agréée qui s'y était installée.

Pour s'en rendre compte, il suffit de se référer aux conditions d'octroi d'un PEPM, tel qu'il résulte de l'article 71 de ce texte de loi. Il est vrai que la fermeture d'une ZEA n'est pas une des conditions d'octroi d'un PEPM à une personne autre que la coopérative minière ou des produits de carrières agréée concernée. Le principe « ce qui n'est pas interdit est permis » ne devrait pas s'appliquer dans cette hypothèse.

Au demeurant, l'article 143, point 1, du Règlement minier relatif aux conditions d'octroi du PE, qui s'applique également aux conditions d'octroi du PEPM, ne prévoit pas la fermeture d'une ZEA comme l'une des conditions d'octroi du PEPM. Or on peut chercher à savoir comment le demandeur d'un PEPM sur un périmètre d'une ZEA fermée, qui n'est pas titulaire d'un PR, peut régulièrement obtenir un PEPM sur ledit périmètre, sans que la loi soit violée. Il sied de rappeler ici que seul le titulaire d'un PR peut solliciter un PE ou PEPM sur le périmètre de son droit minier de recherches.

Pour éviter un éventuel égarement, il y a lieu d'envisager que la fermeture d'une ZEA, en cas de non-exercice par la coopérative minière ou des produits de carrières agréée de son droit de préemption, puisse constituer une exception à l'octroi du PE ou PEPM, suivant la modalité d'octroi par demande, c'est-à-dire que cette hypothèse soit une dérogation à l'une des conditions d'octroi du PE ou PEPM, qui est la détention préalable d'un PR par le demandeur.

Si tel ne devait pas être le cas, il y a lieu que le périmètre dont la ZEA est fermée puisse revenir d'office au domaine minier de l'État et, par conséquent, soit soumis à la recherche minière par le SGNC, comme c'est le cas pour les périmètres dont les droits miniers et de carrières sont retirés, à la suite de la déchéance de leurs titulaires défaillants. Sinon, le périmètre d'une ZEA fermée devrait être carrément soumis à un appel d'offres pour une exploitation à grande ou à petite échelle.

Il nous semble que le PEPM qui couvre le périmètre jadis couvert par une ZEA fermée et qui est octroyé à la coopérative minière ou des produits de carrières agréée, est un droit minier d'exploitation dit « sui generis », « spécifique », « spécial » ; il n'est donc pas un droit minier « ordinaire ». Cela s'explique, d'une part, par la limite à deux au maximum le nombre de carrés que peut comprendre le périmètre d'un tel droit minier d'exploitation, d'autre part, par l'impossibilité de toute autre personne que la coopérative minière ou des produits de carrières agréée de pouvoir le solliciter.

S'agissant de l'alinéa 5 de cet article, il importe de souligner que le manque de précision dans son libellé peut amener certains à mal l'interpréter. En effet, il est clair que l'article 69 de ce texte de loi auquel cet article renvoie ne peut pas s'appliquer textuellement à la coopérative minière ou des produits de carrières agréée, lors de l'établissement de la demande du PEPM. Car la copie du certificat de recherches en cours de validité, tel qu'il ressort du littera a de cet article 69, laquelle devrait être jointe à la demande d'octroi du PEPM ou du PE, ne peut être une exigence pour la coopérative minière ou des produits de carrières agréée qui sollicite un PEPM.

D'où il faudrait amender cet alinéa de lege ferenda. Et l'amendement devrait consister en l'ajout du groupe de mots « à l'exception de son littera a ». L'alinéa ainsi amendé devrait être libellé comme suit :

> *« La coopérative minière ou de produits de carrières agréée se conforme, dans le délai de préemption lui imparti, aux conditions fixées à*

l'article 69, à l'exception de son littera a, du présent Code pour l'obtention d'un Permis d'exploitation ou d'exploitation de petite mine. »

Les modalités de l'octroi exceptionnel d'un PR aux coopératives minières et/ou des produits de carrières sont fixées par les articles 234 à 237 du Règlement minier.

Article 111 : De l'accès à la zone d'exploitation artisanale *(modifié et complété par l'article 4 de la Loi n° 18/001 du 09 mars 2018 modifiant et complétant la Loi n° 007/2002 du 11 juillet 2002 portant Code minier)*

Dans la zone d'exploitation artisanale, seuls les membres des coopératives minières ou des produits de carrières agréées sont autorisés à y accéder pour exploiter toute substance minérale classée en mines ou produits de carrières.

Les modalités de cette autorisation sont définies dans le Règlement minier.

L'accès à la ZEA n'est réservé qu'aux seuls membres de la coopérative minière agréée pour lesquels cette zone a été instituée. Cela explique pourquoi les populations de différentes contrées s'entre-tuent lorsque les uns accèdent dans le site où ils n'ont aucun droit d'y exercer les activités liées à l'exploitation artisanale.

Il résulte de l'article 223 du Règlement minier que conformément aux dispositions de cet article et sans préjudice des dispositions des articles 113 et 116 de ce texte de loi, le détenteur d'une carte d'exploitant artisanal des mines et/ou des produits de carrières en cours de validité peut réaliser au sein d'une coopérative dans laquelle il est affilié, les opérations suivantes :

- *les travaux d'exploitation artisanale dans la ZEA précisée sur la carte d'exploitant artisanal ;*
- *l'aménagement du site d'exploitation, l'utilisation du bois et l'approvisionnement en eau pour les besoins de l'exploitation, selon les modalités précisées dans le code de conduite de l'exploitant artisanal dont le modèle est repris dans l'annexe IV au Règlement minier.*

L'article 233 sexies du Règlement minier fixe les modalités d'accès à la ZEA.

Article 111 bis : De la carte d'exploitant artisanal des mines et/ou des produits de carrières *(inséré par l'article 20 de la Loi n° 18/001 du 09 mars 2018 modifiant et complétant la Loi n° 007/2002 du 11 juillet 2002 portant Code minier)*

Les cartes d'exploitant artisanal des mines et/ou des produits de carrières sont délivrées par le ministre provincial des mines du ressort aux personnes éligibles et qui s'engagent à respecter la réglementation en matière de protection de l'environnement, de l'hygiène et de la sécurité dans les zones d'exploitation artisanale, conformément aux modalités fixées par le Règlement minier, après en avoir pris connaissance.

Un droit fixe dont le montant est déterminé par voie réglementaire est perçu lors de la délivrance de chaque carte.

La durée de la carte d'exploitant artisanal est d'un an, renouvelable pour la même durée sans limitation.

En cas de perte, de destruction ou de vol de la carte d'exploitant artisanal, aucun duplicata ne sera délivré. Le détenteur est tenu de faire opposition, avant d'en solliciter une nouvelle.

Le Règlement minier fixe les modalités d'établissement de la carte d'exploitant artisanal.

Avec la modification de ce texte de loi, les cartes d'exploitant artisanal sont délivrées non plus par le chef de division provinciale des Mines, tel que rappelé ci-avant, mais plutôt par le ministre provincial des Mines.

La délivrance de la carte d'exploitant artisanal est conditionnée par un engagement à respecter les règles en matière de protection de l'environnement, de l'hygiène et de la sécurité dans les ZEA.

L'article 223 du Règlement minier détermine la portée de la carte d'exploitant artisanal des mines et/ou des produits de carrières.

Les modalités d'établissement de la carte d'exploitant artisanal sont fixées par les articles 224 à 231 du Règlement minier.

L'article 232 du Règlement minier détermine les modalités de l'encadrement technique des exploitants artisanaux membres des coopératives minières et/ou des produits de carrières agréées.

Article 112 : Des obligations du détenteur de la carte d'exploitant artisanal

(modifié à son alinéa 1er par l'article 4 de la Loi n° 18/001 du 09 mars 2018 modifiant et complétant la Loi n° 007/2002 du 11 juillet 2002 portant Code minier)

La coopérative minière ou des produits de carrières et l'exploitant artisanal des mines, chacun en ce qui le concerne, respectent les normes en matière de sécurité, d'hygiène, d'utilisation de l'eau et de protection de l'environnement qui s'appliquent à son exploitation conformément à la réglementation en vigueur.

Le Règlement Minier fixe les modalités d'exécution des normes en matière de sécurité publique, de santé publique et d'environnement.

La carte d'exploitant artisanal assujettit son détenteur à l'observance de certaines obligations, notamment au respect des normes en matière de sécurité, d'hygiène, d'utilisation de l'eau et de protection de l'environnement.

Sous réserve du respect des obligations à charge du détenteur de la carte d'exploitant artisanal prévues à cet article, la carte d'exploitant artisanal est renouvelable dans les mêmes conditions que la carte initiale. C'est ce que dispose l'article 231, alinéa 2, du Règlement minier.

Article 113 : De la transformation des produits de l'exploitation artisanale *(modifié et complété par l'article 4 de la Loi n° 18/001 du 09 mars 2018 modifiant et complétant la Loi n° 007/2002 du 11 juillet 2002 portant Code minier)*

L'agrément au titre de coopérative minière ou des produits de carrières n'autorise pas son détenteur de transformer les produits de l'exploitation artisanale.

Toutefois, la transformation des produits par la coopérative minière ou des produits de carrières agréée peut se faire moyennant une autorisation préalable accordée par le ministre.

Sauf autorisation préalable du ministre des Mines, il est strictement interdit à quiconque, qu'il s'agisse du détenteur d'un agrément au titre de coopérative minière ou des produits de carrières, de transformer les produits de l'exploitation artisanale.

Les modalités de l'autorisation préalable de transformation des produits de l'exploitation artisanale sont fixées par les articles 238 à 241 du Règlement minier.

Article 114 : Du retrait de la carte d'exploitant artisanal des mines ou des produits de carrières *(modifié et complété par l'article 4 de la Loi n° 18/001 du 09 mars 2018 modifiant et complétant la Loi n° 007/2002 du 11 juillet 2002 portant Code minier)*

La carte d'exploitant artisanal des mines ou des produits de carrières peut être retirée par le ministre provincial des mines qui l'a émise, après une mise en demeure de trente jours sans remédier à la situation par la personne qui détient la carte, pour tout manquement aux obligations prévues à l'article 112 du présent Code.

Le cas échéant, la personne à laquelle la carte a été retirée n'est pas éligible pour obtenir une nouvelle carte d'exploitant artisanal des mines ou des produits de carrières pendant trois ans.

Le retrait de la carte d'exploitant artisanal des mines ou des produits de carrières donne droit aux recours prévus dans les dispositions des articles 315 et 316 du présent Code.

La carte d'exploitant artisanal n'est pas détenue de manière permanente, étant donné que son retrait n'est pas exclu.

La non-observance des obligations imposées à l'article 112 de ce texte de loi conduit au retrait de la carte d'exploitant artisanal des mines ou des produits de carrières au détriment de son détenteur.

Concernant l'application des dispositions de cet article, l'Administration des mines et les services techniques spécialises, notamment le SAEMAPE et la Cellule Technique de Coordination et de Planification Minière, cela conformément à leurs attributions spécifiques, sont chargés d'organiser des stages de formation en techniques d'exploitation artisanale.

Le retrait de la carte de négociant donne droit au recours judiciaire prévu aux articles 315 et 316 de ce texte de loi.

L'article 231 du Règlement minier fixe les modalités de renouvellement ou de retrait de la carte d'Exploitant Artisanal. Quant à l'article 233 du même texte, il détermine les modalités applicables au stage de formation en techniques d'exploitation artisanale.

Article 114 bis : De la coopérative minière et/ou des produits de carrières agréée *(inséré par l'article 20 de la Loi n° 18/001 du 09 mars 2018 modifiant et complétant la Loi n° 007/2002 du 11 juillet 2002 portant Code minier)*

La coopérative minière et/ou des produits de carrières agréée est autorisée à exploiter toute substance minérale exploitable artisanalement et à la commercialiser localement conformément aux dispositions du présent Code et de ses mesures d'application.

Un droit fixe dont le montant est déterminé par voie réglementaire est perçu lors de l'agrément.

La demande d'agrément au titre de coopérative minière et/ou des produits de carrières adressée au ministre est déposée auprès de la Division provinciale des mines du ressort.

À la demande sont joints les éléments suivants :

a. les statuts dûment notariés de la coopérative d'exploitants artisanaux signés par les fondateurs ;

b. la liste reprenant les noms et adresses des fondateurs ;

c. la photocopie certifiée conforme de la carte d'exploitant artisanal de chaque membre ;

d. le procès-verbal de l'assemblée générale constitutive ;

e. les noms, adresse et profession des dirigeants ;

f. la preuve de l'adhésion libre de chaque membre au groupement d'exploitants artisanaux ;

g. la preuve que les conditions d'adhésion au groupement ne sont pas prohibitives ;

h. les preuves de versements effectués au titre de souscription au capital social ;

i. les moyens techniques et financiers ainsi que les ressources humaines que la coopérative entend mettre en œuvre pour la réalisation de ses objectifs.

L'obtention de l'agrément au titre de coopérative minière et/ou des produits de carrières, est subordonnée aux conditions suivantes :

a. être constituée conformément à l'Acte uniforme sur le droit de sociétés coopératives ;

b. être composée au minimum de vingt personnes physiques majeures de nationalité congolaise détentrices des cartes d'exploitant artisanal des mines et/ou des produits de carrières valable pour une province donnée ;

c. avoir pour objet social, principalement les activités minières et/ou des produits de carrières.

L'agrément au titre de coopérative minière et/ou des produits de carrières est accordé ou refusé par le ministre.

La décision d'octroi ou de refus est notifiée par le Secrétaire général aux mines au SAEMAPE et au Cadastre minier.

Tout refus est motivé et donne droit au recours, conformément aux dispositions des articles 313 et 316 du présent Code.

Sous peine du retrait d'agrément par le ministre, la coopérative minière et/ou des produits de carrières agréée est tenue, en sus des obligations prévues à l'article 112 du présent Code, de transmettre mensuellement au SAEMAPE les statistiques de sa production et d'indemniser les exploitants agricoles pour tout dommage engendré par son activité.

Le Règlement minier fixe les conditions et modalités de l'instruction de la demande d'agrément au titre de coopérative minière et/ou de produits de carrières.

Cet article détermine les droits conférés à la coopérative minière et/ou des produits de carrières agréée et impose un droit fixe à toute demande d'agrément au titre de coopérative minière et/ou des produits de carrières agréée. En plus, il détermine les modalités de demande d'agrément, les conditions auxquelles est soumise l'obtention de l'agrément et précise les modalités de l'octroi ou de refus dudit agrément.

Dans la pratique, il est curieux de constater que la plupart des exploitants artisanaux adressent leur demande d'agrément au titre de coopérative minière non pas au ministre des Mines, mais au CAMI. Cette confusion est due à la méconnaissance de ce texte de loi par le commun des mortels, faute de sa vulgarisation.

Les conditions et modalités de l'instruction de la demande d'agrément au titre de coopérative minière et/ou de produits de carrières sont fixées par les articles 223 à 231 du Règlement minier.

Chapitre II :
DE LA DÉTENTION, DU TRANSPORT ET DE LA COMMERCIALISATION DES PRODUITS D'EXPLOITATION ARTISANALE

(modifié et complété par l'article 4 de la Loi n° 18/001 du 09 mars 2018 modifiant et complétant la Loi n° 007/2002 du 11 juillet 2002 portant Code minier)

Article 115 : De la détention et du transport des produits de l'exploitation artisanale *(modifié et complété par l'article 4 de la Loi n° 18/001 du 09 mars 2018 modifiant et complétant la Loi n° 007/2002 du 11 juillet 2002 portant Code minier)*

Sans préjudice des dispositions de l'alinéa 2 ci-dessous, à l'intérieur de l'ensemble du territoire national, mais en dehors des Périmètres faisant l'objet des titres miniers exclusifs, nul ne peut détenir ou transporter les produits de l'exploitation artisanale des substances minérales :

1. s'il n'a pas la carte d'exploitant artisanal et n'agit pas au nom et pour le compte d'une coopérative minière ou des produits de carrières ;
2. s'il n'a pas la carte de négociant en cours de validité ;
3. s'il n'est pas acheteur agréé au service d'un comptoir d'achat, d'une entité de traitement ou de transformation agréé ;
4. s'il n'est pas gérant ou préposé d'une coopérative minière.

Toutefois, l'Administration des Mines accorde aux artistes agréés par le Ministère de la Culture et des Arts une autorisation spéciale de détenir ou de transporter une quantité limitée de ces substances pour les besoins de leur métier.

Les modalités d'acquisition et de contrôle des substances minérales d'exploitation artisanale vendues aux artistes sont précisées dans le Règlement minier.

Cet article fait assortir la détention et le transport des produits de l'exploitation artisanale de certaines conditions.

L'article 265 bis du Règlement minier fixe les modalités du transport, de l'entreposage et du stockage des produits miniers d'exploitation artisanale.

Article 116 : De la commercialisation des produits de l'exploitation artisanale

Les exploitants artisanaux ne peuvent vendre leurs produits miniers qu'aux négociants, aux marchés boursiers, aux comptoirs ou organismes agréés ou créés par l'État. Ils peuvent également vendre leurs produits miniers aux artistes agréés par le Ministère de la Culture et des Arts, dans les limites des autorisations visées à l'alinéa 2 de l'article 115 du présent Code.

Les négociants agréés ne peuvent vendre les produits de l'exploitation artisanale qu'aux comptoirs ou aux organismes agréés ou créés par l'État ainsi qu'aux marchés boursiers.

Les artistes agréés ne peuvent vendre les produits de l'exploitation artisanale non travaillés qu'en vertu d'une autorisation spéciale obtenue pour les cas exceptionnels de liquidation des stocks excessifs.

Le Règlement Minier fixe les modalités d'établissement de l'autorisation spéciale.

D'une part, cet article fait assortir la commercialisation des produits de l'exploitation artisanale de certaines conditions, d'autre part, il limite la vente des produits miniers de l'exploitation artisanale.

En effet, les exploitants artisanaux ont la liberté de vendre leurs produits miniers, mais pas de les vendre aux personnes de leurs choix. Sont donc reconnus acheteurs des produits miniers ou de carrières des exploitants artisanaux, les négociants, les marchés boursiers, les comptoirs ou organismes agréés ou créés par l'État.

En ce qui concerne les négociants, ces derniers ne sont autorisés à vendre les produits d'exploitation artisanale qu'aux comptoirs ou aux organismes agréés ou créés par l'État ainsi qu'aux marchés boursiers.

Les artistes agréés, quant à eux, doivent obtenir une autorisation spéciale de la Division provinciale des mines pour la vente des produits de l'exploitation artisanale.

Les articles 251 à 257 du Règlement minier fixent les modalités de l'achat des produits miniers et/ou de carrières artisanaux par les artistes agrées par le ministère de la Culture et Arts.

Article 117 : Des négociants des produits de l'exploitation artisanale

(modifié à son alinéa 2 par l'article 4 de la Loi n° 18/001 du 09 mars 2018 modifiant et complétant la Loi n° 007/2002 du 11 juillet 2002 portant Code minier)

Les détenteurs de la carte de négociant pour une zone d'exploitation artisanale en cours de validité sont autorisés à acheter l'or, le diamant ou toute autre substance minérale exploitable artisanalement auprès des personnes qui détiennent les cartes d'exploitant artisanal.

La carte de négociant est délivrée par le ministre provincial à la personne majeure de nationalité congolaise qui la demande. Le requérant d'une carte de négociant produit, à l'appui de sa demande, son attestation de nationalité et la preuve de sa déclaration ou de son immatriculation au Registre de Commerce et de Crédit Mobilier.

Un droit fixe dont le montant est déterminé par voie réglementaire est perçu lors de la délivrance de chaque carte.

La durée de la carte de négociant est d'un an. Elle est renouvelable pour la même durée et sans limitation.

En cas de perte, de destruction ou de vol de la carte de négociant, le détenteur est tenu de faire opposition. Cependant, ce dernier peut en solliciter une nouvelle.

Le Règlement Minier fixe les modalités d'établissement de la carte de négociant.

Cet article détermine les droits conférés aux détenteurs de la carte de négociant. De plus, il fixe la nature de cette dernière et les conditions de sa détention.

Les articles 242 à 250 du Règlement minier fixent les modalités applications aux négociants.

Article 118 : Des obligations des détenteurs des cartes de négociant

Le négociant agréé doit vendre aux comptoirs ou aux organismes agréés ou créés par l'État ainsi qu'aux marchés boursiers agréés par l'État les produits de l'exploitation artisanale qu'il achète. Il doit également fournir les rapports de son activité conformément à la réglementation en la matière.

Autant les détenteurs des cartes de négociant ont des droits dont ils peuvent se prévaloir, autant ils sont astreints à des obligations. C'est ainsi qu'ils ne peuvent vendre les produits miniers ou de carrières qu'ils achètent qu'à une catégorie de structures ou organes, principalement aux comptoirs ou aux organismes agréés ou créés par l'État ainsi qu'aux marchés boursiers agréés par l'État. Il est à noter que ces produits doivent exclusivement provenir de l'exploitation artisanale, mais pas de l'exploitation industrielle ou semi-industrielle.

En sus, ils sont tenus de tenir un registre et de fournir un rapport de leurs activités, conformément à l'article 250 du Règlement minier.

Article 119 : Du retrait de la carte de négociant *(modifié à son alinéa 1er par l'article 4 de la Loi n° 18/001 du 09 mars 2018 modifiant et complétant la Loi n° 007/2002 du 11 juillet 2002 portant Code minier)*

La carte de négociant peut être retirée par le Ministre provincial qui l'a émise si, après une mise en demeure de trente jours, le négociant n'a pas remédié au manquement afférent lui incombant en vertu de l'article 118 du présent Code. Le cas échéant, la personne à laquelle la carte a été retirée n'est pas éligible pour obtenir une nouvelle carte de négociant pendant trois ans.

Le retrait de la carte de négociant donne droit aux recours précisés dans les articles 315 et 316 du présent Code.

Le non-respect des obligations découlant de l'article précédent expose le détenteur de la carte de négociant au retrait de celle-ci.

Toutefois, pour rentrer dans ses droits, le détenteur de la carte de négociant peut user du recours judiciaire prévu aux articles 315 et 316 de ce texte de loi.

Article 120 : Des comptoirs agréés *(modifié à son alinéa 4 par l'article 4 de la Loi n° 18/001 du 09 mars 2018 modifiant et complétant la Loi n° 007/2002 du 11 juillet 2002 portant Code minier)*

Les comptoirs agréés sont autorisés à acheter, à vendre et à exporter les substances minérales d'exploitation artisanale conformément aux dispositions du présent Code et de ses mesures d'application.

L'agrément au titre de comptoir d'achat et de vente des substances minérales d'exploitation artisanale est accordé par le Ministre.

L'agrément au titre de comptoir d'achat et de vente des substances minérales d'exploitation artisanale est valable pour une durée d'un an, renouvelable sans limitation.

Une redevance dont le montant est déterminé par voie réglementaire est perçue au profit du Trésor public lors de l'agrément et à chaque renouvellement.

Le requérant à l'agrément au titre de comptoir est tenu de constituer une caution conformément aux modalités de versement fixées par voie réglementaire.

Cet article fixe les activités auxquelles un comptoir agréé peut se livrer. Ce dernier est limité à acheter, vendre ou exporter les substances minérales d'exploitation artisanale. C'est ainsi qu'un comptoir agréé ne peut pas acheter les produits issus de l'exploitation industrielle ou semi-industrielle.

En plus, il assujettit le requérant à l'agrément au titre de comptoir à la constitution d'une caution.

Les articles 258 à 265 bis du Règlement minier déterminent les modalités applicables aux acheteurs des produits miniers artisanaux des comptoirs agréés.

Article 121 : Du nombre des comptoirs agréés

Le nombre de comptoirs agrées d'achat de l'or, de diamant et d'autres substances minérales d'exploitation artisanale dans le Territoire National est illimité.

Toutefois, le nombre d'acheteurs par comptoir est limité par voie réglementaire.

Le législateur n'a pas daigné fixer le nombre de comptoirs agréés sur le territoire, et ce pour éviter la multiplicité de comptoirs clandestins.

Le nombre d'acheteurs par comptoir est limité par arrêté du ministre des Mines qui est publié au Journal officiel chaque année au mois de janvier, conformément à l'article 258 du Règlement minier.

Article 122 : Des acheteurs des comptoirs agréés *(modifié et complété par l'article 4 de la Loi n° 18/001 du 09 mars 2018 modifiant et complétant la Loi n° 007/2002 du 11 juillet 2002 portant Code minier)*

L'acheteur d'un comptoir agréé exerce ses activités conformément à la réglementation en vigueur.

L'acheteur du comptoir agréé ne peut exercer sa profession qu'après avoir été agréé par le ministre des Mines. Pour cela, il doit être éligible.

L'article 260 du Règlement minier détermine les modalités applicables respectivement à l'éligibilité.

Article 123 : De la demande d'agrément au titre de comptoir d'achat et de vente des substances minérales d'exploitation artisanale *(modifié à son alinéa 1er par l'article 4 de la Loi n° 18/001 du 09 mars 2018 modifiant et complétant la Loi n° 007/2002 du 11 juillet 2002 portant Code minier)*

La demande d'agrément au titre de comptoir d'achat et de vente des substances minérales d'exploitation artisanale est adressée, par toute personne éligible conformément à l'alinéa 2 de l'article 25 du présent Code, à la Direction des Mines et comporte les éléments ci-après :

a. la preuve de l'inscription au Registre de Commerce et de Crédit Mobilier ;
b. les statuts notariés, s'il s'agit d'une personne morale ;
c. l'extrait de casier judiciaire de la première résidence datant de trois mois au plus et l'attestation de bonne conduite, vie et mœurs, s'il s'agit d'une personne physique ;
d. le numéro d'Identification Nationale ;
e. le numéro impôt ;
f. la preuve de détention d'un compte ouvert au nom du requérant dans une banque agréée ;
g. la lettre d'immatriculation à la Banque Centrale du Congo et le numéro Import-Export.

Cet article établit la liste des éléments que doit comporter la demande d'agrément au titre de comptoir d'achat et de vente des substances minérales.

Contrairement à ce qui y est affirmé, les conditions d'éligibilité au titre d'acheteur de comptoir d'achat et de vente des substances minérales d'exploitation artisanale sont fixées à l'article 260 du Règlement minier relatif à l'éligibilité à la profession d'acheteur des comptoirs agréés, mais pas à l'alinéa 2 de l'article 25 de ce texte de loi qui, lui, se rapporte plutôt aux mandataires en mines et carrières, précisément à leur mission. Ce renvoi erroné peut rendre le texte inintelligible et ainsi créer la confusion.

De ce fait, un amendement à cet article s'impose de lege ferenda. Il faudra alors supprimer le groupe des mots « conformément à l'alinéa 2 de l'article 25 du présent Code » et d'ajouter un autre alinéa qui renverra aux modalités d'application l'éligibilité à la profession d'acheteur des comptoirs agréés.

En outre, à la lecture des dispositions de cet article, on peut penser, à tort bien entendu, que c'est la Direction des Mines à laquelle la demande d'agrément est adressée, qui est l'organe habilité à agréer le demandeur au titre de comptoir d'achat et de vente des substances minérales d'exploitation artisanale. Cette confusion due à l'imprécision du législateur, à travers cet article, peut amener à des interprétations diverses et erronées, et rendre encore le texte inintelligible.

C'est de cette façon que certains pensent également que c'est le CAMI qui octroie les droits miniers et de carrières, du seul fait que les dossiers de demandes d'octroi desdits droits sont déposés à son guichet, alors que c'est le ministre des Mines ou le ministre provincial des Mines, selon le cas, qui reste le seul organe compétent d'octroi des droits miniers et de carrières. Quant au CAMI, il délivre le titre afférent au droit minier ou de carrières octroyé.

Pour tout dire, la Direction des Mines n'est qu'un organe auprès duquel la demande d'agrément au titre de comptoir agréé est déposée. Pour s'en rendre compte, il faut se référer au Règlement minier. En effet, c'est ce dernier, en son article 261, alinéa 1, qui vient préciser cet état de choses en disposant : « Toute demande d'agrément est adressée au Ministre et déposée à la Direction des Mines entre le premier janvier de l'année et le premier mars […]. »

De notre point de vue, étant donné que la Direction des Mines n'est pas l'autorité qui accorde ou refuse l'agrément au requérant, conformément aux articles 125 de ce texte de loi et 263, alinéa 1, du Règlement minier, il paraît normal que cet article soit modifié pour préciser que la demande devrait être adressée au ministre des Mines, mais par le biais de la Direction Mines. Le dépôt de demande d'agrément à cette dernière ne devrait pas prêter à confusion et laisser penser que c'est elle qui est l'organe de décision, cependant que cette prérogative relève du ministre des Mines.

Tout compte fait, au regard de ce qui précède, cet article devrait être modifié pour se conformer à l'esprit et à la lettre des articles 125, 261 et 263 susmentionnés. Ainsi, il sera libellé de la manière suivante :

> *« La demande d'agrément au titre de comptoir d'achat et de vente des substances minérales d'exploitation artisanale est adressée par toute personne éligible <u>au ministre des Mines, par l'intermédiaire de la Direction des Mines</u> et comporte les éléments ci-après :*

a. *la preuve de l'inscription au Registre de Commerce et de Crédit Mobilier ;*
b. *les statuts notariés, s'il s'agit d'une personne morale ;*
c. *l'extrait de casier judiciaire de la première résidence datant de trois mois au plus et l'attestation de bonne conduite, vie et mœurs, s'il s'agit d'une personne physique ;*
d. *le numéro d'Identification Nationale ;*
e. *le numéro impôt ;*
f. *la preuve de détention d'un compte ouvert au nom du requérant dans une banque agréée ;*
g. *la lettre d'immatriculation à la Banque Centrale du Congo et le numéro Import-Export. »*

Le Règlement Minier fixe les modalités d'éligibilité à la profession d'acheteur des comptoirs agréés.

Article 124 : De l'instruction de la demande d'agrément au titre de comptoir d'achat et de vente des substances minérales d'exploitation artisanale *(modifié à son alinéa 3 par l'article 4 de la Loi n° 18/001 du 09 mars 2018 modifiant et complétant la Loi n° 007/2002 du 11 juillet 2002 portant Code minier)*

La Direction des Mines accuse réception de la demande, l'inscrit sur un registre ad hoc, l'instruit et s'assure qu'elle est régulière quant à la forme, la fait rectifier ou compléter pour autant que de besoin. Elle peut provoquer toute enquête nécessaire.

En cas d'enquête, elle requiert des informations utiles sur l'authentification des documents annexés auprès de services publics qui les ont émis.

Dans tous les cas, l'instruction de la demande ne peut excéder trente jours à compter de la date du dépôt de la demande d'agrément. Passé ce délai, l'avis favorable de la Direction des mines est réputé acquis, et ce, sans préjudice des dispositions de l'article 123 ci-dessus.

Après instruction, la Direction des Mines transmet le dossier avec avis au Ministre pour décision. La Direction des Mines notifie au requérant son avis et sa transmission au Ministre.

Cet article précise les missions dévolues à la DM qui est l'organe, non pas de prise de décision, mais de l'instruction de la demande d'agrément au titre de comptoir d'achat et de vente des substances minérales artisanale.

Avec la modification de ce texte de loi, le délai d'instruction a été réduit à trente (30) jours au lieu de soixante (60), comme ce fut le cas avant sa révision.

L'article 262 du Règlement minier fixe les modalités de la recevabilité de la demande d'agrément.

Article 125 : De l'agrément et du refus de l'agrément

Si l'avis de la Direction des Mines est favorable, le Ministre prend la décision dans un délai qui ne peut excéder trente jours ouvrables.

Passé ce délai, le requérant a droit à un recours conformément aux dispositions des articles 313 et 314 du présent Code.

Si l'avis de la Direction des Mines est défavorable, le Ministre prend la décision de refus d'agrément dans un délai qui ne peut excéder quinze jours ouvrables à compter de la date de la réception du dossier transmis par la Direction des Mines.

La décision de refus est motivée et donne droit aux recours prévus par les dispositions des articles 313 et 314 du présent Code.

Cet article fixe les modalités de décision accordant ou refusant l'agrément. Dans ce dernier cas, le ministre des Mines est tenu de motiver sa décision de refus.

Le dépassement du délai de 30 jours ouvrables accordés au ministre des Mines pour prendre sa décision d'agrément ou de refus d'agrément donne droit au recours administratif prévu aux articles 313 et 314 de ce texte de loi.

Article 126 : Des obligations des comptoirs agréés *(modifié et complété par l'article 4 de la Loi n° 18/001 du 09 mars 2018 modifiant et complétant la Loi n° 007/2002 du 11 juillet 2002 portant Code minier)*

Les comptoirs agréés doivent, d'une part, se soumettre au contrôle lors de l'achat et de la vente des produits de l'exploitation artisanale par l'Administration des Mines et par un organisme public chargé de l'expertise, et d'autre part, fournir les rapports de leurs activités conformément au présent Code et ses mesures d'application.

Les comptoirs agréés sont également tenus aux obligations ci-après :

a. communiquer au Ministre et à la Banque Centrale du Congo à dater de l'agrément, les emplacements fixes et contrôlables des bureaux d'achat de l'or, du diamant et des autres substances minérales d'exploitation artisanale ;

b. acheter l'or, le diamant et autres substances minérales d'exploitation artisanale présentés aux comptoirs agréés, quelles que soient leurs grosseur, quantité et qualité ;

c. payer les impôts et taxes relatifs à leurs activités ;

d. disposer en propriété d'au moins un immeuble en matériaux durables dans chaque centre d'activités endéans une année ;

e. avoir au sein de la société une participation de 25 % au moins du capital social réservée aux Congolais.

Puisqu'ils sont bénéficiaires des droits leur reconnus par ce texte de loi, notamment celui d'acheter et de vendre des produits d'exploitation artisanale, il est juste que les comptoirs agréés soient, par contre, astreints à certains devoirs. Pour cela, cet article détaille les obligations auxquelles sont soumis les comptoirs agréés.

Article 127 : Du retrait de l'agrément au titre de comptoir d'achat et de vente des substances minérales d'exploitation artisanale *(modifié à son alinéa 1er par l'article 4 de la Loi n° 18/001 du 09 mars 2018 modifiant et complétant la Loi n° 007/2002 du 11 juillet 2002 portant Code minier)*

L'agrément au titre de comptoir d'achat et de vente des substances minérales d'exploitation artisanale peut être retiré par le ministre, après mise en demeure de trente jours faite par la Direction des mines, si le comptoir agréé concerné n'a pas remédié à tout manquement aux obligations lui incombant en vertu des dispositions de l'article 126 du présent Code. Le cas échéant, le comptoir déchu de ses droits n'est pas éligible à l'agrément comme comptoir pendant cinq ans.

Le retrait de l'agrément au titre de comptoir d'achat et de vente des substances minérales d'exploitation artisanale donne droit aux recours prévus par les dispositions des articles 313 et 314 du présent Code.

Le fait de ne pas remédier à tout manquement aux obligations prévues à l'article précédent ou de violer les dispositions du Règlement minier qui régissent les comptoirs agréés, expose ces derniers au retrait de leur agrément par le ministre des Mines après une mise en demeure de trente jours faite par la DM.

Tout acheteur dont l'agrément a été retiré par le ministre des Mines n'est pas éligible pour obtenir un nouvel agrément pendant cinq ans.

Toutefois, comme il en est le cas pour le dépassement du délai de prise de décision d'agrément ou de refus d'agrément, le retrait d'agrément ouvre également la voie au recours administratif prévu aux articles 313 et 314 de ce texte de loi.

Article 128 : Des marchés boursiers *(modifié à ses alinéas 1er et 2 par l'article 4 de la Loi n° 18/001 du 09 mars 2018 modifiant et complétant la Loi n° 007/2002 du 11 juillet 2002 portant Code minier)*

Aucun marché boursier d'achat et vente des autres substances minérales d'exploitation artisanale ne peut opérer sur le territoire national sans agrément préalable de la Banque Centrale du Congo et du ministre.

Le Règlement minier précise les modalités d'agrément, d'organisation et de financement des marchés boursiers.

Le législateur a institué les marchés boursiers des substances minérales de production artisanale dans le territoire national. Il a estimé, semble-t-il, que l'organisation desdits marchés peut jouer un rôle déterminant dans le développement d'une place financière.

A priori, ces marchés boursiers ne peuvent exister qu'avec la décision d'agrément préalable de la Banque centrale du Congo [ci-après BCC] et l'octroi d'agrément du ministre des Mines.

Mais toujours est-il qu'en RDC les marchés boursiers ne sont pas organisés, notamment avec l'absence des conditions de leur éligibilité. C'est ainsi qu'on peut chercher à savoir si la constitution en marché boursier ne peut principalement émaner que d'une personne morale ou si une personne physique peut aussi se constituer en marché boursier. Toutes ces zones d'ombres devraient être clarifiées pour éviter des interprétations erronées.

À défaut d'un texte réglementaire en la matière, la BCC et le ministre des Mines sont appelés à apporter des précisions quant à l'agrément des marchés boursiers, leur organisation et leur financement, conformément aux dispositions de l'article 267 du Règlement minier.

Les articles 266 à 268 du Règlement minier précisent les modalités applicables aux marchés boursiers des substances minérales de production artisanale.

TITRE V :
DES DROITS DE CARRIÈRES

Chapitre Premier :
DES GÉNÉRALITÉS

Article 129 : Des autorisations des opérations de carrières

Les opérations de recherches des produits de carrières et d'exploitation de carrières sont autorisées par l'État dans les conditions précisées au présent titre.

Le Chef de Division Provinciale des Mines est compétent pour octroyer les autorisations de recherches de carrières et les autorisations d'exploitation de carrières des matériaux de construction à usage courant.

Seul le Ministre est compétent pour octroyer les autorisations d'exploitation de carrières pour les autres substances de carrières.

Le Cadastre Minier est compétent pour délivrer les titres aux requérants qui ont obtenu des autorisations de carrières sollicitées.

La loi autorise les personnes éligibles aux droits de carrières d'effectuer les opérations de recherches des produits de carrières et d'exploitation sur le sol ou dans le sous-sol.

Il faut signaler que l'alinéa 2 de cet article va à l'encontre des dispositions du littera h de l'article 11 bis de ce texte de loi qui reconnaît au ministre provincial des Mines, et non pas au chef de division provinciale des Mines, la compétence d'octroyer les autorisations de recherches des produits de carrières et les Autorisations d'exploitation de carrières de matériaux de construction à usage courant. Par cette fausse affirmation, le législateur crée la confusion dans l'interprétation de ce texte de loi.

Dès lors, contrairement à ce qui est affirmé dans ledit alinéa, la décision d'octroi des autorisations de carrières est prise de la manière suivante :

- arrêté du ministre provincial des Mines pour les droits de carrières de recherches et d'exploitation pour les matériaux à usage courant qui sont : argile à brique, sables, grès, calcaire à moellon, marne, quartzite, la craie, gravier alluvionnaire, latérites, les basaltes, etc.

- arrêté du ministre des Mines pour les droits de carrières d'exploitation pour les matériaux autres que ceux à usage courant qui sont : calcaire à ciment, gypse, sables de verrerie, kaolin, dolomie, fluorine, diatomites, montmorillonite, barytine, etc.

De lege ferenda, l'alinéa 2 de cet article devrait être modifié pour le conformer aux dispositions dudit littera h de l'article 11 bis précité. Et l'amendement devrait consister au remplacement du groupe des mots « chef de division provinciale des Mines » par le groupe des mots « ministre provincial des Mines ».

Quant au CAMI, ainsi qu'il a été souligné au commentaire de l'article 123 ci-dessus, il reste compétent pour délivrer les titres attestant les droits de propriété aux requérants dont les droits de carrières (y compris les droits des mines) ont été octroyés, selon le cas, par le ministre des Mines ou le ministre provincial des Mines.

Article 130 : De la portée des autorisations de carrières

Les droits du titulaire d'une autorisation de carrières portent sur les substances de carrières qui peuvent se trouver sur le sol ou dans le sous-sol sous une superficie dont la forme est conforme aux dispositions de l'article 28 du présent Code.

Cet article précise la portée d'une autorisation de carrières. Cette dernière ne peut concerner que les carrières qui ont fait l'objet de demande et auxquelles le titulaire a requis l'extension de son droit de carrières.

L'autorisation de carrières répond à la forme décrite à l'article 28 de ce texte de loi.

Article 131 : Du changement de classement d'une substance minérale

En cas de changement du classement d'une substance des mines en substance de carrières, le titulaire d'un titre minier établi pour la substance en cause, conserve tous les droits attachés à son titre en relation avec la substance jusqu'à l'expiration de son titre.

En cas de classement d'un produit de carrières qui fait l'objet d'une Autorisation d'Exploitation de Carrière Permanente dans la catégorie de produits miniers, le titulaire de l'Autorisation d'Exploitation a droit à l'institution d'un permis d'exploitation de la substance à son nom, sous réserve de le demander dans un délai d'un an après la date de changement de classement. Toutefois, son Autorisation d'Exploitation reste en vigueur.

Le législateur a prévu la possibilité du classement d'une substance minérale classée en mine à une substance de carrières. Ce qui engendre plusieurs conséquences juridiques.

Cet article reconnaît au titulaire de droit minier sur une mine classée en carrières le droit de conserver ses prérogatives attachées à son titre minier jusqu'à l'expiration du droit y afférent. Aussi reconnaît-il au titulaire de l'AECP le droit de devenir titulaire d'un PE sur la mine découlant du fait de changement de classement de la substance de carrières sur laquelle portait son droit, pour autant qu'il fasse la demande dans un délai d'un an après ce changement. Dans tous les cas, il conservera ses droits attachés à son titre de carrières jusqu'à l'expiration du droit y afférent.

Article 132 : Du classement des carrières

Les carrières sont classées en quatre catégories :

a) les carrières permanentes ouvertes soit sur un terrain domanial, soit sur un Périmètre faisant l'objet d'un titre foncier détenu par un tiers pour l'exploitation commerciale par des personnes privées ;

b) les carrières ouvertes de façon temporaire, soit sur un terrain domanial soit sur un Périmètre faisant l'objet d'un titre foncier détenu par un tiers pour l'exploitation commerciale par des privés ;

c) les carrières ouvertes de façon temporaire sur un terrain domanial pour les travaux d'utilité publique ;

d) les carrières ouvertes de façon temporaire par l'occupant régulièrement autorisé ou le propriétaire d'un terrain pour l'exploitation non commerciale ou exclusivement à son propre usage domestique.

L'exploitation de chaque type de carrières est soumise à une forme distincte d'autorisation précisée ci-dessous.

Cet article limite le classement des carrières en quatre catégories. Il en résulte trois types de carrières ayant chacun une forme distincte d'autorisation, à savoir : l'Autorisation de Recherches des Produits de Carrières [ci-après ARPC], l'AECT et l'AECP.

Article 133 : De l'autorisation d'ouverture de carrières pour les travaux d'utilité publique

Après avis conforme du service compétent du ministère des Affaires Foncières et avis des Autorités administratives provinciales ou communales concernées ainsi que celui du Cadastre Minier, le Gouverneur de province peut ouvrir, sur un terrain domanial qui ne fait pas l'objet d'un Permis d'Exploitation Minière, une carrière pour les travaux d'utilité publique.

L'Arrêté provincial d'ouverture d'une carrière d'utilité publique précise :

a) l'autorité et le service public responsables des travaux d'exploitation ;

b) l'entreprise privée à laquelle les travaux sont confiés par ledit service ;

c) l'emplacement de la carrière conformément aux dispositions de l'article 29 du présent Code ;

d) les substances dont l'extraction est autorisée ;

e) les conditions d'accès à la carrière ;

f) le plan d'extraction ;

g) la durée des travaux et les modalités de remise en état des lieux après exploitation.

Lorsque l'exécution des travaux d'utilité publique est confiée à une entreprise privée, celle-ci est soumise au paiement de la taxe d'extraction conformément aux dispositions du droit commun.

L'autorisation d'ouverture de carrières pour les travaux d'utilité publique est l'une des formes d'exploitation de carrières, suivant le classement des carrières prévues à l'article précédent. Elle n'est pas possible sur un terrain domanial qui fait l'objet d'un PE.

Les travaux d'utilité publique qui sont exécutés à la suite de l'autorisation de l'ouverture de carrières sont soumis au paiement de la taxe d'extraction lorsque leur exécution est l'œuvre d'une entreprise privée, et non d'une entreprise publique. En effet, lorsque la société SAFRICAS devrait exécuter les travaux d'utilité publique, elle sera assujettie au paiement de ladite taxe. Au contraire, lorsqu'il s'agit de l'OVD, celui-ci n'aura pas à payer cette taxe.

Article 134 : De l'autorisation d'exploitation non commerciale de carrières à usage domestique

L'exploitation de carrières ouvertes de façon temporaire par l'occupant régulièrement autorisé ou le propriétaire d'un terrain pour l'exploitation non commerciale exclusivement à son propre usage domestique ne nécessite ni autorisation ni déclaration préalable. Toutefois, cette activité reste strictement soumise à la réglementation en matière de sécurité et de protection de l'environnement.

Le législateur retient une autre forme d'exploitation de carrières qui est l'autorisation d'exploitation non commerciale de carrières à usage domestique, mais qui ne rentre pas dans la typologie des droits de carrières organisés dans ce texte de loi.

Ce type de carrières est soumis, non pas aux dispositions de ce texte de loi, mais plutôt à la réglementation en matière de sécurité et de protection de l'environnement.

Article 135 : De l'autorisation de recherches et d'exploitation commerciale de carrières

La recherche et l'exploitation commerciale de carrières sont autorisées conformément aux dispositions des chapitres suivants du présent titre.

Tout ramassage des matériaux sur le terrain du domaine foncier national ou leurs dépendances à usage autre que domestique est considéré comme une exploitation de carrières et est soumis aux mêmes conditions que l'exploitation de carrières permanente.

L'autorisation de recherches et d'exploitation commerciale de carrières constitue une des formes d'exploitation de carrières résultant du ramassage sur le terrain du domaine foncier national ou de leurs dépendances à usage autre que domestique.

Le législateur assimile cette autorisation à l'un des trois types des droits de carrières qui est l'AECP, en la soumettant aux mêmes conditions que celles prévues pour cette dernière.

Chapitre II :
DE LA RECHERCHE DES PRODUITS DE CARRIÈRES

Article 136 : De la portée de l'Autorisation de Recherches des Produits de Carrières *(modifié et complété par l'article 5 de la Loi n° 18/001 du 09 mars 2018 modifiant et complétant la Loi n° 007/2002 du 11 juillet 2002 portant Code minier)*

L'Autorisation de recherches des produits de carrières porte sur les substances minérales classées en carrières pour lesquelles elle a été accordée.

Cet article précise la portée de l'ARPC. Cette dernière ne peut porter que sur les carrières qui ont fait l'objet de demande et auxquelles le titulaire a demandé l'extension de son ARPC. En fait, cela revient à dire que le titulaire de l'ARPC qui a demandé d'effectuer des recherches sur le sable ou le gravier par exemple ne peut pas user de ses droits pour effectuer les recherches sur les terres à foulons ou la latérite, sans avoir obtenu l'extension de son titre à l'une de ces substances.

Notons que l'ARPC est, autrement dit, un droit de carrières de recherches.

Les articles 269 à 298 du Règlement minier déterminent les modalités applicables à l'ARPC.

Article 136 bis : Des droits conférés par l'Autorisation de recherches des produits de carrières *(inséré par l'article 21 de la Loi n° 18/001 du 09 mars 2018 modifiant et complétant la Loi n° 007/2002 du 11 juillet 2002 portant Code minier)*

L'Autorisation de recherches des produits de carrières confère à son titulaire le droit d'obtenir une Autorisation d'exploitation de carrières pour tout ou une partie des substances minérales qui font l'objet de l'autorisation de recherches à l'intérieur de la superficie couverte par l'Autorisation de recherches, s'il en découvre un gisement.

Toutefois, un droit minier peut être accordé dans un Périmètre qui fait l'objet d'une autorisation de recherches des produits de carrières.

Lorsqu'un Périmètre fait l'objet d'une Autorisation de recherches des produits de carrières, aucune demande d'Autorisation de carrières sur le même Périmètre n'est recevable, hormis la demande d'Autorisation d'exploitation de carrières sollicitée par le titulaire de ladite Autorisation de recherches.

Si un Permis d'exploitation est octroyé sur la superficie qui fait l'objet d'une Autorisation de recherches des produits de carrières, cette dernière est éteinte d'office. Dans ce cas, le titulaire de l'Autorisation de recherches des produits de carrières éteinte a droit à une juste indemnisation.

Il résulte de l'article 269 du Règlement minier que, sans préjudice de cet article, le titulaire d'une ARPC est seul autorisé à effectuer la recherche des substances minérales classées en carrières pour lesquelles son droit est établi à l'intérieur du périmètre précisé.

D'abord, cet article indique les droits reconnus à un titulaire de l'ARPC. Il détermine, sans être exhaustif, l'étendue des prérogatives lui reconnues. En réalité, les activités minières d'une ARPC reposent sur l'unique opération minière qui est : la recherche.

Spécifiquement, l'ARPC confère à son titulaire, entre autres, le droit de :

- entrer et occuper le périmètre couvert par son droit de carrières ;

- prendre et utiliser l'eau située sur ou coulant à travers ledit terrain pour tout besoin nécessaire aux travaux de recherches ;

- mener tous autres travaux appropriés pour entreprendre les recherches sur le terrain.

Ensuite, il précise que le titulaire d'une ARPC a le droit d'obtenir une Autorisation d'Exploitation de Carrières. Seul ledit titulaire peut solliciter l'octroi l'Autorisation d'Exploitation de carrières sur le périmètre couvert par son ARPC.

Enfin, il renchérit que la détention d'une ARPC n'exclut pas la possibilité d'octroyer un PE sur le même périmètre. Et, l'octroi d'un PE sur le périmètre qui fait l'objet d'une ARPC est une des conditions d'extinction de celle-ci. En pareil cas, une juste indemnisation est à allouer au titulaire de l'ARPC.

Article 137 : De la nature de l'Autorisation de Recherches des Produits de Carrières

L'Autorisation de Recherches de Produits de Carrières est un droit réel, immobilier, exclusif, non cessible, non transmissible et non amodiable. Ce droit est constaté par un titre de carrières dénommé, Certificat de Recherches des Produits de Carrières.

À l'instar d'un PR, l'ARPC est un droit réel, immobilier et exclusif. Quant à l'ARPC, elle ne peut être ni cessible ni transmissible ni amodiable.

Le « Certificat de recherches des produits de carrières » est la dénomination du titre qui consacre l'ARPC.

Article 138 : De la durée de l'Autorisation de Recherches des Produits de Carrières

La durée de l'Autorisation de Recherches de Produits de Carrières est d'un an, renouvelable une fois pour la même durée.

Cet article fixe la durée de validité de l'ARPC à un an. Cette dernière ne peut être renouvelée qu'une fois pour la durée d'un an.

Article 139 : Des limitations *(modifié à ses alinéas 1er et 3 par l'article 5 de la Loi n° 18/001 du 09 mars 2018 modifiant et complétant la Loi n° 007/2002 du 11 juillet 2002 portant Code minier)*

La superficie du périmètre faisant l'objet d'une Autorisation de recherches des produits de carrières ne peut pas dépasser un maximum de 4 carrés.

Le Périmètre de recherches des produits de carrières ne peut pas être superposé sur une superficie qui fait déjà l'objet d'un Permis d'Exploitation Minière. L'existence d'un Périmètre de recherches minières n'empêche pas l'établissement sur le même terrain d'un Périmètre de recherches des produits de carrières.

Une personne morale et les sociétés affiliées ne peuvent détenir plus de dix autorisations de recherches des produits de carrières.

Cet article limite la superficie que doit couvrir le périmètre d'une ARPC ainsi que celle de l'ensemble de la superficie sur lequel doivent porter les ARPC que peuvent détenir une personne et ses sociétés affiliées.

Cette superficie ne peut donc pas dépasser un maximum de 4 carrés, quelle que soit la substance sur laquelle porte l'ARPC.

Article 140 : De la demande d'Autorisation de Recherches des Produits de Carrières

Le requérant doit établir sa demande d'Autorisation de Recherches des Produits de Carrières et la déposer auprès du Cadastre Minier pour son instruction conformément aux dispositions des articles 34 à 42 du présent Code.

Cet article détermine les modalités de la demande d'une ARPC qui doit principalement répondre au principe de la priorité d'instruction prévu à l'article 34 de ce texte de loi, respecter les éléments des renseignements à fournir devant être annexés au formulaire qui est établi en français (articles 35 et 36 de ce texte de loi), être assorti du paiement des frais de dépôt (article 37 de ce texte de loi) et être susceptible de recevabilité (article 38 de ce texte de loi).

Il convient de souligner ici que, contrairement aux dispositions in fine de cet article, la nature de l'ARPC ne requiert ni l'instruction technique ni l'instruction environnementale et sociale. En effet, l'ARPC ne peut faire l'objet que de l'instruction cadastrale, telle que prévue à l'article 40 de ce texte de loi.

Les articles 39, 41 et 42, compris dans les articles 34 à 42, tels que mentionnés dans le libellé de cet article et auxquels le législateur fait allusion, ne peuvent se justifier pour ce qui est de l'ARPC. Une telle fausse affirmation peut amener à la confusion et donner ainsi lieu à la mauvaise compréhension de ce texte de loi. En fait, il s'agit ici des articles 34 à 38 et 40, et non pas des articles 34 à 42. D'où cet article doit être amendé de la manière suivante :

« Le requérant doit établir sa demande d'Autorisation de Recherches des Produits de Carrières et la déposer auprès du Cadastre minier pour son instruction conformément aux dispositions des articles 34 à 38 et 40 du présent Code. »

Article 141 : Des conditions d'octroi de l'Autorisation de Recherches des Produits de Carrières

Sans préjudice des articles 23 à 25 et 27, l'octroi de l'Autorisation de Recherches des Produits de Carrières est subordonné à la justification par le requérant de sa capacité financière minimum.

Cet article fixe les conditions d'octroi de l'ARPC.

Outre le fait qu'il faut impérativement être éligible au droit de carrières de recherches et pouvoir élire domicile ou recourir à un mandataire en mines et carrières, le requérant d'une ARPC doit justifier sa capacité financière. C'est dire qu'il doit prouver qu'il est en mesure de prendre financièrement ses recherches en charge.

Article 142 : De l'octroi de l'Autorisation de Recherches des Produits de Carrières

Sans préjudice des dispositions de l'article 46 du présent Code, l'Autorisation de Recherches des Produits de Carrières est octroyée ou refusée par le Chef de Division Provinciale des Mines, dans un délai qui ne peut excéder vingt jours ouvrables à compter de la date de la réception du dossier.

Tout refus d'autorisation de recherches des produits de carrières est motivé et ouvre la voie aux recours prévus par les articles 313 et 314 du présent Code.

Sous réserve d'être inscrite par décision judiciaire, l'ARPC est octroyée ou refusée non pas par le chef de division provinciale des Mines, mais par le ministre provincial des Mines, au plus tard dans les vingt (20) jours ouvrables de la réception du dossier lui transmis par le CAMI.

Cet article crée la confusion lorsqu'il affirme ceci : « l'Autorisation de Recherches des Produits de Carrières est octroyée ou refusée par le chef de division provinciale des Mines. » Cela ne facilite pas la compréhension des dispositions de certains articles du Code minier. Il s'agit là d'une fausse affirmation faite par le législateur.

De lege ferenda, il y a lieu que cet article soit amendé. Et cet amendement devrait consister au remplacement du groupe des mots « chef de division provinciale » par « ministre provincial ». Ainsi, il sera libellé comme suit :

« Sans préjudice des dispositions de l'article 46 du présent Code, l'Autorisation de Recherches des Produits de Carrières est octroyée ou refusée par le ministre provincial des Mines, dans un délai qui ne peut

excéder vingt jours ouvrables à compter de la date de la réception du dossier. »

La décision de refus d'octroi de l'ARPC doit être motivée et ouvre la voie au recours administratif, tel que prévu aux articles 313 et 314 de ce texte de loi.

Article 143 : De la preuve de la capacité financière minimum *(modifié à son alinéa 1er par l'article 5 de la Loi n° 18/001 du 09 mars 2018 modifiant et complétant la Loi n° 007/2002 du 11 juillet 2002 portant Code minier)*

La capacité financière minimum requise doit correspondre au montant global du budget prévu pour l'exécution du programme de recherches.

Dans tous les cas, elle ne peut être inférieure à cinquante fois le montant total des droits superficiaires annuels par carré payables pour la période de la validité de l'Autorisation de recherches des produits de carrières demandée.

La preuve de la capacité financière minimum est établie conformément aux dispositions de l'article 58 alinéas 2 à 4 du présent Code.

C'est le montant global du budget prévu pour l'exécution du programme de recherches qui représente la capacité financière minimum exigée au requérant. Cette dernière est calculée en fonction du montant des droits superficiaires annuels par carré à payer et ne peut être inférieure à cinquante fois le montant total.

« La capacité financière du requérant d'une ARPC a été revue pour représenter le montant global du budget prévu pour l'exécution du programme de recherches. Lorsque ce montant est inférieur à cinquante fois le montant total des droits superficiaires annuels par carré payables pour la période de la validité de l'ARPC, cette capacité financière est égale à ce dernier montant » (Jean-Félix Mupande Kapwa et al., *dir., 2020, p. 185).*

Contrairement à ce qui est dit à l'alinéa 3 de cet article, la preuve de la capacité financière minimum est donc établie conformément aux dispositions de l'article 58, alinéas 2 à 3, et non pas alinéas 2 à 4 de ce texte de loi. Ce renvoi inexact peut rendre cet article inintelligible. En fait, il ne devrait pas s'agir de l'alinéa 4, qui n'existe pas à l'article 58 dudit texte. Par conséquent, l'alinéa 3 de cet article devrait être modifié comme suit :

> *« La preuve de la capacité financière minimum est établie conformément aux dispositions de l'article 58, alinéas 2 à 3 du présent Code. »*

Article 144 : Expiration de l'Autorisation de Recherches des Produits de Carrières *(modifié à son dernier alinéa par l'article 5 de la Loi n° 18/001 du 09 mars 2018 modifiant et complétant la Loi n° 007/2002 du 11 juillet 2002 portant Code minier)*

L'Autorisation de Recherches des Produits de Carrières expire lorsqu'elle arrive au dernier jour de sa dernière période de validité ou lorsqu'elle n'a pas été renouvelée à la fin de la première période de validité, ou lorsqu'elle n'a pas été transformée en Autorisation d'Exploitation de carrière ou encore lorsqu'un Permis d'Exploitation est accordé dans le Périmètre de recherches des produits de carrières.

À l'expiration de l'Autorisation de recherches des produits de carrières, le Cadastre minier notifie immédiatement au titulaire l'expiration de son droit avec copie à la Direction des mines. Dans ce cas, sauf si un Permis d'exploitation est accordé, le périmètre sur lequel porte l'Autorisation de recherches est libre de tout droit à compter de la date de l'expiration du permis.

L'ARPC expire dans les mêmes conditions que celles d'un PR, conformément à l'article 61 de ce texte de loi.

On admet la superposition d'un PE sur le périmètre d'une ARPC. Il s'ensuit que l'expiration de celle-ci (ARPC) sur un périmètre n'emporte pas la validité de celui-là (PE).

Étant libre de tout droit, le périmètre sur lequel portait l'ARPC expirée peut faire l'objet d'une autre demande, et non pas être d'office réservé pour les recherches minières, comme il a été relevé précédemment au sujet de l'expiration du PR.

Article 145 : Du renouvellement et de la renonciation de l'Autorisation de Recherches des Produits de Carrières

L'Autorisation de Recherches de Produits de Carrières est renouvelable une fois pour une période d'un an, si aucun Permis d'Exploitation n'a été accordé sur le Périmètre de recherches de carrières.

La demande de renouvellement doit être déposée au moins soixante jours, et pas plus de nonante jours, avant la date d'expiration de l'Autorisation de Recherches des Produits de Carrières. Toute demande de renouvellement dûment déposée dans ce délai qui ne fait pas l'objet d'un refus notifié au demandeur dans un délai de trente jours, après la date de dépôt de la demande, est réputée accordée.

Tout refus de renouvellement d'une Autorisation de Recherches est motivé et donne droit aux recours prévus par les articles 313 et 314 du présent Code.

La renonciation à l'Autorisation de Recherches des Produits de Carrières obéit aux mêmes règles que celles du Permis de Recherches prévues à l'article 60 du présent Code.

Le renouvellement de l'ARPC est conditionné à l'inexistence d'un PE octroyé sur le même périmètre.

La demande de renouvellement de l'ARPC est adressée par le requérant au CAMI au moins soixante jours, et pas plus de nonante jours avant la date de l'expiration du droit de carrières de recherches.

Le refus de renouvellement d'une ARPC ouvre la voie au recours administratif, prévu aux articles 313 et 314 de ce texte de loi.

L'ARPC est renoncée dans les mêmes conditions que celles d'un PR, conformément à l'article 60 du même texte.

Chapitre III :
DE L'EXPLOITATION DES CARRIÈRES

Article 146 : De la portée des Autorisations d'Exploitation de Carrières *(modifié et complété par l'article 5 de la Loi n° 18/001 du 09 mars 2018 modifiant et complétant la Loi n° 007/2002 du 11 juillet 2002 portant Code minier)*

L'Autorisation d'exploitation de carrières permanente ou temporaire porte sur les produits de carrières pour lesquels elle est spécifiquement établie. Ces produits de carrières sont ceux que le titulaire a identifiés et dont il a démontré l'existence d'un gisement économiquement exploitable.

La superficie des périmètres faisant l'objet des Autorisations d'exploitation de carrières est celle des Autorisations de recherches dont elles découlent ou celle des parties des périmètres des Autorisations de recherches des produits de carrières transformées en Autorisations d'exploitation de carrières, sous réserve des dispositions de l'article 150, alinéa 2 du présent Code.

L'Autorisation d'exploitation de carrières permanente ou temporaire peut s'étendre à d'autres substances de carrières conformément à l'article 162 du présent Code.

Le législateur retient deux types de droits de carrières d'exploitation, à savoir : l'AECP et l'AECT.

Dans tous les cas, l'exploitation ne peut s'effectuer que sur les substances minérales classées en carrières que le titulaire a identifiées et dont il a démontré l'existence d'un gisement économiquement exploitable. Ainsi, il ne peut pas exploiter le sable si son droit d'exploitation repose sur le calcaire.

Néanmoins, le législateur n'exclut pas la possibilité d'étendre un droit d'exploitation à d'autres substances de carrières, et ce en application de l'article 162 de ce texte relatif à l'extension des substances.

Article 146 bis : Des droits conférés par l'Autorisation d'exploitation de carrières *(inséré par l'article 21 de la Loi n° 18/001 du 09 mars 2018 modifiant et complétant la Loi n° 007/2002 du 11 juillet 2002 portant Code minier)*

L'Autorisation d'exploitation de carrières permanente ou temporaire confère à son titulaire le droit exclusif d'effectuer, à l'intérieur du Périmètre sur lequel elle est établie et pendant la durée de sa validité, les travaux de recherche, de développement, de construction et d'exploitation visant les substances de carrières pour lesquelles l'Autorisation est établie et les autres substances s'il en a demandé l'extension.

Elle permet en outre, sans limitation, de :

a. accéder au Périmètre couvert par l'Autorisation d'exploitation pour procéder aux opérations de carrières ;

b. construire les installations et infrastructures nécessaires à l'exploitation de carrières ;

c. utiliser les ressources d'eau et du bois se trouvant à l'intérieur du Périmètre de carrière pour les besoins de l'exploitation, en se conformant aux normes définies dans l'EIES et le PGES ou le PAR selon qu'il s'agit de carrière permanente ou temporaire ;

d. disposer, transporter et commercialiser librement ses produits marchands provenant du Périmètre d'exploitation ;

e. procéder aux opérations de traitement ou de transformation des substances de carrières extraites du gisement à l'intérieur du Périmètre d'exploitation ;

f. procéder aux travaux d'extension de la carrière.

Cet article détermine les droits reconnus aux titulaires d'une AECP et d'une AECT. Spécifiquement, l'AECT ou AECP confère à son titulaire le droit de :

- entrer et occuper le périmètre couvert par le droit de carrières ;

- construire les installations et infrastructures nécessaires à l'exploitation de carrières ;

- réaliser ou transformer toute substance minérale dérivant des opérations d'exploitation sur ledit terrain ;

- procéder aux opérations de concentration, de traitement métallurgique ou technique des substances minérales extraites du gisement à l'intérieur du périmètre ;

- prendre et utiliser l'eau et le bois se trouvant à l'intérieur du périmètre à toute fin nécessaire pour les opérations d'exploitation et de traitement conformément aux normes définies dans l'EIES et le PGES ou le PAR selon qu'il s'agit de carrières permanente ou temporaire ;

- disposer, transporter et commercialiser librement les produits de carrières qui proviennent du périmètre d'exploitation ;

- mener toute autre action appropriée pour la réalisation des opérations d'exploitation, notamment procéder aux travaux d'extension de la carrière.

Article 147 : Des limitations de l'Autorisation d'Exploitation de Carrières Temporaire *(modifié et complété par l'article 5 de la Loi n° 18/001 du 09 mars 2018 modifiant et complétant la Loi n° 007/2002 du 11 juillet 2002 portant Code minier)*

Sans préjudice des dispositions de l'article 146 *bis* ci-dessus, l'autorisation d'exploitation de carrières temporaire fixe la quantité des substances à extraire, les conditions d'occupation des terrains nécessaires aux prélèvements et aux activités connexes et indique les taxes à payer. Elle précise également les obligations du bénéficiaire notamment en ce qui concerne l'environnement et la remise en état des lieux après prélèvement.

Toutefois, une quantité excédentaire au volume fixé par l'autorisation d'exploitation est à signaler au service en charge des carrières et des matériaux de construction pour faire objet d'une taxation supplémentaire au profit du Trésor public sous peine d'être confisquée.

En plus des droits conférés par l'AECT à son titulaire, tels qu'énumérés à l'article précédent, cet article précise la portée de celle-ci, en établissant les limites au-delà desquelles elle ne peut pas être octroyée.

Article 148 : De la nature des autorisations d'exploitation

L'Autorisation d'Exploitation de Carrières Permanente constitue un droit réel, immobilier, exclusif, cessible, transmissible et amodiable conformément aux dispositions du présent Code.

Ce droit est constaté par un titre de carrière dénommé, Certificat d'Exploitation de Carrières Permanente.

L'Autorisation d'Exploitation de Carrières Temporaire constitue un droit réel, immobilier, exclusif, cessible, transmissible et amodiable.

Ce droit est constaté par un titre de carrière dénommé, Certificat d'Exploitation de Carrières Temporaire.

L'AECP et l'AECT sont toutes des droits réels, immobiliers et exclusifs. Mais seule l'AECP est un droit cessible, transmissible et amodiable.

En effet, contrairement à ce qui est affirmé à l'alinéa 3 de cet article, l'AECT n'est ni transmissible ni amodiable. C'est ce qui ressort des alinéas 1 des articles 177 et 187 de ce texte de loi qui ne le citent pas dans la catégorie des droits amodiables, cessibles et transmissibles.

Pour ce qui est principalement de la cession de l'AECT, cet alinéa 3 met en exergue le caractère cessible de cette dernière, cependant que les articles 182, 184 et 185, alinéa 1, ainsi que 185 quater, alinéa 2, de ce texte de loi ne la font pas rentrer dans la même catégorie que l'AECP, comme un droit de carrières susceptible d'être cédé.

Au demeurant, il procède clairement de l'exposé des motifs de ce texte de loi qu'il est organisé la cession des droits miniers et de l'AECP. On peut bien remarquer ici que le législateur n'y a pas repris l'AECT.

Il y a là une incohérence juridique de la loi entre l'exposé des motifs et cet article. L'absence de la coïncidence entre ces deux textes (l'exposé des motifs et les dispositions de cet article) est frappante. En fait, le législateur aurait dû faire en sorte que l'article transcrive dans les termes juridiques appropriés l'exposé des motifs. L'un doit impérativement être le reflet de l'autre, et vice versa. À la prochaine réforme, le législateur devrait veiller à la cohérence juridique de ce texte de loi en cette matière.

Cette fausse affirmation appelle à la modification de cet alinéa de lege ferenda, afin de le conformer à l'exposé des motifs de ce texte de loi. Ainsi, l'article modifié devrait être libellé comme suit : « L'Autorisation d'Exploitation de Carrières Temporaire est un droit réel, immobilier, exclusif, non cessible, non transmissible et non amodiable. »

Le « Certificat d'exploitation de carrières permanente » est la dénomination du titre qui consacre l'AECP.

Le « Certificat d'exploitation de carrières temporaire » est la dénomination du titre qui consacre l'AECT.

Article 149 : De la durée des autorisations d'exploitation de carrières

(modifié et complété par l'article 5 de la Loi n° 18/001 du 09 mars 2018 modifiant et complétant la Loi n° 007/2002 du 11 juillet 2002 portant Code minier)

La durée de validité de l'Autorisation d'exploitation des produits de carrière permanente est de cinq ans renouvelable plusieurs fois pour la même durée.

La durée de validité de l'Autorisation d'exploitation des produits de carrière temporaire est d'un an non renouvelable. Toutefois, son titulaire a le droit de demander une nouvelle Autorisation d'exploitation temporaire pour le même Périmètre qui prendrait effet à l'échéance de l'autorisation en cours. Pendant la durée de son Autorisation d'exploitation de carrières temporaire, seul le titulaire a le droit de déposer une demande d'une nouvelle Autorisation d'exploitation sur le même périmètre.

Cet article fixe la durée de validité de l'AECP qui est de cinq ans renouvelables autant de fois pour la même durée.

Qui plus est, il fixe la durée de validité de l'AECT à un an non renouvelable. Dans ce cas, il laisse la possibilité au titulaire de l'AECT, non pas de renouveler son droit, mais de demander une nouvelle AECT sur le même périmètre, et cela pendant sa durée de validité.

De lege ferenda, le législateur devrait autoriser le titulaire de l'AECT, à l'instar des autres droits miniers et de carrières, à renouveler son droit de carrières, et même à le transformer en AECP, lorsqu'il souhaite poursuivre l'exploitation de sa carrière au-delà du délai prévu. Au fond, les procédures de renouvellement ou de transformation paraissent ici les mieux indiquées, étant plus simples et rapides, que la procédure d'octroi d'une nouvelle demande qu'impose l'alinéa 2 de cet article, à l'arrivée à terme de l'AECT.

Article 150 : **Des Périmètres des Autorisations d'exploitation des carrières**
(modifié à ses alinéas 1er, 2, 3, 5 et 7 par l'article 5 de la Loi n° 18/001 du 09 mars 2018 modifiant et complétant la Loi n° 007/2002 du 11 juillet 2002 portant Code minier)

Une Autorisation d'exploitation de carrières permanente ou temporaire peut être accordée sur la totalité du Périmètre qui fait l'objet de l'Autorisation de recherches des produits de carrières en cours de validité octroyée au requérant ou sur une partie de périmètre conformément aux dispositions de l'article 28 du présent Code.

Si le Périmètre n'a pas fait l'objet d'une autorisation de recherches de carrières, il doit être conforme aux dispositions relatives à la forme prévue à l'article 28 du présent Code et ne pas dépasser un maximum de quatre carrés.

Le Périmètre d'une Autorisation d'exploitation de carrières ne peut pas être superposé sur une superficie qui fait l'objet d'une autorisation de recherches de carrières ni d'un droit minier d'exploitation détenu par un tiers qui n'a pas donné son consentement écrit.

L'existence d'un Périmètre de recherches minières n'empêche pas l'établissement sur le même terrain d'un Périmètre d'exploitation de carrières.

Toutefois, le ministre peut autoriser l'établissement d'un périmètre d'exploitation de carrières sur un périmètre faisant l'objet d'un Permis d'exploitation ou d'un Permis d'exploitation de petite mine si le titulaire du Permis a refusé de donner son consentement de mauvaise foi. Le cas échéant, la demande est instruite et fait l'objet d'un contentieux administratif auquel le titulaire et le requérant participent si ce dernier fournit, avec sa demande, des preuves que le titulaire a refusé de donner son consentement de mauvaise foi.

Les modalités de cette procédure sont précisées dans le Règlement Minier.
Une personne morale et ses affiliés ne peuvent détenir qu'un maximum de dix Autorisations d'exploitation permanente des produits de carrières.

Cet article détermine l'étendue du périmètre du droit d'exploitation de carrières (AECP ou AECT). En sus, il fixe la limite de la superficie que doit couvrir le périmètre d'une AECP ou AECT, qui ne peut dépasser un maximum de quatre carrés. Enfin, il reconnaît au ministre des Mines la compétence d'autoriser l'empiétement sous certaines conditions.

Il sied de souligner que l'AECP ou l'AECT peut être accordée sur la totalité ou une partie du périmètre couvert par l'ARPC dont elle découle.

Qu'il ait fait l'objet ou non d'une autorisation de recherches, tout périmètre couvert par un droit d'exploitation de carrières doit être conforme à la forme décrite à l'article 28 de ce texte de loi.

Article 151 : De la demande de l'Autorisation d'Exploitation de Carrières

Le requérant rédige sa demande d'Autorisation d'Exploitation de Carrières Permanente et la dépose auprès du Cadastre Minier conformément aux articles 35 à 37 du présent Code. Il est joint à la demande les documents indiqués à l'article 69 du présent Code.

Le contenu de la demande de l'Autorisation d'Exploitation de Carrières Temporaire ainsi que les documents à joindre sont précisés dans le Règlement Minier.

Cet article détermine les modalités concernant les étapes du dépôt, de la recevabilité, de la langue de la demande, des frais de dépôt et d'établissement de la demande de l'AECP, telles que prévues aux articles 35 à 37 et 69 de ce texte de loi.

Le contenu de la demande de l'AECT et les documents à joindre sont précisés aux articles 299 à 316 du Règlement minier. Par ailleurs, les articles 317 à 336 du même texte déterminent les modalités de la demande de l'AECP.

Article 152 : De la recevabilité et de l'instruction de la demande de l'Autorisation d'Exploitation de Carrières Permanente et Temporaire

La demande d'Autorisation d'Exploitation de Carrières Permanente ou Temporaire est reçue et instruite conformément aux dispositions des articles 38 à 42 telles que complétées par les articles 156 à 158 du présent Code.

Cet article détermine clairement les modalités de la recevabilité et de l'instruction de la demande de l'AECP et de l'AECT.

Les modalités des instructions technique et environnementale et sociale d'une AECT sont énoncées aux articles 309 à 311 du Règlement minier, tandis que celles de l'AECP sont précisées aux articles 329 à 331 du même texte.

Article 153 : De l'autorité compétente

L'Autorisation d'Exploitation de Carrières Permanente ou Temporaire est octroyée ou refusée par décision de :

a) Chef de Division Provinciale de Mines pour les matériaux de construction à usage courant ;

b) Ministre sur avis technique de la Direction des Mines et après avis conforme du service compétent du Ministère des Affaires Foncières ainsi que celui des autorités administratives locales pour les autres substances de carrières.

Cet article spécifie les deux autorités compétentes pour octroyer une AECP ou AECT, selon qu'il s'agit de telle ou telle autre substance classée en carrières. Malheureusement, il est en contradiction avec l'article 11 bis, littera h, de ce texte de loi qui reconnaît au ministre provincial des Mines la compétence d'octroyer les autorisations de recherches des produits de carrières et les Autorisations d'exploitation de carrières de matériaux de construction à usage courant. Il s'agit là d'une confusion qui peut être à la base de l'inintelligibilité de cet article.

Pour ce qui est de l'octroi des autorisations d'exploitation de carrières de matériaux de construction autre que ceux à usage courant, c'est le ministre des Mines qui en est compétent.

De lege ferenda, cet article devrait être amendé pour éluder cette confusion créée par le législateur qui reconnaît tantôt au ministre provincial des Mines tantôt au chef de division provincial des Mines la compétence en matière d'octroi ou de refus d'octroi de l'AECP ou l'AECT. De la sorte, l'article amendé devrait être lu comme ceci :

> *« L'Autorisation d'Exploitation de Carrières Permanente ou Temporaire est octroyée ou refusée par décision de :*
>
> *a) ministre provinciale des Mines pour les matériaux de construction à usage courant ;*
>
> *b) ministre sur avis technique de la Direction des Mines et après avis conforme du service compétent du ministère des Affaires Foncières ainsi que celui des autorités administratives locales pour les autres substances de carrières. »*

Article 154 : Des conditions de l'octroi de l'Autorisation d'Exploitation de Carrières Permanente *(modifié et complété par l'article 5 de la Loi n° 18/001 du 09 mars 2018 modifiant et complétant la Loi n° 007/2002 du 11 juillet 2002 portant Code minier)*

Sans préjudice des articles 34 à 42, l'octroi de l'Autorisation d'Exploitation de Carrières Permanente est subordonné aux conditions suivantes :

a) démontrer l'existence d'un gisement en présentant une étude de faisabilité accompagnée d'un plan d'encadrement technique des travaux de développement, de construction et d'exploitation de la carrière ;

b) prouver l'existence de ressources financières nécessaires pour mener à bien le projet selon le plan de financement des travaux de développement, de construction et d'exploitation de la carrière ainsi que de réhabilitation du site à sa fermeture. Ce plan précise chaque type de financement, les sources de financement visées et les justifications de leur disponibilité probable ;

c) obtenir au préalable l'approbation de l'EIES et du PGES du projet ;

d) apporter une déclaration de vacance des terres établie par le Conservateur des titres immobiliers du ressort ou la preuve du consentement du concessionnaire foncier, si la superficie qui fait l'objet de la demande de l'autorisation d'exploitation de la carrière est située dans le Périmètre foncier de ce dernier ;

e) apporter, si le Périmètre demandé est compris dans le Périmètre d'un droit minier d'Exploitation en cours de validité, la preuve du consentement du titulaire de ce droit ou établir que son consentement a été refusé par mauvaise foi ;

f) déposer un acte d'engagement de se conformer au cahier des charges définissant la responsabilité sociétale vis-à-vis des communautés locales affectées par les activités du projet.

Cet article détaille les conditions auxquelles est soumise la demande d'une AECP.

On peut remarquer ici que toutes ces conditions sont cumulatives, et non alternatives.

Il faut savoir qu'avec la révision de ce texte de loi, le littera d concernant la déclaration de vacance des terres ainsi que le littera f ont été ajoutés aux conditions de l'octroi d'une AECP, alors qu'ils n'étaient pas de mise auparavant.

Les articles 302 et 303 du Règlement minier déterminent les modalités applicables au consentement écrit, exigé au littera d de cet article.

Article 155 : Des justifications du refus de l'octroi

L'Autorisation d'Exploitation de Carrières Permanente ne peut être refusée que si :

a) l'étude de faisabilité est rejetée ;

b) la capacité financière du requérant est insuffisante ;

c) l'EIES a été rejetée de façon définitive ;

d) le propriétaire du titre foncier refuse de bonne foi de donner son consentement à l'ouverture de la carrière ; ou si

e) le titulaire d'un droit minier d'exploitation a refusé de bonne foi de donner son consentement à l'ouverture de la carrière.

L'étude de faisabilité pour les Autorisations d'Exploitation de Carrières Permanente ne peut être rejetée qu'aux motifs de non-conformité à la directive du Ministère des Mines précisant son contenu conformément à la pratique généralement reconnue dans la région, de la présence d'une erreur manifeste, ou de la non-conformité avec l'EIES.

La preuve de la capacité financière du requérant ne peut être rejetée que pour la non-conformité du Plan de Financement avec l'étude de faisabilité ou pour l'insuffisance manifeste des justifications de la disponibilité du financement obtenu auprès des sources identifiées par le requérant.

La preuve de la capacité financière ne peut pas être rejetée si le requérant a produit, en cas de financement externe, des attestations des sources de financement identifiées de la faisabilité du financement dans les paramètres envisagés par le requérant, et en cas de financement interne, les états financiers de la personne ou de la société, certifiés par un commissaire aux comptes agréé, démontrant sa capacité d'autofinancement.

Cet article fixe les conditions dans lesquelles une demande d'octroi d'une AECP peut être rejetée ou une décision peut être refusée. Sinon, la décision de refus d'octroi serait arbitraire et ouvrirait la voie au recours.

Article 156 : Du délai de l'instruction technique de la demande

L'instruction technique d'une demande d'Autorisation d'Exploitation de Carrières Permanente est réalisée dans un délai qui ne peut pas excéder quarante-cinq jours à compter de la date de la réception du dossier de la demande transmis par le Cadastre Minier à la Direction des Mines.

Le dossier de demande d'une AECP est instruit par la DM (instruction technique) dans un délai ne dépassant pas quarante-cinq jours à compter de la date de sa réception.

L'article 330 du Règlement minier détermine les modalités de l'instruction technique.

Article 157 : Du délai de l'instruction environnementale de la demande

L'instruction environnementale de l'EIES et du PGES afférente à une demande d'Autorisation d'Exploitation de Carrières Permanente est réalisée dans un délai qui ne peut pas excéder cent quatre-vingts jours à compter de la date de la réception du dossier de la demande transmis au service chargé de la Protection de l'Environnement Minier transmis par le Cadastre Minier.

Le dossier de demande d'une AECP, voire d'une AECT, est également instruit par la DPEM (instruction environnementale), après transmission par le CAMI, dans un délai ne dépassant pas 180 jours à compter de la date de sa réception.

La DPEM instruit le dossier de demande d'une AECT ou AECP en collaboration avec l'ACE ainsi que le Fonds National de Promotion et de Service National. C'est le sens de l'expression « instruction environnementale et sociale ».

L'article 331 du Règlement minier détermine les modalités de l'instruction environnementale et sociale.

Article 158 : De la décision de l'autorité compétente *(modifié et complété par l'article 5 de la Loi n° 18/001 du 09 mars 2018 modifiant et complétant la Loi n° 007/2002 du 11 juillet 2002 portant Code minier)*

Si les avis cadastral, technique, environnemental, suite à l'instruction de la demande de l'autorisation d'exploitation de carrières permanente, sont favorables, l'autorité compétente prend une décision d'octroi de l'autorisation d'exploitation de carrières permanente.

Si l'avis cadastral sur une demande d'Autorisation d'exploitation de carrières permanente est défavorable, l'autorité compétente rend sa décision de refus de la demande dans le délai de quinze jours ouvrables à compter de la date de réception du dossier de la demande lui transmis par le Cadastre minier.

Si l'avis technique sur une demande d'Autorisation d'exploitation de carrières permanente est défavorable, l'autorité compétente prend sa décision de refus dans un délai de trente jours ouvrables à compter de la date de réception du dossier de la demande lui transmis par le Cadastre minier.

Si les avis cadastral et technique, suite à l'instruction de la demande de l'Autorisation d'exploitation de carrières permanente, sont favorables, mais que le certificat environnemental est défavorable, l'autorité compétente prend une décision de refus d'octroi de l'Autorisation d'exploitation de carrières permanente.

Si les avis cadastral et technique, suite à l'instruction de la demande de Permis d'exploitation, sont favorables, mais que le certificat environnemental n'est pas encore rendu, l'autorité compétente prend une décision d'approbation préliminaire et conditionnelle dans un délai de vingt jours ouvrables à compter de la date de transmission du dossier de la demande par le Cadastre minier et diffère sa décision finale d'octroi ou de refus de l'Autorisation d'exploitation de carrières permanente jusqu'à la réception du certificat environnemental.

La décision d'approbation préliminaire et conditionnelle de l'autorité compétente a pour effet d'entériner de façon définitive les avis cadastraux et technique favorables. Elle conditionne sa décision finale d'octroi à la réception d'un certificat environnemental favorable.

L'autorité compétente prend et transmet la décision d'octroi ou de rejet motivé de l'Autorisation d'exploitation de carrières permanente au Cadastre minier dans un délai de trente jours à compter de la date de réception du certificat environnemental lui transmis par le Cadastre minier.

La décision de l'autorité compétente, telle que prévue à l'article 153 de ce texte de loi, est prise à l'issue des instructions cadastrale, technique et environnementale de la demande de l'AECP.

Cette autorité prend et transmet sa décision d'octroi ou sa décision de refus motivé de l'AECP ou de l'AECT au CAMI dans un délai de trente jours, à compter de la date de réception du certificat environnemental lui transmis par le CAMI.

En principe, la décision à prendre peut résulter de cinq hypothèses ci-dessous.

Mathématiquement, cela peut se présenter de la façon suivante :

1. *Avis cadastral favorable + avis technique favorable + avis environnemental et social favorable = décision d'octroi ;*
2. *Avis cadastral défavorable = décision de refus d'octroi ;*

   Dans ce cas, l'instruction technique ou environnementale et sociale n'est plus de mise. On s'aperçoit que l'une et l'autre sont tributaires de l'avis cadastral. Toujours est-il que l'émission de l'avis cadastral favorable n'a aucune incidence sur la décision définitive d'octroi aussi longtemps que l'avis technique et/ou l'avis environnemental et social n'est pas encore émis.
3. *Avis cadastral favorable + avis technique défavorable = décision de refus d'octroi.*
4. *Avis cadastral favorable + avis technique favorable + certificat d'environnemental défavorable = décision de refus d'octroi.*
5. *Avis cadastral favorable + avis technique favorable + certificat d'environnemental non encore émis = décision d'approbation préliminaire et conditionnelle.*

   Dans ce cas, l'autorité compétente diffère sa décision finale d'octroi ou de refus d'octroi de l'AECP jusqu'à la réception du certificat environnemental. Il semble qu'en cas d'avis cadastral et technique favorables, la décision d'octroi ou de refus d'octroi de l'AECP est dépendante de l'émission de l'avis favorable ou défavorable du certificat environnemental. Autrement dit, lorsque le certificat environnemental est défavorable, l'autorité compétente prend la décision de refus d'octroi de l'AECP, en dépit des avis cadastral et technique favorables. Et le législateur a imparti à l'autorité compétente un délai de trente jours pour la prise de ladite décision.

   La décision d'approbation préliminaire et conditionnelle de l'autorité compétente a pour effet d'entériner de façon définitive les avis cadastral et technique favorables. Elle conditionne même sa décision finale d'octroi à la réception d'un certificat environnemental favorable.

   Pour tout dire, la décision de refus d'octroi résulte d'au moins un avis défavorable.

Il faut signaler qu'à l'alinéa 5 de cet article, le législateur a commis l'erreur de mentionner le Permis d'Exploitation, alors qu'il s'agit bel et bien de l'Autorisation d'exploitation de carrières permanente. De ce fait, cet alinéa devrait être modifié pour remplacer le groupe des mots « Permis d'Exploitation » par « l'Autorisation d'exploitation de carrières permanente ».

À travers cet article, le législateur n'a pas voulu, cette fois-ci, créer la confusion en utilisant l'expression « décision de rejet » non consacrée en droit minier, comme c'est le cas à l'article 76 de ce texte de loi.

Article 159 : Des conditions d'octroi de l'Autorisation d'Exploitation de Carrières Temporaire

L'Autorisation d'Exploitation de Carrières Temporaire est octroyée à la première personne éligible qui dépose une demande recevable conformément aux dispositions des articles 34 à 40 du présent Code, et qui remplit les conditions suivantes :

a) démontrer l'existence d'un gisement économiquement exploitable en présentant un plan d'encadrement technique des travaux d'exploitation de la carrière et un PAR y afférent ;

b) présenter, si la carrière est située sur un Périmètre faisant l'objet d'un titre foncier détenu par un tiers, le consentement écrit de celui-ci à l'ouverture de la carrière ;

c) présenter, si la carrière est située sur un Périmètre faisant l'objet d'un Permis d'Exploitation détenu par un tiers, le consentement écrit de celui-ci à l'ouverture de la carrière, ou la preuve que le consentement a été refusé de mauvaise foi.

Cet article fixe les conditions de l'octroi d'une AECT dont la demande doit, d'une part, respecter les règles relatives au principe de la priorité d'l'instruction, les renseignements à fournir, la langue de la demande, le paiement des frais de dépôt et, d'autre part, être assujettie aux conditions de la recevabilité et d'instruction.

Outre les conditions d'octroi prévues par cet article, l'article 301 du Règlement minier prévoit également certaines autres conditions d'octroi de l'AECT.

Les articles 302 et 303 du Règlement minier fixent les modalités de consentement écrit qui est requis au littera b de cet article.

Article 160 : Du délai des instructions technique et environnementale de la demande

Les instructions technique et environnementale d'une demande d'Autorisation d'Exploitation de Carrières Temporaire sont réalisées dans un délai qui ne peut pas excéder quinze jours à compter de la date de transmission du dossier de la demande aux services compétents du Ministère des Mines.

L'AECT est instruite (instructions technique ainsi qu'environnementale et sociale) dans un délai ne dépassant pas quinze jours à compter de la date de réception du dossier de la demande, conformément aux articles 310 et 311 du Règlement minier.

L'instruction environnementale et sociale a lieu dans les mêmes conditions que celles prévues à l'article 434 du Règlement minier relatif à l'instruction du Plan d'Atténuation et de Réhabilitation [ci-après PAR].

Article 161 : Du délai de décision *(modifié à son alinéa 1er par l'article 5 de la Loi n° 18/001 du 09 mars 2018 modifiant et complétant la Loi n° 007/2002 du 11 juillet 2002 portant Code minier)*

L'Autorité compétente prend et transmet sa décision d'octroi ou de refus motivée de l'autorisation d'exploitation de Carrières permanente ou temporaire au Cadastre minier dans un délai de quarante-cinq jours à compter de la date de la réception du dossier de la demande lui transmis par le Cadastre minier.

Passé ce délai, l'autorisation sollicitée est, sous réserve des dispositions de l'article 159 ci-dessus, réputée accordée et les alinéas 2 et 4 de l'article 43 du présent Code sont d'application.

Le requérant peut, en cas de besoin, recourir à l'inscription par voie judiciaire conformément aux dispositions de l'article 46 du présent Code.

Cet article fixe le délai de la prise de décision d'octroi ou de refus d'octroi d'une AECT.

Sous réserve de l'application des modalités de la décision d'octroi et de renonciation d'office, conformément aux alinéas 2 et 4 de l'article 43 de ce texte de loi, le requérant peut toujours recourir à la justice pour l'inscription judiciaire de son droit de carrières.

À l'instar des autres types de droits miniers et de carrières, la décision de refus d'octroi d'une AECT doit être toujours motivée. Faute de quoi, elle serait une décision illégale.

Article 162 : De l'extension à d'autres substances

Avant de procéder aux activités de recherches ou d'exploitation visant des substances de carrières autres que celles pour lesquelles son Autorisation d'Exploitation est établie, le titulaire est tenu d'obtenir l'extension de son autorisation à ces autres substances. Une telle extension est de droit si le titulaire la demande conformément aux dispositions du présent article.

Pour obtenir l'extension de son autorisation à des substances autres que celles pour lesquelles l'autorisation est établie, le titulaire doit suivre la même procédure que celle prévue pour l'institution de son Autorisation d'Exploitation en cours de validité. L'extension est accordée pour la période non échue de la durée de l'Autorisation d'Exploitation du titulaire.

Comme pour les droits miniers, le droit d'exploitation de carrières peut faire l'objet d'extension aux autres substances (associées) que celles pour lesquelles l'AECP a établi.

Les modalités de l'extension de l'AECP à d'autres substances minérales sont fixées par les articles 337 à 342 du Règlement minier.

Article 163 : De l'expiration de l'Autorisation d'Exploitation de Carrières Permanente

L'Autorisation d'Exploitation de Carrières Permanente expire dans les mêmes conditions que le Permis d'Exploitation telles que prévues à l'article 78 du présent Code.

L'AECP expire dans les mêmes conditions que celles prévues pour un PE.

Article 164 : De la renonciation à l'Autorisation d'Exploitation de Carrières Permanente *(modifié à ses alinéas 1er, 3 et 4 par l'article 5 de la Loi n° 18/001 du 09 mars 2018 modifiant et complétant la Loi n° 007/2002 du 11 juillet 2002 portant Code minier)*

Le titulaire d'une Autorisation d'exploitation de carrières permanente peut renoncer à tout moment en tout ou en partie au droit relatif à la superficie faisant l'objet de son autorisation. La déclaration de renonciation est adressée à l'autorité qui a octroyé l'autorisation.

La lettre de renonciation précise les coordonnées de la partie renoncée et de la partie retenue.

La partie faisant l'objet de la renonciation est composée de carrés entiers et contigus, et la partie retenue doit respecter les conditions sur la forme d'un Périmètre d'exploitation précisées par le présent Code.

La déclaration de renonciation, établie sur un formulaire à retirer et à déposer au Cadastre minier, précise les coordonnées de la partie concernée et celles de la partie retenue.

La renonciation prend effet trois mois après la date de réception de la déclaration de renonciation par l'autorité compétente.

La renonciation totale ou partielle ne donne droit à aucun remboursement des droits et des frais payés à l'État pour l'octroi ou le maintien de l'autorisation. Par ailleurs, la renonciation ne dégage pas le titulaire de sa responsabilité en ce qui concerne le paiement des frais et des impôts en relation avec l'exploitation autorisée pendant la période qui précède la renonciation, la protection de l'environnement, ni ses engagements envers la communauté locale.

Cet article définit les conditions de renonciation d'une AECP. En règle générale, tout droit minier ou de carrières, ayant une durée de validité de plus d'une année, est susceptible de renonciation. Ainsi, l'AECP peut être renoncée à tout moment en tout ou en partie.

Les articles 343 à 348 du Règlement minier fixent les modalités de renonciation d'une AECP.

Article 165 : Du renouvellement de l'Autorisation d'Exploitation de Carrières Permanente ou temporaire *(modifié à ses alinéas 4, 5 et 8 par l'article 5 de la Loi n° 18/001 du 09 mars 2018 modifiant et complétant la Loi n° 007/2002 du 11 juillet 2002 portant Code minier)*

L'Autorisation d'Exploitation de Carrières Permanente est renouvelable de droit pour des périodes successives de cinq ans si le titulaire n'a pas failli à ses obligations de maintien de la validité de l'autorisation prévue aux articles 196 à 199 du présent Code.

Le titulaire doit déposer à l'appui de sa demande de renouvellement une mise à jour de l'étude de faisabilité qui démontre le non-épuisement du gisement ainsi que son engagement à continuer à l'exploiter activement.

L'instruction du dossier est réalisée conformément aux dispositions des articles 39 à 42 du présent Code.

L'étude du document technique fourni par le requérant est limitée à la vérification de la mise à jour de l'étude de faisabilité initiale et un engagement souscrit. Le renouvellement de l'Autorisation d'exploitation de carrières permanente ou temporaire ne peut être refusé que pour les mêmes raisons que pour l'octroi d'une Autorisation d'exploitation de carrières permanente. Toutefois, le titulaire obtient l'approbation d'une mise à jour de son EIES et de son PGES pour continuer ses travaux au-delà du terme de l'Autorisation initiale et déposer un acte d'engagement de se conformer au cahier des charges définissant la responsabilité sociale vis-à-vis des communautés locales affectées par les activités du projet.

Le titulaire d'une Autorisation d'exploitation de carrières temporaire qui arrive à l'expiration a le droit de demander, pour le même périmètre, une nouvelle Autorisation qui prend effet à l'échéance de l'Autorisation initiale.

Le renouvellement dont la demande est dûment déposée dans ce délai et qui ne fait pas l'objet d'un refus notifié au demandeur dans un délai de nonante jours après la date du dépôt de la demande, est réputé accordé.

Tout refus de renouvellement d'une Autorisation d'Exploitation de Carrières Permanente est motivé et donne droit aux recours prévus par le présent Code.

Pendant la durée de son Autorisation d'exploitation de carrières temporaire, seul le titulaire a le droit de déposer une demande de nouvelle Autorisation d'exploitation sur le même périmètre.

Cet article détermine les conditions de renouvellement d'une AECP.

Les articles 349 à 356 du Règlement minier fixent les modalités de renouvellement d'une AECP.

Chapitre IV :
DU TRANSPORT, DE L'ENTREPOSAGE ET DE LA COMMERCIALISATION DES PRODUITS DE CARRIÈRES

Article 166 : Du transport et de l'entreposage des produits de carrières

Le titulaire d'une Autorisation d'Exploitation de Carrières a le droit de transporter, ou de faire transporter par le transporteur de son choix, les produits de carrières qui font l'objet de son autorisation et qui proviennent de son Périmètre d'exploitation.

Il a, en outre, le droit d'entreposer ses produits de carrières dans des sites clôturés, aménagés à cette fin, situés aux alentours des lieux de chargement, à condition de respecter la réglementation sur la sécurité du site et sur le contrôle de la pollution industrielle.

Cet article reconnaît au titulaire d'une AECP le droit de transporter et d'entreposer les produits de carrières issus de l'exploitation de son périmètre.

L'article 358 du Règlement minier fixe les modalités de transport des produits de carrières.

Article 167 : De la commercialisation

La commercialisation des produits marchands qui proviennent des Périmètres faisant l'objet d'Autorisation d'Exploitation des mêmes produits est libre. Le titulaire d'une Autorisation d'Exploitation peut vendre ses produits aux clients de son choix à des prix librement négociés.

Cet article reconnaît au titulaire d'une AECP la liberté de commercialiser les produits de carrières issus de son périmètre, et ce, à des prix librement négociés.

L'article 358 du Règlement minier fixe les modalités de commercialisation des produits de carrières.

TITRE VI :
DES SÛRETÉS

Chapitre Premier :
DES HYPOTHÈQUES

Article 168 : Des biens susceptibles d'hypothèques

Sont susceptibles d'hypothèques au sens du présent Code :

a) le Permis d'Exploitation, le Permis d'Exploitation de Rejets, le Permis d'Exploitation de Petite Mine et l'Autorisation d'Exploitation de Carrières Permanente, en tout ou en partie ; les immeubles par incorporation situés dans le Périmètre d'exploitation minière, notamment les usines, les installations et les machines construites pour la concentration, le traitement et la transformation des substances minérales contenues dans les gisements ou dans les gisements artificiels ;

b) les immeubles par destination affectés à l'exploitation minière.

« Dans le cadre des investissements miniers, les sûretés constituent un instrument important de crédit permettant aux titulaires des titres miniers ou de carrières d'obtenir les fonds nécessaires auprès des institutions bancaires pour le financement de leurs activités » (Adolphe Bambi Kabashi, 2012, p. 83).

Parmi les sûretés minières prévues en droit minier, il y a lieu d'en citer deux : l'hypothèque minière et le gage minier.

À travers cet article, le législateur offre la possibilité aux opérateurs miniers qui se trouvent dans l'incapacité de poursuivre ou de mener à terme leurs opérations minières d'hypothéquer leurs droits miniers et de carrières.

Cet article donne l'énumération des biens susceptibles de faire l'objet d'hypothèque. Il s'agit :

- d'abord, de quatre types des droits miniers et de carrières organisés, à savoir : le PE, PER, PEPM et l'AECP.

On s'aperçoit ici que le PR, l'ARPC et l'AECT ne sont pas susceptibles d'hypothèque, en raison de leur nature.

- ensuite, des immeubles par incorporation se trouvent dans le périmètre d'exploitation ;

- enfin, les immeubles par destination affectés à l'exploitation minière.

Une lecture attentive des dispositions de cet article montre que le législateur a retenu les droits miniers et de carrières, et non pas les titres miniers et de carrières, comme assiettes de l'hypothèque. Sur ce point, il faut dire qu'aussi longtemps que le titre minier ou de carrières n'est pas délivré, il est inconcevable qu'un droit minier ou de carrières, même octroyé, fasse l'objet d'une hypothèque. C'est donc le titre qui sert de soubassement à l'hypothèque minière.

Il sied de rappeler ici que la décision d'octroi d'un droit minier ou de carrières précède la délivrance du titre y afférent. De la sorte, on ne peut pas hypothéquer un droit dont l'« instrumentum » n'existe pas. Car c'est au dos d'un titre minier ou de carrières que l'inscription de toute hypothèque a lieu.

Article 169 : De la procédure d'approbation de l'hypothèque *(modifié à ses alinéas 5, 6 et 7 par l'article 6 de la Loi n° 18/001 du 09 mars 2018 modifiant et complétant la Loi n° 007/2002 du 11 juillet 2002 portant Code minier)*

Tout contrat d'hypothèque portant sur l'un des biens repris à l'article 168 du présent Code doit préalablement être agréé par le Ministre sur demande du créancier hypothécaire ou du titulaire.

La demande d'approbation de l'hypothèque est adressée au Cadastre Minier. Il y est joint les éléments ci-après :

a) l'acte ou le contrat d'hypothèque indiquant le montant ou l'estimation de la créance garantie par l'hypothèque ;

b) une copie certifiée conforme du titre minier ou des carrières dont le droit est concerné par l'hypothèque.

Sous réserve des alinéas ci-dessous, la demande d'approbation de l'hypothèque est instruite conformément aux articles 40 et 41 du présent Code.

Le Cadastre Minier réalise l'instruction cadastrale de la demande dans un délai maximum de sept jours ouvrables. Cette instruction cadastrale consiste à vérifier l'existence éventuelle d'une ou de plusieurs hypothèques antérieures, l'authenticité de l'acte d'hypothèque faisant objet de la demande et la validité du titre constatant le droit minier ou de carrières couvrant le Périmètre faisant l'objet d'hypothèque. La Direction des mines transmet son avis technique au ministre et au Cadastre minier dans un délai de dix jours ouvrables à compter de la réception du dossier lui transmis par le Cadastre minier.

Le ministre prend et transmet sa décision d'approbation ou de refus motivée au Cadastre minier dans un délai de quarante-cinq jours à compter de la date de réception du dossier lui transmis par ce dernier.

Passé ce délai, l'approbation est réputée acquise.

Sans préjudice des dispositions de l'article 46, le Cadastre Minier procède à l'inscription de l'hypothèque dans un délai de cinq jours qui suivent la transmission de la décision d'approbation du Ministre.

Le Responsable du Cadastre Minier ou son préposé a pouvoir de notaire en matière d'authentification des contrats d'hypothèque.

Cet article indique les formalités à accomplir ainsi que la procédure à suivre en matière d'hypothèque des droits miniers ou de carrières.

Il est à noter que le CAMI est tenu d'inscrire l'hypothèque dans un délai ne dépassant pas cinq jours. À défaut d'inscription par le CAMI, on recourt à l'inscription par voie judiciaire prévue à l'article 46 de ce texte de loi.

L'approbation de l'hypothèque est simultanément instruite par le CAMI (instruction cadastrale) et la DM (instruction technique).

Concernant l'authentification des actes ou des contrats en droit minier, il y a lieu de dire que le responsable du CAMI a à cet égard qualité pour authentifier les contrats d'hypothèque, valant acte.

Il paraît vrai que les matières, touchant au droit minier, aient des spécificités et présentent des aspects techniques, qui requièrent une certaine expertise, ou plus exactement des connaissances avérées dans le domaine minier que toute personne n'a pas. Pour cela, le transfert ou le louage des droits miniers ou de carrières constatés dans un acte, qui est subordonné à une authentification, doivent être traités par un organe habilité en la matière, comme il est le cas pour le CAMI. En réalité, il faut éviter que l'authentification d'un tel acte par un autre agent de l'État d'un quelconque office notarial le fasse en violation de la loi minière qui y régit.

Les modalités applicables à la procédure de l'approbation et de l'enregistrement des hypothèques sont fixées par les articles 359 à 364 du Règlement minier.

Article 170 : Des motifs du refus de l'approbation de l'hypothèque

Le Ministre ne peut refuser d'approuver la constitution d'une hypothèque que lorsque :

a) la valeur de l'hypothèque est inférieure à la créance garantie. En cas d'hypothèque antérieure, le contrat ne peut porter que sur la partie du bien non grevé ;

b) l'hypothèque garantit des créances n'ayant aucun rapport avec l'activité minière pour laquelle elle est consentie ;

c) le montant du financement obtenu est insignifiant ;

d) le créancier hypothécaire est frappé d'interdiction de détenir des droits miniers et/ou de carrières ;

e) le droit minier ou de carrières d'exploitation du titulaire n'est plus en cours de validité.

Tout refus d'approbation d'hypothèque doit être motivé et donne droit à l'exercice des recours prévus aux dispositions des articles 313 et 314 du présent Code.

La demande d'approbation d'une hypothèque n'est toujours pas suivie d'une décision d'approbation. En effet, le ministre des Mines peut refuser d'approuver la constitution d'une hypothèse pour tel ou tel autre motif.

Pour cela, cet article détermine les cas qui peuvent amener le ministre des Mines à refuser ou approuver une hypothèse. Cela sous-entend que ce dernier devrait rester dans les limites d'appréciation lui imposées par la loi pour ce qui est du refus d'approuver la constitution d'une hypothèque.

En cas de refus d'approbation, une telle décision doit impérativement être motivée et ainsi ouvre la voie au recours administratif prévu aux articles 313 et 314 de ce texte de loi.

Article 171 : De l'enregistrement et de l'opposabilité des actes d'hypothèque *(modifié à ses alinéas 1er et 3 par l'article 6 de la Loi n° 18/001 du 09 mars 2018 modifiant et complétant la Loi n° 007/2002 du 11 juillet 2002 portant Code minier)*

L'hypothèque est enregistrée moyennant paiement, au profit du Trésor public, d'un droit d'enregistrement équivalent en francs congolais, dont le taux applicable, suit le palier dégressif ci-après :

- 0,5 % : de 1 à 100.000.000 USD ;
- 0,3 % : de 100.000.001 à 500.000.000 USD ;
- 0,2 % : de 500.000.001 à 1.000.000.000 USD ;
- 0,1 % : au-delà de 1.000.000.000 USD.

Pour être opposable aux tiers, toute hypothèque approuvée par le Ministre est obligatoirement inscrite au dos du titre minier ou de carrières avant d'être portée dans un registre établi et gardé à cet effet au Cadastre Minier conformément à la procédure prévue par le Règlement Minier.

Le Règlement minier fixe les modalités d'enregistrement de l'hypothèque et du paiement du droit d'enregistrement visé au premier alinéa du présent article.

D'une part, cet article établit le principe d'inscription de l'hypothèque dans un registre approprié, d'autre part, il conditionne l'enregistrement du contrat d'hypothèque par le paiement du droit d'enregistrement. En sus, il exige non seulement l'intervention du ministre des Mines dans l'approbation de l'hypothèque, mais aussi l'inscription dudit contrat sur le dos du titre minier ou de carrières.

La demande d'approbation d'une hypothèque est assujettie au paiement des droits d'enregistrement. C'est donc le paiement, pour mieux dire, la preuve de paiement produite qui donne lieu à l'inscription de l'hypothèque approuvée.

Notons que l'inscription de l'hypothèque se déroule simultanément en deux phases : d'abord, l'inscription est portée au dos du titre, ensuite elle est portée au registre des hypothèques, des amodiations et des contrats d'option. C'est ce qui ressort de l'esprit et de la lettre de l'alinéa 4 de l'article 364 du Règlement minier.

Il faut savoir que l'enregistrement dans le cahier est une étape importante parce qu'elle permet de mettre l'information à la disposition de tous. D'où elle doit se faire concomitamment avec l'inscription au dos du titre de l'hypothèque approuvée.

Cela donne à penser que les effets d'une hypothèque découlent à la fois de l'inscription au dos du titre minier ou de carrières de l'hypothèque approuvée et de son enregistrement dans un registre établi à cet effet par le CAMI. Il paraît ici que c'est l'enregistrement dans le registre des hypothèques de l'hypothèque approuvée qui clôture la procédure de l'inscription. Ainsi, on peut dire que c'est seulement lorsque ces deux conditions sont réunies que l'hypothèque minière devient opposable aux tiers.

Il sied de souligner que l'hypothèque minière est indissociable d'un système de publicité foncière. D'ailleurs, en matière d'inscription de l'hypothèque en droit des sûretés Ohada, il résulte de l'article 206 de l'Acte uniforme révisé portant organisation des sûretés que tant que l'inscription n'est pas faite, l'acte d'hypothèque est inopposable aux tiers et constitue entre parties, une promesse synallagmatique qui les oblige à procéder à la publicité.

L'article 364 du Règlement minier fixe les modalités de la notification et de l'inscription de la décision d'approbation ou de refus d'approbation de l'hypothèque.

L'inscription du contrat d'hypothèque se fait conformément à l'article 373 du Règlement minier relatif à l'inscription du contrat d'amodiation au registre des hypothèques, des amodiations et des contrats d'Option.

Article 172 : De la réalisation de l'hypothèque *(modifié à son alinéa 2 par l'article 6 de la Loi n° 18/001 du 09 mars 2018 modifiant et complétant la Loi n° 007/2002 du 11 juillet 2002 portant Code minier)*

En cas de constat de défaillance du titulaire de ses obligations envers le créancier hypothécaire à l'échéance convenue et fixée dans l'acte d'hypothèque, celui-ci peut engager la procédure de l'exécution forcée conformément au droit commun.

Toutefois, le créancier hypothécaire peut se substituer au débiteur défaillant et requérir ainsi la mutation partielle ou totale du droit minier ou de carrières à son propre nom s'il réunit les conditions d'éligibilité prévues à l'article 23 du présent Code.

La lettre de demande de mutation du droit en faveur du créancier hypothécaire est adressée au Cadastre Minier. Elle doit :

a) être accompagnée d'une copie certifiée conforme de l'acte d'hypothèque ;

b) certifier que le créancier hypothécaire est éligible au droit minier ou de carrières concerné par l'hypothèque à réaliser ;

c) contenir son engagement à assumer les droits et obligations qui découlent du droit minier ou de carrières concerné par l'hypothèque à réaliser.

Si le créancier hypothécaire n'est pas éligible aux droits miniers et/ou de carrières, il lui est accordé un délai de six mois, soit pour se conformer aux règles de l'éligibilité, soit pour se faire substituer par une autre personne éligible aux droits miniers ou de carrières concernés par l'hypothèque.

À l'échéance convenue dans l'acte ou le contrat d'hypothèque, le titulaire du droit minier ou de carrières d'exploitation est tenu de s'acquitter de ses obligations découlant de son engagement vis-à-vis du créancier hypothécaire. Au cas contraire, ce dernier a le droit de solliciter la réalisation de l'hypothèque pour rentrer dans ses droits.

En droit minier, il n'existe pas une diversification des modes de réalisation de l'hypothèque. On retient un seul mode de réalisation de l'hypothèque, à savoir la substitution.

Ainsi le législateur prévoit-il la possibilité pour le créancier hypothécaire de se substituer au titulaire du droit minier ou de carrières d'exploitation par la procédure prévue en la matière. Dans ce cas, toute lettre de demande de mutation du droit en faveur du créancier hypothécaire doit être établie, déposée et accompagnée des pièces requises à l'alinéa 3 de cet article.

Il s'ensuit que le législateur a prévu deux alternatives de réalisation de l'hypothèque qui sont : la substitution du créancier hypothécaire ou la substitution du tiers substitué. Dans l'une ou l'autre hypothèse, il est fait application des règles relatives à l'éligibilité.

Pour cela, le tiers substitué ne peut remplacer le titulaire du droit minier ou d'exploitation que lorsque le créancier hypothécaire se trouve être inéligible aux droits miniers ou de carrières. Sinon, rien ne peut expliquer le fait que le créancier hypothécaire refuse de se substituer lui-même audit titulaire.

L'alinéa 4 de cet article constitue l'une des modalités applicables à l'inscription de la mutation, qui est également repris dans le règlement minier, en son article 368, alinéa 2. D'où il devrait y être supprimé.

En revanche, l'on devrait, de lege ferenda, remplacer le contenu de cet alinéa 4 par un autre qui laisserait entrevoir la possibilité pour le Règlement minier de fixer les modalités applicables à la réalisation de l'hypothèque. Il devrait alors être libellé comme suit :

« Le Règlement minier fixe les modalités de réalisation de l'hypothèque. »

Il faut savoir que la légistique a des règles et impose ainsi que, dans la rédaction des textes de loi, le législateur axe son texte sur les questions essentielles et renvoie, dans la mesure du possible, les questions accessoires au pouvoir réglementaire. Par principe, le législateur ne doit pas encombrer inutilement le texte. Il est appelé à faire la démarcation entre l'essentiel et l'accessoire.

Les articles 366 à 368 du Règlement minier fixent les modalités de réalisation de l'hypothèque.

Article 173 : De l'instruction cadastrale en vue de la mutation

Sous réserve des dispositions ci-dessous, le Cadastre Minier procède à l'instruction cadastrale conformément aux dispositions de l'article 40 du présent Code.

À la conclusion de l'instruction cadastrale, le Cadastre Minier procède :

a) à l'inscription provisoire du droit minier ou de carrières concerné par l'hypothèque sur la carte cadastrale. Cette inscription est valable pendant toute la durée de l'instruction ;

b) à l'affichage du résultat de l'instruction dans une salle déterminée par le Règlement Minier. Une copie de l'avis est remise au requérant ;

c) au rejet de la demande en cas d'avis défavorable et à la notification de la décision de rejet au requérant.

En cas d'avis favorable, le Cadastre Minier procède à l'inscription de la mutation et à la délivrance d'un nouveau titre établi au nom du créancier hypothécaire ou du tiers substitué dans un délai de cinq jours.

La validité du nouveau titre correspond à la période de validité non échue du titre initial.

Passé le délai de cinq jours prévu à l'alinéa 3 du présent article, le créancier hypothécaire ou le tiers substitué peut se prévaloir des dispositions de l'article 46 du présent Code.

La mutation du droit minier ou de carrières au nom du créancier hypothécaire ou du tiers substitué est opérée dans un délai d'un mois à compter de la réception de la demande.

Cet article détermine les modalités d'instruction cadastrale de la demande de mutation du droit minier ou de carrières en faveur du créancier hypothécaire.

La demande de mutation du droit minier ou de carrières en faveur du créancier hypothécaire ou du tiers substitué ne peut faire l'objet que d'instruction cadastrale, à l'issue de laquelle – et en cas d'avis favorable – le CAMI délivre un nouveau titre au nom du créancier hypothécaire ou au tiers substitué. De ce fait, les droits de l'ancien titulaire s'éteignent. La validité du nouveau titre ne sera pas celle prévue pour le droit minier ou de carrières concerné, mais celle correspondant à la période de validité restante qui couvre le titre initial. Par exemple, le nouveau titre à établir pour un PE dont la durée est en principe de vingt-cinq ans, mais qui est hypothéqué après dix ans de sa durée de validité, aura la durée de quinze ans et non de vingt-cinq ans comme d'ordinaire, à la suite de la mutation.

À l'instar de la procédure d'approbation de l'hypothèque, celle de l'inscription de la mutation du droit minier ou de carrières hypothéqué peut donner lieu à l'inscription par voie judiciaire prévue à l'article 46 de ce texte de loi.

Il découle de l'article 367, alinéa 1, du Règlement minier que, dans un délai maximum de dix jours ouvrables à partir de la date d'inscription de la demande recevable, le CAMI central ou provincial instruit cette demande de mutation du droit minier ou de carrières en faveur du créancier hypothécaire ou du tiers substitue conformément aux dispositions des articles 40 et 173 de ce texte de loi.

Article 174 : De l'effet de la mutation

En cas de réalisation de l'hypothèque et de mutation du droit minier ou des carrières à leur profit, le créancier hypothécaire ou le tiers substitué sont tenus d'assumer toutes les obligations découlant du titre initial vis-à-vis de l'État et des tiers.

Puisque le créancier hypothécaire ou le tiers substitué est substitué au titulaire du droit minier ou de carrières défaillant, il est logique qu'il assume vis-à-vis de l'État et des tiers toutes les obligations qui résultent du titre initial établi, ayant appartenu audit titulaire.

Article 175 : Des hypothèques légales *(modifié et complété par l'article 6 de la Loi n° 18/001 du 09 mars 2018 modifiant et complétant la Loi n° 007/2002 du 11 juillet 2002 portant Code minier)*

Par dérogation aux articles 169 et 170 du présent Code, les dispositions des articles 253, 254 et 255 de la loi n° 73-021 du 20 juillet 1973 portant régime général des biens, régime foncier et immobilier et régime des sûretés telle que modifiée et complétée à ce jour relatives aux hypothèques du Trésor et du sauveteur ainsi que celles des articles 210 et 212 de l'Acte uniforme portant organisation des sûretés relatives aux hypothèques de masses de créanciers et des architectes, entrepreneurs et autres personnes employées pour édifier, réparer ou reconstruire des bâtiments, sont inscrites et enregistrées conformément aux dispositions du présent Code.

Cet article soumet les hypothèques légales, hormis les hypothèques conventionnelles, à l'application du droit commun qui se trouve être défini non seulement aux articles 253, 254 et 255 de la loi dite « foncière », mais aussi des articles 210 à 212 de l'Acte uniforme révisé portant organisation des sûretés.

Il faut souligner ici qu'en droit Ohada, ce sont les articles 210 à 212 qui traitent des hypothèques légales, et pas seulement les articles 210 et 212, comme il est mentionné dans cet article.

De lege ferenda, cet article devrait être amendé. Et cet amendement devrait consister dans le remplacement de la conjonction de coordination « et » par la préposition « à ».

Dès lors, il sera libellé comme suit : « […] ainsi que celles des articles 210à 212 de l'Acte uniforme portant organisation des sûretés […] ».

Chapitre II :
DU GAGE

Article 176 : Des gages des produits marchands *(modifié à ses alinéas 2 et 3 par l'article 6 de la Loi n° 18/001 du 09 mars 2018 modifiant et complétant la Loi n° 007/2002 du 11 juillet 2002 portant Code minier)*

Les produits marchands provenant des gisements ou des gisements artificiels sont susceptibles de gage. Le gage portant sur les produits marchands est régi par les dispositions des articles 92, 93, 94, 95, 96, 97, 98, 99, 100, 101, 102, 103, 104, 105, 106, 107, 108, 109, 110, 111, 112, 113, 114, 115, 116, 117, 118, 119, 120, 121, 122, 123 et 124 de l'Acte Uniforme portant organisation des sûretés.

Le créancier gagiste des produits marchands avec dépossession est responsable des taxes, impôts et des obligations environnementales découlant du fait de la possession desdits produits dont il détient le droit de stocker, détenir, manutentionner, transporter, commercialiser et d'exporter.

À côté de l'hypothèque, le législateur retient également le gage comme sûreté minière.

Seulement il faut préciser que le gage, contrairement à l'hypothèque, ne porte pas sur le droit minier ou de carrières, mais sur les produits marchands provenant des gisements naturels ou des gisements artificiels, étant des biens mobiliers du fait de leur extraction du sol ou sous-sol. Comme l'explique Akono Minlo Ruben (2014, n° 26, p. 10) :

> *« Les gîtes minéraux, naturels ou artificiels, qui deviennent des gisements naturels ou artificiels lorsqu'ils sont susceptibles d'être exploités de manière rentable dans les conditions économiques du moment, sont incontestablement des biens appartenant à l'État. Mais ce dernier n'est pas propriétaire des produits extraits du fait de l'exploitation. Même si aucun texte minier ne le mentionne expressément, ces produits appartiennent à l'exploitant minier. La propriété dont il s'agit ici est mobilière. »*

Les minerais issus de l'extraction minière s'apparentent aux meubles par nature. La mobilité des produits marchands s'analyse du fait qu'un créancier peut, en cas d'insolvabilité de son débiteur, se saisir desdits produits à titre de gage, en vue de s'assurer de l'exécution de son obligation.

« Ce caractère mobilier [...], s'explique tout simplement par le fait que, les produits extraits qui avaient le caractère immobilier quand ils étaient incorporés au sol deviennent meubles après être séparés, même s'ils sont encore demeurés à l'intérieur de la mine » (Akono Minlo Ruben, 2014, n° 26, p. 10).

En définitive, il faut souligner qu'en droit congolais le gage minier ne se conçoit que dans le cadre des activités de l'industrie minière. Autrement dit, il ne peut porter que sur les produits marchands issus de l'exploitation industrielle ou semi-industrielle. Cela a comme conséquence que le créancier gagiste s'expose aux sanctions prévues aux articles 303 et 304 de ce texte de loi, au cas où il détiendrait les substances minérales issues de l'exploitation artisanale, c'est-à-dire qu'il sera poursuivi pour détention illicite ou transport illicite des substances minérales.

Cet état de choses découle de l'esprit et la lettre de l'alinéa 2 de cet article : il astreint le créancier gagiste des produits marchands à certains taxes et impôts ainsi qu'à l'observance des obligations environnementales qui ne rentrent que dans le cadre de l'exploitation industrielle ou semi-industrielle, mais pas de l'exploitation artisanale.

TITRE VII : DE L'AMODIATION ET DES MUTATIONS

Chapitre Premier : DE L'AMODIATION

Article 177 : Du contrat d'amodiation *(modifié à son alinéa 1er par l'article 7 de la Loi n° 18/001 du 09 mars 2018 modifiant et complétant la Loi n° 007/2002 du 11 juillet 2002 portant Code minier)*

L'amodiation consiste en un louage pour une durée fixe ou indéterminée, sans faculté de sous louage, de tout ou partie d'un droit minier d'exploitation ou d'Autorisation d'exploitation de carrières permanente, moyennant une rémunération fixée par accord entre l'amodiant et l'amodiataire.

Les droits miniers et/ou de carrières de recherche ne peuvent pas faire l'objet d'amodiation.

Tout contrat d'amodiation doit comporter, sous peine de nullité, une clause résolutoire :

a) pour non-paiement par l'amodiataire des impôts, taxes et redevances dus à l'État ;

b) pour non observation des lois et règlements pouvant entraîner des conséquences financières ou administratives préjudiciables à l'amodiant.

Tout contrat d'amodiation doit comporter, sous peine de nullité, des clauses fixant les conditions d'entretien et de réinvestissement nécessaires à l'exploration et au développement raisonnables du gisement.

Tout contrat d'amodiation comporte la responsabilité solidaire et indivisible de l'amodiant et de l'amodiataire vis à vis de l'État. L'amodiataire est, nonobstant toute clause contraire, redevable des impôts, taxes et redevances dus en vertu du titre minier ou de carrières. Toutefois, en cas de défaillance de l'amodiataire, l'amodiant est responsable vis à vis de l'État, sous réserve de son droit de recours contre l'amodiataire défaillant.

Il découle des dispositions de l'alinéa 1 de cet article que l'amodiation est un contrat, ou plus exactement une convention au sens de l'article 1 du Code civil congolais livre III. Ce dernier dispose que le contrat est une convention par laquelle une ou plusieurs personnes s'obligent, envers une ou plusieurs autres, à donner, à faire ou à ne pas faire quelque chose.

À la suite du contrat d'amodiation, le titulaire d'un droit minier ou de carrières dit « amodiant » fait louer ce dernier à une tierce personne dite « amodiataire », suivant certaines modalités, et ce au regard des articles 178 à 181 de ce texte de loi. À ce propos, Émile Lambert Owenga Odinga (2014) écrit ceci :

> *« Sa conclusion [du contrat d'amodiation] n'est pas laissée à la seule volonté des parties ; plutôt, la loi minière impose certaines mentions obligatoires et requiert son enregistrement au CAMI, outre que l'amodiataire doit réunir certaines conditions. »*

D'après Akono Minlo Ruben (2014, n° 23, p. 9), « L'amodiataire, en effet, possède une sorte de dominium utile, mais comme il est tenu au paiement d'une rente en faveur du titulaire du titre, on peut dire que celui-ci conserve sur la mine une sorte de dominium directum. »

Si le législateur permet aux opérateurs miniers de procéder à des amodiations, il ne le prévoit que pour les droits miniers d'exploitation (PE, PER et PEPM) et l'AECP. Ne sont donc pas amodiables : le PR, l'ARPC et l'AECT.

En effet, il paraît logique que le titulaire d'un droit minier ou de carrières de recherches ne puisse pas procéder à un louage d'un droit sur lequel les recherches qui s'effectuent n'ont pas encore abouti à des résultats susceptibles de conduire à l'exploitation. Tout semble indiquer que celui qui loue un bien doit pouvoir être sûr d'en tirer profit. Or, dans la mesure où l'opérateur minier se trouve encore à la phase des recherches minières, rien ne peut présager que ces dernières aboutiront à tout prix à la découverte d'un gisement économiquement exploitable ou rentable.

Cet article impose l'insertion d'une clause résolutoire dans le contrat d'amodiation de manière expresse, principalement pour ce qui est du non-paiement par l'amodiataire des impôts, taxes et redevances dus à l'État et de la non-observation des lois et règlements pouvant entraîner des conséquences financières ou administratives préjudiciables à l'amodiant. Qui plus est, il rend l'amodiant et l'amodiataire civilement responsables vis-à-vis de l'État en cas d'une faute. En fait, il s'agit là de la responsabilité solidaire (in solidium) et indivisible de l'amodiant et de l'amodiataire à l'égard de l'État.

La notion de la responsabilité civile est régie par l'article 258 du Code civil congolais livre III qui dispose : « Tout fait quelconque de l'homme, qui cause à autrui un dommage, oblige celui par la faute duquel il est arrivé à le réparer. »

Cela étant, le législateur a voulu que les deux parties n'aient pas l'occasion de se soustraire aux obligations vis-à-vis de l'État, concernant le paiement des taxes ou impôts dus à l'Administration. Ce qui fait que cette dernière peut recouvrer les sommes dues chez l'une ou l'autre partie, et ce sans considération de qualité de chacune d'elles.

Toutefois, au cas où l'amodiant s'acquitterait en lieu et place de l'amodiataire d'une obligation, il aura droit de recours contre ce dernier.

Étant donné que le titre est loué à l'amodiataire, qui exploite le périmètre, il n'est pas plausible de rendre l'amodiant solidairement responsable des obligations découlant du contrat d'amodiation vis-à-vis de l'État. Logiquement, seul l'amodiataire devrait répondre des obligations à l'égard de l'État, comme c'est le cas à l'égard des tiers, suivant l'article 181 de ce texte de loi, puisque c'est lui qui tire le gros profit du fait de l'exploitation du site minier ou de carrières.

Par ailleurs, le législateur ne dit pas expressément si le droit minier ou de carrières amodié peut faire l'objet d'une cession. Il ne dit pas non plus si l'amodiataire devrait bénéficier des droits découlant du droit minier ou de carrières amodié ayant fait l'objet d'extension à d'autres substances minérales.

Ainsi, la question que l'on peut se poser est de savoir si on peut envisager la cession d'un contrat d'amodiation. Autrement dit, étant un accord prévu en droit minier, on peut chercher à savoir si un contrat d'amodiation enregistré peut faire l'objet de cession.

La cession d'amodiation est-elle possible ? s'interroge Émile Lambert Owenga Odinga (2014, p. 828). Il y répond de la façon suivante :

> *« … À l'absence d'une disposition contractuelle qui prohibe sa cession, le contrat d'amodiation peut faire l'objet de cession dès lors que le cessionnaire soit éligible aux droits miniers ou de carrières amodiées, que le contrat de cession soit accepté par l'amodiant, qu'il soit soumis à l'instruction cadastrale ; que ledit contrat contienne l'engagement du cessionnaire de se soumettre à toutes les dispositions de la législation minière qui lui imposent des obligations en vertu de l'existence de l'amodiation ; que ce contrat fasse l'objet d'enregistrement au CAMI et qu'il s'agisse pas d'une cession purement fondée sur la spéculation… [que le prix de la cession soit mentionné dans le contrat].*
>
> *[…] En somme, le CAMI […] doit également éviter toute attitude extrémiste fondée sur un juridisme à l'excès pouvant l'amener à rejeter toute cession d'amodiation au prétendu motif que la législation minière ne l'aurait pas régulièrement organisée. »*

La possibilité de céder un droit amodié peut bien se justifier dans la mesure où l'amodiataire se trouve dans une situation financière difficile et souhaite ainsi céder ses droits découlant du contrat d'amodiation à une autre personne capable de financer les travaux, le but étant de sauver le projet minier en cours d'exécution. Il sera dès lors inconcevable de lui refuser une telle opportunité.

Dès lors que les deux contractants (l'amodiant et l'amodiataire) n'ont pas expressément exclu une telle possibilité dans leur contrat d'amodiation, rien ne peut exempter cette cession, vu que ce texte de loi ainsi que ses mesures d'application ne l'ont pas non plus interdite expressis verbis.

Par conséquent, il siérait mieux d'aborder toutes ces questions de lege ferenda, afin de répondre aux éventuels cas pouvant se présenter dans la pratique.

En définitive, il n'est pas inutile de préciser que l'amodiation est un contrat qui n'existe pas qu'en droit minier et doit son originalité au droit des hydrocarbures. Cela s'explique par le fait que le droit minier et le droit des hydrocarbures ont été longtemps très liés. C'est pourquoi, à une époque, en ce qui concerne la répartition des ministères, les deux secteurs étaient souvent confiés à un seul ministre.

L'article 369 du Règlement minier détermine les modalités de dépôt de la demande d'enregistrement d'un contrat d'amodiation, tandis que l'article 370 du même texte fixe celles de la recevabilité ou de l'irrecevabilité de la demande d'inscription du contrat d'amodiation.

Article 178 : De l'instruction de la demande d'amodiation

Sous réserve des dispositions ci-dessous, le Cadastre Minier procède à l'instruction cadastrale conformément aux dispositions de l'article 40 du présent Code.

À la conclusion de l'instruction cadastrale, le Cadastre Minier procède :

a) à l'inscription provisoire du Permis concerné par l'amodiation sur la carte cadastrale. Cette inscription est valable pendant toute la durée de l'instruction ;

b) à l'affichage du résultat de l'instruction dans une salle déterminée par le Règlement Minier. Une copie de l'avis est remise au requérant ;

c) au rejet de la demande en cas d'avis défavorable et à la notification de la décision de rejet au requérant.

En cas d'avis favorable, le Cadastre Minier procède à l'enregistrement du contrat d'amodiation dans un délai de cinq jours conformément aux dispositions de l'article 171 du présent Code.

Passé ce délai, l'amodiataire peut se prévaloir des dispositions de l'article 46 du présent Code.

La validité du contrat d'amodiation correspond à la période de validité non-échue du titre de l'amodiant.

Cet article détermine la procédure d'instruction d'un contrat d'amodiation. Pour que l'instruction ait lieu, l'amodiataire est tenu de payer les frais de dépôt au guichet de CAMI, lesquels s'élèvent à l'équivalent en francs congolais de 5.500 USD par titre.

Conformément à l'article 369 du Règlement minier, pour obtenir l'enregistrement d'un contrat d'amodiation, l'amodiant dépose la demande d'inscription d'un contrat d'amodiation au CAMI central ou provincial, en trois exemplaires.

Le législateur aurait dû préciser que l'enregistrement du contrat d'amodiation n'est fait que conformément aux dispositions de l'alinéa 1 de l'article 171, pour la simple raison que le ministre des Mines n'intervient pas dans la procédure d'enregistrement du contrat d'amodiation, comme c'est le cas pour celle d'enregistrement des actes d'hypothèque, prévue à l'alinéa 2 du même article. Le défaut de précision peut prêter à confusion et poser un problème de compréhension. D'où il importera, de lege ferenda, de préciser cet état des choses.

Par ailleurs, le législateur a prévu la procédure de l'inscription par voie judiciaire, à défaut d'enregistrement du contrat d'amodiation par le CAMI dans le délai prescrit à cet effet.

L'article 370 du Règlement minier fixe les conditions de la recevabilité ou de l'irrecevabilité de la demande d'inscription du contrat d'amodiation, tandis que l'article 371 de ce même texte précise les modalités d'instruction cadastrale.

Quant aux articles 372 et 373 du Règlement minier, ils déterminent respectivement les modalités de la notification et de l'inscription de l'avis cadastral ainsi que de l'inscription du contrat d'amodiation au registre des amodiations.

Article 179 : De l'enregistrement du contrat d'amodiation *(modifié à son alinéa 4 par l'article 7 de la Loi n° 18/001 du 09 mars 2018 modifiant et complétant la Loi n° 007/2002 du 11 juillet 2002 portant Code minier)*

Préalablement à la conclusion du contrat, l'amodiataire doit démontrer qu'il est éligible au droit minier ou à l'autorisation de carrières concernées par son contrat.

Pour être opposable aux tiers, tout contrat d'amodiation doit être enregistré dans un registre établi et gardé à cet effet au Cadastre Minier conformément à la procédure prévue par le Règlement Minier.

L'enregistrement du contrat d'amodiation n'est soumis qu'au contrôle de l'éligibilité de l'amodiataire par l'Administration des Mines selon la procédure prévue par le Règlement Minier.

Le contrat d'amodiation est enregistré par le Cadastre minier moyennant paiement, au profit du Trésor public, d'une taxe pour enregistrement dont le montant est déterminé par voie réglementaire.

D'une part, cet article fixe les modalités d'enregistrement du contrat d'amodiation, en soumettant à l'amodiataire aux prescrits de l'article 23 de ce texte de loi relatif à l'éligibilité aux droits miniers et de carrières ; d'autre part, il conditionne l'opposabilité aux tiers du contrat d'amodiation par son enregistrement dans un registre établi et gardé au CAMI.

En effet, aussi longtemps que le contrat d'amodiation n'est pas enregistré, c'est-à-dire inscrit dans le cahier d'enregistrement des demandes d'inscription hypothèques et d'amodiation, ni l'amodiant ni l'amodiataire ne peut se prévaloir des droits découlant dudit contrat pour les opposer aux tierces personnes.

Lors de l'instruction cadastrale, le CAMI ne devrait se limiter qu'à l'examen de l'éligibilité de l'amodiataire, et ce, en dehors de toute autre considération.

Le contrat est enregistré contre le paiement d'un droit d'enregistrement. Le montant est de 1 % du premier loyer dû, conformément à l'article 372, alinéa 2, du Règlement minier.

Article 180 : Des droits de l'amodiant

L'amodiant peut nonobstant toute clause contraire, exercer, soit personnellement soit par tout expert de son choix dûment mandaté par lui, un droit de surveillance et d'inspection des travaux de l'amodiataire.

La Direction des Mines communique à l'amodiant les observations qu'elle adresse à l'amodiataire et doit lui faire prendre connaissance de ses rapports d'inspection.

Le contrat d'amodiation ne dépouille pas l'amodiant de tous les droits parce qu'il lui est reconnu un droit de regard sur les travaux qui s'effectuent dans le périmètre du droit minier ou de carrières amodié. Autrement dit, l'amodiant a un droit de surveillance et d'inspection des travaux de l'amodiataire.

C'est dans ce cadre que le législateur impose à la DM de tenir informé l'amodiant des observations qu'elle adresse à l'amodiataire et de lui faire prendre connaissance de ses rapports d'inspection.

Article 181 : De l'exonération de responsabilité de l'amodiataire

Sans préjudice des dispositions du dernier alinéa de l'article 177 du présent Code, l'amodiataire est responsable civilement et pénalement vis-à-vis des tiers. Toutefois, l'amodiataire peut être dégagé de toute responsabilité s'il prouve que :

a) le dommage est survenu avant l'existence du contrat d'amodiation ;

b) le fait dommageable est intervenu après l'existence du contrat d'amodiation, mais avant l'occupation effective du lieu d'exploitation par lui ;

c) le dommage est causé par une exploitation frauduleuse faite soit par l'amodiant soit par un tiers.

Cet article institue la responsabilité civile et pénale de l'amodiataire à l'égard des tiers. En effet, bien que tenu civilement et pénalement pour responsable, l'amodiataire peut toujours démontrer son innocence ou sa non-responsabilité ; ce qui lui permettra d'être dégagé de toute responsabilité.

Il en sera ainsi lorsque l'exécution des travaux de construction a causé préjudice à quelqu'un, au moment où le contrat d'amodiation n'est pas encore conclu entre lui et l'amodiant.

Aussi l'amodiataire ne peut-il pas être tenu responsable, malgré que le contrat ait été déjà conclu, tant qu'il n'a pas été prouvé qu'il a pris formellement possession du périmètre à exploiter.

Enfin, l'amodiataire ne peut non plus être tenu responsable lorsqu'il est établi que l'amodiant, en dépit du fait qu'il a déjà loué son droit, continue de se livrer frauduleusement aux opérations minières. Il en sera de même lorsque le dommage survenu découle des activités frauduleuses d'un tiers.

Comme on peut s'en apercevoir, le législateur a, en matière de responsabilité civile vis-à-vis des tiers, exonéré l'amodiant de cette dernière. L'ayant tenu solidairement responsable avec l'amodiataire vis-à-vis de l'État, il a estimé à bon droit de ne pas le rendre cette fois-ci solidairement responsable à l'égard des tiers.

Il est fort probable que le législateur soit parti de l'hypothèse selon laquelle la personne qui exerce quotidiennement les droits portant sur le titre en tant que locataire, et partant ayant la jouissance du droit minier, doit être tenue seule responsable des dommages causés aux tiers.

Chapitre II :
DES MUTATIONS

Section I : De la cession

Article 182 : De l'acte de cession *(modifié et complété par l'article 7 de la Loi n° 18/001 du 09 mars 2018 modifiant et complétant la Loi n° 007/2002 du 11 juillet 2002 portant Code minier)*

Les droits miniers et les Autorisations d'exploitation de carrière permanente en cours de validité peuvent faire l'objet d'une cession totale ou partielle. Cette cession est définitive et irrévocable dès l'endossement du titre. En l'absence de dispositions contraires, le droit commun sur la cession s'applique.

L'acte de cession contient le prix du transfert du droit ainsi que l'engagement du cessionnaire à assumer toutes les obligations du titulaire vis-à-vis de l'État qui découlent du droit de recherches ou d'exploitation, notamment celui de céder à l'État les parts ou actions prévues au littera d de l'article 71 du présent Code.

Nonobstant ce qui précède, le cessionnaire n'est pas tenu d'assumer les obligations de protection de l'environnement pour lesquelles le cédant est responsable avant la cession, en application de l'article 185 alinéas 3 et 4 du présent Code.

Lorsqu'une entreprise du portefeuille de l'État fait apport d'un gisement minier, soit à une société existante, soit en vue de la constitution d'une nouvelle société, la participation de ladite entreprise au capital de la société existante ou à constituer est fixée en fonction de la valeur réelle du gisement minier faisant l'objet de l'apport. L'évaluation du gisement est faite conformément aux dispositions de l'Acte Uniforme relatif au Droit des sociétés commerciales et du groupement d'intérêt économique.

Cet article détermine les droits miniers et de carrières pouvant faire l'objet de cession. Il s'agit de : PR, PE, PER, PEPM et AECP.

« À titre prémonitoire, le terme "cession" n'est pas corollaire au concept "concession" comme d'aucuns l'appréhendent. Nonobstant sur le plan de la sémantique et des effets juridiques ex nunc ou ex tunc qui peuvent en découler, la cession implique un transfert, une aliénation du droit de propriété sur un bien alors que la concession suppose que le concédant ne transfère que le droit de propriété » (V. Kangulumba Mbambi, 2007, p. 18).

En droit minier congolais, les mutations concernent les actes ou contrats de cession, de transmission et d'option. Le législateur a prévu que l'opérateur minier puisse céder ou transférer partiellement ou totalement les droits et obligations résultant de son titre minier ou de carrières.

Le droit commun distingue deux natures de contrat de cession, qui peut être soit un contrat à titre gratuit soit un contrat à titre onéreux. Dans ce second cas, il s'agit principalement d'un acte qui engendre les obligations de deux parties, c'est-à-dire chacune des parties s'engage à fournir une prestation en échange d'une contre-prestation

Il est à noter que le législateur n'a pas prévu la cession à titre gratuit, d'autant plus qu'il impose dans le contrat de cession la mention du « prix de transfert du droit ».

Avec la modification de ce texte de loi, l'acte de cession doit désormais contenir non seulement le prix de transfert du droit, mais encore l'engagement du cessionnaire à assumer toutes les obligations du titulaire vis-à-vis de l'État qui découlent du droit de recherches ou d'exploitation, notamment celui de céder à l'État 10 % des parts ou actions constitutives du capital social du cessionnaire, tel que prévu à l'article 71, littera d, de ce texte de loi.

En fait, le législateur n'estime pas que le titulaire, qui a investi financièrement, entre autres, pour le maintien de validité de son droit minier ou de carrières, cède gratuitement ce dernier à une tierce personne.

Vu que les activités minières se déroulent souvent dans le cadre des affaires commerciales, il est inconcevable qu'un commerçant cède gratis ses droits à un autre commerçant qui, par la suite, pourra en tirer des dividendes. Tout compte fait, la cession à titre gratuit ne peut pas se justifier au regard de l'intérêt que suscitent les activités minières et du gain qui peut en résulter pour la partie cessionnaire.

Aucune demande de cession ne peut être déposée au guichet du CAMI et être reçue sans le paiement des frais de dépôt y afférents. Ces derniers sont fixés à l'équivalent en francs congolais de 5.500 USD par titre.

L'article 374 du Règlement minier fixe les modalités de dépôt de la demande de cession, tandis que l'article 375 du même texte détaille les renseignements que doit contenir le formulaire de la demande de cession. Les dispositions desdits articles conditionnent à la recevabilité de la demande de cession, telle qu'elle ressort de l'article 376 de ce même texte.

Article 182 bis : Des conditions de cession *(inséré par l'article 22 de la Loi n° 18/001 du 09 mars 2018 modifiant et complétant la Loi n° 007/2002 du 11 juillet 2002 portant Code minier)*

La cession des droits miniers et des autorisations d'exploitation de carrières permanente est subordonnée aux conditions suivantes :

1. Pour le cessionnaire :

a. être préalablement une personne éligible à requérir et à détenir les droits miniers ou les autorisations d'exploitation de carrière permanente conformément à l'article 23 du présent Code ;

b. justifier, en cas de cession d'un permis de recherche, de la capacité financière prévue aux articles 56 et 58 du présent Code ;

c. remplir, en cas de cession d'un droit minier d'exploitation, la condition prévue à l'article 71 littera d, 71 bis et l'article 104 alinéa 2 du présent Code ;

d. respecter, en cas de cession partielle, les dispositions des articles 28 et 29 du présent Code.

2. Pour le cédant : avoir respecté ses obligations de protection de l'environnement prévues par le plan environnemental approuvé.

Cet article subordonne la cession des droits miniers et de carrières au respect de certaines conditions dans le chef tant du cessionnaire que du cédant.

Comme on peut le constater, le législateur ne mentionne ni l'ARPC ni l'AECT parmi les droits de carrières qui sont subordonnés aux conditions de cession. Cet article coïncide avec l'exposé des motifs de ce texte de loi qui ne les a pas non plus cités comme droits de carrières susceptibles d'être cédés. Ce qui n'est pas le cas pour l'article 148, alinéa 3, de ce texte de loi qui affirme faussement que l'AECT est un droit cessible.

Outre que le contrat de cession doit revêtir la forme écrite, il doit se conformer aux normes prévues dans ce texte de loi et ses mesures d'application en la matière.

Article 183 : De l'instruction de la demande de cession *(modifié et complété par l'article 7 de la Loi n° 18/001 du 09 mars 2018 modifiant et complétant la Loi n° 007/2002 du 11 juillet 2002 portant Code minier)*

L'instruction de la demande de cession se fait conformément aux dispositions des articles 40, 41, 42 et 178 du présent Code.

Le législateur a prévu deux phases d'instructions de la demande de cession, à savoir : l'instruction cadastrale au CAMI et l'instruction technique ainsi qu'environnementale et sociale à l'Administration des mines et de l'Environnement, principalement à la DM, à la DPEM et à l'ACE.

L'instruction de la demande de cession est soumise aux dispositions de l'article 40 relatives à l'instruction cadastrale, de l'article 41 relatives à l'instruction technique, de l'article 42 relatives à l'instruction environnementale et sociale ainsi qu'à celles de l'article 178 relatives à l'instruction de la demande d'amodiation de ce texte de loi.

En outre, l'instruction de la demande de cession se déroule de la même façon que celle de l'instruction de la demande d'amodiation prévue à l'article 178 de ce texte de loi.

L'article 377 du Règlement minier fixe les modalités de l'instruction cadastrale et l'article 378 fixe celles de l'inscription et de la notification de l'avis cadastral.

Article 184 : De la cession partielle *(modifié et complété par l'article 7 de la Loi n° 18/001 du 09 mars 2018 modifiant et complétant la Loi n° 007/2002 du 11 juillet 2002 portant Code minier)*

La cession partielle de droit minier de recherches, de droit minier d'exploitation ou de l'Autorisation d'exploitation de carrière permanente est enregistrée au moment de l'octroi du nouveau droit par l'autorité compétente, et le Cadastre minier en délivre un nouveau titre minier.

Cet article ne mentionne pas l'AECT comme droit de carrières pouvant faire l'objet de cession partielle, contrairement à l'alinéa 3 de l'article 148 qui met en évidence son caractère cessible.

S'agissant de la cession des droits miniers et de carrières, le législateur a prévu deux types de cession qui sont la cession partielle et la cession totale. Cette distinction a une incidence sur le moment de transfert ou de mutation d'un droit minier ou de carrières.

Cela étant, il faut dire qu'en cas de cession totale, l'enregistrement a lieu au moment de l'endossement du titre, à partir duquel le droit minier ou de carrières devient opposable aux tiers. En revanche, lorsqu'il est question de la cession partielle, le législateur a voulu que la partie cédée soit couverte par un nouveau titre distinct qui portera sur le périmètre couvert par la partie partiellement cédée. En pareil cas, l'opposabilité aux tiers a lieu à l'établissement et à la délivrance du nouveau titre minier ou de carrières par le CAMI.

Par ailleurs, à y regarder de plus près, on peut constater que le législateur offre la possibilité au cédant de solliciter une révision du montant de la sûreté financière de réhabilitation de l'environnement, conformément à l'article 3 du chapitre 1er de l'annexe II du Règlement minier. C'est ce que dispose l'article 380 ter du Règlement minier fixant les modalités applicables à la cession partielle.

La cession partielle et la cession totale sont soumises indistinctement à l'application des dispositions des articles 374 à 380 du Règlement minier. Il s'agit, en effet, des dispositions relatives au dépôt de la demande de cession (article 374), au formulaire de la cession (article 375), à la recevabilité de la demande de cession (article 376), à l'instruction cadastrale (article 377), à l'inscription et à la notification de l'avis cadastral (article 378), à l'instruction technique (article 379) et à l'audit environnemental in situ (article 380).

Article 185 : De l'instruction technique et de l'audit environnemental
(modifié et complété par l'article 7 de la Loi n° 18/001 du 09 mars 2018 modifiant et complétant la Loi n° 007/2002 du 11 juillet 2002 portant Code minier)

Sans préjudice des dispositions des articles 40, 41, 42 et 178 du présent Code, l'instruction technique du dossier de la demande de transfert du droit minier ou de l'Autorisation d'exploitation de carrières permanente au nom du cessionnaire est réalisée dans un délai de vingt jours ouvrables à compter de la date de transmission du dossier de la demande à la Direction des mines par le Cadastre minier.

L'instruction technique consiste à :

a. vérifier la capacité financière du cessionnaire ;

b. vérifier la prise en charge par le cessionnaire des obligations liées au droit minier ou à l'Autorisation d'exploitation de carrières permanente et vérifier la prise en charge des obligations du cédant par le cessionnaire ;

c. déterminer, le cas échéant, que tout changement que le cessionnaire propose d'effectuer dans les documents initiaux sur la base desquels le droit minier ou l'Autorisation d'exploitation de carrières permanente a été octroyé ne modifie pas les conclusions techniques sur le projet.

Un audit environnemental *in situ* est réalisé par l'Agence Congolaise de l'Environnement en collaboration avec la Direction chargée de la protection de l'environnement minier dans un délai de trente jours ouvrables à compter de la date de transmission du dossier de la demande par le Cadastre minier à l'Agence Congolaise de l'Environnement afin de vérifier le respect des obligations de protection de l'environnement souscrites par le cédant dans le plan de gestion environnementale et sociale approuvé.

Une attestation de libération des obligations environnementales est émise et transmise au Cadastre minier.

D'une part, cet article, à l'instar du précédent, ne reprend pas l'AECT comme droit cessible et donc ne pouvant pas faire l'objet d'instruction technique et d'audit environnemental en matière de cession ; d'autre part, il détermine les modalités de l'instruction technique et de l'audit environnemental de la demande de cession des droits miniers et de l'AECP.

On peut remarquer que le législateur de ce texte de loi n'a pas défini l'expression « audit environnemental ». Devant ce silence, il y a lieu de recourir à la définition donnée par la loi portant protection de l'environnement. Au sens de cette dernière, en son article 1, au point 4, l'audit environnemental est défini comme un outil de gestion consistant en une évaluation systématique, documentée, périodique et objective de l'efficacité des systèmes et des processus organisationnels et gestionnaires conçus pour assurer la protection de l'environnement.

Ainsi, le ministère ayant l'Environnement dans ses attributions procède à un audit de tout ouvrage, tout projet ou toute activité présentant un risque potentiel pour l'environnement et la population. Cet audit donne lieu à la prescription de toute mesure appropriée de protection de l'environnement. Tel est le libellé des alinéas 1 et 2, de l'article 23 de la loi sus-citée.

Les conditions et les modalités de réalisation de l'audit environnemental sont fixées par les 39 à 50 du décret du 2 août 2014.

Les articles 379 et 379 bis du Règlement fixent respectivement les modalités de l'instruction technique et l'audit environnemental in situ de la demande de cession des droits miniers et de carrières.

Article 185 bis : De la décision d'approbation ou de refus du transfert du droit *(inséré par l'article 22 de la Loi n° 18/001 du 09 mars 2018 modifiant et complétant la Loi n° 007/2002 du 11 juillet 2002 portant Code minier)*

À la réception du dossier de demande avec avis cadastral, technique, environnemental et social favorables ou défavorables, lui transmis par le Cadastre minier, l'autorité compétente prend et transmet sa décision d'approbation ou de refus du transfert du droit au Cadastre minier dans un délai de dix jours ouvrables. En cas de décision d'approbation du transfert, le Cadastre minier procède à l'enregistrement de la cession dans un délai de cinq jours ouvrables, conformément aux dispositions de l'article 171 du présent Code et notifie la décision au requérant.

Passé ces délais, le cessionnaire peut se prévaloir des dispositions des articles 43 et 46 du présent Code.

En cas de refus du transfert, le Cadastre minier notifie la décision de refus au requérant.

La décision d'approbation ou de refus du transfert du droit minier ou de carrières est tributaire des avis cadastral, technique, environnemental et social favorables ou défavorables émis à la suite de l'instruction.

Il découle des dispositions in fine de l'alinéa 1 de cet article que la cession du droit minier ou de carrières doit être accompagnée des frais d'enregistrement. Ces frais sont de 1 % du prix de la cession immédiatement exigible, et ce, en application de l'alinéa 1 de l'article 185 ter de ce texte de loi relatif à l'enregistrement et à l'opposabilité de l'acte de cession.

En outre, cet article souligne que la décision d'approbation peut être inscrite d'office, suivant l'article 43 de ce texte de loi ou peut être inscrite par voie judiciaire de la justice, conformément à l'article 46 de ce même texte.

On constate que les avis favorables doivent être cumulatifs pour donner lieu à la décision d'approbation. L'avis défavorable de l'un des organes d'instruction amène l'autorité compétente à prendre la décision de refus du transfert du droit minier ou de carrières concerné.

Par ailleurs, il sied de souligner que le législateur n'a pas prévu, à tort bien entendu, de recours en cas de décision de refus de transfert du droit minier ou de carrières, alors qu'on sait pertinemment que l'instruction, telle que menée par l'Administration des mines, n'est toujours pas exempte de subjectivité. Ce qui peut être, du reste, préjudiciable tant au cédant qu'au cessionnaire.

À défaut de ce recours, les parties contractantes ont la possibilité de refaire un autre contrat de cession et de réintroduire une autre demande. Cependant, une telle démarche ne peut profiter qu'au Trésor public qui aura à encaisser doublement les frais de dépôt pour un seul et unique dossier.

Il conviendrait que le législateur prévoie, de lege ferenda, une possibilité de recours administratif ou judiciaire, en cas de refus de transfert du droit minier ou de carrières par l'autorité compétente, pour éviter toute décision arbitraire.

Article 185 ter : De l'enregistrement et de l'opposabilité de l'acte de cession *(inséré par l'article 22 de la Loi n° 18/001 du 09 mars 2018 modifiant et complétant la Loi n° 007/2002 du 11 juillet 2002 portant Code minier)*

Pour être opposable aux tiers, la cession totale ou partielle est enregistrée par le Cadastre minier contre le paiement au profit du Trésor public d'un droit d'enregistrement de 1 % du prix de la cession immédiatement exigible. Le prix peut, le cas échéant, faire l'objet d'un contrôle a posteriori par les services compétents.

Le Règlement minier détermine les modalités d'expertise du bien cédé, en vue d'en déterminer le juste prix.

C'est l'enregistrement de la cession qui rend les droits du cessionnaire opposables aux tiers.

Le législateur exige le paiement de 1 % du prix de cession au titre de droit d'enregistrement. Ainsi prévoit-il la possibilité de vérification postérieure du prix de la cession par les services compétents, bien entendu, dans le seul but d'éviter toute fraude ou tricherie.

L'article 380 bis du Règlement minier fixe les modalités de la contre-expertise du prix de cession.

Article 185 quater : Du transfert du droit *(inséré par l'article 22 de la Loi n° 18/001 du 09 mars 2018 modifiant et complétant la Loi n° 007/2002 du 11 juillet 2002 portant Code minier)*

Le transfert du droit minier ou de l'Autorisation d'exploitation de carrières permanente est inscrit au registre approprié tenu par le Cadastre minier conformément à l'article 172, immédiatement après la notification de la décision d'approbation du transfert au cédant et au cessionnaire.

Le transfert ne peut porter que sur les droits miniers ou les Autorisations d'exploitation de carrières permanentes en cours de validité.

Le CAMI tient un registre pour la transcription du transfert des droits miniers et de carrières.

La validité d'un droit minier ou de carrières est une des conditions de son transfert. Cela s'explique par le fait qu'un droit minier ou de carrières expiré ou annulé au moment de la modification de la décision d'approbation du transfert ne peut pas être enregistré.

À l'analyse des dispositions de cet article, on peut constater que le renvoi fait à l'article 172 est inexact et ne concerne donc pas l'enregistrement et l'opposabilité des actes d'hypothèque, mais a trait à la réalisation de l'hypothèque. Une telle confusion peut compliquer la lecture de cet article et le rendre inintelligible. En fait, il devrait plutôt s'agir de l'article 171 relatif à l'enregistrement et l'opposabilité des actes d'hypothèque.

C'est pourquoi cet article devrait être amendé de lege ferenda. Et l'article amendé devrait être libellé comme suit :

> *« Le transfert du droit minier ou de l'Autorisation d'exploitation de carrières permanente est inscrit au registre approprié tenu par le Cadastre minier conformément à l'article 171, immédiatement après la notification de la décision d'approbation du transfert au cédant et au cessionnaire. »*

Article 186 : Des obligations du cédant après cession

Nonobstant toute clause contraire, le transfert ne dégage pas le titulaire initial de ses obligations vis-à-vis de l'État pour le paiement des frais et charges en rapport avec son titre minier ou de carrières pendant la période où il en était titulaire, ni de ses obligations de réhabilitation de l'environnement.

Bien que le droit minier ou de carrières ait été cédé au cessionnaire, le cédant reste tenu de certaines obligations à l'égard de l'État, notamment au paiement des frais et charges en rapport avec son titre minier ou de carrières pendant la période où il en était titulaire, au respect de ses obligations de réhabilitation de l'environnement.

Section II : De la transmission

Article 187 : Des actes de transmission *(modifié et complété par l'article 7 de la Loi n° 18/001 du 09 mars 2018 modifiant et complétant la Loi n° 007/2002 du 11 juillet 2002 portant Code minier)*

Les droits miniers et les Autorisations d'exploitation de carrières permanentes sont susceptibles de transmission en tout ou en partie pour cause de décès, dans le cas d'une société unipersonnelle, en vertu de la fusion, de la scission ou de l'apport partiel d'actifs. En l'absence des dispositions contraires, le droit commun sur les mutations ainsi que l'Acte Uniforme du 30 janvier 2014 relatif au droit des sociétés commerciales et du groupement d'intérêt économique s'appliquent.

La personne en faveur de laquelle la transmission est faite remplit les conditions prévues à l'article 182 *bis* applicables à la transmission.

La transmission est l'une des modalités ou formes des mutations prévues par le législateur. Ce dernier prévoit que seuls les PR, PE, PER, PEPM et AECP peuvent faire l'objet de transmission.

Il ressort de cet article que la transmission peut être totale ou partielle.

L'acte de transmission en tout ou partie peut avoir lieu de deux manières :

- *pour cause de décès, en cas d'une société unipersonnelle ;*
- *en vertu d'un contrat de fusion, de la scission ou de l'apport partiel d'actifs.*

Les personnes physiques, n'étant plus éligibles aux droits miniers et de carrières, ne peuvent pas bénéficier de transmission.

Aux termes de l'article 381 du Règlement minier, la procédure relative à la transmission des droits miniers ou de carrières est la même que pour la cession.

Article 188 : De la transmission partielle *(modifié et complété par l'article 7 de la Loi n° 18/001 du 09 mars 2018 modifiant et complétant la Loi n° 007/2002 du 11 juillet 2002 portant Code minier)*

En cas de transmission partielle d'un droit minier de recherches, le Cadastre minier délivre un nouveau titre minier.

En cas de transmission partielle d'un droit d'exploitation ou d'autorisation d'exploitation de carrière permanente, la cession partielle est enregistrée au moment de l'octroi du nouveau droit.

La transmission partielle des droits miniers et des Autorisations d'exploitation de carrières permanentes est faite dans le respect des dispositions des articles 28 et 29 du présent Code.

Cet article fait la distinction du mode de transmission partielle selon qu'il s'agit de tel ou tel autre type de droits miniers.

Le CAMI est appelé à délivrer un nouveau titre minier lorsque la transmission partielle porte sur un PR. En revanche, c'est au moment de l'octroi du nouveau droit que le CAMI enregistre la transmission partielle, lorsque celle-ci porte sur le PE, le PER, le PEPM et l'AECP.

Dans tous les cas, ces droits miniers et de carrières font l'objet d'application des dispositions de l'article 28 de ce texte de loi relatif à la forme des périmètres miniers et carrières ainsi que de l'article 29 du même texte relatif à la localisation des périmètres miniers et de carrières.

Article 189 : De l'instruction de la demande de transmission

L'instruction de la demande de transmission des droits miniers ou de carrières est faite conformément aux dispositions des articles 40 et 178 du présent Code.

La demande de transmission ne fait l'objet que de l'instruction cadastrale, conformément à l'article 40 de ce texte de loi. Dans ce cas, elle est instruite de la même manière que celle d'amodiation, prévue à l'article 178 de ce même texte.

Article 190 : De l'enregistrement et de l'opposabilité des actes de transmission

Pour être opposable aux tiers, l'enregistrement des actes de transmission se fait conformément aux dispositions des articles 171 et 184 du présent Code.

L'acte de transmission est enregistré contre le paiement d'un droit d'enregistrement, au profit du Trésor public. Le taux applicable à ce droit, équivalent en franc congolais, suit le palier dégressif suivant :

- *0,5 % : de 1 à 100.000.000 USD ;*
- *0,3 % : de 100.000.001 à 500.000.000 USD ;*
- *0,2 % : de 500.000 001 à 1.000.000.000 USD ;*
- *0,1 % : au-delà de 1.000.000.000 USD.*

La transmission partielle du PR, du PE, du PER, PEPM ou de l'AECP est enregistrée au moment de l'octroi du nouveau droit par l'autorité compétente. Dans ce cas, le CAMI en délivre un nouveau titre minier, tel qu'il ressort de l'esprit de l'article 184 de ce texte de loi.

Article 191 : De l'acte de transmission en vertu d'un contrat de fusion et pour cause de décès

Les conditions et procédures de recevabilité et d'instruction des actes de transmission en vertu d'un contrat de fusion et pour cause de décès sont celles prévues pour les actes de cession des droits miniers organisés par le présent Code.

Cet article prévoit deux types de transmission des droits miniers et de carrières, à savoir la transmission en vertu d'un contrat de fusion et la transmission pour cause de décès.

Il faut noter ici que la transmission en vertu d'un contrat de fusion est organisée lorsqu'il s'agit des personnes morales, tandis que la transmission pour cause de décès ne se conçoit que dans le cas où les personnes physiques doivent bénéficier de la transmission des droits miniers et de carrières. Or, avec la révision de ce texte de loi, la situation n'est plus la même.

Au fond, avec l'inéligibilité des personnes physiques aux droits miniers et de carrières, la cohérence qui est exigée dans la légistique aurait dû guider le législateur à éviter une telle confusion et à ne plus prévoir la modalité de la transmission pour cause de décès. En effet, les personnes physiques n'étant plus éligibles aux droits miniers et de carrières, à la suite de la révision de ce texte de loi, il semble logique que la transmission pour cause de décès ne soit plus de mise.

De lege ferenda, il faudra supprimer le groupe des mots « et pour cause de décès » aussi bien au chapeau que dans le corps du texte de cet article. D'où cet article devrait être reformulé comme suit :

> *« Les conditions et procédures de recevabilité et d'instruction des actes de transmission en vertu d'un contrat de fusion sont celles prévues pour les actes de cession des droits miniers organisés par le présent Code. »*

Les conditions et procédures de recevabilité et d'instruction relatives à la transmission des droits miniers ou de carrières sont les mêmes que celles prévues pour la cession.

Article 192 : Des obligations du bénéficiaire de la transmission

Nonobstant toute clause contraire, la personne en faveur de laquelle la transmission est faite reste redevable vis-à-vis de l'État et des tiers de toutes les obligations du titulaire initial du droit minier ou d'Autorisation d'Exploitation de Carrière Permanente.

Le bénéficiaire de la transmission est substitué aux devoirs du titulaire initial du PR, PE, PER, PEPM ou de l'AECP à l'égard de l'État et des tiers qui manifestent un intérêt quelconque à ladite transmission.

Le législateur n'a pas retenu l'obligation solidaire et indivisible du bénéficiaire de transmission et du titulaire initial ni en cas d'obligations vis-à-vis de l'État ni en cas de celles à l'égard des tiers.

Section III : Du contrat d'option

Article 193 : Du contrat d'option *(modifié et complété par l'article 7 de la Loi n° 18/001 du 09 mars 2018 modifiant et complétant la Loi n° 007/2002 du 11 juillet 2002 portant Code minier)*

Le Permis de recherches peut faire l'objet d'un contrat d'option. Celui-ci est conclu librement entre parties et donne à son bénéficiaire le droit d'obtenir une participation dans la jouissance du droit minier d'exploitation découlant du Permis de recherches ou lors de la transformation totale ou partielle de celui-ci s'il réalise un certain investissement et/ou un travail dans le cadre des activités minières concernant le Permis de Recherches en cause.

Le contrat d'option peut aussi se conclure pour les travaux de recherches entrepris dans un périmètre couvert par un Permis d'exploitation.

D'après Émile Lambert Owenga Odinga (2014), « Il peut arriver que le titulaire d'un Permis de Recherches rencontre des difficultés pour mener à bien ses activités de recherches. » De la sorte, il est fort probable qu'il sollicite auprès d'une tierce personne le financement de son projet minier, à travers un arrangement ou un accord à conclure.

En fait, « Les activités de recherches minière ou de carrières peuvent être financées par un emprunt assorti d'une option pour le prêteur de choisir à tout moment entre perception d'intérêts et de remboursement du principal, d'une part, et la prise de participation dans une future co-entreprise ou joint-venture à créer pour l'exploitation minière ou de carrière, d'autre part » (H. Kabwe Sabwa, 2019, p. 348).

Le contrat d'option se révèle comme une bonne opportunité pour ce titulaire, ne disposant pas des moyens financiers suffisants, de pouvoir obtenir le financement d'une autre personne, qui n'est pas nécessairement un acteur du secteur minier, afin de bien conduire à terme ledit projet.

Le législateur a prévu la possibilité pour le titulaire d'un PR de conclure avec une tierce personne un contrat qui donne à celle-ci le droit de bénéficier d'une participation et ainsi de jouir des prérogatives découlant de la transformation dudit PR en droit minier d'exploitation.

Il procède de l'esprit et de la lettre des dispositions de cet article que le législateur a exclu la possibilité d'avoir non seulement plus d'un bénéficiaire d'option dans un seul et unique contrat d'option, mais aussi plusieurs contrats d'option sur un même PR. Mais toujours est-il que rien n'empêche un bénéficiaire d'option de consentir dans un avenant au contrat qu'un autre bénéficiaire puisse s'associer à lui dans le financement des activités minières concernant le PR faisant l'objet du contrat d'option.

On peut remarquer que le contrat d'option engendre deux principaux avantages pour les deux parties (le titulaire du PR et le bénéficiaire d'option). D'une part, il permet au titulaire du PR d'obtenir un appui financier ou matériel auprès du tiers ; d'autre part, il autorise le bénéficiaire d'option à obtenir une participation dans la jouissance du droit minier d'exploitation pouvant découler dudit Permis. (Lire pour plus d'informations, Émile Lambert Owenga Odinga, 2014, nos 1290 et 1291, pp. 801-802).

En principe, seul le PR, comme l'un des types des droits miniers et de carrières organisés en droit minier congolais, fait l'objet de contrat d'option. Toutefois, le législateur a voulu que le contrat d'option ne se porte pas que sur ce type de droit minier, mais aussi sur la nature des travaux à entreprendre. Il s'agit ici uniquement des travaux de recherches qui sont entrepris dans un périmètre couvert par un PE. Car dans la phase d'exploitation, les travaux de recherches ne sont pas exclus.

Bien que le législateur ne l'ait pas dit expressément, il apparaît que le contrat d'option devrait impérativement être écrit. Cette exigence découle du fait que le contrat d'option requiert l'enregistrement. Par conséquent, on ne peut soumettre à un enregistrement qu'un contrat signé.

Les articles 382 à 384 du Règlement minier fixent les modalités sur la demande de l'inscription du contrat d'option, la recevabilité de la demande et l'inscription du contrat d'option dans le registre des hypothèques, des amodiations et des contrats d'option.

Article 194 : De l'enregistrement des contrats d'option

L'enregistrement des contrats d'option se fait conformément aux dispositions de l'article 171 du présent Code.

Le contrat d'option est enregistré contre le paiement d'un droit d'enregistrement, au profit du Trésor public. Le taux applicable à ce droit, équivalent en franc congolais, suit le palier dégressif suivant :

- *0,5 % : de 1 à 100.000.000 USD ;*
- *0,3 % : de 100.000.001 à 500.000.000 USD ;*
- *0,2 % : de 500.000.001 à 1.000.000.000 USD ;*
- *0,1 % : au-delà de 1.000.000.000 USD.*

Pour rappel, il ressort de l'article 171, alinéa 2, de ce texte de loi que « Pour être opposable aux tiers, toute hypothèque approuvée par le Ministre est obligatoirement inscrite au dos du titre minier ou de carrières avant d'être portée dans un registre établi et gardé à cet effet au Cadastre minier conformément à la procédure prévue par le Règlement Minier. »

S'agissant de la portée du renvoi à cet article 171, il y a lieu d'exclure de l'application de ce dernier certains aspects obligatoires applicables en matière d'hypothèque qui ne peuvent pas s'appliquer au contrat d'option, puisque l'enregistrement de celui-ci ne peut se faire textuellement comme celui de l'hypothèque minière. C'est le cas notamment lorsqu'il est requis que toute hypothèque soit approuvée par le ministre des Mines. Or, en matière de contrat d'option, le recours à l'approbation et à l'intervention du ministre des Mines n'est pas concevable. Seul le CAMI intervient dans la procédure d'enregistrement du contrat d'option, à l'issue de laquelle ce denier produit ses effets.

De lege ferenda, il importera que le législateur précise cet état des choses pour ne pas compliquer inutilement la lecture de cet article et le rendre inintelligible.

Article 195 : Du transfert du droit

Les dispositions applicables à la cession du droit minier trouvent application pour le transfert du droit minier en cas d'option.

Les conditions du transfert du contrat d'option sont les mêmes que celles applicables à la cession du PR. C'est autant dire que l'article 185 quater de ce texte de loi s'applique ici mutatis mutandis.

TITRE VIII :
DES OBLIGATIONS DES TITULAIRES DES DROITS MINIERS ET DE CARRIÈRES

Chapitre Premier :
DES OBLIGATIONS RELATIVES À LA VALIDITÉ DU DROIT MINIER OU DE CARRIÈRES

Article 196 : Des obligations du maintien de la validité du droit *(modifié et complété par l'article 7 de la Loi n° 18/001 du 09 mars 2018 modifiant et complétant la Loi n° 007/2002 du 11 juillet 2002 portant Code minier)*

Afin de maintenir la validité de son droit minier ou de carrières, le titulaire doit :

a) commencer les travaux dans le délai précisé à l'article 197 du présent code ;

b) payer le droit superficiaire par carré afférent à son titre chaque année avant la date limite fixée à l'article 199 du présent Code ;

c) respecter ses engagements vis-à-vis des obligations sociales conformément au chronogramme repris dans le cahier des charges.

À défaut de remplir l'une ou l'autre de ces obligations, le titulaire est déchu de son droit en application de la procédure prévue aux articles 286 à 291 du présent Code.

Le manquement par le titulaire aux obligations énumérées au chapitre II du présent Titre est sanctionné par des amendes et/ou éventuellement, par un ordre de suspendre les opérations ou, en cas d'infractions, par des poursuites judiciaires.

De même que la loi reconnaît à l'opérateur minier des droits, de même elle l'astreint à des obligations y relatives. Parmi ces dernières rentrent les obligations relatives au maintien de la validité du droit minier ou de carrières.

La déchéance est une sanction qui remonte à l'époque coloniale où le décret du 8 juin 1888 sur les mines imposait au concessionnaire de mettre la mine en exploitation régulière, le but étant d'éviter le gel des concessions. À la différence de ce qui se passe aujourd'hui, la sanction de déchéance était judiciaire et non administrative. À cet égard, quatre cas pouvaient amener le tribunal à prononcer la déchéance de la concession. Comme l'avaient écrit Georges Van der Kerken et al. (s.d, pp. 188-189) en ces termes :

> *« Le Comité spécial du Katanga peut demander aux tribunaux de prononcer la déchéance de la concession dans les cas suivants :*
>
> > *1) si les travaux destinés à préparer la mise en exploitation de la mine n'ont pas été commencés dans les cinq ans à dater de la délivrance du permis d'exploitation ;*
> > *2) si après avoir été commencés, ils cessent d'être régulièrement poursuivis ;*
> > *3) si lamine n'est pas mise en exploitation régulière dans les six ans à dater de la délivrance du permis ;*
> > *4) si l'exploitation a été abandonnée depuis trois ans au moins.*
>
> *La déchéance ne sera pas encourue, si le titulaire du permis d'exploitation prouve qu'il a été arrêté par l'absence de toute voie de communication ou par une autre cause de force majeure, qui ne lui est pas imputable. »*

Sous la loi du 11 juillet 2002 telle que modifiée et complétée par la loi du 09 mars 2018, le titulaire d'un droit minier ou de carrières d'exploitation (AECP) encourt la sanction de déchéance qui est prononcée non pas par un organe juridictionnel, mais qui est prise par la décision du ministre des Mines ou du ministre provincial des Mines, selon le cas, à défaut du maintien de son droit en validité.

En effet, afin de maintenir la validité de son droit minier ou de carrières, le titulaire doit :

1. *commencer les travaux, à compter de la délivrance du titre constatant son droit, dans le délai prévu à l'article suivant ;*
2. *payer les droits superficiaires par carré afférent à son titre :*
   - *pour la première année avant la délivrance du titre (droits superficiaires prorata temporis) ;*
   - *chaque année, avant la fin du premier trimestre de l'année civile, soit le 31 mars.*
3. *respecter ses engagements vis-à-vis des obligations sociales conformément au chronogramme repris dans le cahier des charges.*

Il faut savoir que ces conditions sont alternatives, et non cumulatives, pour donner lieu à la déchéance du titulaire de ses droits sur tel ou tel autre droit minier ou de carrières non maintenu en validité. C'est dire que le non-respect de l'une de ces obligations susmentionnées suffit pour exposer le titulaire à la déchéance.

Soulignons qu'avant sa modification ce texte de loi n'avait prévu que deux cas pouvant conduire à la déchéance du titulaire de ses droits : le non-paiement des droits superficiaires annuels par carré et le défaut de commencer les travaux dans le délai légal.

Avec sa modification, ce texte de loi prévoit, en sus de ces deux conditions alternatives, une troisième qui est le non-respect des engagements vis-à-vis des obligations sociales. En pareil cas, c'est l'ACE en collaboration avec la DPEM, après enquête sur le site et consultation des communautés concernées, qui le constate.

Cet état de choses est à féliciter et à encourager, vu que la dimension sociale a été désormais prise en compte et que le non-respect des engagements sociaux repris dans le cahier des charges d'un titulaire, expose dès lors celui-ci à la sanction administrative qui est la déchéance, avec comme finalité le retrait de son droit minier ou de carrières.

Il est important de signaler que ce sont des pratiques spéculatives qui conduisent souvent certains à chercher à obtenir des droits miniers et/ou de carrières, sans pour autant connaître les tenants et les aboutissants des activités minières. Cela fait que, faute des moyens financiers conséquents, les titulaires n'arrivent pas à maintenir leurs droits en validité et, dès lors, se voient frappés de déchéance. À propos de la spéculation dans le secteur des mines, Enrique Ortega Girones et al. (2012, p. 37) écrivent ceci :

> *« Dans le secteur minier, le terme spéculation est le plus souvent utilisé avec une connotation négative : pour faire référence à des titulaires qui demandent des permis avec l'intention de les vendre plus tard et, entre-temps, de les détenir sans effectuer d'activités significatives sur le terrain. Dans les pays [comme la RDC], où cette pratique est très répandue, cela peut nuire au développement du secteur minier [...]. »*

« Si on admet que les marchés financiers doivent exister, il faut des spéculateurs, mais leur poids doit être contenu dans des proportions raisonnables. À l'heure actuelle le poids de la spéculation par rapport à la production et aux transactions réelles est trop élevé. Cela pose la question de la régulation des marchés pour réduire la spéculation à des proportions raisonnables. » Repéré sur le site : https://www.lafinancepourtous.com/decryptages/crise-financiere/mecanique-des-crises/trois-questions-sur-la-speculation-financiere/, consulté le 3 avril 2020.

Évidemment, les activités économiques en général et les activités minières en particulier sont caractérisées par la spéculation. S'il est vrai qu'il est impossible de supprimer totalement les pratiques spéculatives, il est aussi vrai que l'on peut autant que faire se peut les réduire ou les décourager, notamment dans l'évaluation des dossiers des demandes d'octroi des droits miniers et de carrières par l'application du principe de l'objectivité. Dans tous les cas, il n'est donc pas question de supprimer la spéculation dans le marché, mais de faire en sorte qu'elle ne soit pas déstabilisatrice.

L'article 385 du Règlement minier détermine les modalités de la preuve du maintien du droit minier ou de carrières.

Article 197 : De l'obligation de commencer les travaux *(modifié à ses alinéas 1er, 4, 5, 6 et 7 par l'article 7 de la Loi n° 18/001 du 09 mars 2018 modifiant et complétant la Loi n° 007/2002 du 11 juillet 2002 portant Code minier)*

Le titulaire d'un Permis de recherches est tenu de commencer les travaux de recherches dans un délai d'un an à compter de la délivrance du titre constatant son droit.

Le titulaire d'un Permis d'Exploitation est tenu de commencer les travaux de développement et de construction dans un délai de trois ans à compter de la délivrance du titre constatant son droit.

Le titulaire d'un Permis d'Exploitation de petite mine ou d'un Permis d'Exploitation des Rejets est tenu de commencer les travaux de développement et de construction dans un délai d'un an à compter de la délivrance du titre constatant son droit. Le titulaire d'une Autorisation d'exploitation de carrières permanente doit commencer les travaux dans un délai d'un an à compter de la délivrance du titre constatant son droit.

Le titulaire d'un droit minier et de carrières repris aux alinéas précédents est également tenu avant de commencer les travaux, d'ouvrir un centre de recherches ou d'exploitation dans les délais prévus pour chaque type des droits mentionnés ci-dessus.

Le titulaire de droit minier de recherches doit joindre à son attestation de commencement de travaux, déposée au Cadastre minier, un calendrier d'exécution des travaux.

Le titulaire d'un droit minier d'exploitation est tenu de construire un bâtiment abritant son siège social selon les normes des standards internationaux au chef-lieu de la province d'exploitation dans les cinq ans à dater de la délivrance du titre. Le Règlement Minier fixe les modalités d'application de cette disposition.

Notons d'entrée de jeu que le législateur de ce texte de loi ne définit pas l'expression « travaux de développement ». Devant ce silence, il importe de recourir à la définition proposée par la loi minière algérienne.

En effet, l'article 4, 23e tiret, de la loi algérienne définit les travaux de développement (ou d'extension) comme tous les travaux préparatoires qu'il y a lieu d'entreprendre dans le cadre de la réalisation de l'infrastructure nécessaire à l'ouverture de l'exploitation souterraine, notamment les puits, plans inclinés et galeries d'accès au gisement ou lors de l'extension de l'exploitation à une zone contiguë, ainsi que ceux à entreprendre dans le cadre de la préparation de l'exploitation à ciel ouvert d'un gisement notamment les pistes d'accès, découverture pour atteindre la substance minérale recherche et la réalisation de premiers gradins d'extraction.

Cet article détermine de façon détaillée les modes de commencement de travaux ayant trait aux recherches ou d'exploitation d'une mine ou carrière.

Seuls sont concernés les droits miniers et de carrières suivants : PR, PE, PEPM, PER et AECP.

En effet, le titulaire du droit minier ou de carrières doit commencer les travaux de recherches ou de développement et de construction, à compter de la délivrance du titre constatant son droit, dans le délai de :

- 1 an pour le PR, PEPM, PER ou AECP ;

- 3 ans pour le PE.

Il est à noter que :

- le titulaire d'un droit minier et de carrières (PR, PE, PEPM, PER et AECP) est également tenu, avant de commencer les travaux, d'ouvrir un centre de recherches ou d'exploitation dans les délais prévus pour chaque type des droits mentionnés ci-dessus ;

- le titulaire du PR doit joindre à son attestation de commencement de travaux, déposée au CAMI, un calendrier d'exécution des travaux ;

- le titulaire du PE, PER ou PEPM est tenu de construire un bâtiment abritant son siège social selon les normes répondant aux standards internationaux au chef-lieu de la province d'exploitation dans les cinq ans à dater de la délivrance du titre.

À la lecture minutieuse des dispositions de cet article, on peut donc déduire qu'il n'existe aucune obligation faite au titulaire d'une ARPC ou d'une AECT de commencer les travaux par la présentation de son PAR. Cependant, cela n'est pas le cas.

Pour s'en rendre compte, il y a lieu de se référer à l'alinéa 1 de l'article 203 de ce texte de loi qui dispose : « Avant de commencer les travaux de recherches minières ou des produits de carrières, le titulaire d'un Permis de Recherches ou d'une Autorisation de Recherches des Produits de Carrières doit élaborer et obtenir l'approbation d'un PAR pour l'activité proposée. » Le dépôt du PAR pour le titulaire d'une ARPC ne peut se justifier.

Quant au titulaire d'une AECT, il est tenu de présenter son PAR. C'est ce qui ressort de l'article 438 du Règlement minier qui dispose : « Le Plan d'Atténuation et de Réhabilitation est déposé en quatre exemplaires au CAMI central ou provincial en même temps que la demande d'une Autorisation des carrières Temporaire. »

Puisque la durée de validité d'une AECT est d'un an non renouvelable, il a paru logique que son titulaire dépose le PAR au moment du dépôt de son dossier de demande d'octroi. Et il ne devrait pas en être autrement. À la différence d'autres droits miniers et de carrières, le dépôt du PAR, pour ce qui est de l'octroi d'une AECT, est une des conditionnalités de la recevabilité du dossier de demande.

Il est à noter que la non-observance de l'alinéa 6 de cet article expose le titulaire à la suspension des travaux pour faute grave, et ce, en application des dispositions de l'article 565 du Règlement minier.

Les articles 386 à 393 du Règlement minier fixent les modalités de commencement des travaux.

Article 198 : De l'obligation de payer le droit superficiaire annuel par carré

Pour la couverture des coûts des prestations et de la gestion des droits constatés par les titres miniers, il est perçu des droits superficiaires annuels par carré sur chaque titre minier ou de carrières délivré, au profit du Cadastre Minier qui en rétribue une quotité aux services du Ministère des Mines chargés de l'administration du présent Code.

Le titulaire des Permis de Recherches, des Permis d'Exploitation, des Permis d'Exploitation des Rejets, des Permis d'Exploitation de Petite Mine, de l'Autorisation de Recherches des Produits de Carrières et de l'Autorisation d'Exploitation de Carrières Permanente paient les droits superficiaires pour la première année au moment de la délivrance du titre minier ou de carrières.

Le titulaire s'acquitte des droits superficiaires annuels par carré pour chaque année suivante avant la fin du premier trimestre de l'année civile. Toutefois, les droits superficiaires annuels sont payés par carré au prorata temporis à la délivrance du titre initial ou à la dernière année de la période de validité du titre.

Les droits superficiaires annuels par carré sont payés au guichet du Cadastre Minier qui a délivré le titre minier ou de carrière. Ce dernier en donne quittance au titulaire au moment du paiement.

Le Règlement Minier fixe les modalités de recouvrement des droits superficiaires annuels par carré pour chaque année.

L'alinéa 1 in fine de cet article devrait être modifié. Cette modification devrait consister en remplacement du concept « administration » par le terme « application ». À titre de rappel, il faut dire que l'on n'administre pas une loi, mais qu'on l'applique ou l'exécute.

Cet article impose à tout titulaire du droit minier ou de carrières le paiement des droits superficiaires annuels par carré sur chaque type des droits miniers et de carrières. Cependant, ce paiement n'est pas applicable à l'AECT, du fait qu'elle a une durée de validité d'un an non renouvelable. Il en est de même pour l'ARPC.

En plus, il précise les organes bénéficiaires de ces droits superficiaires, dont principalement le CAMI. En effet, c'est ce dernier qui perçoit lesdits droits. Il en perçoit la moitié pour son bon fonctionnement et le reste rentre dans le Trésor public par le biais de la DGRAD.

Il y a lieu de faire remarquer que le chapeau de cet article peut laisser penser qu'il n'existe qu'une seule nature des droits superficiaires. Ce n'est pas le cas.

Au fond, les droits superficiaires sont de deux ordres : les droits superficiaires prorata temporis et les droits superficiaires annuels. Les droits superficiaires sont payés :

- avant la délivrance du titre minier ou de carrières au prorata du nombre de mois pleins qui reste à courir à l'année civile, et

- pour les années suivantes, au début et au plus tard le 31 mars de chaque année civile.

Les droits superficiaires sont perçus sur la base du barème fixé aux articles 395 à 398 du Règlement minier. L'actualisation ou l'ajustement de ces taux se font conformément à l'article 325 de ce texte de loi.

L'article 400 du Règlement minier fixe les modalités du recouvrement des droits superficiaires annuels par carré. Quant à l'article 402 de ce même texte, il fixe les modalités de la répartition des produits des droits superficiaires annuels par carré.

Il est important à ce stade de rappeler, concernant la perception des droits superficiaires, que les prérogatives légales du CAMI avaient été longtemps foulées au pied à cause de la perception directe des 100 % de ces droits. Ceux-ci étaient plutôt versés dans le compte du Trésor public par l'entremise de la DGRAD. Comme il avait été constaté, à l'époque, par Enrique Ortega Girones (2012, p. 58) :

> *« Jusqu'à récemment, le CAMI était économiquement durable grâce aux redevances de gestion des droits miniers. Le Gouvernement a décidé en 2008 de changer cette situation et des redevances sont maintenant versées au trésor central, ce qui rend le CAMI dépendant des fluctuations politiques. »*

Cet état de choses avait entravé le bon fonctionnement du CAMI qui, par la volonté politique, avait alors fonctionné durant plus de dix ans, sur base des dotations de fonctionnement lui allouées mensuellement par les Pouvoirs publics.

En fait, à cause de cette situation malencontreuse, le CAMI, appelé à être au contact quotidien du grand public, ne pouvait pas disposer des moyens consistants pour son déploiement dans les différentes provinces. Il s'ensuit que jusqu'à ce jour le CAMI ne s'est déployé que dans quatre provinces : ex-Katanga, Sud-Kivu, Maniema et ex-province Orientale. Notons que ce déploiement a été rendu possible grâce à la volonté affichée de ses dirigeants, et ce, malgré les moyens on ne peut plus insuffisants dont il disposait. Fort heureusement, une solution a finalement été trouvée pour faire rentrer le CAMI dans ses droits, jadis évincés.

C'est ainsi que le ministre des Finances a rappelé, au sujet de la problématique de la perception des droits superficiaires par carré, exercice 2018, par sa lettre référencée CAB/MIN/FINANCES/FIS/CNB/2018/643 du 27 février 2018, adressée à madame le Directeur Général des recettes administratives, judiciaires, domaniales et de participations, que le Gouvernement avait déjà levé l'option de répartir les recettes provenant des droits superficiaires, à concurrence de 50 % pour le Trésor public et 50 % pour le CAMI. Il va sans dire que la décision du Gouvernement de la République avait été motivée par le souci de résoudre les problèmes récurrents du CAMI afin de permettre à ce dernier d'assurer pleinement ses missions de gestion et de régulation du domaine minier en RDC (cf. Lettre CAB/MIN/FINANCES/FIS/CNB/2018/643 du 27 février 2018 du ministre des Finances, inédit).

Cette volonté manifeste du Gouvernement a été concrétisée par la signature du décret n° 17/005 du 3 avril 2017 portant statuts, organisation et fonctionnement du CAMI, et ce, à travers son article 6 qui dispose : « Les ressources financières du CAMI sont constituées de 50 % des droits superficiaires annuels par carré… ».

En outre, la loi de finances n° 17/014 du 24 décembre 2017 pour l'exercice 2018 a tranché en consacrant, en son article 32, la répartition des droits superficiaires entre le Trésor public et le CAMI, à raison d'une quotité 50 % pour chacun.

C'est dans cet ordre que les ministres des Finances et des Mines ont conjointement signé un arrêté interministériel en vue de rendre opérationnelle la loi de Finances sus-indiquée. En effet, il résulte de l'article 1 de l'arrêté interministériel n° 0075/CAB.MIN/MINES/01/2018 et n° 017/CAB/MIN/FINANCES/2018 du 27 février 2018 portant modalités de recouvrement et de répartition des droits superficiaires annuels par carré à percevoir à l'initiative de ministère des Mines, que les recettes des droits superficiaires annulés par carré sont réparties en raison de 50 % pour le Pouvoir central et 50 % pour le CAMI.

Puisque la loi, ayant consacré la perception des 50 % des droits superficiaires par carré au profit du CAMI, est annuelle, il y avait lieu de craindre que celle d'avenir ne retienne pas cette répartition, en dépit des dispositions pertinentes de la loi minière en la matière, comme ce fut pour les lois de finances antérieures. Heureusement, le législateur des lois de finances 2019 et 2020 a maintenu la répartition des droits superficiaires entre le Trésor public et le CAMI, ayant compris la nécessité de ne pas entraver le bon fonctionnement de ce dernier.

En définitive, il faut dire que les 50 % des droits superficiaires par carré pour le compte du CAMI, non seulement ne devraient plus être repris dans les prochaines lois de finances, mais aussi et surtout devraient être supprimés de l'ordonnance-loi n° 13/02 du 23 février 2013 fixant la nomenclature des actes générateurs des recettes non fiscales du pouvoir central, et cela pour éviter toute confusion, et même des interprétations erronées.

Pour rendre claires les dispositions de cet article, l'article 394 du Règlement minier fixe les modalités de paiement des droits superficiaires annuels par carré, tandis que l'article 400 du même texte détermine les modalités du recouvrement des droits superficiaires annuels par carré. Quant à l'article 402, il précise les modalités de la répartition des produits des droits superficiaires annuels par carré.

Article 199 : Des modalités des droits superficiaires annuels par carré

Les montants des droits superficiaires annuels par carré sont fixés par le Règlement Minier de façon qu'ils soient les équivalents approximatifs des montants prévus aux alinéas ci-dessous par hectare.

Le titulaire d'un Permis de Recherches paie au titre des droits superficiaires annuels par carré la somme en Francs Congolais équivalent à 0,03 USD par hectare pour les deux premières années de la première période de validité, en Francs Congolais équivalent à 0,31 USD par hectare pour le reste des années de la première période de validité, en Francs Congolais équivalent à 0,51 USD par hectare pour la deuxième période de validité, en Francs Congolais équivalent à 1,46 USD par hectare pour la troisième période de validité de son titre.

Le titulaire d'un Permis d'Exploitation paie au titre des droits superficiaires annuels par carré la somme en Francs Congolais équivalent à 5,00 USD par hectare, quelle que soit la période de validité de son titre.

Le titulaire d'un Permis d'Exploitation des Rejets paie au titre des droits superficiaires annuels par carré la somme en Francs Congolais équivalent à 8,00 USD par hectare, quelle que soit la période de validité de son titre.

Le titulaire d'un Permis d'Exploitation de Petite Mine paie au titre des droits superficiaires annuels par carré la somme en Francs Congolais équivalent à 2,30 USD par hectare, quelle que soit la période de validité de son titre.

Le titulaire d'une Autorisation de Recherches des Produits de Carrières paie au titre des droits superficiaires annuels par carré la somme en Francs Congolais équivalent à 0,05 USD par hectare à la délivrance de son titre et à la date de son renouvellement éventuel.

Le titulaire d'une Autorisation d'Exploitation de Carrières Permanente paie au titre des droits superficiaires annuels la somme en Francs Congolais équivalent à 2,00 USD par hectare, quelle que soit la période de validité de son titre.

Cet article fixe les modalités applicables aux droits superficiaires annuels par carré.

Les articles 394 à 399 du Règlement minier déterminent les modalités de l'obligation de payer les droits superficiaires annuels par carré.

Article 200 : De l'obligation de payer les droits superficiaires annuels par carré en cas de transformation partielle d'un droit minier

Dans le cas où le titulaire sollicite une transformation partielle du Périmètre qui fait l'objet de son Permis de Recherches en Périmètre d'un droit minier d'exploitation, les carrés concernés suivent, après la transformation, le régime des taux applicables aux droits superficiaires annuels par carrés dus pour ce permis.

Qu'il s'agisse de la transformation totale ou partielle, le titulaire reste tenu au paiement des droits superficiaires annuels par carré. En fait, en transformant partiellement son droit minier de recherches en droit minier d'exploitation, il est appliqué aux carrés concernés par la partie transformée le taux applicable à un PE.

Article 201 : Paiement des droits superficiaires annuels par carré en cas de décision préliminaire et conditionnelle

En cas de décision préliminaire et conditionnelle prévue aux articles 76 et 158 du présent Code, le titulaire d'un droit minier ou de carrières de recherches paie les droits superficiaires annuels par carré en vertu de son titre de recherche.

Toutefois, en cas d'octroi d'un droit minier ou de carrières d'exploitation, il paie les droits superficiaires annuels par carré au taux prévu pour un tel droit en suppléant éventuellement aux droits payés antérieurement pour le titre minier ou de carrières de recherches à concurrence du montant restant dû pour la couverture des droits superficiaires annuels découlant de la délivrance du titre d'exploitation.

Pour rappel, la demande d'un PE ou d'un PEPM, lors de la transformation d'un droit minier de recherches est suivie des instructions cadastrale, technique ainsi qu'environnementale et sociale. Plusieurs hypothèses peuvent se présenter à la suite desdites instructions, telles que mentionnées à l'article 76 de ce texte de loi.

En cas d'avis cadastral et technique favorables, et en attente d'émission du certificat environnemental, le ministre des Mines prend une décision préliminaire et conditionnelle. Il s'ensuit que, puisque le droit minier d'exploitation sollicité n'est pas définitivement accordé, le titulaire devra payer les droits superficiaires au taux applicable pour le droit minier de recherches, nonobstant la décision prise par le ministre. Cela s'explique par le fait que le droit minier d'exploitation ne lui a pas encore été accordé.

En effet, la décision préliminaire et conditionnelle ne présage en rien de la décision d'octroi. Elle n'aura pour effet que d'entériner de façon définitive les avis cadastral et technique, comme le dispose l'alinéa 6 de l'article 76 de ce texte de loi.

Il serait dès lors hasardeux de facturer le droit de recherches comme si les avis cadastral et technique favorables conditionnaient la décision définitive d'octroi, au moment où cette dernière n'est, en réalité, tributaire que de l'émission d'un certificat environnemental favorable, et non pas de celle desdits avis.

Toutefois, lorsque le droit minier d'exploitation vient à être définitivement octroyé par décision du ministre des Mines, le CAMI devra faire payer au titulaire non seulement le montant des droits superficiaires payables pour le PE ou le PEPM, mais aussi le montant restant dû pour la couverture des droits superficiaires annuels qui en découlent.

Chapitre II :
DES OBLIGATIONS RELATIVES AUX OPÉRATIONS EN VERTU DU TITRE MINIER OU DE CARRIÈRES OU D'AGRÉMENT AU TITRE D'ENTITÉ DE TRAITEMENT OU DE TRANSFORMATION

(modifié et complété par l'article 8 de la Loi n° 18/001 du 09 mars 2018 modifiant et complétant la Loi n° 007/2002 du 11 juillet 2002 portant Code minier)

Section I : De la Protection de l'Environnement

Article 202 : *(abrogé par l'article 31 de la Loi n° 18/001 du 09 mars 2018 modifiant et complétant la Loi n° 007/2002 du 11 juillet 2002 portant Code minier).*

Article 203 : Pendant les recherches

Avant de commencer les travaux de recherches minières ou des produits de carrières, le titulaire d'un Permis de Recherches ou d'une Autorisation de Recherches des Produits de Carrières doit élaborer et obtenir l'approbation d'un PAR pour l'activité proposée.

Les modalités du PAR et de son approbation sont fixées par voie réglementaire.

L'approbation du PAR relève de la compétence du service chargé de la protection de l'environnement au sein du Ministère des Mines en collaboration avec le Ministre de l'Environnement.

Il est important de rappeler que les obligations de l'État en matière environnementale sont prévues par la Constitution d'un côté et par la loi portant protection de l'environnement de l'autre.

À titre illustratif, l'alinéa 3 de l'article 53 de la Constitution du 18 février 2006 telle que révisée à ce jour fait de l'État Léviathan, le garant de l'environnement sain et propice auquel le peuple a droit pour son épanouissement.

Par ailleurs, les articles 3 à 6 de la loi précitée prévoient quelques obligations fondamentales incombant à l'État en matière environnementale, notamment l'obligation de protéger et de participer à l'amélioration de la qualité de l'environnement, l'obligation de garantir l'éducation environnementale aux citoyens, l'obligation de prévenir et de réduire les dommages à l'environnement et enfin, l'obligation de prendre en compte les préoccupations environnementales dans le projet de développement.

C'est dans ce cadre que l'État veille à ce que les activités minières ne détériorent pas l'environnement, et même au cas où ce dernier serait détérioré que le titulaire soit tenu de réparer les dégâts causés du fait de son projet minier, quel que soit le stade de sa mise en œuvre, et ce avec ou sans sa faute.

En plus des obligations relatives au maintien de la validité du droit minier ou de carrières, le législateur a prévu une autre catégorie d'obligations pour les titulaires des droits miniers et de carrières, à savoir les obligations relatives aux opérations en vertu du titre minier ou de carrières. Ces obligations sont applicables soit pendant les recherches, soit pendant l'exploitation.

Cet article impose au titulaire du PR ou de l'ARPC de présenter et de faire approuver son PAR auprès de la DPEM, et cela avant de commencer les travaux de recherches minières ou des produits de carrières.

S'agissant de l'ARPC, il faut noter que la durée de validité de cette dernière ne peut pas permettre à son titulaire de déposer le PAR pour instruction environnementale et sociale. En réalité, si le législateur oblige un titulaire du droit minier de recherches de déposer son PAR avant de commencer les travaux, c'est parce que le fait de ne pas commencer les travaux dans le délai imparti l'expose à la procédure de déchéance. Or, d'une part, il ressort de l'article 197 de ce texte de loi que l'obligation de commencer les travaux ne concerne pas le titulaire d'une ARPC, d'autre part, il résulte de l'article 289 du même texte que la décision de déchéance ne vise pas le titulaire d'une ARPC.

Quel serait alors l'intérêt d'obliger le titulaire d'une ARPC de déposer le PAR, au moment où il n'encourt aucune sanction en cas de non-exécution de cette obligation ? C'est toute la question.

Il est manifeste que l'alinéa 1 de cet article doit être modifié. Et cette modification doit consister en la suppression du groupe des mots « ou d'une Autorisation de Recherches des Produits de Carrières ».

Il y a lieu de signaler ici que la modification de cet article aura comme incidence celle de l'article 443 du Règlement minier qui dispose : « Les frais de dépôt perçus lors du dépôt d'une demande de Permis de Recherches ou de l'Autorisation de Recherches de Produits de Carrières couvrent à la fois les coûts de l'instruction cadastrale et les coûts de l'instruction environnementale du Plan d'Atténuation et de Réhabilitation dont le dépôt est anticipé dans les six mois suivant l'octroi du droit demandé. »

Ainsi qu'on peut le constater, le titulaire d'une ARPC ne devrait pas être tenu de déposer le PAR pour instruction. Une affirmation contraire, comme pour ce qui est de cet article, compliquera la lecture et n'aidera pas à la compréhension de ce texte de loi.

Les articles 430 à 449 du Règlement minier fixent les modalités applicables au PAR.

Article 204 : Pendant l'exploitation

Tout demandeur d'un Permis d'Exploitation, d'un Permis d'Exploitation des Rejets, d'un Permis d'Exploitation de Petite Mine ou d'Autorisation d'Exploitation de Carrières est tenu de présenter une étude d'impact environnemental accompagnée d'un plan de gestion environnementale du projet et d'obtenir l'approbation de son EIES et PGES ainsi que de mettre en œuvre le PGES.

L'étude d'impact environnemental présente une description de l'écosystème avant les opérations minières, y compris la faune et la flore ; les sols et la topographie ; la qualité de l'air, des eaux souterraines et de surface. Elle en précise les aspects qui peuvent être affectés qualitativement et quantitativement par l'activité minière ou l'exploitation de carrières.

Elle contient en outre, les mesures envisagées pour la protection de l'environnement, l'élimination ou la limitation des pollutions et la reconstitution des sites ainsi que pour vérifier l'efficacité envisagée desdites mesures.

Le titulaire des droits miniers et de carrières est tenu de fournir une sûreté pour garantir l'accomplissement de leurs obligations environnementales pendant la recherche et/ou l'exploitation. En outre, le titulaire des droits miniers est autorisé à constituer une provision pour réhabilitation du site conformément aux dispositions de l'article 258 du présent Code.

Les modalités d'application de cette disposition y compris la sûreté financière sont fixées par le Règlement minier.

Cet article impose au demandeur du PE, du PER, du PEPM ou de l'AECP de présenter et de faire approuver son étude d'impact environnemental accompagnée d'un plan de gestion environnementale du projet et d'obtenir l'approbation de son EIES et PGES ainsi que de mettre en œuvre le PGES.

En outre, non seulement cet article impose au titulaire du droit minier ou de carrières de fournir une sûreté devant garantir l'accomplissement de ses obligations environnementales pendant la recherche et/ou l'exploitation, mais il l'autorise aussi (le titulaire) à constituer une provision qui servira à réhabiliter le site faisant l'objet des travaux, et cela en cas de dégâts causés.

« L'étude d'impact environnemental [et social] présente une description de l'écosystème avant les opérations minières, y compris la faune et la flore ; les sols et la topographie ; la qualité de l'air ; des eaux souterraines et de surface. Elle en précise les aspects qui peuvent être affectés qualitativement et quantitativement par l'activité minière ou l'exploitation de carrières […] Elle contient, en outre, les mesures envisagées pour la protection de l'environnement, l'élimination ou la limitation des pollutions et la reconstitution des sites ainsi que pour vérifier l'efficacité envisagées dites mesures » (A. Bambi Kabashi, 2012, p. 115).

L'obligation de préserver l'environnement est à la fois une exigence nationale et internationale. « L'importance de la conservation de l'environnement dans le secteur minier a été mise en exergue par les structures supranationales telles que l'Union Africaine [...] » (M. Bonnin, L. Ly, B. Queffelec et M. Ngaido, 2016, p. 212).

Les articles 450 à 465 du Règlement minier fixent les modalités applicables, d'une part, à l'étude d'impact environnemental et social, et d'autre part, au Plan de gestion environnementale et sociale.

Section II : De la Protection du Patrimoine Culturel

Article 205 : De la déclaration des indices archéologiques

Le titulaire d'un droit minier ou de carrières est tenu d'informer l'autorité administrative locale et l'autorité chargée de la Culture, Arts et Musées, de la découverte des indices archéologiques si ces travaux de recherches ou d'exploitation révèlent l'existence de ces indices.

Le législateur a tenu à protéger le patrimoine culturel congolais. À cet effet, il a prévu que toute découverte d'indices archéologiques, à la suite des travaux de recherches ou d'exploitation, fasse l'objet d'information par le titulaire du droit minier ou de carrières à l'autorité administrative locale et à l'autorité chargée de la culture, arts et musées.

Les articles 489 à 491 du Règlement minier fixent les modalités de la sécurisation et de la conservation du patrimoine culturel, du crédit à valoir sur la redevance minière et des modalités d'obtention du crédit.

Article 206 : De la découverte des éléments du patrimoine culturel national

En cas de mise à jour des éléments du patrimoine culturel national, biens meubles et autres, il est interdit au titulaire de déplacer ces objets. Dans ce cas, il en informe, par écrit et sans délai, l'autorité administrative locale et l'autorité chargée de la Culture, Arts et Musées.

Le titulaire est tenu d'enlever, de sécuriser et de conserver, selon le cas, ces éléments du patrimoine culturel national à charge et pour le compte de l'État, si l'autorité administrative locale et l'autorité chargée de la Culture, Arts et Musées concernée ne les enlèvent ni ne les sécurisent dans un délai de soixante jours après l'avis notifiant la découverte.

Il faut signaler d'entrée de jeu qu'à l'alinéa 1 de cet article, il y a une erreur orthographique qui devrait être corrigée de lege ferenda. Au fond, l'expression « mise à jour » devrait être remplacée par celle de « mise au jour ». En effet, celle-ci a le sens de « découverte », alors que celle-là, quant à elle, a le sens d'« actualisation ». Les deux expressions n'ont pas la même signification. Ainsi, cette précision mérite d'être prise en compte pour faciliter la compréhension des dispositions de cet article.

Cet article astreint le titulaire du droit minier ou de carrières à certaines obligations en matière de découverte des éléments du patrimoine national.

En application des dispositions de cet article, le ministre ayant la Culture, les Arts et les Musées dans ses attributions fixe également par arrêté les modalités de remboursement des coûts en faveur du titulaire qui enlève, sécurise et conserve les éléments du patrimoine culturel national pour le compte de l'État. C'est ce qui ressort de l'article 489, alinéa 2, du Règlement minier relatif à la sécurisation et à la conservation des éléments du patrimoine culturel national.

Section III : De la Sécurité et de l'Hygiène

Article 207 : Des règlements spéciaux

L'exploitation des mines est soumise aux mesures de sécurité, d'hygiène et de protection édictées par des règlements spéciaux.

Cet article soumet l'exploitation des mines à certaines mesures de sécurité, d'hygiène et de protection prévues par des règlements spéciaux.

Par ailleurs, il ressort de l'article 492 du Règlement minier que les normes ainsi que les modalités de sécurité dans le travail, de l'hygiène et de santé applicables aux Titulaires des droits miniers ou de carrières, aux exploitants artisanaux et à toute personne résidant ou travaillant sur le site des opérations minières ou des carrières font l'objet d'une réglementation particulière.

Pour éviter toute confusion au sujet de mot « hygiène », il sied de souligner que ce dernier, dans l'entendement du législateur, n'est pas à assimiler avec l'hygiène corporelle, encore moins avec l'hygiène alimentaire. Il s'agit simplement de l'hygiène du milieu qui renvoie à l'assainissement. Celui-ci « est une démarche visant à améliorer la situation sanitaire globale de l'environnement dans ses différents composants. Il comprend la collecte, le traitement et l'évacuation des déchets liquides, des déchets solides et des excréments. » Repéré sur le site : https://fr.wikipedia.org/wiki/Assainissement, consulté le 29 avril 2020.

Les articles 492 à 494 du Règlement minier déterminent les modalités applicables à la sécurité et à l'hygiène.

Article 208 : De la compétence de l'Administration des Mines

Le titulaire des droits miniers et/ou de carrières doit se conformer aux mesures qui sont ordonnées par l'Administration des Mines en vue de prévenir ou de faire disparaître les causes des dangers que les travaux font courir à la sécurité et à la salubrité publiques, à la conservation des gisements, aux sources et aux voies publiques.

En cas d'urgence ou de refus par les intéressés de se conformer à ces mesures, celles-ci sont prises et exécutées d'office aux frais des intéressés.

En cas de péril imminent, les agents de l'Administration des Mines habilités à cet effet prennent immédiatement les mesures nécessaires pour écarter le danger et peuvent, s'il y a lieu, adresser à cet effet toutes réquisitions utiles aux autorités locales et aux exploitants.

Les agents de l'Administration des Mines, dûment habilités, ont qualité d'Officier de Police Judiciaire pour rechercher et constater toutes infractions au présent Code et à ses mesures d'exécution.

Il revient à l'Administration des mines d'ordonner au titulaire du droit minier ou de carrières de prendre des mesures appropriées de manière à prévenir ou à faire disparaître les causes des dangers que les travaux font courir à la sécurité et à la salubrité publiques, à la conservation des gisements, aux sources et aux voies publiques. Ces mesures lui sont donc imposables.

L'omission de prendre ces mesures constitue une faute grave, pouvant conduire à la suspension des travaux, conformément à l'article 565 du Règlement minier.

Article 209 : De la déclaration d'accident survenu dans une mine ou une carrière

Tout accident grave ou mortel survenu dans une mine ou une carrière ou dans ses dépendances, doit être porté, sans délai et par les moyens de communication les plus rapides, à la connaissance de la Direction des Mines et des autorités administratives et judiciaires du ressort.

Le titulaire du droit minier ou de carrières est tenu d'informer par tous moyens la DM de l'accident survenu dans une mine ou une carrière, qu'il ait ou non mort d'homme.

Article 210 : De la publication des consignes de sécurité

Tout titulaire d'un droit minier ou de carrières d'exploitation est tenu de publier les consignes de sécurité au regard des conditions particulières de son exploitation. Ces consignes sont transmises à la Direction des Mines et portées à la connaissance de son personnel et du public pouvant accéder à son site d'exploitation.

Le Règlement Minier détermine les modalités de publication des consignes de sécurité.

Le titulaire d'un PE, PER, PEPM ou de l'AECP a l'obligation de publier les consignes de sécurité que requiert son exploitation.

Sans plus de détails, l'article 493 du Règlement minier, en matière de publication des consignes de sécurité, dispose que le titulaire est tenu de publier les consignes de sécurité au regard des conditions particulières de son exploitation dans les formes approuvées par la Direction de mines.

Article 211 : De l'usage des produits explosifs

Tout titulaire d'un titre minier ou de carrières faisant usage des produits explosifs est soumis à une réglementation spéciale sur ces produits annexée au Règlement Minier.

Cet article soumet à une réglementation spéciale l'usage par le titulaire d'un droit minier ou de carrières des produits explosifs.

L'article 494 du Règlement minier fixe les modalités d'usage des produits explosifs.

Section IV : Des Infrastructures

Article 212 : De l'autorisation de construction et de la planification des infrastructures

Le titulaire de droits miniers ou d'Autorisations d'Exploitation des Carrières Permanente est tenu de construire et de maintenir toutes les infrastructures nécessaires aux activités liées aux titres ou à l'autorisation environnementale afférente conformément aux dispositions du présent chapitre.

Toute infrastructure à construire par le titulaire fait l'objet d'un plan soumis à l'autorité compétente de l'administration pour visa, après consultation de l'autorité locale territorialement compétente.

Pour bien mener ses activités minières, le titulaire du PR, PE, PER, PEPM ou de l'AECP doit construire et maintenir en état ses infrastructures. Ces dernières font l'objet d'un plan soumis à l'autorisation de l'autorité compétente, après avoir consulté l'autorité locale territorialement compétente.

Article 213 : De l'utilisation des infrastructures du projet

Les voies de communication créées par le titulaire à l'intérieur ou à l'extérieur du Périmètre minier ou de carrières peuvent être utilisées, lorsqu'il n'en résulte aucun obstacle par l'exploitation et sous réserve de l'accord du titulaire, par les services des établissements miniers, industriels et commerciaux voisins sur leur demande, moyennant une juste compensation fixée de commun accord entre parties, et comportant une participation des intéressés à l'entretien desdites voies.

Les voies de communication créées à l'extérieur et à l'intérieur du Périmètre peuvent être ouvertes au public dans les conditions prévues à l'alinéa précédent moyennant une juste compensation à convenir entre le titulaire et la commune ou l'entité cadastrale locale dont les habitants utilisent ces voies de communication.

Cet article détermine les modalités d'utilisation des voies de communication créées à l'intérieur ou à l'extérieur du périmètre minier ou de carrières du titulaire du droit minier ou de carrières. Ces voies sont en principe érigées pour lui faciliter l'accès dans son site minier ou de carrières.

L'ouverture de ces voies au public est assujettie au paiement d'une juste compensation à payer au titulaire, cela passe par l'entente entre celui-ci et la commune ou l'entité cadastrale locale dont les habitants utilisent lesdites voies.

Article 214 : Du droit de l'État sur les infrastructures

Sauf accord contraire exprès et écrit entre le titulaire et l'État, toute infrastructure d'utilité publique construite par le titulaire d'un droit minier ou de carrières qui reste en place à l'expiration ou à la cessation de la validité de son droit, tombe dans le domaine public de l'État.

Le titulaire du droit minier ou de carrières peut être autorisé à construire les infrastructures d'utilité publique dans le cadre de ses activités minières. Cependant, il n'en demeurera pas le seul utilisateur.

À défaut d'un accord écrit et exprès avec l'État, de telles infrastructures tombent dans le domaine public de ce dernier, une fois que le droit minier ou de carrières vient à expirer. Ainsi, pour y parvenir, il doit s'entendre avec l'État pour que celui-ci lui rembourse les frais qu'il a engagés pour construire une route dont le public peut également se servir.

Section V : Des Obligations diverses

Article 215 : Des rapports avec les autorités locales

Avant de commencer ses activités, le titulaire d'un droit minier ou de carrières a l'obligation de se présenter aux autorités locales du ressort et de leur remettre, contre récépissé, une copie de son titre minier ou de carrières.

Le législateur a prévu une diversité d'obligations dans le cadre des activités minières, en dehors de deux catégories mentionnées dans les articles précédents.

De ce fait, le titulaire d'un droit minier ou de carrières, qui voudra commencer ses opérations minières, est tenu de se présenter aux autorités locales du ressort et de leur remettre, contre récépissé, une copie de son titre minier ou de carrières.

Il s'agit là d'une prise de contact utile pour éviter que le titulaire concerné ne soit considéré comme un intrus par la communauté locale dans un terroir qui couvre son périmètre minier ou de carrières. Cet état de choses est nécessaire et est de nature à créer la confiance, ce qui évitera la méfiance entre eux.

Article 216 : Des registres, rapports et publications *(modifié et complété par l'article 7 de la Loi n° 18/001 du 09 mars 2018 modifiant et complétant la Loi n° 007/2002 du 11 juillet 2002 portant Code minier)*

Le titulaire des titres miniers ou de carrières et le détenteur d'un agrément au titre de comptoir ou d'entité de traitement ont l'obligation de tenir les registres, d'élaborer et de déposer les rapports de leurs activités conformément au Règlement minier.

En outre, les titulaires des droits miniers ou de carrières d'exploitation sont tenus de publier à la fin de chaque mois sur un formulaire ad hoc, les quantités produites, vendues ou exportées des substances minérales, leurs qualités, leurs valeurs, les montants de divers impôts, droits, taxes et redevances dus et payés au profit du Trésor public, aux entités territoriales décentralisées et aux organismes de l'État.

Le titulaire du droit minier ou de carrières de même que le détenteur d'un agrément au titre de comptoir ou d'entité de traitement doivent tenir les registres, élaborer et déposer les rapports de leurs activités.

De plus, le législateur impose aux titulaires des droits miniers ou de carrières d'exploitation un ensemble d'éléments devant obligatoirement être publiés. Il s'agit de quantités produites, vendues ou exportées des substances minérales, leurs qualités, leurs valeurs, les montants de divers impôts, droits, taxes et redevances dus et payés au profit du Trésor public, aux entités territoriales décentralisées et aux organismes de l'État.

Cette situation découle du principe de la transparence qui caractérise le secteur minier congolais. De la sorte, il faudrait que ces documents soient publiés sur le site web du ministère des Mines et que toutes les informations y relatives soient mises à la disposition des autorités des entités territoriales décentralisées ainsi qu'aux communautés locales.

Les articles 497 à 501 du Règlement minier déterminent les modalités applicables à la tenue des registres et des apports.

Article 217 : Des inspections

Le titulaire des titres miniers ou de carrières doit se soumettre aux inspections effectuées par les agents chargés de l'inspection des opérations minières ou de carrières.

Dans tous les cas, ces inspections ont lieu pendant les heures d'ouverture des bureaux, ateliers ou chantiers.

Le Règlement Minier détermine les modalités de réalisation de ces inspections.

Le titulaire du droit minier ou de carrières ne peut pas s'opposer aux inspections qui doivent être conduites en rapport avec ses opérations minières ou de carrières par les services de l'Administration des mines.

En effet, « les fonctionnaires chargés de l'inspection des mines ont le droit de visiter en tout temps les concessions de recherches ou d'exploitation minières ainsi que les travaux de recherches et d'exploitation, d'y faire tous travaux et fouilles d'ordre géologique et minéralogique, d'y prélever des échantillons et d'y recueillir toute documentation de cet ordre. Ils peuvent prendre connaissance et copie sur place de tous documents y relatifs. Ils ont le droit d'exiger tous les renseignements relatifs à la minéralogie et à la géologie recueillis par les exploitants » (H. Kabwe Sabwa, 2019, p. 113).

Il est à noter que ces inspections se résument au contrôle des opérations minières ou de carrières effectuées par l'opérateur minier. Il s'agit en effet de contrôler, ou plutôt de vérifier, d'examiner la conformité de ces opérations aux obligations en matière de sécurité, d'hygiène, de santé, de protection de l'environnement, de la tenue des registres de leurs activités, et de véracité des rapports de leurs opérations.

C'est ici que les inspections permettront de découvrir la fraude lorsqu'il sera question, par exemple, de vérifier si le titulaire du droit minier qui a sollicité un PEPM ne se livre pas à l'exploitation minière à grande échelle, alors qu'il ne devrait pas s'y livrer, comme il a été souligné ci-dessus.

Il est impératif que les inspecteurs miniers consultent plusieurs sources (personnes) afin d'obtenir des renseignements plausibles, et non pas seulement le titulaire concerné par l'inspection. De la sorte, les inspecteurs peuvent effectuer des différentes interviews avec plusieurs personnes, y compris le personnel de l'opérateur minier, les membres des communautés et de l'Administration locale, ainsi que les représentants de la sécurité (telle que la Police, l'Armée), en vue de recueillir des informations fiables et utiles à leur mission.

Par ailleurs, il apparaît que les pouvoirs publics devraient organiser pour les services de l'Administration des mines des formations afin d'actualiser les connaissances des cadres de l'Administration et des ingénieurs chargés du contrôle dans le domaine de l'inspection des mines et carrières. Ce n'est que de cette façon que les missions de contrôle des inspecteurs dans le domaine de l'inspection des mines et carrières seront encore plus efficaces.

Au regard de ce qui précède et en vue de faciliter le bon déroulement des inspections, il vaudrait mieux prévoir, de lege ferenda, une fiche d'inspection minière pour servir de canevas au travail des inspecteurs miniers.

Les articles 502 à 506 du Règlement minier fixent les modalités de la réalisation des inspections.

Article 218 : De l'ouverture et de la fermeture d'un centre de recherches ou d'exploitation *(modifié et complété par l'article 7 de la Loi n° 18/001 du 09 mars 2018 modifiant et complétant la Loi n° 007/2002 du 11 juillet 2002 portant Code minier)*

Toute ouverture ou fermeture d'un centre de recherches ou d'exploitation minière ou de carrières permanente est effectuée dans le délai prévu à l'article 197 du présent Code et déclarée à l'Administration des mines selon les modalités fixées par le Règlement minier.

Conformément à cet article, le titulaire d'un droit minier ou de carrières est tenu, avant de commencer ses travaux, de faire la déclaration d'ouverture du centre de recherches ou d'exploitation auprès de la division provinciale des mines, avec copie à la DM et à la Direction de Géologie.

L'article 484 du Règlement minier détermine les modalités de la déclaration d'ouverture ou de fermeture d'un centre de recherches ou d'exploitation, tandis que l'article 485 du même texte fixe celles de l'approbation de la déclaration.

TITRE IX :
DU RÉGIME FISCAL, DOUANIER ET DES RECETTES NON FISCALES APPLICABLE AUX ACTIVITÉS MINIÈRES

(modifié et complété par l'article 9 de la Loi n° 18/001 du 09 mars 2018 modifiant et complétant la Loi n° 007/2002 du 11 juillet 2002 portant Code minier)

Chapitre Premier :
Des Dispositions générales

Article 219 : Des contribuables visés *(modifié et complété par l'article 9 de la Loi n° 18/001 du 09 mars 2018 modifiant et complétant la Loi n° 007/2002 du 11 juillet 2002 portant Code minier)*

Le titulaire est soumis au régime fiscal, douanier et de recettes non fiscales défini dans le présent titre pour toutes ses activités minières réalisées sur le territoire national.

Jouissent également du bénéfice de l'ensemble du régime fiscal, douanier et de recettes non fiscales, prévu par le présent Code :

a. les sous-traitants conformément à la loi n° 17/001 du 8 février 2017 fixant les règles applicables à la sous-traitance dans le secteur privé ;

b. le titulaire d'une autorisation d'exploitation de carrières permanente, autre que celle des matériaux de construction d'usage courant ;

c. les détenteurs des agréments au titre des entités de traitement agréés. Les titulaires des autorisations de recherches des produits de carrières et d'exploitation de carrières temporaire, celles d'exploitation de carrières permanente non visées au *littera b* ci-dessus sont assujetties au régime fiscal, douanier et de recettes non fiscales de droit commun.

Le régime fiscal, douanier et de recettes non fiscales est applicable aux titulaires des droits miniers et de carrières, selon qu'il s'agit des activités des mines ou des carrières.

D'une part, le législateur a limitativement énuméré les trois catégories des personnes pouvant jouir du bénéfice de l'ensemble du régime fiscal, douanier et de recettes non fiscales prévu dans le Code minier. Il s'agit de :

- titulaire d'un PR, PE, PEPM, PER ou d'une AECP (pour les substances minérales autres que les matériaux de construction à usage courant) ;

- sous-traitants conformément à la loi n° 17/001 du 8 février 2017 fixant les règles applicables à la sous-traitance dans le secteur privé ;

- détenteurs des agréments au titre des entités de traitement agréés.

D'autre part, le législateur fait assujettir une autre catégorie des personnes au régime fiscal, douanier et de recettes non fiscales de droit commun. Il s'agit de :

- titulaire d'une ARPC ;

- titulaire d'une AECT ;

- titulaire d'une AECP pour les matériaux de construction à usage courant.

Les articles 509 et 509 bis du Règlement minier fixent les modalités applicables au régime fiscal, douanier et des recettes non fiscales pour les activités des mines.

Quant à l'article 511 du même texte, il détermine les modalités applicables au régime fiscal et douanier pour les activités des carrières.

Article 220 : Du régime fiscal, douanier et des taxes exclusif et exhaustif

(modifié et complété par l'article 9 de la Loi n° 18/001 du 09 mars 2018 modifiant et complétant la Loi n° 007/2002 du 11 juillet 2002 portant Code minier)

Sans préjudice des dispositions de l'article 221 du présent Code, le régime fiscal, douanier et des taxes applicable aux activités minières du titulaire sur le territoire national est celui défini exclusivement et exhaustivement au titre IX du présent Code. Ce régime concerne les impôts, taxes, droits, redevances et autres prélèvements parafiscaux perçus tant au profit du Gouvernement qu'à celui des provinces et des entités territoriales décentralisées.

Toutefois, le Premier ministre peut, par décret délibéré en Conseil des ministres, accorder un certain nombre des mesures incitatives à l'endroit de provinces souffrant de déficit d'infrastructures pour booster leur essor économique à partir des ressources minières.

En droit minier, ce sont les articles 219 à 262 de ce texte de loi qui régissent le régime fiscal, douanier et des taxes applicables aux activités minières.

Tel qu'on peut le constater, le titulaire des droits miniers et d'une AECP autre que celle des matériaux de construction d'usage courant, les sous-traitants et les détenteurs d'un agrément au titre d'entité de traitement sont soumis, pour leurs activités minières, uniquement au régime fiscal et douanier préférentiel défini au titre IX de ce texte de loi.

De surcroît, ce régime préférentiel comprend les impôts, taxes, droits, redevances et autres prélèvements parafiscaux qui sont perçus tant au profit du pouvoir central qu'à celui des provinces et des entités territoriales décentralisées.

Toutefois, à partir des ressources minières disponibles, le Premier ministre a la prérogative de prendre d'autres mesures incitatives en dérogation de ce texte de loi lorsqu'il s'avère que certaines provinces souffrent de déficit d'infrastructures, et ce, dans le but de booster leur essor économique.

À ce sujet, il y a à craindre que cette prérogative accordée au Premier ministre soit une source de discrimination et de favoritisme. « Ces mesures incitatives » peuvent se muer en des exonérations qui seront un handicap pour l'augmentation des recettes fiscales du secteur minier. De la sorte, elles ne devraient pas être accordées par voie administrative. Car certains opérateurs miniers peuvent profiter de cette situation pour se faire accorder des avantages fiscaux non prévus par ce texte de loi. Comme l'écrit à cet effet Jivet Ndela Kubukoso (2020, p. 337) :

> *« Cela ouvre une brèche que des sociétés peuvent ainsi utiliser, par un lobbying au niveau provincial ou directement auprès du Premier ministre, pour obtenir des exonérations fiscales.*
>
> *Kigali (sic) [Kibali Gold Mines] a déjà entamé un tel lobbying dans la province du Haut-Uélé et d'autres sociétés sont en discussion avec plusieurs branches de l'État. »*

En définitive, on devrait éviter à tout prix d'accorder des mesures incitatives par voie ministérielle, lesquelles mesures devraient découler de ce texte de loi. Pour tout dire, cet article devrait être abrogé.

Dans cette perspective, il importera, de lege ferenda, d'envisager l'insertion de ces mesures incitatives dans ce texte de loi, si l'on tient à aider les provinces qui souffrent de déficit d'infrastructures. Ce serait plus juste de procéder de cette façon, plutôt que de laisser au Premier ministre toute la latitude de décider de l'opportunité d'accorder ou non de telles mesures. Ce qui risque d'ouvrir la voie, outre au traitement discriminatoire, à la corruption dans le secteur minier tant décriée.

L'article 509 du Règlement minier fixe les modalités applicables au régime fiscal, douanier et des taxes exclusif et exhaustif.

Article 220 bis : Du régime des impôts, taxes, droits et redevances et autres prélèvements parafiscaux à percevoir au profit du Pouvoir central *(inséré par l'article 23 de la Loi n° 18/001 du 09 mars 2018 modifiant et complétant la Loi n° 007/2002 du 11 juillet 2002 portant Code minier)*

Le contribuable visé est soumis, au profit du Pouvoir central, dans le cadre de ses activités minières :

a. Aux impôts, taxes, droits et redevances suivant les modalités du présent Code :

1. impôt sur les bénéfices et profits ;
2. impôt professionnel sur les prestations de services rendus par des personnes physiques ou morales non établies en République Démocratique du Congo ;
3. impôt sur les revenus des capitaux mobiliers ou impôt mobilier ;
4. l'impôt professionnel sur les rémunérations ;
5. l'impôt exceptionnel sur les rémunérations des expatriés ;
6. droits d'entrée ;
7. droits d'accises ;
8. droit proportionnel pour approbation et enregistrement des hypothèques ;
9. droit proportionnel pour approbation et enregistrement des cessions ;
10. droit proportionnel pour approbation et enregistrement d'amodiation, de contrat d'option et de transmission ;
11. droits superficiaires annuels par carré ;
12. droits proportionnels pour la cession des parts et actions sociales ;
13. redevance minière ;
14. redevance sur les carburants terrestres et lubrifiants ;
15. bonus de signature ;
16. pas de porte.

b. Aux impôts, taxes, droits et redevances suivant les modalités du droit commun :

1. taxe sur la Valeur Ajoutée, en sigle TVA ;
2. taxe sur l'autorisation de minage temporaire ;
3. taxe sur les exportations des échantillons destinés aux analyses et essais industriels lorsque ceux-ci sont exportés en violation de l'article 50 alinéa 3 du Code minier, vendus aux tiers au profit ou par le fait du titulaire avant ou après analyse ou essai, et enfin en cas d'exportation qui revêt un caractère commercial ;
4. taxe d'implantation et taxe rémunératoire annuelle de l'environnement ;
5. taxe de déboisement ;
6. droit d'octroi de la carte de travail pour étranger ;
7. taxes sur la télécommunication ;
8. taxe d'agrément des dépôts des explosifs ;

9. droit d'enregistrement des dragues ;

10. redevance annuelle et caution pour les entités de traitement de toutes les catégories et tailleries ;

11. agrément de boutefeux.

Cet article énumère de manière exhaustive les différents impôts, taxes, droits et redevances ainsi que les autres prélèvements que les contribuables visés à l'article 219 de ce texte de loi doivent s'acquitter au profit du pouvoir central.

Il sied de signaler qu'avec la réforme de 2018 le législateur a rallongé la liste des impôts et taxes qui n'existaient pas avant.

Il y a lieu, de lege ferenda, de revoir cette liste, par la suppression de certains droits, impôts et taxes qui relèvent de la parafiscalité.

À ce sujet, il sied de noter que cette dernière, comme le souligne Thomas Lassourd (2018, p. 19), « est une notion propre à la RDC. Elle comprend tous les droits, taxes et impôts qui ne sont pas prévus par le Code minier, mais qui sont toutefois imposés par les régies financières, administrations décentralisées ou autre agence de l'État ».

Il apparaît ici que cette nouvelle imposition entraîne des charges fiscales et administratives supplémentaires pour les sociétés minières, alors qu'on devrait les alléger pour faciliter l'exécution des projets miniers.

Cet état de choses a d'ailleurs suscité le mécontentement de bien des opérateurs miniers. Comme le révèle Jivet Ndela Kubokoso (2020, p. 339.) :

> *« Certaines sociétés contestent en particulier les taxes sur le déboisement et la protection de l'environnement. Elles considèrent que c'est sur la base de leurs obligations légales, il leur appartient d'effectuer elles-mêmes les dépenses liées à la protection et à la réhabilitation des sites miniers. »*

En définitive, « les éléments de la parafiscalité représentent un alourdissement de la fiscalité congolaise en dehors du cadre juridique du code minier, qui complique les comparaisons internationales et les décisions d'investissement » (Thomas Lassourd, 2018, p. 20).

Article 220 ter : Du régime des impôts et taxes d'intérêt commun, à percevoir au profit des provinces et autres entités décentralisées *(inséré par l'article 23 de la Loi n° 18/001 du 09 mars 2018 modifiant et complétant la Loi n° 007/2002 du 11 juillet 2002 portant Code minier)*

Le titulaire est soumis, au profit des provinces et autres entités décentralisées, dans le cadre de ses activités minières :

a. Aux impôts suivants :

1. impôt foncier ;

2. impôt sur les véhicules ;

3. impôt sur les revenus locatifs.

b. Aux taxes d'intérêts communs suivants :

1. la taxe spéciale de circulation routière ;

2. la taxe de superficie sur les concessions minières.

Les impôts, droits, taxes et redevances prévus dans le présent article, sont perçus conformément à la législation sur les recettes des provinces et des entités territoriales décentralisées.

Cet article énumère les impôts et taxes dont le titulaire du droit minier ou de carrières est tenu de s'acquitter, non pas au profit du pouvoir central, mais pour le compte des provinces et entités décentralisées.

Article 220 quater : Du régime des taxes, droits et redevances applicables aux activités autres qu'activités minières du titulaire *(inséré par l'article 23 de la Loi n° 18/001 du 09 mars 2018 modifiant et complétant la Loi n° 007/2002 du 11 juillet 2002 portant Code minier)*

Sans préjudice des dispositions de l'article 234 alinéa 3 du présent Code, le titulaire est soumis, dans le cadre de l'exercice des activités autres que ses activités minières, aux autres droits, taxes et redevances de la compétence du Pouvoir central et de celui des provinces et des entités territoriales décentralisées prévus par les lois fixant nomenclature ainsi qu'aux redevances et taxes rémunératoires qui contribuent aux frais de fonctionnement des services publics personnalisés.

Le titulaire d'un droit minier ou de carrières, qui exerce des activités autres que les activités minières, est soumis aux autres droits, taxes et redevances.

Ces derniers relèvent de la compétence du pouvoir central ainsi que de celle des provinces et des entités décentralisées prévues par les lois fixant nomenclature, ainsi que les redevances et taxes rémunératoires qui contribuent aux frais de fonctionnement des services publics personnalisés.

Article 221 : Des modifications du régime fiscal et douanier

Sous réserve des dispositions de l'article 222 ci-dessous, le régime fiscal et douanier défini dans le présent Code ne peut être modifié que conformément aux dispositions de l'article 276 du présent Code.

En dehors des dispositions fiscales et douanières plus favorables prévues dans ce texte de loi, le législateur laisse une marge de manœuvre pour la modification du régime fiscal et douanier applicable aux activités minières. Mais toujours est-il que cette modification doit impérativement respecter les prescrits de l'article 276 concernant la garantie de stabilité.

Il faut signaler que le législateur a omis, à travers cet article, de mentionner le régime de change qui est également prévu dans ce texte de loi et repris, du reste, à l'article 276 du même texte auquel cet article renvoie.

De ce fait, il y a lieu de modifier cet article aussi bien à son chapeau qu'à son corps par l'insertion du mot « change », faisant référence au régime de change.

Aussi faut-il signaler que le législateur ne devrait pas faire allusion à l'article 222 ci-dessous qui a été abrogé. D'où il importe de modifier cet article par la suppression du groupe des mots « Sous réserve des dispositions de l'article 222 ci-dessous ». Ainsi modifié, cet article devrait être reformulé comme suit :

> *« Le régime fiscal, douanier et de change défini dans le présent Code ne peut être modifié que conformément aux dispositions de l'article 276 du présent Code. »*

Article 222 : *(abrogé par l'article 31 de la Loi n° 18/001 du 09 mars 2018 modifiant et complétant la Loi n° 007/2002 du 11 juillet 2002 portant Code minier).*

Article 223 : *(abrogé par l'article 31 de la Loi n° 18/001 du 09 mars 2018 modifiant et complétant la Loi n° 007/2002 du 11 juillet 2002 portant Code minier).*

Article 224 : De la procédure fiscale et douanière *(modifié par l'article 9 de la Loi n° 18/001 du 09 mars 2018 modifiant et complétant la Loi n° 007/2002 du 11 juillet 2002 portant Code minier)*

Sans préjudice des dispositions du présent Code, la procédure fiscale et douanière applicable est celle du droit commun.

Pour ce qui est de la procédure fiscale et douanière, c'est celle du droit commun qui s'applique en droit minier.

(Lire pour plus amples informations A. Tenday Lupumba, 2014.)

Chapitre II :
DU RÉGIME DOUANIER

Section I : Des Généralités

Article 225 : De la liste des biens bénéficiant du régime privilégié *(modifié à son alinéa 1er par l'article 9 de la Loi n° 18/001 du 09 mars 2018 modifiant et complétant la Loi n° 007/2002 du 11 juillet 2002 portant Code minier)*

Avant de commencer les travaux, le titulaire d'un droit minier de recherche ou d'exploitation, le titulaire d'une autorisation d'exploitation de carrières permanente, autre que celle des matériaux de construction d'usage courant, le détenteur d'un agrément au titre de l'entité de traitement et/ou de transformation agréée, présentent la liste comprenant le nombre et la valeur des biens mobiliers, des équipements, des engins directement liés aux techniques minières et opérations extractives minérales et intrants qui rentrent dans le champ d'application du régime privilégié prévu dans la présente loi. La liste est préalablement approuvée par arrêté conjoint des ministres ayant les Mines et les Finances dans leurs attributions dans les soixante jours ouvrables suivant la réception de la lettre de demande d'approbation au ministère en charge des Mines.

Si au terme de ce délai, aucune réponse n'est donnée, la liste est réputée approuvée, le récépissé de dépôt faisant foi. Dans ce cas, les autorités compétentes sont tenues de délivrer l'Arrêté d'approbation, endéans sept jours francs.

En cas de refus d'approbation de la liste, la décision doit être écrite et motivée.

Cette liste indique les catégories des matériels, des biens et des équipements non obsolètes, nécessaires respectivement à la phase de la recherche, de la construction et du développement ainsi qu'à la phase de l'exploitation du projet bénéficiaire du régime douanier défini ci-dessous.

Les provisions en consommables, réactifs et celles en produits d'entretien nécessaires à l'usage quotidien, mais non directement liées à l'activité minière, sont exclues desdites listes.

L'importation par le titulaire ou ses sous-traitants des matériels, biens, équipements et autres biens qui ne figurent pas sur les listes approuvées, est soumise aux dispositions du régime de droit commun.

Le Règlement Minier fixe les modalités d'organisation et de fonctionnement de la Commission Interministérielle appelée à assister les ministres dont question à l'alinéa 1er ci-dessus.

Cet article détermine les personnes pouvant bénéficier du régime douanier préférentiel. Aussi établit-il la procédure applicable à l'approbation préalable de la liste des biens susceptibles de bénéficier du régime privilégié.

Le bénéficiaire du régime douanier privilégié est subordonné à la présentation d'une demande d'approbation de la liste des biens mobiliers, des équipements, des engins directement liés aux techniques minières et opérations extractives minérales et intrants à importer.

Il est de la compétence des ministres ayant les Mines et les Finances d'approuver par décision cette liste.

Les articles 512 à 516 du Règlement minier fixent les modalités de l'approbation de la liste des biens bénéficiant du régime douanier privilégié. Quant à l'article 519 du Règlement minier, il détermine les modalités d'organisation et de fonctionnement de la Commission Interministérielle d'approbation de liste des biens à importer sous le régime douanier privilégié.

Article 226 : De l'exportation des échantillons *(modifié et complété par l'article 9 de la Loi n° 18/001 du 09 mars 2018 modifiant et complétant la Loi n° 007/2002 du 11 juillet 2002 portant Code minier)*

Dans le cadre du projet, l'exportation par le titulaire des échantillons destinés aux analyses et essais industriels est exonérée de tout droit de douane ou autre contribution, de quelque nature que ce soit, à la sortie du Territoire National.

Nonobstant les dispositions de l'article 234 du présent Code, les échantillons exportés en violation de l'article 50 alinéa 3 du présent Code sont soumis à toute imposition de droit commun.

Les échantillons vendus aux tiers au profit ou par le fait du titulaire, avant ou après analyse, sont imposables au taux de droit commun.

Est également imposable, toute exportation d'échantillons qui revêt un caractère commercial. Il en est ainsi notamment des échantillons exportés en quantité exorbitante par rapport aux besoins raisonnables d'analyse.

Sans préjudice des dispositions du présent article, les exportations des échantillons visées aux alinéas 2, 3 et 4 du présent article sont soumises au paiement d'une taxe sur exportation des échantillons.

Il est prévu une exonération de tout droit de douane ou autre contribution lorsque le titulaire du droit minier ou de carrières souhaite exporter les échantillons des substances minérales pour analyses et essais industriels dans le laboratoire ou dans l'usine de son choix. De la sorte, ces échantillons doivent uniquement être prélevés dans le périmètre faisant l'objet du droit minier ou de carrières concerné pour des analyses ou essais industriels. Au cas contraire, lesdits échantillons exportés sont soumis à toute imposition de droit commun.

Ne sont donc pas exonérés et, par conséquent, imposables au taux de droit commun, les échantillons vendus aux tiers au profit ou du fait du titulaire et toute importation d'échantillons qui revêt un caractère commercial, c'est-à-dire lorsque la quantité d'échantillons dépasse une certaine limite.

On peut remarquer ici qu'il n'existe pas d'alinéa 3 à l'article 50 auquel le législateur fait allusion dans cet article. C'est plutôt l'article 50 bis, alinéa 5, dont il devrait être question. Cette fausse affirmation, découlant du renvoi incorrect à un alinéa inexistant, rend inintelligible cet article. Pour cela, il y a lieu d'amender l'alinéa 2 de cet article. Et l'amendement devrait consister en remplacement du groupe des mots « 50 alinéa 3 » par « 50 bis alinéa 5 ». Ainsi, cet alinéa modifié devait être lu comme suit :

> *« Nonobstant les dispositions de l'article 234 du présent Code, les échantillons exportés en violation de l'article 50 bis alinéa 5 du présent Code sont soumis à toute imposition de droit commun. »*

L'article 527 octies du Règlement minier fixe les modalités de l'exportation des échantillons pour analyse et essais industriels.

Article 227 : *(abrogé par l'article 31 de la Loi n° 18/001 du 09 mars 2018 modifiant et complétant la Loi n° 007/2002 du 11 juillet 2002 portant Code minier).*

Article 228 : De la mise en consommation sur le Territoire National des biens importés

Les matériels, les biens et les équipements importés sous le régime privilégié en matière douanière ne peuvent être cédés sur le Territoire National sans l'autorisation de l'Administration des douanes. Le contrevenant à cette disposition s'expose aux pénalités édictées par la réglementation des douanes. La mise en consommation desdits matériels, biens et équipements est subordonnée au paiement des droits et taxes restant dus, au taux en vigueur à la date de la cession, calculés sur la base de la valeur résiduelle réactualisée établie à partir des éléments de la déclaration d'importation initiale.

Le régime privilégié a été institué pour faire bénéficier certains acteurs du secteur minier des avantages fiscaux et/ou douaniers afin qu'ils en profitent suffisamment. Mais toujours est-il que les matériels, les biens et les équipements qui ont été importés, dans le cadre de leurs activités minières, ne sont pas librement cessibles sur le territoire national. Ils ne peuvent être cédés qu'avec l'autorisation de l'Administration des douanes, à savoir la DGDA.

Lesdits matériels, biens et équipements ne peuvent être consommés sur le territoire national qu'après paiement des droits et taxes restant dus, au taux en vigueur à la date de la cession, calculés sur base de la valeur résiduelle réactualisée et établie à partir des éléments de la déclaration d'importation initiale.

Article 229 : Des conséquences de l'arrêt du projet à/ou avant terme

(modifié à son alinéa 2 par l'article 9 de la Loi n° 18/001 du 09 mars 2018 modifiant et complétant la Loi n° 007/2002 du 11 juillet 2002 portant Code minier)

Dans le cas où le projet est arrêté à/ou avant terme, les matériels, biens et équipements qui ont bénéficié du régime privilégié en matière douanière doivent, soit être réexportés, soit être mis en consommation sur le Territoire National après ajustement du régime douanier par le paiement des droits et taxes restant dus calculés sur la base de la valeur résiduelle réactualisée établie à partir des éléments de la déclaration d'importation initiale.

La déclaration de l'arrêt des travaux est immédiatement faite aux Administrations des douanes, des recettes non fiscales, des impôts et des mines.

Tout projet minier, en ce compris les carrières, est susceptible d'arrêt. En effet, un projet peut arriver à son terme ou être interrompu avant son terme pour telle ou telle autre raison. C'est le cas lorsqu'il y a épuisement du gisement. Ainsi le législateur n'a-t-il pas voulu laisser cet arrêt sans conséquence juridique.

C'est pourquoi les matériels, biens et équipements, qui ont été utilisés dans le cadre des activités minières, peuvent bel et bien être réexportés ou être mis en consommation sur le territoire national, après ajustement du régime douanier par le paiement des droits et taxes restant dus calculés sur la base de la valeur résiduelle réactualisée établie à partir des éléments de la déclaration d'importation initiale.

Dans tous les cas, la déclaration de l'arrêt des travaux est immédiatement faite aux Administrations des douanes, des recettes non fiscales, des impôts et des mines. Et en cas d'épuisement du gisement, le droit minier ou de carrières d'exploitation est sensé expirer, conformément à l'article 78 de ce texte de loi.

Article 230 : Du transfert des biens, matériels et/ou équipements

En cas de pluralité de titres miniers détenus par le titulaire et/ou la société d'exploitation, le transfert des biens, matériels et/ou équipements d'un projet à l'autre doit faire l'objet d'une information écrite préalable à l'administration des douanes.

Dans le cas d'un transfert des matériels utilisés dans le cadre d'un titre minier donné, sur le projet afférent à un autre titre minier appartenant à un titulaire différent, ce titulaire cessionnaire, doit bénéficier d'un régime douanier similaire à celui de la partie cédante et celle-ci doit, pour ce faire, obtenir par écrit l'autorisation préalable de l'Administration des douanes.

Cet article fixe les conditions du transfert des biens, matériels et/ou équipements d'un projet minier.

Un opérateur minier peut être titulaire de plusieurs droits miniers. Il peut arriver que, parmi ses projets miniers, l'un puisse arriver à terme. Dans ce cas, il peut décider de transférer les biens, matériels et/ou des équipements découlant de l'arrêt du projet minier à un autre qui est en cours d'exécution. Puisqu'il s'agit des titres d'un même titulaire, celui-ci bénéficiera du même régime douanier. Pour qu'il soit valable, un tel transfert doit faire l'objet d'une information écrite préalable à l'Administration des douanes.

En revanche, lorsque ce transfert doit se faire dans le cadre d'une cession minière, le cessionnaire doit bénéficier d'un régime douanier similaire à celui de la partie cédante. Pour que ce transfert soit valable, celle-ci doit obtenir par écrit l'autorisation préalable de l'Administration des douanes.

Article 231 : De l'importation en franchise temporaire

Les biens, équipements et matériels introduits par le titulaire sur le Territoire National et destinés à être réexportés sont admis temporairement en franchise de droits de douane sur autorisation de l'Administration douanière pour un délai de six mois. Ce délai peut être prorogé deux fois pour la même durée si pour des raisons indépendantes de la volonté du titulaire, il ne peut être respecté.

Lorsque le titulaire décide de réexporter les biens, équipements et matériels introduits sur le territoire national, ces derniers font temporairement objet d'une franchise douanière sur autorisation de l'Administration douanière pour un délai de six mois, c'est-à-dire qu'ils sont exonérés des droits de douane au moment de la taxation à l'exportation.

Section II : Des Régimes applicables aux différentes phases du Projet

Article 232 : Des droits d'entrée aux taux préférentiels *(modifié et complété par l'article 9 de la Loi n° 18/001 du 09 mars 2018 modifiant et complétant la Loi n° 007/2002 du 11 juillet 2002 portant Code minier)*

Avant la date de commencement de l'exploitation effective de la mine constatée conformément aux dispositions du présent Code et du Règlement minier, tous les biens d'équipements à vocation strictement minière importés par le titulaire d'un droit minier, le titulaire d'une Autorisation d'exploitation de carrière permanente, autre que celle des matériaux de construction d'usage courant, le détenteur d'un agrément au titre d'entité de traitement et/ou de transformation agréée et le sous-traitant sont soumis à un droit d'entrée au taux de 2 %, pour autant que ces biens figurent sur la liste prévue à l'alinéa premier de l'article 225 du présent Code.

À partir de la date de commencement de l'exploitation effective, constatée conformément aux dispositions du présent Code et du Règlement minier, pendant une période se terminant à la fin de la troisième année à compter de la date de la première production, tous les biens à vocation strictement minière, importés par le titulaire d'un droit minier, le titulaire d'une Autorisation d'exploitation de carrière permanente, autre que celle des matériaux de construction d'usage courant, le détenteur d'un agrément au titre d'entité de traitement et/ou de transformation agréée et le sous-traitant sont soumis au taux unique de 5 %, à condition que ces biens figurent sur la liste prévue à l'alinéa premier de l'article 225 du présent Code. Tous les biens intermédiaires et autres consommables sont taxés au taux de 10 % de droits de douane.

Dans tous les cas, les carburants et lubrifiants destinés aux activités minières sont soumis au taux de 5 %.

Les droits d'accises sont perçus conformément au droit commun.

Sans préjudice des dispositions de l'article 233 du présent Code, le titulaire d'un Permis d'exploitation, d'une Autorisation d'exploitation de carrières permanente, autre que celle des matériaux de construction d'usage courant qui entrent en phase de production, cessent de bénéficier du régime douanier préférentiel à partir de la sixième année à compter de la date de l'octroi du titre. Les entités de traitement agréées, les détenteurs des agréments au titre des entités de traitement agréées et les sous-traitants cessent de bénéficier du régime douanier préférentiel à partir de la sixième année à compter de la date de l'agrément.

Avant la date du commencement effectif des travaux, seuls les biens d'équipements à vocation strictement minière, devant être repris sur la liste présentée par le bénéficiaire du régime privilégié, conformément à l'article 225 de ce texte de loi, sont soumis à un droit d'entrée au taux préférentiel de 2 %. Ces biens sont ceux importés, entre autres par le titulaire d'un droit minier, le titulaire d'une AECP autre que celle des matériaux de construction à usage courant, le détenteur d'un agrément au titre d'entité de traitement et/ou de transformation agréée et le sous-traitant.

À compter de la date du commencement effectif des travaux d'exploitation, lesdits biens sont soumis au taux unique de 5 %. Tous les biens intermédiaires et autres consommables sont taxés au taux de 10 % de droits de douane.

Dans tous les cas, les carburants et lubrifiants destinés aux activités minières sont soumis au taux de 5 %.

S'agissant des droits d'accises, ces derniers sont perçus conformément au droit commun.

Il faut savoir que le régime douanier préférentiel n'est pas un régime permanent, c'est-à-dire que leurs bénéficiaires n'en tirent pas profit durant toute la validité de leurs droits, pour mieux dire, pendant toute la durée de vie du projet minier ou de leur agrément. Il en découle qu'à partir de la sixième année, à compter de la date d'octroi du titre minier ou de carrières d'exploitation, le titulaire du PE et celui de l'AECP visé au littera b de l'alinéa 2 de l'article 219 de ce texte de loi et dont les activités sont en phase de production, ne peuvent plus bénéficier du régime douanier préférentiel. Il en est de même pour les entités de traitement agréées, les détenteurs des agréments au titre des entités de traitement agréées et les sous-traitants qui cessent de bénéficier du régime douanier préférentiel, dès la sixième année à compter de la date de l'agrément.

Article 233 : Des importations dans le cadre des travaux d'extension sur un même périmètre *(modifié et complété par l'article 9 de la Loi n° 18/001 du 09 mars 2018 modifiant et complétant la Loi n° 007/2002 du 11 juillet 2002 portant Code minier)*

Le titulaire d'un titre minier qui réalise un investissement d'extension après la mise en exploitation de la mine, le titulaire d'une Autorisation d'exploitation de carrières permanente, autre que celle des matériaux de construction d'usage courant et l'entité de traitement et/ou de transformation agréée peuvent pour le matériel, les équipements et les intrants à importer dans ce cadre, bénéficier du régime douanier préférentiel prévu aux alinéas 2, 3 et 4 de l'article 232 du présent Code pour autant qu'il introduise une demande auprès du Cadastre minier et démontre que les travaux à réaliser ont pour objet l'augmentation de la capacité de production de la mine ou de l'entité de traitement et/ou de transformation agréée en question d'au moins 30 %.

La demande indique la date à laquelle seront achevés les travaux d'extension.

Dans l'hypothèse où les travaux d'extension ne sont pas achevés de la manière ou dans le délai indiqué au moment de la demande visée à l'alinéa 1er ci-dessus et/ou dans l'hypothèse où la capacité de production n'augmente pas effectivement de 30 % et ce, conformément aux modalités fixées par le Règlement minier, le titulaire est rétroactivement redevable, sur les importations réalisées, des droits d'entrée au taux applicable en phase d'exploitation.

Toutefois, en cas de fraude sur la déclaration lors de l'importation en rapport avec la présente disposition, le titulaire est passible des droits d'entrée et de la Taxe sur la Valeur Ajoutée à l'importation au taux du droit commun.

Le législateur a prévu un régime douanier préférentiel pour le matériel, les équipements et les intrants à importer, dans le cadre des travaux d'extension sur un périmètre, si et seulement si une demande est introduite au CAMI par le titulaire d'un droit minier d'exploitation qui réalise un investissement d'extension après la mise en exploitation de la mine, le titulaire d'une AECP autre que celle des matériaux de construction d'usage courant et l'entité de traitement et/ou de transformation agréée. Dans ce cas, l'on doit démontrer que les travaux à réaliser ont pour finalité d'augmenter la capacité de production de la mine ou de l'entité de traitement et/ou de transformation agréée en question d'au moins 30 %.

L'article 520 bis du Règlement minier fixe les modalités de la demande d'approbation de la liste des biens à importer dans le cadre des travaux d'extension.

Article 234 : Du droit de sortie *(modifié à son alinéa 3 par l'article 9 de la Loi n° 18/001 du 09 mars 2018 modifiant et complétant la Loi n° 007/2002 du 11 juillet 2002 portant Code minier)*

Sans préjudice des dispositions de l'article 226 alinéa 2 à 4 du présent Code, le titulaire est totalement exonéré à la sortie, pour ses exportations en rapport avec le projet minier, de tous droits de douane et autres contributions, de quelque nature que ce soit.

Toutefois, outre l'application de l'imposition de droit commun, les exportations frauduleuses et irrégulières réalisées par le titulaire sont soumises aux amendes et pénalités prévues dans la législation douanière.

Les redevances et frais en rémunération des services rendus à l'exportation des produits marchands ou des biens à l'exportation temporaire pour perfectionnement ne peuvent excéder 1 % de leur valeur commerciale brute.

En principe, le législateur a prévu une franchise douanière pour les exportations des biens du titulaire d'un droit minier ou de carrières dans le cadre de son projet minier ou de carrières. Car il estime qu'une telle taxation ne se justifie pas dans la mesure où les produits marchands à exporter respectent le principe arrêté en matière de l'exportation des échantillons prévu aux alinéas 2 à 4 de l'article 226 de ce texte de loi.

En effet, cette exonération ne s'applique pas lorsque le titulaire du droit minier ou de carrières se livre aux exportations frauduleuses et irrégulières. Aussi ne s'applique-t-elle pas, en matière d'exportation des échantillons, pour des analyses ou des essais industriels, lorsque lesdits échantillons sont prélevés dans un autre périmètre que celui du titulaire.

Article 235 : Des droits de consommation et d'accises

Le titulaire est redevable de droits de consommation et d'accises conformément au droit commun, excepté les huiles minérales désignées à l'article 7 de l'O. L. n° 68/010 du 6 janvier 1968 destinées et exclusivement liées à l'activité minière.

En droit minier, le législateur n'a pas organisé un régime préférentiel pour les droits de consommation et d'accises. Ces derniers sont donc soumis au droit commun, excepté les huiles minérales désignées à l'article 7 de l'O. L. n° 68/010 du 6 janvier 1968 destinées et exclusivement liées à l'activité minière.

Chapitre III :
DU RÉGIME FISCAL

Section I : Des impôts réels *(modifié et complété par l'article 9 de la Loi n° 18/001 du 09 mars 2018 modifiant et complétant la Loi n° 007/2002 du 11 juillet 2002 portant Code minier)*

Article 236 : De l'impôt foncier *(modifié et complété par l'article 9 de la Loi n° 18/001 du 09 mars 2018 modifiant et complétant la Loi n° 007/2002 du 11 juillet 2002 portant Code minier)*

Le titulaire est redevable de l'impôt foncier conformément au droit commun uniquement sur les immeubles pour lesquels l'impôt sur la superficie des concessions minières n'est pas dû.

Le titulaire du droit minier ou de carrières est astreint au paiement de l'impôt foncier. Dans ce cas, seuls les immeubles pour lesquels l'impôt sur la superficie des concessions minières n'est pas dû, sont imposables, et ce suivant le droit commun, c'est-à-dire la loi dite foncière (loi n° 73-021 du 20 juillet 1973 telle que modifiée et complétée par celle n° 80-008 du 18 juillet 1980, portant régime général des biens, régime foncier et immobilier et régime des sûretés).

L'article 521 du Règlement minier détermine la nature des immeubles non soumis à l'impôt foncier. Il s'agit principalement des immeubles situés à l'intérieur de la superficie des concessions minières assujetties à l'impôt réel y afférent.

Article 237 : De l'impôt sur les véhicules *(modifié et complété par l'article 9 de la Loi n° 18/001 du 09 mars 2018 modifiant et complétant la Loi n° 007/2002 du 11 juillet 2002 portant Code minier)*

Le titulaire est redevable de l'impôt sur les véhicules conformément au droit commun. Toutefois, l'impôt sur les véhicules n'est pas dû sur les véhicules de transport de personnes ou de matériaux, de manutention ou de traction, utilisés exclusivement dans l'enceinte du périmètre minier.

Le titulaire du droit minier ou de carrières n'est pas exempté du paiement de l'impôt sur les véhicules, prévu en droit commun. Un tel impôt n'est cependant pas applicable aux véhicules de transport de personnes ou de matériaux, de manutention ou de traction, utilisés exclusivement dans l'enceinte du périmètre minier.

L'article 522 du Règlement minier détermine les véhicules non soumis à l'impôt sur les véhicules. Il s'agit principalement des véhicules de transport de personnes ou de matériaux, de manutention ou de traction qui sont utilisés exclusivement dans l'enceinte du projet minier.

Article 238 : De la taxe de superficie sur les concessions minières *(modifié et complété par l'article 9 de la Loi n° 18/001 du 09 mars 2018 modifiant et complétant la Loi n° 007/2002 du 11 juillet 2002 portant Code minier)*

Le titulaire d'un Permis de Recherches est redevable de la taxe de superficie sur les concessions minières aux taux en francs congolais équivalent à 0,2 USD par hectare pour la première année, en francs congolais équivalent à 0,3 USD par hectare pour la deuxième année, en francs congolais équivalent à 0,35 USD par hectare pour la troisième année et en francs congolais équivalent à 0,4 USD par hectare pour les autres années suivantes.

Le titulaire d'un droit minier d'exploitation est redevable de la taxe de superficie sur les concessions minières aux taux en francs congolais équivalent à 0,4 USD par hectare pour la première année, en francs congolais équivalent à 0,6 USD par hectare pour la deuxième année, en francs congolais équivalent à 0,7 USD par hectare pour la troisième année et en francs congolais équivalent à 0,8 USD par hectare pour les autres années suivantes.

Seuls les titulaires des droits miniers (PR, PE, PER et PEPM) sont assujettis au paiement de la taxe de superficie sur les concessions minières.

Cet article fixe le taux applicable à la superficie qui couvre les périmètres des différents droits miniers et dont la taxation varie ou diffère suivant les périodes de validité de chaque type de droit.

Article 238 bis : Des taxes et redevances du secteur forestier et protection de l'environnement *(inséré par l'article 23 de la Loi n° 18/001 du 09 mars 2018 modifiant et complétant la Loi n° 007/2002 du 11 juillet 2002 portant Code minier)*

Le titulaire des droits miniers et des carrières est assujetti, sans préjudice des dispositions des articles 257 et 258 du présent Code, au paiement des taxes et redevances ci-après :

- taxe de déboisement ;
- taxe d'implantation sur les installations classées de la catégorie 1A ;
- taxe rémunératoire annuelle sur les installations classées de la catégorie 1A ;
- taxe de pollution sur les installations classées de la catégorie 1A.

Le titulaire des droits miniers et de carrières est astreint au paiement des taxes et redevances du secteur forestier et de la protection de l'environnement, lesquelles sont énumérées dans cet article.

Article 239 : De la taxe spéciale de circulation routière

Le titulaire est redevable de la taxe spéciale de circulation routière conformément au droit commun.

Le titulaire du droit minier ou de carrières est soumis au paiement la taxe spéciale de circulation routière, conformément à la loi n° 78/022 du 30 août 1978 portant nouveau Code de la route, en son livre premier sur la réglementation sur la circulation routière.

L'article 522 du Règlement minier détermine les véhicules non soumis à la taxe spéciale de circulation routière. Il s'agit principalement des véhicules de transport de personnes ou de matériaux, de manutention ou de traction qui sont utilisés exclusivement dans l'enceinte du projet minier.

Article 239 bis : De l'impôt sur les revenus locatifs *(inséré par l'article 23 de la Loi n° 18/001 du 09 mars 2018 modifiant et complétant la Loi n° 007/2002 du 11 juillet 2002 portant Code minier)*

Le titulaire est redevable de l'impôt sur les revenus locatifs conformément au droit commun.

Le titulaire du droit minier ou de carrières est astreint au paiement de l'impôt sur les revenus locatifs, conformément au décret-loi 109-2000 du 19 juillet 2000 modifiant et complétant certaines dispositions en matière d'impôts cédulaires sur les revenus, plus spécialement à la circulaire ministérielle 0023/CAB/MIN/FIN&BUD/2001 du 9 janvier 2001 relative à l'application dudit décret-loi.

Section II : De la Redevance Minière

Article 240 : De l'assiette de la redevance minière *(modifié et complété par l'article 9 de la Loi n° 18/001 du 09 mars 2018 modifiant et complétant la Loi n° 007/2002 du 11 juillet 2002 portant Code minier)*

Le titulaire du Permis d'exploitation, du Permis d'exploitation des rejets, du Permis d'exploitation de petite mine, de l'Autorisation d'exploitation de carrières permanente, autres que celles des matériaux de construction d'usage courant, et l'entité de traitement et/ou de transformation agréée sont assujettis à une redevance minière dont l'assiette est calculée sur la base de la valeur commerciale brute.

Les titulaires visés à l'alinéa précédent du présent article sont redevables de cette redevance sur tout produit marchand, à compter de la date de commencement de l'exploitation effective.

La redevance minière est calculée et due au moment de la sortie du produit marchand du site de l'extraction ou des installations de traitement pour expédition.

Ce texte de loi n'a pas défini l'expression « redevance minière ». Devant ce silence, il importe de dégager un essai de définition.

Ainsi, la redevance peut être définie comme une rémunération payée par le titulaire du droit minier ou de carrières d'exploitation, l'entité de traitement et/ou de transformation agréée dont l'assiette est calculée sur la base de la valeur commerciale brute des minerais qui sortent du site de l'extraction ou des installations de traitement ou de transformation pour expédition en dehors du pays afin d'être commercialisés.

De l'analyse des dispositions de cet article ainsi que d'autres articles de ce texte de loi et de ses mesures d'application, il résulte que la redevance est un impôt calculé sur la valeur des produits miniers (impôt ad valorem). Cela sous-entend qu'elle est déterminée en dehors de toute notion de bénéfice ou de profit.

Le législateur congolais s'est basé sur la valeur commerciale brute des substances minérales pour calculer le taux de la redevance minière, plutôt que sur une redevance assise sur la valeur des ventes réalisées, qui est difficilement contrôlable. Et c'est au moment de la sortie du produit marchand du site minier ou de carrières, lieu d'extraction ou des installations de traitement pour expédition, que la redevance minière est calculée et est due.

Outre que cet article fixe la base sur laquelle repose la valeur commerciale brute des substances minérales, il détermine les personnes ou organes astreints au paiement de la redevance minière.

Sont donc redevables au paiement de la redevance minière : les titulaires du PE, PER, PEPM et de l'AECP (autres que celles des matériaux de construction d'usage courant), l'entité de traitement et/ou de transformation agréée. Ces acteurs du secteur minier sont tributaires de cette redevance sur tout produit marchand, à compter de la date de commencement de l'exploitation effective.

Soulignons qu'avant la modification de ce texte de loi, seul le titulaire du droit minier d'exploitation était assujetti à la redevance minière. La réforme de 2018 a conduit à l'élargissement des acteurs devant s'acquitter de la redevance minière, ce qui a eu comme conséquence heureuse, étant entendu qu'elle favorise l'accroissement de l'assiette fiscale de l'État. Toutefois, cette dernière soulève un certain nombre d'interrogations.

En effet, « la problématique de l'assiette de la redevance minière se pose d'une part au niveau de la majoration de charges, et également dans la minoration du chiffre d'affaires » (lire pour plus d'informations Jivet Ndela Kubokoso, 2020).

D'une part, c'est lors de la vente des produits miniers ou de carrières qu'a lieu la minoration du chiffre d'affaires. Les opérateurs miniers profitent de l'absence des mécanismes de contrôle appropriés dans le traçabilité des produits vendus à l'étranger pour minorer le chiffre d'affaires, et ainsi déclarer ce qui est bon pour eux. Comme le souligne Jivet Ndela Kubokoso, (2020, p. 229) :

> *« La DGRAD, la DGI et l'administration des mines ne disposent pas d'instruments formels de recoupement du chiffre d'affaires déclarés par l'opérateur minier.*

Il n'existe pas en RDC un système de recoupement ou de traçabilité de matières premières minérales exportées. »

D'autre part, les opérateurs miniers majorent volontairement les charges en rapport avec la vente des produits miniers ou de carrières pour réduire leur chiffre d'affaires et ainsi payer moins d'impôt que celui qui devrait réellement être payé. Comme l'écrit Derbel Fayçal [http://www.larcf.com/seekrcf/RcfPdf/fich_090_031.pdf] :

« La majoration des charges qui a pour finalité la réduction des bénéfices soumis à l'impôt est opérée à travers la constatation de charges fictives qui n'ont jamais été engagées ou la prise en compte de charges non liées à l'exploitation et inhérentes au dirigeant ou à une tierce personne. »

Il faut savoir que la minoration du chiffre d'affaires et la majoration des charges ne sont pas les seules irrégularités fiscales les plus fréquentes et courantes qui facilitent la fraude fiscale. On peut relever d'autres irrégularités, notamment la minoration des stocks, l'imputation erronée des charges, les charges inhérentes à l'exploitant…

En application de cet article, l'article 525 du Règlement minier fixe le moment de la vente des produits marchands et du paiement de la redevance minière. En effet, la vente des produits marchands tant à l'étranger qu'à l'intérieur du pays intervient lors de la sortie desdits produits du site de l'extraction ou des installations de traitement pour expédition.

L'article 524 du Règlement minier détermine les modalités de contrôle de l'assiette de la redevance minière.

Article 241 : Des taux de la redevance minière *(modifié et complété par l'article 9 de la Loi n° 18/001 du 09 mars 2018 modifiant et complétant la Loi n° 007/2002 du 11 juillet 2002 portant Code minier)*

Les taux de la redevance minière sont de :

a. 0 % pour les matériaux de construction d'usage courant ;

b. 1 % pour les minéraux industriels, les hydrocarbures solides et autres substances non citées ;

c. 1 % pour le fer et les métaux ferreux ;

d. 3,5 % pour les métaux non ferreux et/ou de base ;

e. 3,5 % pour les métaux précieux ;

f. 6 % pour les pierres précieuses et de couleur ;

g. 10 % pour les substances stratégiques.

Le Règlement minier précise les éléments concernés par la classification ci-dessus.

Comme son chapeau l'indique, cet article fixe la variation du taux applicable à la redevance minière, selon qu'il s'agit de telle ou telle autre catégorie des substances minérales.

La récente réforme opérée, avec la révision de ce texte de loi, a montré l'importance que l'État congolais attache à son sol et son sous-sol. C'est ainsi que le législateur a estimé que ce texte de loi, dans son ancienne configuration, était plus favorable aux capitaux étrangers et ne pouvait pas permettre que l'économie du pays puisse profiter de l'envolée des cours de certaines substances minérales, en l'occurrence le cobalt et le coltan. De la sorte, l'État n'a pas voulu minimiser sa rente économique. C'est pour cette raison qu'il a été opéré quelques amendes, à savoir : les taux de la redevance minière ont été majorés, dont celui des métaux précieux fixé à 3,5 % (au lieu de 2,5 %), des pierres précieuses et de couleur fixé à 6 % (au lieu de 4 %) et des substances minérales dites stratégiques (Cobalt, le Germanium et la Colombo-tantalite) fixé à présent à 10 %.

De cette façon, on peut affirmer que cette mesure paraît salutaire parce que le pouvoir public pourra certes améliorer la richesse nationale, c'est-à-dire que, grâce à cette fixation à la hausse du taux de la redevance minière, l'État pourra réellement accroître son assiette relative à la recette fiscale.

Mais toujours est-il que lorsque le taux de la redevance est fixe, il a le désavantage de ne pas favoriser la production minière. En effet, on a l'impression que plus le taux de redevance est élevé, plus les chances d'abandonner de façon prématurée les productions ou le projet minier et de ne pas développer les gisements marginaux sont grandes.

Voilà pourquoi la RDC devrait se proposer d'opter pour la redevance à taux variable ou évolutif qui est appliquée sous d'autres cieux, notamment au Chili, au Pérou et dans certaines provinces en Australie, et qui prend en considération les intérêts de deux parties (l'État et l'investisseur minier).

En effet, ce type de redevance consiste à fixer un taux progressif de la redevance minière, par exemple de 0 % à 15 %, qui présente diverses possibilités. Il en découle que le taux pourrait s'ajuster en fonction des prix des minerais : plus les prix de minerais sont élevés, plus l'opérateur minier paie la redevance. Avec ce modèle, le taux pourrait également s'ajuster à la hausse, lorsque la production augmente, et à la baisse dans le cas contraire. Aussi pourrait-on appliquer le taux progressif de la redevance minière en tenant compte du bénéfice ou du profit. En pareil cas, « le résultat est que les paiements de redevances sont très faibles lorsque les profits sont bas, c'est-à-dire en début de vie de la mine, en période de recouvrement des investissements, ou lorsque les cours des minerais sont bas. Mais ces redevances augmentent fortement lorsque les profits augmentent, c'est-à-dire lorsqu'une mine arrive à maturité ou lorsque les prix des minerais sont élevés » (Thomas Lassourd et al., 2016).

Comme on peut le constater, le Gouvernement pourrait pencher pour telle ou telle autre variante, et cela, bien entendu, après les avis des experts. Il faut dire que la redevance minière, qui est un impôt important pour le Trésor public, devrait reposer sur une politique fiscale attractive. Ce qui ne semble plus être le cas.

En cette matière, le Gouvernement ne devrait pas continuer de se montrer intraitable : il ne devrait pas exclure une telle option (de la redevance à taux variable ou évolutif) et, par conséquent, devrait raisonnablement reprendre le dialogue avec les acteurs du secteur minier, à travers la Chambre des mines. Ce n'est que de cette façon qu'on peut espérer promouvoir un climat de confiance et assurer un développement durable du secteur minier.

À tout prendre, il y a lieu d'éviter que la fiscalité minière nationale ne soit plus attirante et fasse fuir les investisseurs nationaux ou étrangers, appelés à œuvrer pour contribuer à l'économie nationale. Le but de tout investissement étant de faire des profits, la politique fiscale du pays en général devrait prendre au sérieux cette évidence, surtout dans un secteur aussi vital que les mines, en ce compris les carrières.

Article 241 bis : Des modalités de recouvrement de la redevance minière

(inséré par l'article 23 de la Loi n° 18/001 du 09 mars 2018 modifiant et complétant la Loi n° 007/2002 du 11 juillet 2002 portant Code minier)

Les modalités de recouvrement de la redevance minière sont déterminées par les textes légaux fixant la nomenclature des droits, taxes et redevances du Pouvoir central, et portant réforme des procédures relatives à l'assiette, au contrôle et aux modalités de recouvrement de recettes non fiscales.

Le recouvrement de la redevance est de la compétence de la DM ou du service des mines du ressort du périmètre, faisant l'objet de l'exploitation, qui établit la note de débit. Cette dernière donne lieu à l'établissement de la note de perception ou du titre de paiement, selon une clé de répartition prévue à l'article suivant.

Le mécanisme de recouvrement est mieux expliqué par Jivet Ndela Kubukoso (2020, pp. 227-228) de la manière suivante :

> *« Avant l'exportation de matières premières minérales produites, le producteur et exportateur adresse une demande d'échantillonnage à l'Office Congolaise de Contrôle (OCC), en y joignant toutes les pièces requises.*
>
> *Après échantillonnage et contrôle, l'OCC scelle la cargaison, et émet un certificat de qualité ainsi qu'un certificat de vérification à l'exportation dont les copies sont destinées au demandeur, u Gouverneur de la province et à la Direction Générale des Douanes et Accises (DGDA).*
>
> *La Division provinciale des Mines doit émettre une note de débit sur base de la déclaration d'origine et de vente des produits marchands faite par l'exportateur.*
>
> *La note de débit ainsi émise est transmise, par lettre, à la DGRAD pour l'ordonnancement et le recouvrement de la redevance minière.*

> *La DGRAD, sur base de la note de débit, émanant de la division provinciale des mines, établit des notes de perception qu'elle transmet, par lettre, à chaque opérateur minier concerné.*
>
> *Une fois en possession de la note de perception, l'opérateur minier effectue son paiement à la banque, paiement qui sera enregistré à la DGRAD par le biais du relevé journalier des encaissements établi par ladite banque. »*

« Les problèmes techniques se posent au niveau de la saisie des quantités de minerais produites, et au niveau de [en ce qui concerne] la valorisation de l'assiette de la redevance » (Jivet Ndela Kubukoso, 2020, p. 228).

Dans la pratique, il se pose un problème de suivi. Le système de recouvrement rend complexe le problème de la redevance minière. En fait, la division provinciale des mines, qui n'est pas l'organe de perception de la redevance, est souvent en difficulté de savoir si le contribuable s'est acquitté ou non de son obligation.

L'absence d'information due au manque de suivi peut être une source de fraude et d'évasion fiscales.

L'article 526 du Règlement minier détermine les modalités du recouvrement, et même de la répartition de la redevance minière.

Article 242 : De la répartition de la redevance minière *(modifié et complété par l'article 9 de la Loi n° 18/001 du 09 mars 2018 modifiant et complétant la Loi n° 007/2002 du 11 juillet 2002 portant Code minier)*

La redevance minière est versée par le titulaire du titre minier d'exploitation à raison de :

- 50 % acquis au Pouvoir central ;
- 25 % versés sur un compte désigné par l'Administration de la province où se trouve le projet ;
- 15 % sur un compte désigné par l'entité territoriale décentralisée dans le ressort de laquelle s'opère l'exploitation ;
- 10 % au Fonds minier pour les générations futures.

Avec la modification de ce texte de loi, cet article fixe une nouvelle échelle de répartition de la redevance minière qui diffère de celle arrêtée avant la révision du même texte. En effet, comme l'écrit NRGI (2019, p. 6) :

> *« Le code minier révisé a changé le mécanisme de partage et de collecte de la redevance minière. Le code de 2002 consacrait la perception de la redevance minière par le pouvoir central et la rétrocession d'une quotité aux provinces et aux ETD [Entités territoriales décentralisées]. Dans la*

> *pratique cependant, le pouvoir central a manqué de respecter la clé de répartition prévue par le code, et les provinces productrices telles que le Katanga n'ont reçu qu'un montant forfaitaire. »*

Avant la révision de ce texte de loi, le législateur avait clairement défini les objectifs de l'allocation des fonds provenant de la redevance minière ; ce qui n'est pas le cas à présent. En effet, aux termes de l'alinéa 2 de l'article 242 non modifié de ce texte de loi, « les fonds résultant de la répartition dont il est question à l'alinéa précédent du présent article, en faveur des Entités Administratives Décentralisées ci-dessus, sont affectés exclusivement à la réalisation des infrastructures de base d'intérêt général ».

De lege ferenda, le législateur devrait préciser la destination de ces revenus et justifier les motifs qui sous-tendent la retenue d'une telle clé de répartition. Car ce manque de précision peut entraîner les entités décentralisées à affecter ces fonds à des objectifs autres que ceux visant l'intérêt communautaire. C'est ce que martèle NRGI (2019, p. 8) comme suit :

> *« Ces déviations sont amplifiées par l'absence ou l'insuffisance de clarté des règles relatives à l'allocation de la redevance, et soulignent qu'il importe que le pouvoir central précise les raisons pour lesquelles il redistribue des revenus aux entités locales d'une part, et détaille les règles régissant le partage des recettes et leur collecte, d'autre part. »*

Il faut signaler que plusieurs études ont été publiées par différentes Organisations non gouvernementales concernant la collecte et la gestion de la redevance minière. C'est le cas du Consortium Makuta ya Congo dont la mission est de faire le suivi de la redevance minière destinée aux Entités Territoriales Décentralisées [ci-après ETD] au long de la chaîne de gouvernance minière, plus précisément de la génération des recettes jusqu'à leur dépendance pour le développement.

Dans cet élan, on a dû lister, dans les statistiques des divisions des mines, seulement 92 sociétés assujetties à la redevance minière, et cela de la période allant de juillet 2018 à décembre 2019. (Lire pour plus d'informations Consortium Makuta ya Congo, 2020, p. 11 et s.)

Sur ce sujet, il est à noter qu'il n'existe pas à ce jour un registre central et actualisé qui reprend avec exactitude tous les acteurs assujettis à la redevance minière. Un effort devrait être fait à cet effet pour pallier cette absence.

S'agissant de 15 % dévolus aux ETD, la question principale est de savoir quelle ETD devrait bénéficier de la redevance minière en cas de superposition de deux ou plusieurs ETD ou en cas de chevauchement d'un projet minier s'étendant sur plusieurs ETD géographiquement séparées.

Il se peut que l'exploitation d'une substance minérale se déroule dans plusieurs ou différentes ETD en même temps. Dans l'un ou l'autre cas, il se pose, dans la pratique, un problème délicat de la répartition de la quotité de 15 % revenant aux ETD.

Comment résoudre le problème quand on sait qu'une ville est une ETD au même titre que la commune dont elle est constituée ?

À ce propos, ce texte de loi n'a pas donné la solution qui aurait permis de trancher en faveur de telle ou telle autre ETD ou de départager la redevance entre deux ETD, suivant un critère bien défini. Le Règlement minier n'a non plus résolu le problème en déterminant un critère bien défini. De lege ferenda, il faudra y apporter la précision pour éviter la mauvaise application de cet article en cette matière.

Ainsi, certains peuvent se poser les questions suivantes : doit-on répartir cette quotité au regard de l'emplacement des carrés qui composent le périmètre minier ? Doit-on la répartir en fonction des impacts environnementaux négatifs occasionnés par le projet minier ? Doit-on la répartir en fonction du lieu d'exploitation, d'extraction ou de transformation des minerais ?

Il semble que les deux premières options ne sauront pas régler le problème, tout en se conformant à ce texte de loi. C'est ici que le Consortium Makuta ya Congo (2020, p. 34) a raison d'écrire ce qui suit :

> *« En lieu et place [de ces deux critères proposés par le Gouvernement], il est proposé de respecter le texte en vigueur, qui indique que c'est le lieu de l'exploitation (c'est-à-dire les sites miniers et les usines de traitement) qui devrait prévaloir pour déterminer quelles ETD sont éligibles. Afin de savoir le montant exact de ce que chaque ETD devrait collecter, il faudra désagréger la valeur livrée par chacune d'entre elles, que ce soit par l'apport en minerai ou par la valeur ajoutée au niveau de [dans] l'usine. »*

Dans la mesure où ce texte de loi et ses mesures d'application sont déjà publiés, il importe qu'un arrêté interministériel des ministres des Mines, des Finances et de la Décentralisation soit urgemment pris afin de fixer notamment les modalités pratiques de cet article et des articles 40 et 527 du Règlement minier, la clé de répartition de la quotité de 15 % de la redevance minière en cas de chevauchement du projet minier ou de superposition dans les zones urbaines, les mécanismes de gestion et de contrôle de 25 % alloués à la Province ainsi que de 15 % revenant aux ETD, voire de clarifier les règles relatives à la collecte des revenus de la redevance minière, mais aussi les objectifs assignés à l'affectation de ces fonds. Cela éviterait toute déviance.

Pour tout dire, ledit arrêté interministériel devrait apporter des solutions adéquates aux problèmes susmentionnés, mais ne devrait pas envenimer la situation, les tensions au niveau provincial et local par des mesures inappropriées aux attentes de la communauté. Il y a lieu que cet Arrêté interministériel soit rapidement pris, si cela n'est pas encore fait.

S'agissant de la répartition de la redevance minière en cas de chevauchement, l'article 527 du Règlement minier dispose : « En cas de chevauchement des carrés du périmètre d'exploitation sur deux ou plusieurs provinces, villes ou territoires, la répartition des quotités leur revenant se fait conformément aux dispositions de l'article 40 du présent décret. »

Par ailleurs, aux termes de l'article 40 du Règlement minier, « les périmètres sont identifiés par les carrés qui les composent. Les carrés sont identifiés par les coordonnées géographiques de leurs points centraux sur la surface de la terre ou par les codes que le Cadastre minier central leur assigne.

Dans le cadre du présent décret, les carrés qui chevauchent sur deux ou plusieurs provinces sont affectés par décision du Cadastre minier central à la province où se trouve le centre du carré. Si le centre se trouve exactement sur la ligne de frontière entre provinces, le carré relève de la compétence de la province où se trouve la plus grande partie de la superficie du carré. Si la superficie des carrés est divisée en parts égales entre provinces, le Cadastre minier central affecte la première à l'une des provinces concernées, la seconde à l'autre province et ainsi de suite. »

Une lecture minutieuse et combinée des dispositions desdits articles 40 et 527 du Règlement minier permet à la fois de dégager des lacunes et de conclure à l'insuffisance des règles et modalités de partage en cas de superposition et/ou de chevauchement des carrés entre deux ou plusieurs provinces.

En effet, « le législateur n'a pas suffisamment clarifié les règles et modalités de partage de la redevance en cas de superposition des ETD ou de chevauchement des projets miniers entre plusieurs provinces ou ETD » (lire à ce propos NRGI, 2019, pp. 9-11).

C'est pourquoi l'amendement de cet article devrait amener le législateur à y apporter des précisions de lege ferenda.

Mais toujours est-il que le problème de chevauchement peut trouver de solution en appliquant les dispositions sur les « mines distinctes », ainsi qu'il a été souligné dans le commentaire de l'article 77 bis de ce texte de loi.

Dans la pratique, il n'est pas étonnant que les fonds de la redevance minière, destinés aux entités locales, soient accaparés par la province. Ainsi donc, ils peuvent être affectés, par exemple au fonctionnement de l'Administration provinciale, alors qu'ils sont alloués auxdites entités pour assurer le financement des projets d'intérêt communautaire viables, comme la réalisation des infrastructures de base d'intérêt général. Comme le souligne la Gouvernance des ressources naturelle en RDC (2011, p. 32) :

> *« Les 15 % de la répartition de la redevance minière, en faveur des Entités Administratives Décentralisées (villes et/ou territoire) sont affectées à la réalisation des infrastructures de base d'intérêt communautaire. Ceci implique pour les communautés locales le droit de suivi et d'implication dans la gestion des ressources minières. »*

C'est ici que les Assemblées provinciales devraient veiller à ce que la quotité de la redevance minière réservée aux entités locales ne soit pas affectée à autre chose que le financement des infrastructures d'intérêt communautaire et qu'elle ne vise pas à alimenter la caisse de péréquation au profit des autres entités non concernées quand on sait que la Constitution, en son article 181, a déjà institué une caisse nationale de péréquation. C'est plutôt une caisse de solidarité qu'il vaudrait mieux, de lege ferenda, créer pour faire bénéficier aux autres ETD, étant en dehors du ressort de laquelle le projet minier est exécuté ou l'exploitation minière a lieu.

Il est vrai que si cette clé de répartition est respectée et si la manne financière, qui proviendrait de la redevance minière, est utilisée convenablement, on peut espérer voir les entités locales financer des projets d'intérêt communautaire. Tout cela n'est possible que si la rémanence des pratiques de rétention du pouvoir central disparaît et que ce dernier ne s'immisce plus dans la gestion de la quotité allouée aux provinces et ETD. Comme le souligne le Consortium Makuta ya Congo (2020, p. 34) :

> *« Au-delà du simple partage de la redevance qui s'avère finalement pas si simple que ça, le consortium insiste également que ce n'est qu'une étape partielle dans la bonne gouvernance des redevances au niveau local. Il est essentiel que les ETD qui les perçoivent mettent en place un système de gestion et d'allocation transparent et participatif, et que les dépenses soient effectuées selon les meilleures pratiques de dépense publique. Ce n'est que de cette sorte que les communautés pourront réellement bénéficier des redevances minières. »*

L'article 526 du Règlement minier fixe, en plus des modalités du recouvrement, la répartition de la redevance minière.

Article 243 : *(abrogé par l'article 31 de la Loi n° 18/001 du 09 mars 2018 modifiant et complétant la Loi n° 007/2002 du 11 juillet 2002 portant Code minier)*

Section III : Des Impôts sur les Revenus *(modifié et complété par l'article 9 de la Loi n° 18/001 du 09 mars 2018 modifiant et complétant la Loi n° 007/2002 du 11 juillet 2002 portant Code minier)*

Article 244 : De l'impôt professionnel sur les rémunérations *(modifié et complété par l'article 9 de la Loi n° 18/001 du 09 mars 2018 modifiant et complétant la Loi n° 007/2002 du 11 juillet 2002 portant Code minier)*

Le titulaire est le redevable légal de l'Impôt professionnel sur les rémunérations à charge des employés au taux de droit commun.

Le titulaire du droit minier ou de carrières est astreint au paiement de l'impôt professionnel sur les rémunérations [ci-après IPR], suivant la procédure de droit commun. C'est à travers cet impôt que l'on peut dégager certaines faiblesses des impôts et taxes qui s'appliquent sur les revenus. L'État congolais devrait veiller pour que l'IPR soit perçu correctement, de manière à éviter la fraude. Ainsi que le décrit Jivet Ndela Kubokoso, (2020) en ces termes :

> *« Pour se dérober à payer cet impôt, la plupart des entreprises minières utilisent deux stratégies :*
>
> - *La première consiste à minorer les rémunérations versées en RDC aux salariés expatriés et à grossir celle versée aux mêmes expatriés à l'étranger.*
>
> *Ainsi, cette dernière rémunération versée à l'étranger échappe donc à l'impôt professionnel sur les rémunérations en RDC.*
>
> - *La deuxième stratégie consiste à confier des tâches qui auraient dû être exécutées par les salariés à des entreprises étrangères, sous forme des contrats bidon. Par conséquent, l'entreprise minière se bornera à payer une facture à la société qui a exécuté le travail au travers des personnes physiques qui seront payées à l'étranger.*
>
> *De cette double ruse, l'impôt professionnel sur les rémunérations ne sera pas payé en RDC.*

Article 244 bis : De l'Impôt exceptionnel sur les rémunérations versées au personnel expatrié *(inséré par l'article 23 de la Loi n° 18/001 du 09 mars 2018 modifiant et complétant la Loi n° 007/2002 du 11 juillet 2002 portant Code minier)*

Le titulaire est redevable de l'impôt exceptionnel sur les rémunérations versées au personnel expatrié à la moitié du taux fixé par le droit commun pour les dix premières années du projet et au taux du droit commun pour les années suivantes. Il est déductible de l'impôt sur les bénéfices et profits.

Le titulaire du droit minier ou de carrières est soumis à l'obligation de paiement de l'impôt excep-tionnel sur les rémunérations versées au personnel expatrié, suivant le procédé de droit commun.

Article 245 : De l'impôt sur les revenus locatifs *(modifié et complété par l'article 9 de la Loi n° 18/001 du 09 mars 2018 modifiant et complétant la Loi n° 007/2002 du 11 juillet 2002 portant Code minier)*

Le titulaire est redevable de l'Impôt sur les revenus locatifs conformément au droit commun.

Le titulaire du droit minier ou de carrières est astreint au paiement de l'impôt sur les revenus locatifs, suivant le procédé de droit commun.

Article 246 : De l'impôt mobilier *(modifié et complété par l'article 9 de la Loi n° 18/001 du 09 mars 2018 modifiant et complétant la Loi n° 007/2002 du 11 juillet 2002 portant Code minier)*

Le titulaire est redevable de l'impôt sur les revenus mobiliers conformément au droit commun, à l'exception des revenus suivants :

a. les intérêts payés par le titulaire en vertu des emprunts contractés en devises à l'étranger qui sont exonérés de l'impôt mobilier ;

Les intérêts payés par le titulaire à des affiliés en vertu des emprunts contractés à l'étranger ne sont exonérés de l'impôt mobilier que si les taux d'intérêt et les autres conditions d'emprunt destinées à la réalisation des projets sont établis conformément au principe de pleine concurrence.

b. les dividendes et autres distributions versés par le titulaire à ses actionnaires qui sont assujettis à l'impôt mobilier au taux de 10 %.

En droit minier congolais, le droit commun ne s'applique pas à certains revenus mobiliers. En effet, sauf pour les intérêts payés, les dividendes et autres distributions versées par le titulaire du droit minier ou de carrières, celui-ci reste astreint au paiement de l'impôt mobilier, suivant le procédé de droit commun.

On peut remarquer que le législateur congolais a omis de mentionner le littera b qui devrait se rapporter au paragraphe qui suit le littera a. Il y a donc lieu d'y apporter une correction par l'ajout dudit littera b, pour des raisons de légistique.

L'article 528 du Règlement minier fixe les modalités des revenus exonérés de l'impôt mobilier.

Article 246 bis : De l'impôt professionnel sur les prestations de services *(inséré par l'article 23 de la Loi n° 18/001 du 09 mars 2018 modifiant et complétant la Loi n° 007/2002 du 11 juillet 2002 portant Code minier)*

Le titulaire est redevable de l'impôt professionnel sur les prestations de services pour les sommes payées en rémunérations des services de toute nature lui rendus par des personnes physiques ou morales, non établies en République Démocratique du Congo, au taux de 14 %.

Le titulaire du droit minier ou de carrières est astreint au paiement de l'impôt professionnel sur les prestations de services au taux de 14 %, et ce, lorsqu'il perçoit les sommes payées en rémunération des services de toute nature que les personnes physiques ou morales non établies en RDC lui rendent.

Article 247 : De l'Impôt sur les bénéfices et profits

Le titulaire est redevable de l'impôt sur les bénéfices et profits au taux de 30 %.

Le titulaire du droit minier ou de carrières est astreint au paiement de l'impôt professionnel sur les bénéfices et profits au taux de 30 %.

« Les risques de non-recouvrement de l'impôt sur les bénéfices qui représentaient un problème majeur sous le code minier de 2002 sont toujours présents dans le nouveau régime fiscal. La fiscalité minière congolaise est toujours très dépendante de plusieurs impôts basés sur les profits. Les problèmes systémiques de la parafiscalité et des prélèvements des entreprises d'État n'ont pas été résolus.

Compte tenu du taux effectif moyen d'imposition du nouveau code minier, les sociétés minières auront de plus grandes incitations à user de multiples techniques d'érosion de l'assiette d'imposition pour limiter leurs obligations fiscales » (Thomas Lassourd, 2018).

Article 247 bis : *(inséré par l'article 23 de la Loi n° 18/001 du 09 mars 2018 modifiant et complétant la Loi n° 007/2002 du 11 juillet 2002 portant Code minier)*

Les dispositions relatives au droit commun en matière d'impôt sur les bénéfices et profits non visées sont de pleine application suivant leurs libellés à la date de la promulgation du présent Code.

À la date de la promulgation de ce texte de loi, ce sont les règles du droit commun qui s'appliquent en matière d'impôt sur les bénéfices et profits non visés par ledit texte.

Il s'agit du taux de l'impôt minimum applicable au titulaire, selon l'esprit de l'article 533 bis du Règlement minier.

Section IV : De la détermination du bénéfice imposable

Article 248 : Du bénéfice imposable *(modifié et complété par l'article 9 de la Loi n° 18/001 du 09 mars 2018 modifiant et complétant la Loi n° 007/2002 du 11 juillet 2002 portant Code minier)*

Les bénéfices nets de l'exploitation imposables à l'Impôt sur les bénéfices et profits sont déterminés conformément au plan comptable, à la législation fiscale en vigueur et aux dispositions des articles 249, 250, 251, 252, 253, 254, 255, 256, 257 et 258 du présent Code.

Dans tous les cas, les états de synthèses ainsi que les livres sont tenus en français.

Cet article fixe les éléments qui font l'objet des bénéfices nets de l'exploitation imposables à l'impôt sur les bénéfices et profits.

Il ressort de l'article 509 bis du Règlement minier relatif à la monnaie pour la tenue de la comptabilité que pour l'application des dispositions de l'article 248 de ce texte de loi, il est admis que le titulaire du droit minier ou des carrières, le détenteur de l'entité de traitement et/ou de transformation dispose de la faculté de tenir sa comptabilité en une monnaie étrangère cotée par la BCC.

Article 249 : De l'amortissement *(modifié et complété par l'article 9 de la Loi n° 18/001 du 09 mars 2018 modifiant et complétant la Loi n° 007/2002 du 11 juillet 2002 portant Code minier)*

Les règles applicables en matière d'amortissement sont celles de l'amortissement linéaire.

En matière d'amortissement, ce sont les règles de l'amortissement linéaire qui s'appliquent.

« L'amortissement linéaire désigne l'une de deux méthodes d'amortissement d'un bien qui permet à une entreprise de constater de manière comptable la dépréciation ou la perte de valeur d'un bien au fil des années et de son utilisation... La base de calcul de l'amortissement est donc la valeur d'origine du bien en question. Contrairement à l'amortissement dégressif, l'autre méthode d'amortissement est, l'amortissement linéaire, qui est considéré qu'un bien se déprécie de manière constante sur une durée donnée. La base de calcul de l'amortissement est donc la valeur d'origine du bien en question. L'amortissement linéaire commence le jour de la mise en service du bien. » Repéré sur le site : https://www.journaldunet.fr/business/dictionnaire-comptable-et-fiscal/1198359-amortissement-lineaire-definition-calcul-traduction/, consulté le 7 novembre 2019.

Article 250 : De l'amortissement différé

Les amortissements effectués en période déficitaire sont réputés différés. Ils peuvent être cumulés et reportés sans limitation dans le temps sur les exercices suivants jusqu'à concurrence du revenu imposable.

Cet article prévoit l'ajournement des amortissements effectués en période déficitaire, de manière cumulative et illimitée sur des périodes suivantes jusqu'à concurrence du revenu imposable.

Article 251 : Du report déficitaire *(modifié et complété par l'article 9 de la Loi n° 18/001 du 09 mars 2018 modifiant et complétant la Loi n° 007/2002 du 11 juillet 2002 portant Code minier)*

Les pertes professionnelles d'un exercice comptable peuvent être déduites des bénéfices réalisés au cours des exercices suivants jusqu'au cinquième qui suit l'exercice déficitaire, conformément aux modalités d'imputation définies par le droit commun.

Cet article arrête le principe du report de déficit sur les résultats du premier exercice bénéficiaire, puis sur les résultats du ou des exercices suivants dans la mesure où le bénéfice du premier exercice non déficitaire n'a atteint un montant suffisant.

L'article 530 du Règlement minier fixe les modalités du report déficitaire.

Article 251 bis : De l'impôt spécial sur les profits excédentaires *(inséré par l'article 23 de la Loi n° 18/001 du 09 mars 2018 modifiant et complétant la Loi n° 007/2002 du 11 juillet 2002 portant Code minier)*

Par profits excédentaires ou super profits, il faut entendre les bénéfices réalisés lorsque les cours des matières ou des commodités connaissent un accroissement exceptionnel, supérieur à 25 % par rapport à ceux repris dans l'étude de faisabilité bancable du projet.

Le super profit est déterminé à partir de l'excédent brut d'exploitation dégagé de la comptabilité du titulaire. Pour la détermination des profits excédentaires, les dispositions de l'article 252 ne s'appliquent pas.

L'impôt spécial sur les profits excédentaires est imposable au taux de 50 %. Le revenu soumis à l'impôt spécial sur le profit excédentaire n'est pas imposable à l'impôt sur les bénéfices et profits.

Le Règlement minier fixe les modalités pratiques de détermination des profits excédentaires.

Cet article pose le principe de l'application de l'impôt spécial sur les profits excédentaires, c'est-à-dire en cas de l'excédent brut d'exploitation qui sert d'assiette audit impôt.

Il peut arriver que les cours des matières enregistrent une envolée exceptionnelle et permettent ainsi aux sociétés minières de réaliser les profits qui dépassent l'accroissement prévu dans leurs études de faisabilité. En fait, s'il est vrai que les sociétés minières risquent financièrement de connaître déficit ou perte, il est aussi vrai qu'elles peuvent dégager des profits exorbitants en raison de l'augmentation des prix des matières premières sur le marché. En pareille situation, il paraît normal d'envisager un impôt sur les profits excédentaires. D'ailleurs, cet état de choses rentre dans les bonnes pratiques internationales.

Il est étrange que le législateur de ce texte de loi définisse l'impôt spécial sur les profits excédentaires en s'appuyant sur une étude de faisabilité. Comme on peut le constater, cet impôt tire sa source de l'étude de faisabilité élaborée par les sociétés minières. Ainsi pense-t-on que l'augmentation des prix engendre ipso facto l'augmentation des profits. Ce qui n'est pas toujours vrai.

Au fond, les opérateurs miniers, dans l'élaboration de leurs études de faisabilité, se basent, pour déterminer les profits, sur des suppositions de prix et de coûts, lesquels peuvent varier en fonction de certains paramètres du marché ou des circonstances qu'ils ne peuvent prévoir avec certitude. Car rien n'indique qu'une fois qu'il y a augmentation des prix des minerais, il y a nécessairement des profits excédentaires. Après tout, il est difficile de prouver que les sociétés minières peuvent faire d'office des profits supplémentaires, du seul fait qu'il y ait une hausse des prix des matières premières sur le marché.

De notre point de vue, l'étude de faisabilité n'est pas un bon repère ou un critère objectif pour déterminer l'impôt sur les profits excédentaires. Ce dernier « est déclenché sur la base de l'augmentation du prix de vente du minerai, qui ne se traduit pas automatiquement par une augmentation proportionnelle des profits » (Thomas Lassourd et al., 2016).

On devrait considérer les profits réellement réalisés à la suite de la vente des minerais dont le prix peut être supérieur ou inférieur au prix mentionné dans l'étude de faisabilité, et ce, lorsqu'il y a hausse de plus de 25 % du prix fixé sur le marché. Mais on ne devrait pas établir l'impôt spécial sur les superprofits à partir du prix prévu par l'étude de faisabilité. Car il se peut que le prix de la vente des substances minérales soit supérieur à 25 %, cependant que le prix renseigné dans l'étude de faisabilité ne le soit pas ; en pareille situation, l'impôt sur les superprofits, tel qu'institué par le législateur congolais, ne s'appliquera pas.

Aujourd'hui, on donnerait raison à cette opinion qui avait critiqué cet article lorsque le projet de ce texte de loi était soumis à l'Assemblée nationale par le Gouvernement. En effet, certains avaient estimé que cet article, dans sa formulation, ne répondait pas aux objectifs de l'État, qu'il serait difficilement réalisable dans la pratique et qu'il risquerait de créer inutilement des situations conflictuelles avec les sociétés minières. C'est le cas de Thomas Lassourd et al. (2016) qui ont à cet égard écrit ceci :

> *« Premièrement, la définition de profits excédentaires est mal choisie. Un accroissement des prix des matières premières par rapport à l'étude de faisabilité d'un projet ne génère pas nécessairement des profits supplémentaires. D'une part, les coûts d'investissement ou d'opération peuvent augmenter autant voire plus que les prix, de telle sorte qu'une augmentation des prix ne signifie pas une augmentation des profits. Or la définition […] [reprise à l'alinéa 1 de cet article] suppose que des profits excédentaires sont générés dès que les prix augmentent suffisamment. D'autre part, pour que les profits se concrétisent, il faut que des prix élevés se maintiennent sur une période de plusieurs années ; or il est fréquent que les prix des minerais soient volatils et augmentent ou diminuent sur des périodes très courtes.*
>
> *Deuxièmement, cette disposition n'est pas réaliste et donne en partie raison au plaidoyer de la Chambre des mines. Dans le modèle, si l'on prend pour hypothèse que les études de faisabilité reflètent des estimations de prix vraisemblables au moment de leur soumission, et que l'on intègre une augmentation des prix de plus de 25 %, l'impôt sur les profits excédentaires devient extrêmement élevé, à tel point que les projets miniers ne permettent pas un bon retour sur investissement, ce qui risque fort de priver le secteur de nouveaux capitaux. »*

Puisque l'impôt sur les superprofits ne peut s'appliquer que s'il y a hausse de plus de 25 % du prix du minerai sur le marché en comparaison du prix indiqué dans l'étude de faisabilité, il y a lieu de redouter que la malignité de certains opérateurs miniers puisse les amener à majorer les prix et coûts pour rendre difficile l'application de cet article. En d'autres mots, il se pourrait que les opérateurs miniers majorent aussi bien les prix que les coûts d'opération lors d'élaboration de leurs études de faisabilité. De la sorte, ils peuvent facilement mettre à mal l'application des dispositions de cet article. En fait, tant que les cours des matières ne connaîtront pas un accroissement supérieur à 25 % par rapport au prix prévu par l'étude de faisabilité, il sera impossible d'appliquer les dispositions de cet article, c'est-à-dire de prélever l'impôt spécial sur les superprofits. Ainsi que le souligne Thomas Lassourd (2018) :

> *« L'impôt sur les profits excédentaires en particulier sera difficile à appliquer, même avec la normalisation des études de faisabilité dans le règlement minier, car les sociétés peuvent ajuster les chiffres de leurs études de faisabilité pour prévenir l'application de ce nouvel impôt. Un impôt sur les profits excédentaires sous une forme plus simple, telle qu'une redevance à taux variable, serait plus adapté aux objectifs de l'État. »*

« L'annexe XVI du Règlement minier précise le contenu des études de faisabilité et les procédures d'approbation, y compris la justification des prix et coûts utilisés dans l'étude de faisabilité. Les sociétés auront toutefois toujours de latitude dans l'élaboration de leurs études de marché et analyses de coûts pour présenter des chiffres qui leur permettent d'éviter d'être soumises à l'impôt sur les profits excédentaires » (Thomas Lassourd, 2018).

L'article 530 bis du Règlement minier fixe les modalités de l'impôt spécial sur les profits excédentaires.

Article 252 : Des dépenses de recherches et de développement

Le montant des dépenses de recherches et de développement réalisées par le titulaire, autres que celles liées à l'acquisition d'immobilisations, est actualisé au jour de l'octroi d'un Permis d'Exploitation et amorti par la société d'exploitation pendant les deux exercices suivants en raison de 50 % l'an.

La perte professionnelle d'un exercice comptable résultant de l'application des dispositions de l'alinéa précédent est reportée sans limitation dans le temps sur les exercices subséquents.

Lorsque le titulaire du droit minier ou de carrières d'exploitation engage des frais des travaux de recherches et de développement autres que ceux en rapport avec l'acquisition d'immobilisations, le montant dépensé est actualisé au jour de l'octroi du PE et amorti par la société d'exploitation pendant les deux exercices suivants en raison de 50 % l'an.

Dans tous les cas, il est admis le report de la perte professionnelle d'un exercice comptable qui résulte de ces dépenses engagées, et cela sans limitation dans le temps sur les exercices postérieurs.

Article 253 : Des plus-values et moins-values sur cession des titres miniers *(modifié à son alinéa 1er par l'article 9 de la Loi n° 18/001 du 09 mars 2018 modifiant et complétant la Loi n° 007/2002 du 11 juillet 2002 portant Code minier)*

Le titulaire intègre la plus-value ou la moins-value réalisée à l'occasion de la cession d'un titre minier dans l'assiette de l'impôt sur les bénéfices et profits.

Si la cession se fait entre entités affiliées, le prix et les conditions de la cession doivent être au moins égaux à ceux qui se seraient appliquées à une cession en pleine concurrence.

Si le cédant a acquis le titre d'une personne autre que celle ayant engagé les dépenses de recherches et de développement, la plus-value ou la moins-value professionnelle est égale à la différence entre le prix total de cession et le coût d'acquisition.

La plus-value ou la moins-value professionnelle ainsi réalisée est égale à la différence entre le prix total de cession et le montant non amorti des dépenses de recherches et de développement.

Le cessionnaire d'un titre minier amortit le prix d'acquisition du titre minier acquis comme charge à étaler.

Lorsque le titulaire cède son droit minier, il peut se dégager une valeur ajoutée ou un moindre gain sur le droit cédé. En pareil cas, il est tenu d'intégrer l'une ou l'autre dans l'assiette de l'impôt sur les bénéfices et profits.

L'article 529 du Règlement minier fixe les modalités applicables aux plus-values et moins-values sur cession des titres miniers.

Article 253 bis : De l'impôt spécial sur les plus-values de cession d'actions ou de parts sociales *(inséré par l'article 23 de la Loi n° 18/001 du 09 mars 2018 modifiant et complétant la Loi n° 007/2002 du 11 juillet 2002 portant Code minier)*

Toute cession d'actions ou de parts sociales d'une personne morale titulaire d'un titre minier ou de carrières est taxée selon le régime des plus-values.

La plus-value sur la cession d'une action ou part sociale est constituée par la différence entre le prix de cession de l'action ou de la part sociale et la valeur nette comptable de cette action ou part sociale.

Cette plus-value constatée au niveau de la personne morale ayant cédé les actions ou parts sociales est réputée être de source congolaise dans la mesure où les actifs de la personne morale dont les actions ou parts sociales cédées sont situées en République Démocratique du Congo. Lorsque les actifs sont situés dans plusieurs juridictions, la plus-value n'est calculée que sur la valeur des actifs appartenant à la filiale de droit congolais.

L'impôt est retenu à la source par la personne morale cessionnaire qui le reverse suivant les modalités de paiement des impôts dus au Trésor public. Cette retenue à la source est exigible au moment de l'encaissement ou de la mise à disposition du revenu de la cession d'actions ou de parts sociales.

Toute opération de conversion ou d'échange d'actions ou de parts sociales est assimilée à un encaissement de revenu de cession d'actions ou de parts sociales initiales.

Aux fins de l'application du présent article, tout projet de cession des parts sociales ou d'actions est préalablement notifié à la société détentrice des titres et aux associés ou actionnaires.

Les règles concernant les modalités de calcul, de déclaration et de règlement de cet impôt sont précisées par voie réglementaire.

Cet article consacre un régime de la plus-value sur toute cession d'actions ou de parts sociales par des personnes morales établies en RDC et celles domiciliées à l'étranger, ayant abouti à la constatation de cette valeur ajoutée.

L'article 529 bis du Règlement minier fixe les modalités de l'Impôt spécial sur les plus-values de cession d'actions ou de parts sociales.

Article 254 : De la déduction des intérêts payés à l'étranger *(modifié et complété par l'article 9 de la Loi n° 18/001 du 09 mars 2018 modifiant et complétant la Loi n° 007/2002 du 11 juillet 2002 portant Code minier)*

Les intérêts payés par le titulaire à l'étranger en vertu des emprunts extérieurs ne sont déductibles de l'impôt sur les bénéfices et profits que si :

- ces emprunts ont été effectivement destinés à la réalisation du projet minier ;
- le taux d'intérêt ne dépasse pas la moyenne annuelle des taux effectifs pratiqués par les établissements de crédit du pays où est établie l'entreprise prêteuse selon les données fournies par la Banque Centrale du Congo.

Cet article établit le principe de la déduction des intérêts payés à l'étranger. En fait, il s'agit des intérêts pouvant faire l'objet de déduction de l'impôt sur les bénéfices et profits dont ceux payés par le titulaire en dehors du territoire national, à la suite de ses emprunts à l'étranger. Cette déduction se fait sous les deux conditions reprises dans les dispositions de cet article.

L'article 532 bis du Règlement minier fixe les modalités de la déduction des intérêts payés à l'étranger.

Article 255 : De la déduction de la redevance minière *(modifié et complété par l'article 9 de la Loi n° 18/001 du 09 mars 2018 modifiant et complétant la Loi n° 007/2002 du 11 juillet 2002 portant Code minier)*

La redevance minière versée par le titulaire d'un droit minier d'exploitation, l'entité de traitement ainsi que le titulaire d'une Autorisation d'exploitation de carrières permanente qui procède à la transformation des produits de carrières est déductible de la base imposable à l'impôt sur les bénéfices et profits.

La redevance minière versée par le titulaire d'une AECP transformant ses produits de carrières, le titulaire du droit minier et l'entité de traitement est déductible de base imposable sur les bénéfices et profits.

Article 256 : Des charges professionnelles déductibles *(modifié à ses alinéas 1er, litteras a, c, e et i ; alinéa 2 litteras a, b, c et d et alinéa 3 par l'article 9 de la Loi n° 18/001 du 09 mars 2018 modifiant et complétant la Loi n° 007/2002 du 11 juillet 2002 portant Code minier)*

Sans préjudice des dispositions du présent Code, sont notamment considérées comme dépenses professionnelles déductibles des revenus imposables :

a) le loyer réellement échu et les charges locatives afférents aux immeubles ou parties d'immeubles affectés à l'exercice de la profession et tous frais généraux résultant notamment de leur entretien et éclairage. Toutefois, la valeur locative des immeubles ou parties d'immeubles dont le redevable est propriétaire n'est pas considérée comme un loyer ou comme une charge locative ;

b) les frais généraux résultant de l'entretien du matériel et des objets mobiliers affectés à l'exploitation ;

c) les traitements, les salaires, les gratifications et les indemnités des employés et des ouvriers au service de l'exploitation, les avantages en nature pour autant qu'ils aient été ajoutés aux rémunérations ;

d) les intérêts des capitaux empruntés à des tiers et engagés dans l'exploitation et toutes charges, rentes ou redevances analogues relatives à celle-ci ;

e) Ne sont pas considérés comme tiers les associés dans les sociétés autres que par actions.

f) En aucun cas, les intérêts des créances hypothécaires sur des immeubles donnés en location, en tout ou en partie, ne peuvent être considérés comme dépenses professionnelles déductibles ;

g) les frais de transport, d'assurance, de courtage, de commissions. Toutefois, les dépenses consistant en commissions, courtages, ristournes commerciales ou autres, vacations, honoraires occasionnels ou non, gratifications et autres rétributions quelconques ne sont admises en déduction que s'il en est justifié par l'indication exacte du nom et du domicile des bénéficiaires ainsi que de la date des paiements et des sommes allouées à chacun d'eux. Toutefois, les frais de transport sur vente des substances minérales ne sont pas admis comme dépenses déductibles ;

h) le montant du bénéfice réparti entre les membres du personnel de l'entreprise ;

i) les traitements alloués dans les sociétés par actions aux membres du Conseil d'Administration lorsqu'il est justifié qu'ils correspondent à des appointements normaux en rapport avec la nature des fonctions réelles et permanentes exercées dans la société sur le Territoire National ;

j) les amortissements des immobilisations servant à l'exercice de la profession ;

k) l'impôt réel ayant le caractère d'une charge d'exploitation acquittée dans le délai, pour autant qu'elle n'ait pas été établie d'office.

Les sommes versées par le titulaire à une personne physique ou morale de droit étranger avec laquelle elle est liée, soit par la voie d'une participation directe dans son capital, soit par l'intermédiaire de participations détenues par une ou plusieurs autres entreprises du même groupe, en rémunération d'un service rendu, ne sont susceptibles d'être admises dans les charges professionnelles de l'entreprise qu'à la quadruple condition que :

a. la qualité du service rendu soit clairement démontrée ;

b. le service en cause ne puisse être rendu sur le territoire national ;

c. le montant de la rémunération corresponde à la valeur réelle du service rendu ;

d. le bénéficiaire ne soit établi dans un territoire à fiscalité privilégiée.

Par territoire à fiscalité privilégiée, il faut entendre, le territoire où le taux de prélèvement sur les bénéfices et profits ou de l'impôt sur les revenus des personnes physiques est inférieur de 30 % par rapport à celui pratiqué en République Démocratique du Congo.

Cet article énumère les dépenses professionnelles déductibles des revenus imposables en droit minier.

Il faut noter qu'aux termes de l'article 1, littera b, de l'arrêté interministériel n° 0129/CAB.MIN/MINES/01/2017 et 032/CAB.MIN/FINANCES/2017 du 8 juillet 2017 portant réglementation de la commercialisation et de l'exportation des produits miniers marchands, on entend par « frais déductibles, les frais liés à la vente des produits miniers marchands et considérés légalement comme déductibles dans la détermination de l'assiette de la redevance minière. Il s'agit des frais ci-après :

- frais de transport ;

- frais d'analyse se rapportant au contrôle de qualité du produit marchand à la vente ;

- frais d'assurance ;

- frais de commercialisation.

Tous ces frais ne peuvent comprendre les impôts, taxes et toutes autres formes d'imposition ou de rémunération au profit des profits des services ou organismes publics. »

De plus, il faut noter que l'article 2 dudit arrêté interministériel fixe les conditions de déductibilité de ces frais. L'article 533 bis du Règlement minier, quant à lui, détermine les modalités des charges professionnelles déductibles.

Article 257 : De la provision pour reconstitution de gisement *(modifié et complété par l'article 9 de la Loi n° 18/001 du 09 mars 2018 modifiant et complétant la Loi n° 007/2002 du 11 juillet 2002 portant Code minier)*

Le titulaire est autorisé à constituer, en franchise de l'impôt sur les bénéfices et profits, une provision pour reconstitution de gisement dont le montant maximal est égal à 0,5 % du chiffre d'affaires de l'exercice au cours duquel elle est constituée.

Cette provision est utilisée dans ses activités de recherches sur le territoire national avant l'expiration d'un délai de trois ans à compter de la clôture de l'exercice au cours duquel la provision a été constituée.

Faute d'avoir été utilisée dans les conditions définies à l'alinéa précédent, la provision pour reconstitution de gisement est réintégrée dans le bénéfice imposable au titre du quatrième exercice suivant celui au cours duquel elle a été constituée.

Cet article fixe le montant maximal de la provision pour reconstitution de gisement à 0,5 % du chiffre d'affaires de l'exercice au cours duquel elle est constituée.

Les titulaires du droit minier ou de carrières sont autorisés à constituer des provisions réglementées pour reconstitution de gisements.

Une provision pour reconstitution de gisement d'un montant maximum de 0,5 % peut être constituée par le titulaire à la fin de chaque exercice, en franchise d'impôt sur les bénéfices et profits. Cette provision devra être utilisée dans les trois ans de sa constitution pour financer exclusivement les travaux de recherches minières en RDC.

On peut remarquer que la provision constituée peut ou non être utilisée en entièreté. À ce propos, le législateur ne dit pas ce qui devrait être fait de la partie de la provision restante, alors qu'en ce qui concerne le solde de la provision pour réhabilitation du site, il détermine le sort du solde de cette provision.

Pourtant, le législateur algérien a donné la réponse à cette même interrogation. En effet, l'article 140, alinéa 4, de la loi minière algérienne dispose : « La partie de la provision qui n'aura pas été ainsi utilisée doit obligatoirement être rapportée aux résultats du quatrième exercice qui suit celui au titre duquel elle a été constituée. »

Article 258 : De la provision pour réhabilitation du site *(modifié et complété par l'article 9 de la Loi n° 18/001 du 09 mars 2018 modifiant et complétant la Loi n° 007/2002 du 11 juillet 2002 portant Code minier)*

Le titulaire est tenu de constituer, en franchise de l'impôt sur les bénéfices et profits, une provision pour réhabilitation du site sur lequel sont conduites les opérations minières.

Le montant maximal de la dotation au titre de cette provision est égal à 0,5 % du chiffre d'affaires au titre de l'exercice au cours duquel elle est effectuée.

Il est tenu au respect de la directive sur l'EIES telle que prévue dans le Règlement minier.

Dans l'hypothèse où le titulaire est tenu de constituer une provision ou de remplir d'autres obligations financières en application de la réglementation sur la protection de l'environnement, le montant de cette seconde provision ou de ces obligations est déduit du montant maximal autorisé pour la dotation au titre de provision pour la réhabilitation du site.

Cette provision doit être utilisée avant l'expiration d'un délai de dix ans à compter de la clôture de l'exercice au cours duquel elle a été constituée. Le solde de cette provision non utilisée est réintégré dans le bénéfice imposable au titre du onzième exercice suivant celui au cours duquel ladite provision a été constituée.

Le solde de cette provision non utilisé à la clôture du dernier exercice du projet est réintégré dans le bénéfice imposable au titre de cet exercice.

Cet article fixe le montant maximal de la provision pour réhabilitation du site à 0,5 % du chiffre d'affaires au titre de l'exercice au cours duquel elle est constituée.

Le site sur lequel sont conduites les opérations minières peut faire l'objet de provision pour sa réhabilitation. Il est fait obligation au titulaire du droit minier d'exploitation de constituer une provision pour restauration et remise en état des lieux. Aussi cette provision devrait-elle servir à prendre en charge des risques, dégâts occasionnés par les travaux après la fin de la validité du titre ou d'épuisement du gisement.

Article 258 bis : De la dotation pour contribution aux projets de développement communautaire *(inséré par l'article 23 de la Loi n° 18/001 du 09 mars 2018 modifiant et complétant la Loi n° 007/2002 du 11 juillet 2002 portant Code minier)*

Le titulaire de droit minier d'exploitation ou d'autorisation d'exploitation des carrières permanente est tenu de constituer, en franchise de l'impôt sur les bénéfices et profits, une dotation pour contribution aux projets de développement communautaire dont le montant minimal est égal à 0,3 % du chiffre d'affaires de l'exercice au cours duquel elle est constituée.

La dotation doit être entièrement mise à disposition des communautés locales avant l'expiration de l'exercice suivant celui au cours duquel elle a été constituée.

Parmi les innovations de ce texte de loi figure la contribution de 0,3 % du chiffre d'affaires des sociétés minières à des projets de développement communautaires. En effet, cet article fixe le montant minimal de la dotation pour contribution aux projets de développement communautaire à 0,3 % du chiffre d'affaires de l'exercice au cours duquel elle est constituée. Il s'agit là d'une obligation faite au titulaire de constituer une contribution aux projets de développement.

« Ce fonds comme son nom l'indique est destiné à financer des projets sociaux en faveur des communautés affectées par les projets miniers. Il s'agit d'une disposition qui apporte, au même titre que la redevance minière, une contribution aux efforts de l'amélioration des conditions de vie des populations affectées par les projets miniers » (Coordination des plaidoyers de la société civile pour la gouvernance des ressources naturelles, 2017, p. 16).

Il faut indiquer à cet effet que, bien avant l'adoption de ce texte de loi, le taux de 0,3 %, qui avait été accepté par les opérateurs miniers, était déjà en application par l'entreprise minière TFM (Tenke Fungurume Mining). Il était, de ce fait, normal qu'il soit repris dans ce texte de loi.

Les Assemblées provinciales devraient veiller pour que les fonds alloués au développement communautaire ne soient pas détournés de leur objectif par d'autres organes, afin de les affecter aux besoins autres que ceux destinés aux préoccupations en rapport avec le développement communautaire.

Section V : De l'application de la taxe sur la valeur ajoutée *(modifié et complété par l'article 9 de la Loi n° 18/001 du 09 mars 2018 modifiant et complétant la Loi n° 007/2002 du 11 juillet 2002 portant Code minier)*

Article 259 : De la Taxe sur la valeur ajoutée

Les titulaires des droits miniers et/ou des carrières sont assujettis à la Taxe sur la Valeur Ajoutée conformément au droit commun.

Suivant le droit commun, les titulaires des droits miniers et/ou de carrières sont assujettis à la taxe sur la valeur ajoutée ou TVA, qui est un impôt indirect sur la consommation.

Section VI : Des modalités de recouvrement des recettes non fiscales

(inséré par l'article 23 de la Loi n° 18/001 du 09 mars 2018 modifiant et complétant la Loi n° 007/2002 du 11 juillet 2002 portant Code minier)

Article 260 : Des droits, taxes et redevances *(inséré par l'article 23 de la Loi n° 18/001 du 09 mars 2018 modifiant et complétant la Loi n° 007/2002 du 11 juillet 2002 portant Code minier)*

Les modalités de recouvrement des droits, taxes et redevances prévus dans le présent Code sont fixées par les textes qui régissent les procédures relatives à l'assiette, au contrôle et au recouvrement des recettes non fiscales.

Le législateur, qui aurait dû légiférer sur cette question, n'a pas pu déterminer de façon claire et précise les modes de recouvrement des droits, taxes et redevances qu'il a consacrés dans ce texte de loi. Il précise que d'autres textes fixent les modalités d'application audit recouvrement. Ainsi, c'est l'ordonnance-loi n° 13/003 du 23 février 2013 portant réforme des procédures relatives à l'assiette, au contrôle et aux modalités de recouvrement des recettes non fiscales qui s'applique en cette matière.

Chapitre IV :
DU RÉGIME FISCAL ET DOUANIER APPLICABLE À L'EXPLOITATION ARTISANALE ET À L'EXPLOITATION MINIÈRE À PETITE ÉCHELLE

Article 261 : De l'exploitation artisanale

Le régime fiscal et douanier applicable aux exploitants artisanaux, aux négociants et aux comptoirs agréés est régi par voie réglementaire conformément aux modalités fixées par le Règlement Minier.

Sans préjudice des dispositions de cet article, l'article 25 vicies du Règlement détermine les mesures incitatives pour la promotion de l'exploitation minière artisanale.
Par ailleurs, les articles 536 bis à 538 bis du Règlement minier constituent les mesures d'application du régime douanier, fiscal et parafiscal applicable à l'exploitation artisanale.

Article 262 : De l'exploitation minière à petite échelle *(modifié à son alinéa 4 par l'article 9 de la Loi n° 18/001 du 09 mars 2018 modifiant et complétant la Loi n° 007/2002 du 11 juillet 2002 portant Code minier)*

L'exploitation minière à petite échelle est soumise au régime douanier prévu aux articles 225 à 235 du présent Titre.

Sans préjudice des dispositions du droit commun, l'exploitation minière à petite échelle relève du régime fiscal de taxation unique en ce qui concerne les contributions pour lesquelles le titulaire du titre minier est redevable, et ce, en rapport avec les activités minières.

Le taux de l'imposition unique pour les activités d'exploitation minière à petite échelle est fixé à 10 % du chiffre d'affaires résultant de la valeur de vente des produits marchands.

Le paiement de l'imposition forfaitaire prévue à l'alinéa précédent exempte le titulaire du paiement de la redevance minière, de l'impôt mobilier, de l'impôt sur les bénéfices et profits, de l'impôt exceptionnel sur les rémunérations des expatriés.

L'imposition forfaitaire est due au moment de la vente.

La quotité de la redevance minière à répartir est déterminée conformément aux dispositions des articles 240 à 242 du présent Code.

Les modalités de perception des droits prévues aux alinéas précédents sont fixées par le Règlement minier.

L'exploitant de la mine à petite échelle peut opter soit de demeurer dans le régime de taxation unique soit d'être régi par les dispositions des chapitres I et III du présent Titre.

L'option ainsi faite est irrévocable.

Conformément aux prescrits de cet article, les dispositions prévues aux articles 509 à 531 du Règlement minier s'appliquent mutatis mutandis à l'exploitation minière à petite échelle en ce qui concerne la détermination de l'imposition.

En outre, les dispositions des alinéas 2 et 4 de cet article renseignent que le régime fiscal de taxation unique, établi pour l'exploitation minière à petite échelle en rapport avec les activités minières du titulaire du droit minier, concerne les impôts et redevances suivantes :

- *l'impôt mobilier ;*
- *l'impôt sur les bénéfices et profits ;*
- *l'impôt spécial sur le profit excédentaire ;*
- *l'impôt exceptionnel sur les rémunérations des expatriés ;*
- *la taxe sur la Valeur Ajoutée ;*
- *la redevance minière.*

À y regarder de plus près, sans préjudice de l'alinéa 8 de ce même article, la glose de l'article 541 du Règlement minier fixe les modalités d'option du régime fiscal par le titulaire du PEPM.

Les articles 539 à 542 ter du Règlement minier en déterminent le régime douanier, fiscal ainsi que des recettes non fiscales applicables à l'exploitation minière à petite échelle.

Les dispositions que comprend le titre XX relatif aux régimes fiscal, douanier, des recettes non fiscales et de chance du Règlement minier s'appliquent mutatis mutandis à l'exploitation minière à petite échelle.

TITRE X :
DE LA RÉGLEMENTATION DE CHANGE ET DES GARANTIES DE L'ÉTAT

(modifié et complété par l'article 10 de la Loi n° 18/001 du 09 mars 2018 modifiant et complétant la Loi n° 007/2002 du 11 juillet 2002 portant Code minier)

Chapitre Premier :
DE LA RÉGLEMENTATION DE CHANGE

(modifié et complété par l'article 10 de la Loi n° 18/001 du 09 mars 2018 modifiant et complétant la Loi n° 007/2002 du 11 juillet 2002 portant Code minier)

Section I : De la conversion des devises en Francs Congolais

Article 263 : De la liberté de conversion au taux du marché

Le titulaire des droits miniers bénéficie de la liberté de convertir en francs congolais les apports en capital, les fonds avancés par les actionnaires, les tirages sur emprunts et les recettes en devises provenant de la vente des produits, au meilleur taux de change offert par les banques agréées au jour de l'opération de conversion.

Toutefois, le titulaire de droits miniers peut recourir, pour le change de la monnaie fiduciaire, aux intermédiaires agréés non bancaires autres que les messageries financières.

Le législateur a voulu à juste titre que la liberté de change dans le secteur des mines soit de mise. En effet, les échanges internationaux se font entre pays ayant des monnaies différentes, qu'il faut donc convertir sur le marché des changes, afin de confronter les offres et les demandes de devises.

Cet article laisse la latitude aux titulaires des droits miniers et de carrières de convertir librement en monnaie locale, en l'occurrence en francs congolais, les apports en capital, les fonds avancés par les actionnaires, les tirages sur emprunts et les recettes en devises provenant de la vente des produits, au meilleur taux de change offert par les banques agréées au jour de l'opération de conversion.

Pour mémoire, en RDC, c'est l'ordonnance-loi n° 67-272 du 23 juin 1967 et le décret-loi n° 004 du 31 janvier 2001 qui portent les mesures réglementant le change. Cependant que le premier texte confère à la Banque Centrale du Congo [ci-après BCC] les pouvoirs d'édicter des règlements en matière de change, le second est essentiellement axé sur des opérations en monnaies nationales et étrangères en RDC. En effet, l'article 9 de ladite ordonnance-loi précitée dispose que, hormis les intermédiaires autorisés par la Banque nationale, personne ne peut, sur le territoire national, faire le commerce des monnaies et moyens de paiement en monnaies étrangères.

« De son côté, la note circulaire de la BCC du 22 février 2003 qui constitue une mesure d'exécution de l'ordonnance-loi précitée prévoit à son article 56 deux catégories d'intermédiaires agréés : les intermédiaires agréés bancaires ou banques agréées d'une part, et les intermédiaires agréés non bancaires comprenant les institutions financières, les coopératives d'épargne et de crédit, les institutions de micro finances, les bureaux de change et les messageries financières, d'autre part. » Repéré sur le site Étudiants africains en Belgique : http://www.lafricain.net/sys/index.php/component/k2/item/189-le-change/189-le-change, consulté le 7 novembre 2019).

Ainsi, les opérations de change en monnaies nationales contre les devises étrangères ne sont réservées qu'aux intermédiaires agréés par la BCC. Dès lors, toute personne se livrant aux opérations de change, sans y être autorisée, court le risque de tomber sous le coup de l'infraction à la réglementation de change. Mais aujourd'hui on assiste, au vu et au su de tous, aux opérations de change de monnaies nationales contre les devises étrangères et vice versa par des personnes non qualifiées, communément appelés « cambistes ». D'ailleurs, ce sont ces derniers qui sont souvent à la base de la spéculation du taux de change sur le marché.

À noter que l'activité des bureaux de change est réglementée par l'instruction administrative de la Banque centrale du Congo. En effet, il ressort de l'article 1 de ce dernier que toute personne morale de droit congolais, désireuse de faire des opérations d'achat et de vente des monnaies étrangères son unique profession, doit se faire agréer par la Banque centrale du Congo en qualité de bureau de change.

Section II : Des transferts des fonds vers l'étranger

Article 264 : Des règlements des biens et services, des transferts des revenus primaires et secondaires ainsi que les transferts en capital et opérations financières *(modifié à son alinéa 1er par l'article 10 de la Loi n° 18/001 du 09 mars 2018 modifiant et complétant la Loi n° 007/2002 du 11 juillet 2002 portant Code minier)*

Sans préjudice des dispositions des alinéas 2, 3 et 4 du présent article, le titulaire des droits miniers est autorisé à réaliser au profit des non-résidents et vice versa, après paiement des taxes et contributions dues, des règlements des biens et services, des transferts des revenus primaires et secondaires ainsi que les transferts en capital et les transferts en raison des opérations financières ci-après en relation directe avec les opérations autorisées en vertu de son droit minier :

a) le paiement des biens et services auprès des fournisseurs étrangers s'il n'a pas pu trouver les mêmes biens et/ou services à quantité, qualité et prix égal ainsi qu'à des conditions de livraison identiques sur le marché local ;

b) l'acquisition ou la location de l'équipement importé ;

c) le paiement des commissions aux tiers pour des services rendus à l'étranger ;

d) le paiement des honoraires aux personnes résidant à l'étranger, pour des services rendus ;

e) le paiement des « royalties » afférents aux droits accordés au titulaire par des tiers étrangers ;

f) la formation à l'étranger des employés congolais et les charges sociales des employés expatriés notamment les primes, les assurances professionnelles, les frais de transport et de déménagement ;

g) les fonds correspondant aux dividendes dûment et légalement déclarés, destinés à être distribués aux actionnaires ou associés non-résidents du titulaire ;

h) les fonds correspondant aux recettes de la vente des actions et toute somme provenant de la cession ou de la liquidation des actifs de la société, ainsi que toute indemnité d'expropriation ;

i) le remboursement des avances en compte courant d'associés ou d'actionnaires, à condition de ne pas amener le ratio des fonds empruntés aux fonds propres au-dessus de 75 : 25.

Par ailleurs, il est garanti au personnel étranger résidant sur le Territoire National, employé par le titulaire d'un titre minier, la libre conversion et le libre transfert de tout ou partie des sommes qui leur sont dues, sous réserve que les intéressés se soient acquittés de leurs impôts et cotisations diverses conformément à la législation en vigueur en République Démocratique du Congo.

Le transfert des fonds nécessaires aux opérations énumérées ci-dessus doit se faire uniquement par le canal d'une banque agréée moyennant la souscription d'un document de change.

Tout autre transfert vers l'étranger est soumis à la réglementation de change en vigueur.

Cet article fixe les règlements des biens et services, des transferts des revenus primaires et secondaires de même que les transferts en capital et opérations financières dont le titulaire du droit minier est autorisé à réaliser au profit des non-résidents et vice versa, après paiement des taxes et contributions dues.

Article 265 : Du contrôle des transferts au bénéfice des sociétés affiliées

(modifié à son alinéa 2 par l'article 10 de la Loi n° 18/001 du 09 mars 2018 modifiant et complétant la Loi n° 007/2002 du 11 juillet 2002 portant Code minier)

Nonobstant les dispositions de l'article 264, les transferts au bénéfice des sociétés affiliées du titulaire en paiement des biens fournis ou services rendus doivent être justifiés par rapport aux prix pratiqués sur le marché pour des biens ou services similaires.

Toute opération commerciale entre sociétés affiliées se déroule selon le principe de pleine concurrence.

Le titulaire du droit minier est tenu de justifier, outre les biens fournis ou services rendus au profit des sociétés affiliées, les transferts de fonds en faveur de ces dernières, et ce en application de l'article 552 du Règlement minier relatif aux justifications des transferts de fonds en faveur des sociétés affiliées ainsi que de l'article 553 du même texte relatif aux éléments de justification.

C'est le principe de pleine concurrence qui gouverne les opérations commerciales entre sociétés affiliées. En effet, « suivant ce principe, les prix pratiqués pour des transactions entre sociétés liées doivent être établis par référence aux prix pratiqués par des entreprises indépendantes sous peine de correction de bénéfice par les administrations fiscales. » Repéré sur le site : https://fr. wiktionary.org/wiki/principe. _de_pleine_concurrence, consulté le 19 mars 2021.

« Depuis des années, l'OCDE [Organisation pour la coopération et le développement économique] essaie de résoudre le problème des prix de transfert et de la délocalisation des profits avec une arme émoussée, le principe dit de pleine concurrence ("arm's length principle"). Selon, le principe de pleine concurrence, les multinationales doivent appliquer les prix du marché à leurs transactions intragroupes, c'est-à-dire un prix qui serait celui qu'elles acquitteraient, si leurs biens et services étaient échangés avec des tiers. Selon ce principe, les contrats pour des échanges de services intragroupes devraient être passés à des conditions identiques à ce qu'ils seraient s'ils étaient conclus avec des prestataires de service externes. » Repéré sur le site : https://www.alliancesud.ch/de/file/208/download?token=zcC_0Qur, consulté le 19 mars 2021.

Le contrôle des transferts de fonds en faveur des sociétés affiliées du titulaire est régi par les articles 552 à 558 du Règlement minier.

Chapitre II :
DE LA GESTION DES RECETTES DES VENTES À L'EXPORTATION

Article 266 : De l'exportation des produits miniers *(modifié à ses alinéas 1er et 3 par l'article 10 de la Loi n° 18/001 du 09 mars 2018 modifiant et complétant la Loi n° 007/2002 du 11 juillet 2002 portant Code minier)*

Le titulaire est autorisé à exporter et à commercialiser sa production au prix du marché, sous réserve du droit pour l'État de déterminer la quotité de production à exporter en fonction des besoins de l'industrie locale. Les recettes en devises y relatives sont encaissées dans les quarante-cinq jours calendrier à dater de la sortie des biens du territoire national pour un pays africain et de l'embarquement à partir du territoire national ou d'un pays africain, sauf si le contrat de vente comporte des dispositions particulières concernant le délai de paiement.

Le titulaire a l'obligation de souscrire, pour toutes ses opérations d'exportation, un document de change conformément à la réglementation de change en vigueur.

Le Règlement minier fixe la quotité ainsi que les modalités d'application de la réserve émise à l'alinéa 1er du présent article.

On s'accorde à affirmer que « l'économie congolaise repose essentiellement sur des exportations des matières premières. C'est ce qui est contenu dans les rapports sur la politique monétaire de la Banque Centrale de 2014, 2015 et 2016. » Repéré à https://actualite.cd/2018/03/21/rdc-leconomie-est-basee-sur-lexportation-des-minerais, consulté le 8 novembre 2019.

En RDC, la commercialisation et l'exportation des produits miniers ou de carrières, bien qu'autorisées, ne se déroulent pas de n'importe quelle manière. Peu importe la quantité des substances minérales produite, le titulaire du droit minier ou de carrières d'exploitation est tenu, pour l'exportation, de respecter la quotité de production déterminée. Car, pour des besoins de l'industrie locale, l'État peut être amené à limiter une quotité des produits marchands issus de l'exploitation devant être exportée.

Comme l'indique clairement l'article 559 bis du Règlement minier sur le contrôle de la quotité de production, et ce, en application des dispositions de l'alinéa 2 de cet article, la quotité de la production que le titulaire doit vendre à l'industrie nationale est déterminée par voie d'arrêté interministériel des ministres des Mines et de l'Industrie, en tenant compte des besoins exprimés dans le plan stratégique d'industrialisation de la RDC.

Dans cet élan, un arrêté interministériel des ministres des Mines et des Finances a été pris portant sur la réglementation de la commercialisation et de l'exportation des produits miniers marchands. Il s'agit de l'arrêté interministériel n° 0129/CAB.MIN/MINES/01/2017 et 032/CAB.MIN/FINANCES/2017 du 8 juillet 2017 portant réglementation de la commercialisation et de l'exportation des produits miniers marchands.

Cet acte réglementaire définit les « produits miniers marchands », comme étant toutes substances minérales, sous quelque forme que ce soit, extraites en vertu des droits miniers et/ou de carrières d'exploitation et/ou tous produits élaborés à partir de ces substances dans les usines de concentration, de traitement ou de transformation à des fins commerciales, en ce comprises les substances minérales provenant de l'exploitation artisanale.

Par ailleurs, le délai d'encaissement des recettes en devises, sauf dispositions contractuelles particulières, est fixé à quarante-cinq jours à dater de la sortie des biens du territoire national pour un pays africain et de l'embarquement à partir du territoire national ou d'un pays africain.

De plus, la souscription d'un document de change, suivant la réglementation de change en vigueur est obligatoire lorsque le titulaire du droit minier ou de carrières désire procéder à l'exportation des produits miniers ou de carrières.

En application de l'alinéa 1 de cet article, l'article 546 du Règlement minier fixe les modalités applicables à la souscription et à la validation des déclarations d'importation ou d'exportation des biens et services.

Article 267 : Du compte principal et des comptes de service de la dette étrangère

Par dérogation aux dispositions des articles 1 à 9 de l'Ordonnance-Loi n° 67/272 du 23 juin 1967 relative aux pouvoirs réglementaires de la Banque Centrale du Congo en matière de réglementation de change et ses mesures d'application, le titulaire qui exporte les produits des mines autorisés a le droit ainsi que l'obligation de :

a) ouvrir un compte en devises appelé « Compte Principal » auprès d'une banque étrangère de réputation internationale qui aura des relations d'affaires avec un correspondant pour la gestion des fonds qu'il est autorisé à tenir en dehors du

b) Territoire National ;

c) communiquer à la Banque Centrale du Congo et dans les moindres détails, toutes les coordonnées du compte principal ;

d) verser les recettes d'exportation qu'il est autorisé à tenir en dehors du Territoire National conformément aux dispositions de l'article 269 ci-dessous dans son compte principal étranger avant toute redistribution ;

e) payer à partir du compte principal le service de sa dette étrangère, y compris le principal, les intérêts, les commissions et les pénalités selon les conventions d'emprunt conclues avec les bailleurs de fonds étrangers ;

f) communiquer les conventions d'emprunt conclues avec les bailleurs de fonds étrangers à l'Administration des Mines pour confirmer si les conventions d'emprunt correspondent au plan de financement d'une exploitation minière dûment autorisée. Dans le cas des conventions d'emprunt entre des sociétés affiliées, elle confirme également que les conditions d'emprunt ne sont pas moins favorables au titulaire que les termes d'un marché entre parties non affiliées. Elle en avise la Banque Centrale.

Le titulaire est autorisé à ouvrir des comptes en devises auprès des banques étrangères de réputation internationale où il gère ou fait gérer les fonds versés de son compte principal nécessaires pour le service de sa dette étrangère, ainsi que pour les provisions et réserves légales, statutaires et libres.

Cet article fixe de façon détaillée les droits et obligations reconnus au titulaire du droit minier ou de carrières, en matière d'ouverture et de tenue des comptes bancaires (compte principale et comptes de service de la dette étrangère), pour toutes les opérations d'exportation des produits miniers ou de carrières marchands.

Il s'en dégage que, outre que le titulaire peut détenir des comptes à l'étranger auprès des banques de réputation internationale, il peut, par ricochet, détenir un ou plusieurs comptes en monnaies étrangères auprès du système bancaire national.

L'article 559 du Règlement minier fixe les modalités des comptes bancaires que peut détenir le titulaire des droits miniers et de carrières.

Article 268 : Des comptes en devises *(modifié à son alinéa 2 par l'article 10 de la Loi n° 18/001 du 09 mars 2018 modifiant et complétant la Loi n° 007/2002 du 11 juillet 2002 portant Code minier)*

Le titulaire qui exporte les produits des mines peut ouvrir et détenir un compte ou un groupe de comptes en devises étrangères auprès des banques commerciales agréées, dont le siège social est en République Démocratique du Congo, pour gérer les recettes et les dépenses en devises du projet qu'il exploite à bien en vertu de son droit minier. Il bénéficie de la liberté de garder en devises toutes les recettes des ventes à l'exportation des produits du projet sans obligation de les convertir en monnaie nationale.

S'il a ouvert plusieurs comptes auprès du système bancaire national, le titulaire d'un droit minier a l'obligation de rapatrier les recettes d'exportation dans le compte ouvert dans une banque agréée auprès de laquelle l'exportation a été domiciliée.

Il procède de la réglementation du change, en son article 2, que la détention des monnaies étrangères en RDC est libre.

La détention des comptes en devise est autorisée pour faciliter les opérations d'exportation des produits miniers du titulaire du droit minier ou de carrières. Celui-ci n'est donc pas astreint à convertir à tout prix les devises en monnaie locale.

Toutefois, lorsqu'il décide d'ouvrir plusieurs comptes en devises auprès des banques nationales, il est tenu, en cas de rapatriement des recettes d'exportation, de placer les recettes rapatriées auprès de la banque où l'exportation a été domiciliée.

Article 269 : Du rapatriement des recettes des exportations *(modifié et complété par l'article 10 de la Loi n° 18/001 du 09 mars 2018 modifiant et complétant la Loi n° 007/2002 du 11 juillet 2002 portant Code minier)*

Le titulaire qui, en phase d'amortissement de son investissement, exporte les produits marchands des mines est :

a. autorisé à garder et à gérer dans son compte principal et ses comptes de service de la dette étrangère les recettes de ses ventes à l'exportation à concurrence de 40 %. Les modalités de l'approvisionnement des comptes destinés au service de la dette étrangère, ainsi que les modalités de paiement du service de la dette étrangère du titulaire, sont établies dans les conventions d'emprunt conclues par l'emprunteur avec ses bailleurs de fonds étrangers ;

b. tenu de rapatrier obligatoirement dans son compte tenu en République Démocratique du Congo, 60 % des recettes d'exportation dans les quinze jours à dater de l'encaissement au compte principal prévu à l'article 267 du présent Code ;

En cas d'amortissement de son investissement, il est tenu de rapatrier 100 % des recettes de ses ventes à l'exportation dans son compte national principal en République Démocratique du Congo dans le délai prescrit au *littera* b de l'alinéa précèdent ;

Ne peut garder une quotité des recettes d'exportation ou des préfinancements à l'étranger que le titulaire des droits miniers qui a communiqué les coordonnées bancaires et qui transmet trimestriellement à la Banque Centrale du Congo le rapport de ses activités enregistrées dans le compte principal, tel que disposé à l'article 271 du présent Code.

La quotité rapatriée est destinée à couvrir les dépenses domestiques en faveur des résidents et ne peut servir à financer les transactions reprises à l'article 264 du présent Code.

Cet article fixe les conditions dans lesquelles le rapatriement des recettes d'exportation devrait s'effectuer, en précisant les modalités et les taux des recettes des exportations y relatives.

« L'obligation de rapatriement des recettes pourrait créer des difficultés importantes pour les sociétés minières car l'article 269 précise que la quotité rapatriée est destinée à couvrir les dépenses domestiques en faveur des résidents et ne peut servir à financer les transactions reprises à l'article 264, qui incluent le paiement des fournisseurs de biens et services étrangers ainsi que le remboursement des avances en compte courant et les dividendes versés aux actionnaires non-résidents » (Jivet Ndela Kubokoso, 2020, pp. 339-340).

Article 270 : Du paiement de la redevance de suivi de change *(modifié et complété par l'article 10 de la Loi n° 18/001 du 09 mars 2018 modifiant et complétant la Loi n° 007/2002 du 11 juillet 2002 portant Code minier)*

Le titulaire est tenu de payer à la Banque Centrale du Congo la redevance de suivi de change de 2/1000 sur les opérations suivantes :

a. tout paiement vis-à-vis de l'étranger effectué par les banques agréées sur les comptes en banque du titulaire en République Démocratique du Congo, aussi bien en recette qu'en dépense, à l'exception des rapatriements des recettes qui proviennent du compte principal ;

b. toute opération de débit ou de crédit effectuée sur son compte principal à l'exception des transferts en faveur de comptes de service de la dette étrangère, les paiements effectués de ces comptes de service de la dette étrangère sont également exonérés de la redevance de suivi de change.

Le titulaire des droits miniers est tenu de payer à la Banque Centrale du Congo ou à toute personne mandatée par cette dernière une redevance de suivi de Change de 2 ‰ sur la totalité de 100 % du montant de toute exportation réalisée. Cette redevance est calculée sur la totalité des recettes d'exportation et est prélevée sur la quotité rapatriée.

Cet article impose au titulaire le paiement de la redevance de suivi de change, selon le cas, à la BCC ou à toute personne mandatée par cette dernière.

Ainsi, il fixe les modalités de paiement de cette redevance qui est calculée sur la totalité des recettes d'exportation et est prélevée sur la quotité des recettes rapatriées.

Article 271 : Du contrôle des opérations du compte principal local et extérieur *(modifié et complété par l'article 10 de la Loi n° 18/001 du 09 mars 2018 modifiant et complétant la Loi n° 007/2002 du 11 juillet 2002 portant Code minier)*

Le titulaire doit soumettre un rapport mensuel sur les mouvements des fonds versés dans le compte principal en devises à l'étranger, ainsi que les références des dossiers d'exportation sur les recettes versées dans ce compte. Ce rapport, accompagné d'une copie du relevé bancaire dudit compte est soumis à la Direction des Mines et à la Banque Centrale du Congo, pour contrôle de conformité avec les dispositions du présent chapitre.

Toutefois, la Banque Centrale conserve le droit de dépêcher ses délégués pour vérifier la régularité des opérations inscrites sur le compte principal après en avoir préalablement informé par écrit le titulaire.

Pour ce faire, le titulaire des droits miniers a l'obligation, dans les trente jours dès réception de cette correspondance, d'accuser réception et de transmettre à la Banque Centrale du Congo la copie légalisée de la lettre adressée à son banquier autorisant la vérification des opérations effectuées sur son compte principal..

La Direction des mines est chargée de surveiller et d'exercer le contrôle sur les titulaires des droits miniers d'exploitation et des droits de carrières d'exploitation, en rapport avec les opérations de rapatriement obligatoire des recettes d'exportation.

Ce pouvoir de vérification s'exerce aussi sur toutes les Institutions bancaires qui interviennent dans ces opérations de rapatriement des recettes d'exportation en collaboration avec la Banque Centrale du Congo.

De même que cet article impose au titulaire l'établissement d'un rapport mensuel sur les mouvements des fonds versés dans le compte principal en devises à l'étranger, de même il détermine les références des dossiers d'exportation sur les recettes versées dans ce compte qu'il (le titulaire) devrait soumettre pour vérification à la direction ayant la gestion des opérations de change de la BCC et pour surveillance et contrôle à la DM.

Cette dernière est tenue de veiller à ce que les titulaires des droits miniers et de carrières d'exportation ne se soustraient pas à leur obligation de rapatrier les recettes d'exportation en RDC.

L'article 560 du Règlement minier fixe les modalités applicables au rapport mensuel des mouvements de fonds.

Article 272 : Des dispositions de change plus favorables et du régime de change applicable au titulaire d'un droit de carrières *(modifié à son alinéa 2 par l'article 10 de la Loi n° 18/001 du 09 mars 2018 modifiant et complétant la Loi n° 007/2002 du 11 juillet 2002 portant Code minier)*

Si une législation ou une réglementation de change de droit commun adoptée ou promulguée sur le Territoire National postérieurement à la date d'entrée en vigueur du présent Code prévoit des dispositions plus favorables que celles contenues dans le présent Code, ces nouvelles dispositions sont immédiatement applicables, de plein droit, dès leur entrée en vigueur.

Le titulaire des droits des carrières est soumis au droit commun quant à l'ensemble de ses opérations de change, à l'exception du titulaire d'une Autorisation d'exploitation de carrières permanente qui produit du ciment qui jouit des dispositions de la réglementation du change prévue dans le présent Code.

Dans le but de faciliter les opérations de change du titulaire du droit de carrières, le législateur a levé l'option de faire appliquer à ce dernier les dispositions de change plus favorables qui sont contenues dans une loi ou une réglementation de change de droit commun postérieure à ce texte de loi.

Cependant, il fait échapper au seul titulaire d'une AECP, qui produit du ciment, à l'application du droit commun sur l'ensemble de ses opérations de change, pour le soumettre aux dispositions de change prévues dans ce texte de loi.

Article 272 bis : *(inséré par l'article 24 de la Loi n° 18/001 du 09 mars 2018 modifiant et complétant la Loi n° 007/2002 du 11 juillet 2002 portant Code minier)*

Toute matière relative au change qui n'aurait pas été traitée par le présent Code sera régie par des dispositions de la Banque Centrale.

Les dispositions de la BCC s'appliquent à toute matière relative au change qui n'aurait pas été traitée à fond par ce texte de loi.

Chapitre III :
DES GARANTIES ET DU CONTRÔLE DE L'ÉTAT

(modifié et complété par l'article 11 de la Loi n° 18/001 du 09 mars 2018 modifiant et complétant la Loi n° 007/2002 du 11 juillet 2002 portant Code minier)

Article 273 : Des libertés garanties *(modifié à son littera e par l'article 10 de la Loi n° 18/001 du 09 mars 2018 modifiant et complétant la Loi n° 007/2002 du 11 juillet 2002 portant Code minier)*

Sous réserve du respect des lois et Règlements Miniers de la République Démocratique du Congo, l'État garantit aux titulaires des droits miniers et de carrières :

a) le respect de la législation et des accords ou conventions signés avec des partenaires ;

b) le droit de disposer librement de leurs biens et d'organiser, à leur gré, leurs entreprises ;

c) la liberté d'embauche sous réserve d'employer en priorité le personnel congolais à qualification égale des diplômes et d'expérience pour la réalisation des opérations minières et sous réserve des conditions de licenciement conformément aux lois et règlements en vigueur ;

d) le libre accès aux matières premières dans les limites des droits miniers et/ou de carrières ;

e) la libre circulation sur le territoire national de leur personnel et de leurs produits ;

f) la liberté d'importer des biens, des services ainsi que des fonds nécessaires aux activités, sous réserve de donner priorité aux entreprises congolaises pour tout contrat en relation avec le projet minier, à des conditions équivalentes en terme de quantité, qualité, prix et délais de livraison et de paiement ;

g) la liberté de disposer des produits sur les marchés internes, d'exporter et de disposer sur le marché externe, sous réserve du respect des dispositions du présent Code ;

h) la jouissance paisible des Périmètres faisant l'objet de leurs droits miniers et/ou de carrières.

i) les facilités d'obtenir pour leur personnel étranger tous les documents requis pour accéder aux lieux de recherches ou d'exploitation sans préjudice du respect des normes légales et réglementaires régissant la police des étrangers.

Le législateur n'a pas voulu que les activités minières se déroulent sans aucune mesure de garantie à assurer aux titulaires des droits miniers et de carrières.

Ainsi, cet article énumère un ensemble des mesures de garanties dont bénéficient ces titulaires, sous réserve du respect des lois et du Règlement minier de la RDC.

Il convient de souligner que les litteras d et h ne confèrent pas aux titulaires des droits miniers et/ou de carrières le droit d'acquérir d'office la concession foncière qui se trouve dans leurs périmètres miniers et/ou de carrières. Comme l'explique un auteur (Émile Lambert Owenga Odinga, 2014, n° 102, p. 71) en ces termes :

> *« Ces deux alinéas [litteras] de l'article 273 du Code minier ne constituent pas des actes juridiques conférant une quelconque concession foncière aux titulaires. Ils contiennent seulement l'engagement de l'État congolais tendant à garantir aux titulaires le fait qu'ils vont atteindre l'endroit où se trouvent leurs périmètres miniers et qu'ils vont entreprendre les opérations minières. Bref, par les deux alinéas de l'article 273 du Code minier, les titulaires des droits miniers et de carrières n'acquièrent aucune concession foncière. »*

Article 274 : Du rachat des devises *(modifié et complété par l'article 10 de la Loi n° 18/001 du 09 mars 2018 modifiant et complétant la Loi n° 007/2002 du 11 juillet 2002 portant Code minier)*

L'État et la Banque Centrale du Congo s'interdisent de racheter d'office les devises logées dans les comptes en devise des résidents et des non-résidents.

Si les besoins de l'économie nationale l'exigent, l'État et la Banque Centrale du Congo sont autorisés à racheter les devises des recettes rapatriées aux taux et hauteur à négocier.

En cas de rachat des devises, les besoins exprimés par les titulaires des droits miniers sont traités et servis en priorité.

Le Règlement minier en détermine les modalités pratiques.

En principe, le rachat d'office des devises est interdit. Toutefois, l'exigence des besoins de l'économie nationale peut conduire l'État et la BCC à racheter les devises des recettes rapatriées aux taux et hauteur à négocier, sous réserve du traitement prioritaire des besoins exprimés par les titulaires.

En effet, aux termes de l'article 550, alinéas 5 et 6, du Règlement minier, le Gouvernement et la Banque Centrale du Congo se réservent le droit de racheter les devises des recettes d'exportation, aux taux et hauteur à négocier entre parties, en cas de nécessité pour l'économie nationale.

Lors des opérations de rachats des devises, les besoins exprimés par les titulaires des droits miniers et de carrières sont traités et servis en priorité.

Une instruction de la Banque centrale en détermine les modalités d'exécution.

Article 275 : De l'indemnité d'expropriation

Les installations minières ou de carrières ne peuvent être expropriées par l'État que dans des circonstances exceptionnelles fixées par la loi, moyennant une juste indemnité payée au titulaire concerné au moins six mois avant l'exécution de la décision d'expropriation.

Dans les 48 heures qui suivent la date de la notification de la décision de l'expropriation, l'État communique au titulaire exproprié le montant de l'indemnité proposée et la date précise ou estimée à laquelle interviendra l'expropriation effective ou matérielle.

Sauf s'il requiert un délai supplémentaire, le titulaire exproprié doit réagir dans les dix jours à dater de la réception de la proposition de l'État.

L'indemnité est payée conformément à l'alinéa premier ci-dessus en cas d'acceptation.

En cas de désaccord, la réponse du titulaire exproprié doit comprendre la proposition de ce dernier quant à la hauteur réelle de l'indemnité.

Lorsque l'État rejette la proposition du titulaire exproprié, ce dernier peut requérir qu'il soit statué par le tribunal compétent ou par procédure d'arbitrage prévu aux articles 315 à 320.

L'exercice du recours judiciaire ou arbitral est également possible lorsqu'il n'y a pas eu notification de la mesure d'expropriation, du montant de l'indemnité ou en cas de notification tardive ou enfin, lorsque l'indemnité d'expropriation n'est pas encore payée alors que l'exécution de la décision d'expropriation approche les six mois.

Le titulaire du droit minier ou de carrières peut ériger des différentes installations, constructions et industries pour le besoin de l'exploitation de son périmètre minier ou de carrières. C'est dans ce même élan qu'il peut construire des logements pour ses ouvriers, en vue d'assurer le bon rendement dans le travail et ainsi de contribuer à une meilleure productivité. Tous ces biens lui appartiennent de droit et, par conséquent, constituent sa propriété exclusive. De la sorte, les installations indispensables à l'exploitation ne peuvent pas en principe être expropriées de n'importe quelle manière. La possibilité d'exproprier les biens du titulaire n'est toutefois pas exclue.

« Exproprier signifie étymologiquement le fait de sortir une propriété donnée de sa situation d'appartenance d'origine. Il s'agit d'un transfert forcé d'une propriété ; mais toutefois, il est à noter que la réalité matérielle de l'expropriation reste la privation de

propriété, c'est-à-dire la dépossession » (Emmanuelle Gillet Lorenzi et Seydou Traoré, 2007).

Selon, F. Vunduawe Te Pemako (2007), « l'expropriation pour cause d'utilité publique est une opération administrative par laquelle l'administration oblige un particulier à lui céder la propriété d'un immeuble dans un but d'utilité publique et moyennant une indemnité préalable et équitable ».

Cet article prévoit une juste indemnité à payer au titulaire concerné par la décision d'expropriation au moins six mois avant l'exécution de cette dernière. En sus, il fixe les modalités de l'indemnité d'expropriation en cas d'accord ou de désaccord entre l'État et le titulaire concerné.

En application des dispositions de cet article, une indemnité d'expropriation est d'office allouée au titulaire du droit minier ou de carrières lorsque le ministre ayant la Culture, les Arts et les Musées dans ses attributions décide de conserver des indices archéologiques découverts lors des opérations minières ou de carrières. C'est ce que dispose l'article 489 du Règlement minier relatif à la sécurisation et de la conservation des éléments du patrimoine culturel national.

Dans tous les cas, le souci du législateur n'est pas de laisser sans protection ni issue le titulaire dont les installations minières ou de carrières peuvent faire l'objet d'expropriation par l'État. Cela répond au respect des prescrits du littera h de l'article 273 de ce texte de loi concernant les libertés garanties accordées aux titulaires des droits miniers et de carriers.

En ce qui concerne la question sur la propriété des installations à la cessation des droits miniers, Akono Minlo Ruben (2014, n°s 39 et 40, pp. 14-15) a voulu à cet effet savoir si, à la fin de l'exploitation minière, les diverses installations et industries rentrent dans le domaine public de l'État. Il répond lui-même à cette interrogation de la façon suivante :

> *« Cette question trouve tout son intérêt dans la mesure où certaines législations étrangères avaient déjà adoptées des dispositions attribuant la propriété des installations à l'État, à l'expiration du titre minier. C'est le cas par exemple de la législation minière applicable dans l'ex-Zaïre. En effet, sous l'empire de l'ordonnance-loi n° 81-013 du 2 avril 1981 sur la législation générale sur les mines et les hydrocarbures, à l'expiration normale d'un permis d'exploitation, sans renouvellement ou transformation, en cas d'annulation ou de renonciation, les terrains concernés sont libérés de tous droits en résultants. L'État ne s'arrogeait pas le droit de se subroger ou de racheter, s'il le désirait, les installations et infrastructures minières et autres industries qui s'y rattachent. […]*
>
> *Cependant, l'État se subrogeait de plein droit aux meubles et immeubles réels et autres du titulaire, relatifs notamment aux bâtiments, ouvrages, machines, appareils et engins de toute nature servant*

directement ou indirectement à l'extraction et à la préparation mécanique, chimique ou autre des minerais. L'État pouvait également, s'il le désirait, racheter au concessionnaire, suivant les règles et les usages commerciaux en vigueur en Ex- Zaïre, tout ou partie des autres biens ce celui-ci, tels que les installations industrielles, les constructions et aménagements immobiliers. Cependant, la Colonie recevait, contre paiement, les approvisionnements en pièces de rechange et matériels suffisant pour assurer la continuation de l'exploitation parce qu'il s'agissait des propriétés mobilières de l'exploitant. […]

Actuellement, l'État congolais ne s'est pas arrogé, comme dans le passé, le droit aux installations minières, et autres actifs immobiliers se trouvant dans le périmètre. Ces biens appartiennent à l'exploitant minier. »

Pour tout dire, le titulaire du droit minier ou de carrières reste propriétaire des installations, des constructions érigées dans le cadre de la réalisation de son projet minier, lorsque ce dernier arrive à son terme, et même à la suite de l'extinction dudit droit. L'État ne peut donc s'en approprier que sous certaines conditions ci-dessus indiquées.

Il convient de dire que le litige qui oppose les parties, c'est-à-dire l'État et le titulaire du droit minier en matière d'expropriation, doit être porté devant soit un organe juridictionnel, soit un arbitre.

Article 276 : De la garantie de stabilité *(modifié à son alinéa 2 par l'article 10 de la Loi n° 18/001 du 09 mars 2018 modifiant et complétant la Loi n° 007/2002 du 11 juillet 2002 portant Code minier)*

L'État garantit que les dispositions du présent Code ne peuvent être modifiées que si, et seulement si, le présent Code fait lui-même l'objet d'une modification législative adoptée par le Parlement.

L'État assure au titulaire des droits octroyés sous l'empire de la présente loi, la garantie de stabilité du régime fiscal, douanier et de change qui demeure acquise et intangible jusqu'à la fin d'une période de cinq ans, à compter de la date de :

a. l'entrée en vigueur du présent Code pour les droits miniers d'exploitation valides existant à cette date ;

b. l'octroi du droit minier d'exploitation acquis postérieurement en vertu d'un Permis de recherches valide existant à la date de l'entrée en vigueur de la présente loi.

Comme dans la loi du 11 juillet 2002, ce texte de loi prévoit une période de stabilité basée sur la date de la modification de ce denier. À la différence de celle-là, il réduit la durée de la période de dix à cinq ans et prévoit, d'autre part, la période de stabilité basée sur la date d'octroi du droit minier. C'est ce dernier repère qui devrait primer sur toute autre référence.

Étant donné que la Constitution de la RDC consacre la stabilité des investissements privés, nationaux ou étrangers, il est normal que la stabilité de garantie soit également accordée pour tout investissement dans le secteur des mines. En effet, il ressort de l'article 36 de la Constitution que l'État encourage et veille à la sécurité des investissements privés, nationaux et étrangers.

À la lecture attentive des dispositions de l'alinéa 2 de cet article, on peut constater que le législateur emploie l'expression « droits octroyés ». Tout semble indiquer ici qu'il fait allusion aux différents types de droits organisés en droit minier congolais, à savoir : les droits miniers et les droits de carrières.

Même si les litteras a et b du deuxième alinéa de cet article peuvent prêter à confusion, en ne reprenant pas les « droits de carrières d'exploitation », il paraît pourtant évident que les titulaires des droits de carrières bénéficient également de la garantie de stabilité. Car rien ne peut justifier leur non-prise en compte, quand on sait que le coût de l'investissement concernant l'exploitation des carrières n'est toujours pas moins considérable que celui de l'exploitation des mines. L'exploitation des carrières est aussi importante que celle des mines, si tant est que les deux secteurs contribuent au développement d'un pays.

« Pour concilier la nouvelle politique du Gouvernement qui visait à supprimer le régime minier conventionnel prévu dans la loi minière de 1981 avec le besoin de maintenir les projets miniers existants d'une part, et inciter les bénéficiaires de ces conventions minières à adhérer aux dispositions du Code minier d'autre part, les clauses conventionnelles existantes dans les conventions minières ont servi de base dans la formulation de la Garantie Légale de Stabilité organisée dans le Code Minier et des autres dispositions qui consolident cette Garantie Légale ou Garantie Légale de Stabilité. À l'opposé des clauses de stabilité qui résultent d'une approche de contractualisation de la norme légale, la Garantie Légale de Stabilité est le résultat d'une démarche de l'élévation de la norme contractuelle comme norme législatif. » Repéré sur le site : https://juriafrique.com/blog/2018/04/05/incidences-de-la-modification-de-la-garantie-legale-de-stabilite-sur-les-projets-miniers-existants-en-rdc/, consulté le 28 juillet 2020).

Le législateur a voulu accorder aux titulaires, dont les droits miniers et de carrières sont octroyés sur base de ce texte de loi, une garantie de stabilité des régimes juridiques applicables aux activités minières, notamment le régime fiscal, douanier et de change. Ces derniers sont donc acquis et demeurent intangibles durant cinq ans pour les droits miniers d'exploitation valides existant, dès la date d'entrée en vigueur dudit texte. Il en est de même pour l'octroi du droit minier d'exploitation acquis postérieurement en vertu d'un PR valide existant. Sur cette question, Emery Mukendi Wafwana (cf.

https://juriafrique.com/blog/2018/04/05/incidences-de-la-modification-de-la-garantie-legale-de-stabilite-sur-les-projets-miniers-existants-en-rdc/, consulté le 28 juillet 2020) a écrit ce qui suit :

> *« L'institution de la Garantie Légale de Stabilité dans le Code minier est importante aussi bien pour le Gouvernement que pour les promoteurs des projets miniers en RDC.*
>
> *Elle est le socle ou la pierre angulaire de la politique minière nationale en ce qu'elle stimule la mobilisation des investissements privés dans le secteur minier. C'est ce qu'explique le législateur lorsqu'il affirme que « l'État congolais garantit aux titulaires des droits miniers l'existence d'un bon climat d'investissement se traduisant par l'engagement exprès pris par lui quant au respect des droits accordés en vertu du nouveau Code et à l'accomplissement de ses devoirs qui en résultent. »*

P.-A. Sondji Mulanza Kating (2014, p. 18), quant à lui, affirme que « la garantie de stabilité […] du régime fiscal dont bénéficient les entreprises minières est un élément important de l'attrait souhaité par le législateur. Cet élément tendait à assurer une certaine sécurité juridique ».

Il faut signaler qu'à l'instar de la stabilisation prévue dans la loi du 11 juillet 2002, celle de la loi du 09 mars 2018 ne limite pas cette clause au seul domaine fiscal, mais s'étend aux domaines douanier et de change. Certains domaines, notamment la santé, la sécurité et le travail, devraient expressément être exclus de la clause de stabilité, pour éviter qu'ils soient assimilés aux autres domaines. Dans tous les cas, une flexibilité du Gouvernement devrait être de rigueur en cette matière : l'État devrait conserver la possibilité de réglementer certains domaines liés aux activités minières, sans pour autant qu'il soit contraint d'observer la clause de stabilité.

Le Règlement minier aurait dû préciser la portée de la garantie de stabilité. Comme ce n'est pas le cas, on peut redouter que les actes des services de l'Administration des mines puissent porter préjudice aux investisseurs miniers et, de ce fait, exposer l'État aux dommages et intérêts incalculables. D'où il siérait de prendre en urgence un texte réglementaire afin de pallier cette carence. Cela éviterait certaines pratiques desdits services qui risquent d'outrepasser leurs prérogatives et d'être amenés à mal appliquer les dispositions de cet article sur les différents projets miniers.

Signalons que les avantages qui découlent des droits octroyés en ce qui concerne le régime fiscal, douanier et de change prévu par ce texte de loi, ne sont pas définitivement inchangeables et donc peuvent être modifiés après cinq ans, soit après le 09 mars 2023, spécialement pour les droits miniers d'exploitation valides qui existent à l'entrée en vigueur de ce texte de loi.

Au demeurant, cette garantie de stabilité ne veut aucunement signifier que ce texte de loi ne peut pas être modifié dans les cinq ans qui suivent son entrée en vigueur, soit le 09 mars 2018. La possibilité de modifier ce texte de loi est prévue à l'alinéa 2 de l'article 342 de ce texte de loi. Seulement, les modifications qui peuvent intervenir dans cet intervalle de temps et qui concerneront le régime fiscal, douanier et de change favorable consacré dans ce texte de loi, ne seront pas applicables aux titulaires des droits miniers d'exploitation valides existant au moment de l'entrée en vigueur de ce texte de loi et ceux qui sont postérieurement acquis à la suite de la transformation des Permis de Recherches valides, existant à la date de l'entrée en vigueur de ce texte de loi.

De la sorte, les titulaires de ces différents droits miniers d'exploitation (et des droits de carrières d'exploitation) devraient continuer de bénéficier de la garantie de stabilité dudit régime, en dépit de la modification législative.

Il est à noter qu'avant la modification de ce texte de loi, il y était prescrit que les régimes fiscal, douanier et de change seraient acquis et intangibles pendant une période de dix ans, même à la suite de la modification législative. Et cette stabilité qui y était consacrée avait mis en sécurité juridique les opérateurs miniers. Ceux-ci espéraient bénéficier de la même durée de dix ans, une fois que ce texte de loi venait à être modifié. Ce qui n'est pas à présent le cas.

L'immédiateté de l'application des dispositions de ce texte de loi à l'ensemble des titulaires des droits miniers et de carrières, tel qu'il ressort de l'article 342 du même texte, d'une part, ainsi que la réduction de la durée de la garantie de stabilité de dix à cinq, d'autre part, ne consolident pas les droits acquis des opérateurs miniers dans la loi du 11 juillet 2002, et leur portent ainsi préjudice. Ce qui met à mal la crédibilité de l'État congolais.

Il y a fort à craindre que les opérateurs miniers usent des prérogatives qui leur sont reconnues à travers les articles 319 et 320 de ce texte de loi relatifs à l'arbitrage international pour chercher réparation devant les instances arbitrales.

Article 276 bis : De la transmission des parts sociales et des actions *(inséré par l'article 25 de la Loi n° 18/001 du 09 mars 2018 modifiant et complétant la Loi n° 007/2002 du 11 juillet 2002 portant Code minier)*

Toute transmission des parts sociales ou d'actions au sein d'une société titulaire d'un permis d'exploitation entraînant la prise de contrôle de celle-ci par le bénéficiaire de la transmission est soumise à l'accord préalable de l'État.

Toute modification de l'actionnariat d'une société de droit congolais ou de droit étranger, ayant le contrôle d'une société filiale associée ou actionnaire dans une société titulaire d'un permis d'exploitation et entraînant la prise de contrôle de la société filiale contrôlée, est également soumise à l'accord préalable de l'État.

La transmission des parts sociales ou des actions ne peut avoir lieu qu'avec l'accord de l'État. Il en est de même pour la modification de l'actionnariat d'une société de droit congolais ou de droit étranger.

Cependant, le législateur, qui n'a pas renvoyé cette matière au Règlement minier pour fixer les modalités applicables à cet article, ouvre la voie aux diverses interprétations. Certains peuvent chercher à connaître quelle autorité compétente serait à même de donner l'accord préalable en cette matière. Est-ce le ministre du Portefeuille ? Est-ce le ministre des Mines ? Devant le silence du législateur, il y a lieu de saisir le Conseil d'État pour y apporter la réponse.

Par ailleurs, on peut chercher à savoir ce qui adviendrait en cas de refus d'accord par l'État dans l'un ou l'autre cas. Ici encore, le législateur n'a pas prévu de solution quant à ce.

De lege ferenda, il siérait mieux, d'une part, de préciser l'autorité compétente qui doit donner cet accord préalable, d'autre part, d'envisager un recours judiciaire pour les titulaires qui auront intérêt à transmettre les parts sociales ou d'actions ou à modifier leur actionnariat, mais dont la demande peut être refusée, à cause notamment de la mauvaise foi de la part du pouvoir public. De cette façon, on éviterait l'arbitraire.

L'article 527 bis du Règlement minier fixe les modalités du paiement des droits proportionnels pour la cession des parts sociales et actions.

Article 276 ter : De la fusion *(inséré par l'article 25 de la Loi n° 18/001 du 09 mars 2018 modifiant et complétant la Loi n° 007/2002 du 11 juillet 2002 portant Code minier)*

L'accord préalable de l'État est également requis pour toute opération de fusion entraînant l'absorption d'une société titulaire d'un Permis d'exploitation par une autre.

Toute opération de fusion, entraînant l'absorption d'une société titulaire d'un PE par une autre, est soumise à l'accord préalable de l'État.

Autant que pour la transmission des parts sociales et des actions, tel qu'énoncé précédemment, un recours judiciaire devrait également être prévu de lege ferenda, et ce, en cas de refus d'accord de l'État pour toute demande en rapport avec l'opération de fusion entraînant l'absorption d'une société titulaire d'un PE par une autre, lorsque ce refus porte préjudice à un titulaire.

Article 276 quater : De la prise de contrôle *(inséré par l'article 25 de la Loi n° 18/001 du 09 mars 2018 modifiant et complétant la Loi n° 007/2002 du 11 juillet 2002 portant Code minier)*

Au sens du présent article, on entend par prise de contrôle, l'acquisition du pouvoir, par le fait de la détention de la majorité des droits de vote, de déterminer les décisions de la société notamment celles de nommer ou de révoquer la majorité des membres des organes d'administration, de direction ou de surveillance de la société.

Cet article définit l'expression « prise de contrôle », selon l'entendement du législateur de ce texte de loi, et ce pour éviter toute confusion ou interprétation erronée qui ne rentrerait pas dans le contexte dudit texte.

On peut se demander pourquoi le législateur n'a pas voulu ressortir cette définition à l'article 1 de ce texte de loi qui comprend un ensemble de définitions des concepts et des expressions employées dans ce texte de loi. Ce qui constitue une incohérence dans la rédaction d'un texte de loi.

Il paraît normal que cette définition soit plutôt reprise à l'article 1 de ce texte de loi. Et ce dernier devrait être modifié par l'insertion d'un point 41 ter qui définira l'expression « prise de contrôle ». Cela pour que le législateur reste cohérent dans le cheminement logique que requiert la légistique. De la sorte, cet article devrait être purement et simplement abrogé.

Article 276 quinquies : *(inséré par l'article 25 de la Loi n° 18/001 du 09 mars 2018 modifiant et complétant la Loi n° 007/2002 du 11 juillet 2002 portant Code minier)*

Le Règlement minier détermine les modalités d'application des dispositions du présent chapitre.

Le législateur a laissé au pouvoir central ou à l'exécutif le soin de fixer les modalités pratiques des garanties et du contrôle de l'État.

En dehors des mesures applicables au rachat des devises, il est fort dommage qu'aucune autre mesure d'application de ce chapitre relatif aux garanties et au contrôle de l'État n'ait été prise jusqu'à ce jour par un texte réglementaire.

TITRE XI :

DES RELATIONS DES TITULAIRES DES DROITS MINIERS ET/OU DE CARRIÈRES ENTRE EUX ET AVEC LES OCCUPANTS DU SOL

Chapitre Premier :

DES RELATIONS ENTRE TITULAIRES

Article 277 : Des travaux entre deux mines voisines

Dans le cas où il est reconnu nécessaire d'exécuter des travaux d'intérêt commun pour deux mines voisines, les titulaires concernés ne peuvent s'y opposer. Les intéressés, entendus par la Direction des Mines, sont tenus d'y participer chacun dans la proportion de son intérêt.

Lorsque les travaux d'une mine occasionnent des dommages à une mine voisine, l'auteur des travaux en doit réparation.

Lorsque, au contraire, ces travaux apportent un allégement aux charges d'une mine voisine, ils donnent lieu à une indemnité.

Un massif de protection de largeur suffisante peut être prescrit par la Direction des Mines entre deux mines voisines sans que le maintien de ce massif de protection puisse donner lieu à indemnité.

Il peut arriver que les travaux d'intérêt commun soient effectués entre deux périmètres miniers voisins ; dans ce cas, leurs titulaires ne peuvent pas s'y opposer. D'où la nécessité d'entretenir des rapports étroits entre eux.

Dans cet élan, le législateur a prévu, d'une part, que les dommages causés par l'un des périmètres à l'autre soient réparés et, d'autre part, que le périmètre dont les travaux ont apporté un allégement aux charges du périmètre minier du voisin doit indemniser. Mais toujours est-il que lorsque la Direction des Mines prescrit un massif de protection de largeur suffisante visant à séparer deux mines voisines, il n'y a pas lieu que le maintien dudit massif entraîne une quelconque indemnité.

Article 278 : Des servitudes *(modifié et complété par l'article 12 de la Loi n° 18/001 du 09 mars 2018 modifiant et complétant la Loi n° 007/2002 du 11 juillet 2002 portant Code minier)*

Le titulaire d'un Permis d'Exploitation ou d'un Permis d'Exploitation de Petite Mine a une servitude de passage sur le Périmètre d'exploitation des rejets en vue d'accéder à son Périmètre d'exploitation.

Pour autant qu'elles ne soient pas contraires aux dispositions du présent Code, les dispositions des articles 170 à 179 de la loi n° 73-020 du 20 juillet 1973 portant régime général des biens, régime foncier et immobilier et régime des sûretés trouvent application en cas de servitudes minières.

Le titulaire d'un Permis d'Exploitation des Rejets a droit à une indemnisation lorsque le passage sur le Périmètre du titulaire d'un Permis d'Exploitation ou d'un Permis d'Exploitation de Petite Mine lui cause un préjudice énorme qui s'analyse en une charge supplémentaire à son activité minière.

Le Règlement Minier fixe les conditions et modalités de l'établissement des servitudes dont question dans le présent article.

« En droit civil, la servitude est une charge imposée à un immeuble, bâti ou non bâti (le fonds servant), au profit d'un autre immeuble appartenant à un propriétaire distinct (le fonds dominant). La servitude établit une sorte de rapport juridique entre deux fonds, s'imposant ou bénéficiant à tous les propriétaires successifs du même fonds. Elle est un droit réel principal attaché au fonds auquel elle profite » (S. Guinchard et T. Debard, 2015).

Cet article fixe le seul cas pouvant donner lieu aux servitudes des périmètres miniers. En effet, est autorisé à avoir une servitude sur le périmètre couvert d'un PER d'un autre, le titulaire du PE ou PEPM duquel proviennent les rejets.

Il est de fait que le titulaire d'un PE ou PEPM peut, dans les conditions définies par ce texte de loi et les textes pris pour son application, bénéficier des servitudes légales d'accès, de passage et d'aqueduc, nécessaires à ses installations ou au fonctionnement de son activité minière.

Puisque les rejets miniers proviennent du site couvert par le PE ou PEPM, il est normal que le titulaire du PER ait le droit de passage pour pouvoir facilement accéder à son périmètre minier. La présence des rejets sur le site du titulaire du PE ou PEPM ne devrait en aucun cas constituer un obstacle pour le passage. Mais toujours est-il que le titulaire du PER aura droit à une indemnité lorsque ce passage lui porte préjudice, en ce qu'il s'analyse en une charge supplémentaire à son activité. Par exemple, lorsque ce passage endommage les installations du titulaire du PER qui, dans ce cas, devrait engager des frais pour les remettre en état.

On applique aux servitudes minières les dispositions des articles 170 à 179 de la loi n° 73-020 du 20 juillet 1973 portant régime général des biens, régime foncier et immobilier et régime des sûretés, à condition qu'elles ne soient pas contraires aux dispositions de ce texte de loi.

Les articles 507 à 508 du Règlement minier déterminent les conditions et modalités de servitude de passage.

Chapitre II :
DES RELATIONS DES TITULAIRES AVEC LES OCCUPANTS DU SOL

Article 279 : Des restrictions à l'occupation des terrains *(modifié à son alinéa 1er, litteras c, h et j ; alinéa 2, litteras a, b et c par l'article 12 de la Loi n° 18/001 du 09 mars 2018 modifiant et complétant la Loi n° 007/2002 du 11 juillet 2002 portant Code minier)*

Sauf consentement des autorités compétentes, nul ne peut occuper un terrain :

a) réservé au cimetière ;

b) contenant des vestiges archéologiques ou un monument national ;

c) situé à moins de cinq cents mètres des limites d'un barrage hydroélectrique ou d'un bâtiment appartenant à l'État ;

d) proche des installations de la Défense Nationale ;

e) faisant partie d'un aéroport ;

f) réservé au projet de chemin de fer ;

g) réservé à la pépinière pour forêt ou plantation des forêts ;

h) situé à moins de cinq cents mètres des limites d'un barrage hydroélectrique ou d'un bâtiment appartenant à l'État ;

i) constituant une rue, une route, une autoroute ;

j) compris dans un parc national et sites touristiques.

Sauf consentement du propriétaire ou occupant légal, nul ne peut occuper un terrain situé à moins de :

a. mille mètres de maisons ou des bâtiments occupés, inoccupés ou temporairement inoccupés ;

b. huit cents mètres des terres sarclées et labourées pour cultures de ferme ;

c. huit cents mètres d'une ferme ayant un élevage de bovins, un réservoir, un barrage hydroélectrique ou une réserve d'eau privée.

Des Périmètres de protection de dimensions quelconques à l'intérieur desquels la recherche et l'exploitation minières peuvent être soumises à certaines conditions ou interdites, sans que le titulaire du titre minier puisse réclamer une quelconque indemnité, peuvent être établis par le Gouverneur de Province, sur constat du service compétent de l'Administration des Mines, pour la protection des édifices et agglomérations, sources, voies de communication, ouvrages d'art et travaux d'utilité publique comme en tous autres points où ils seraient nécessaires à l'intérêt général.

Une indemnité représentant le montant des dépenses afférente aux travaux ou ouvrages démolis ou abandonnés est toutefois due par la personne publique intéressée, au cas où le titulaire devrait démolir ou abandonner des travaux ou ouvrages régulièrement établis ou entamés par lui en vue de l'exploitation desdits Périmètres antérieurement à leur fixation.

Cet article fixe les conditions de certaines restrictions à l'occupation des terrains, en dehors du consentement des autorités compétentes et du consentement du propriétaire ou de l'occupant légal.

En droit congolais, étant donné que le principe arrêté est la séparation du droit minier et du droit foncier, il est requis le consentement du propriétaire ou de l'occupant légal pour qu'il y ait l'hypothèse de la superposition du droit minier sur le droit foncier. C'est ce qu'écrit Adolphe Bambi Kabashi (2012, p. 117) en ces termes :

> *« De manière générale, il est inconcevable d'admettre la superposition du droit minier au droit foncier, car un seul espace ne peut pas abriter à lui seul les droits de nature foncière et de nature minière, il y a exclusion entre ces deux droits. C'est ce que veut exprimer le principe légal de la distinction et de la séparation du régime minier d'avec le régime foncier. »*

On peut remarquer aux litteras c et h de l'alinéa 1 de cet article une redondance qui aurait pu être écartée si l'on y avait prêté une attention soutenue dans la rédaction de ce texte de loi. Il se dégage que le législateur s'est vainement répété, dans le sens où lesdits litteras renseignent les mêmes contenus. En somme, un correctif s'avère indispensable en vue d'éviter des coquilles dans un texte de loi. En un mot, le littera h devrait être simplement supprimé.

L'article 6 du Règlement minier fixe les modalités applicables aux zones de restriction.

Article 280 : De la responsabilité du fait de l'occupation du sol

Le titulaire ou l'amodiataire est, de plein droit, tenu de réparer les dommages causés par les travaux, même autorisés, qu'il exécute dans le cadre de ses activités minières.

En cas de mutation d'un droit minier d'exploitation ou d'une autorisation d'exploitation de Carrières Permanente, la responsabilité des dommages provenant de travaux antérieurs au transfert incombe solidairement à l'ancien et au nouveau titulaire.

En cas de mutation, l'ancien titulaire est tenu d'en informer par écrit le nouveau. Il l'informe également, pour autant qu'il les connaît, des dangers ou inconvénients importants qui résultent de l'exploitation. À défaut de cette information, le bénéficiaire de la mutation a le choix de poursuivre la résolution de la mutation ou de se faire restituer une partie du prix. Il peut aussi demander, aux frais de l'ancien titulaire, l'élimination des dangers ou la suppression des inconvénients qui peuvent causer préjudice au tiers.

Le titulaire peut être tenu de fournir caution, de payer toutes indemnités si ses travaux sont de nature à causer un dommage déterminé, et s'il est à craindre que ses ressources ne soient pas suffisantes pour faire face à sa responsabilité éventuelle. Les tribunaux sont juges de la nécessité de cette caution et en fixent la nature et le montant.

Tous les dommages causés aux biens des tiers sont réglés à leur valeur réelle de remplacement, augmentée de la moitié, à moins qu'ils soient remis en leur état antérieur à la survenance du dommage.

Dans le cadre des activités minières, il peut résulter des dommages de divers ordres : dommage matériel et dommage moral.

En droit commun, « l'action en responsabilité dit rétablir aussi exactement que possible l'équilibre détruit par le dommage et replacer la victime dans la situation où elle se serait trouvée si l'acte dommageable ne s'était pas produit. C'est ainsi que l'indemnisation a pour mesure le préjudice. Elle ne peut être ni inférieure, ni supérieure au préjudice » (Kalongo Mbikayi cité par Émile Lambert Owenga Odinga, 2014).

Le titulaire ou l'amodiataire dont les activités minières causent un dommage à un tiers est tenu de le réparer. La responsabilité solidaire s'applique en cas de mutation d'un droit minier d'exploitation ou d'une AECP. Ici, le législateur tient solidairement responsables le nouveau et l'ancien titulaire des dommages résultant des travaux menés par celui-ci.

Dans la même veine, il est fait obligation à l'ancien titulaire d'informer le nouveau des dangers ou inconvénients qui proviendraient de l'exploitation. Sinon, le bénéficiaire de la mutation peut décider de poursuivre la résolution de la mutation ou de se faire restituer une partie du prix. Il n'est pas exclu qu'il demande à l'ancien titulaire de mettre tout en œuvre pour éliminer des dangers ou de supprimer des inconvénients qui causeraient préjudice au tiers.

Aussi, le titulaire peut être amené à fournir une caution, servant de garantie, pour des éventuels dommages pouvant survenir à la suite de l'exécution de ses travaux. La nécessité, la nature et le montant de cette caution restent de la compétence des tribunaux.

Le titulaire dont les activités minières causent des dommages aux biens des tiers est tenu soit de payer une juste indemnité correspondant à la valeur réelle des biens à remplacer, augmentée de la moitié terrain lors de son occupation, augmentée de la moitié, soit de les remettre en leur état antérieur à la survenance du dommage.

Comme on peut constater, les dispositions de cet article ne permettent pas de prendre en compte tous les aspects qui couvrent la responsabilité du titulaire en cas de la survenance d'un dommage ou préjudice, peu importe sa nature. Vraisemblablement, il ne s'agit pas là de la responsabilité civile, telle qu'organisée aux articles 258 et suivants du Code civil congolais livre III.

Ainsi le professeur Lwamba Katansi a-t-il raison de soutenir que « le régime de responsabilité organisé à l'article 280 du Code minier et qui entraîne l'indemnisation prévue à l'article 281 du même Code, n'est pas une responsabilité de droit commun » (Lwamba Katnsi cité par Émile Lambert Owenga Odinga, 2014, p. 106).

Tout compte fait, le législateur devrait, de lege ferenda, faire appliquer à la responsabilité civile qui découle de cet article, les règles du droit commun, principalement du Code civil congolais livre III.

Article 281 : De l'indemnisation des occupants du sol *(modifié et complété par l'article 12 de la Loi n° 18/001 du 09 mars 2018 modifiant et complétant la Loi n° 007/2002 du 11 juillet 2002 portant Code minier)*

Toute occupation de terrain privant les ayants droit de la jouissance du sol, toute modification rendant le terrain impropre à la culture entraîne, pour le titulaire ou l'amodiataire des droits miniers et/ou de carrières, à la demande des ayants droit du terrain et à leur convenance, l'obligation de payer une juste indemnité correspondant soit au loyer, soit à la valeur du terrain lors de son occupation, augmentée de la moitié.

Par sol dont il est question à l'alinéa ci-dessus, il faut entendre le sol sur lequel les individus ont toujours exercé ou exercent effectivement une activité quelconque.

Le règlement à l'amiable du litige s'effectue par toutes voies de droit non juridictionnelles, notamment la transaction, le compromis, l'arbitrage ou devant un Officier de Police Judiciaire ou un Officier du Ministère Public.

Faute d'arrangement à l'amiable entre les parties dans les trois mois à compter de la date de la survenance du litige, les indemnités seront allouées par le tribunal compétent en vertu des règles de l'organisation et de la compétence judiciaires en vigueur en République Démocratique du Congo.

Toutefois, l'occupant du terrain coutumier peut, en accord avec le titulaire, continuer à exercer son droit de culture à condition que les travaux des champs ne gênent pas les opérations minières. Le propriétaire du terrain ne pourra dès lors plus continuer à y construire des bâtiments.

Enfin, le simple passage sur le terrain ne donne droit à aucune indemnité si aucun dommage n'en résulte. Le passage doit s'effectuer dans les meilleures conditions de préservation de l'environnement.

En cas de déplacement des populations, l'opérateur minier est tenu préalablement de procéder à l'indemnisation, à la compensation et à la réinstallation des populations concernées.

Les modalités pratiques d'application des dispositions de cet article sont déterminées par le Règlement minier.

Cet article admet le principe de la juxtaposition ou de l'adjonction du droit foncier et du droit minier, comme exception à celui de leur séparation, consacré à l'article 3 de ce texte de loi. En conséquence, il règle la question de l'indemnisation dont bénéficient ou devraient bénéficier les occupants du sol ayant subi des préjudices à la suite de la réalisation d'un projet minier. Abordant la question de ce principe, Adolphe Bambi Kabashi (2012, p. 120) écrit ceci :

> *« Il y a lieu de comprendre de cette disposition que les mines et le sol font partie d'un tout physiquement, ils sont cependant séparés par la volonté du législateur qui considère que les deux droits évoluent de manière parallèle. Toutefois, dans certains, le législateur a prévu des dispositions par lesquelles ces deux droits peuvent évoluer l'un à côté de l'autre, et peuvent dans certains cas cohabiter. D'où la juxtaposition du droit minier au droit foncier qui est une dérogation au principe de la séparation et de la distinction du régime foncier avec le régime minier. »*

La RDC enregistre depuis plusieurs années un afflux d'investissements directs étrangers dans le secteur minier. Les périmètres miniers ou de carrières sur lesquels les droits miniers et de carrières sont octroyés aux investisseurs miniers couvrent souvent des espaces occupés par les populations qui les utilisent comme sources des moyens de subsistance.

Généralement, le déploiement des opérations minières conduit au déplacement forcé des communautés environnantes comme ultime alternative face à l'impossibilité de cohabitation entre les activités minières industrielles et les communautés. Ce déplacement devrait certainement conduire à l'indemnisation, à la compensation et à la réinstallation des communautés affectées par les travaux de recherches ou d'exploitation. C'est ce que prévoit le législateur congolais à travers l'alinéa 7 de cet article.

En outre, lors de la mise en œuvre d'un projet minier, il peut arriver que la population d'une contrée soit délocalisée, mais sans être réinstallée dans un autre endroit. C'est autant dire que, dans la pratique, il se pose un problème délicat de délocalisation et réinstallation des communautés locales affectées par le projet minier.

C'est d'ailleurs dans ce sens que la Coordination des plaidoyers de la société civile pour la gouvernance des ressources naturelles (2017, pp. 12-13) a proposé aux députés et sénateurs l'insertion d'un article 281 bis, qui devrait être libellé de cette façon :

« En cas de déplacement des populations, l'opérateur minier est tenu préalablement de procéder à l'indemnisation, à la compensation et à la réinstallation des populations affectées.

Les mesures d'application des dispositions de l'alinéa précédent sont définies par le Règlement minier. »

Dès lors, cette coordination a soutenu sa proposition en avançant comme argument ce qui suit :

« Au cours de 13 années d'application du code minier de 2002, la société civile a documenté plusieurs cas de déplacement et éviction des communautés locales avec des conséquences néfastes sur leurs modes de vie. La plupart des entreprises minières qui ont procédé à la délocalisation des populations pour des raisons de leurs activités ont simplement expulsé les populations affectées sans envisager les mécanismes de leur réinstallation et de restauration de leurs moyens de substances. Les cas rares des entreprises ont tenté de réinstaller les populations déplacées ont démontré la diversité des pratiques et des faiblesses à cause de l'absence de références légales et réglementaire en la matière. C'est ainsi qu'en se référant aux standards internationaux en matière de réinstallation des populations affectées par les projets d'investissement, la société pense qu'il est plus que nécessaire d'encadrer le processus de délocalisation et de réinstallation des populations affectées par des projets miniers en RDC [...]. »

Comme on peut le constater, cette proposition n'a pas trouvé d'écho auprès des députés et sénateurs. Autrement dit, la proposition d'insertion de l'article 281 bis n'a pas été retenue lors de l'adoption de ce texte de loi. Et pourtant, elle en valait bien la peine, au vu de l'absence dans ce texte de loi de dispositions consacrant les principes fondamentaux de délocalisation, de compensation et de relocalisation des communautés locales.

Les modalités pratiques d'application des dispositions de cet article sont déterminées par l'annexe XVIII du Règlement minier portant directive relative à la délocalisation, à l'indemnisation, à la compensation, au déplacement et à la réinstallation des communautés affectées par les projets miniers.

Article 282 : Des zones d'interdiction

À la demande du titulaire d'un droit d'exploitation ou d'une autorisation d'exploitation de carrières permanente et après enquête, le Ministre peut définir autour des sites des travaux du titulaire, une zone d'interdiction en tout ou en partie aux activités et/ou à la circulation des tiers.

Les dommages causés dans cette zone par les travaux d'exploitation minière ou de carrières aux tiers qui violeraient cette interdiction ne donnent droit à aucune réparation.

Le Règlement Minier fixe les modalités d'établissement de ces zones et en détermine la durée.

L'institution des zones d'interdiction est une mesure de restriction d'accès à un périmètre minier. En fait, il est reconnu au titulaire d'un PE, PEPM, PER ou d'une AECP de solliciter auprès du ministre des Mines qu'une mesure soit prise pour interdire à quiconque d'accéder autour de son périmètre, et ce, après enquête.

Une fois que l'aire géographique située autour des sites d'opérations minières ou de travaux de carrières est déclarée interdite, les tiers qui y circulent ou y effectuent des travaux quelconques ne peuvent prétendre à une indemnisation en cas de dommage qui en résulterait.

Le refus d'instituer une zone d'interdiction ouvre la voie à l'exercice des recours prévus à l'article 312 de ce texte de loi. C'est ce que dispose l'alinéa 6 de l'article 495 du Règlement minier. Il va sans dire que le titulaire a droit de recourir à l'un des recours prévus par ce texte de loi. Il s'agit ici des recours par voies administrative, judiciaire et/ou arbitrale.

À y regarder de près, il devrait s'agir principalement des articles 313 et 314 relatifs au recours administratif, et non pas de deux autres recours.

L'article 495 du Règlement Minier fixe les modalités d'établissement de ces zones mais, malheureusement, il n'en détermine pas la durée pendant laquelle la zone demeurera interdite.

Article 283 : Des activités autorisées

Sans préjudice du droit de propriété de l'État sur son sous-sol, et sous réserve des droits éventuels des tiers sur le sol concerné, le titulaire d'un droit minier d'exploitation ou d'une autorisation d'exploitation de carrières permanente a, outre des droits attachés à son titre, sur autorisation du Gouverneur de la province concernée, après avis du service compétent de l'Administration des Mines :

a) À l'intérieur de son Périmètre délimité le droit de :

- occuper les terrains nécessaires à son activité et aux industries qui s'y rattachent, y compris la construction d'installations industrielles, d'habitations et autres à caractère sociale ;

- utiliser l'eau souterraine, l'eau des cours d'eau non navigables, non flottables notamment pour établir, dans le cadre d'une concession de chute d'eau, une centrale hydroélectrique destinée à satisfaire les besoins énergétiques de la mine ;

- creuser des canaux et des canalisations ;
- établir des moyens de communication et de transport de toute nature.

b) À l'extérieur de son Périmètre délimité, le droit d'établir des moyens de communication et de transport de toute nature.

Les droits d'occupation prévus au présent article constituent des servitudes légales d'intérêt public. Il ne peut y être porté atteinte directement ou indirectement par l'octroi des droits miniers et/ou de carrières subséquents.

Cet article ne s'applique que dans le cadre d'une activité minière d'exploitation, mais pas de recherches. Il traite dès lors des activités autorisées au titulaire du PE, PER, PEPM ou de l'AECP à l'intérieur et à l'extérieur de son périmètre, en plus de tous les autres droits découlant de son droit minier ou de carrières d'exploitation, et ce, sans préjudice du droit de propriété de l'État sur son sous-sol, tel que proclamé par l'article 9 de la Constitution, et sous réserve des droits éventuels des tiers sur le sol concerné.

Par ailleurs, il reconnaît au titulaire du droit minier ou de carrières d'exploitation une servitude légale. En effet, puisque ce dernier (titulaire) est appelé à bénéficier d'une « servitude » dans le cadre de ses activités minières, il est de bon aloi que les principes applicables en matière de servitudes foncières s'appliquent ici mutatis mutandis.

C'est seulement lorsque l'occupation de son périmètre a été formellement autorisée par le gouverneur de la province concernée que le titulaire du droit minier ou de carrières d'exploitation peut bel et bien se prévaloir des dispositions de cet article. Et même dans ce cas, l'autorisation du gouverneur ne devrait pas être considérée comme un acte d'octroi d'une concession foncière en la faveur dudit titulaire. Comme l'explique Émile Lambert Mwenga Oing (2014, p. 73) en ces termes :

> *« Étant une servitude, l'occupation autorisée par le gouverneur de province ne peut guère s'interpréter comme un acte d'octroi d'une concession foncière. C'est plutôt une permission donnée au titulaire d'utiliser la surface aux fins d'avoir la possibilité d'exercer les activités en vertu de son droit minier. Car, la servitude n'est pas une concession foncière. »*

Il s'ensuit que lorsqu'un tiers est propriétaire d'une concession foncière sur le périmètre minier ou de carrières couvert par un droit minier ou de carrières octroyé, il ne peut être dépossédé par le gouverneur qu'à la suite de la procédure d'expropriation prévue en la matière, mais pas par une simple autorisation, fût-elle régulière.

Qui plus est, il résulte de cet article que les constructions érigées sur une concession minière pour le besoin de l'exploitation des mines ou des carrières sont la propriété du titulaire du droit minier d'exploitation ou de carrières d'exploitation permanente. En un mot, ces constructions relèvent du régime minier et non du régime foncier. D'ailleurs, Adolphe Bambi Akashi (2012, p. 122) écrit, à cet égard, ceci :

« Nous pouvons donc retenir que les constructions érigées sur une concession minière sont présumées appartenir au concessionnaire minier sauf preuve contraire pouvant émaner des tiers. Car, légalement parlant, il n'y a que le titulaire du droit minier qui a le droit d'ériger des constructions sur le périmètre minier en vertu de son titre, car ces immeubles sont des dépendances de son titre minier et doivent être analysés en termes de leur nature juridique par rapport au titre minier [ou de carrières] en vertu duquel ils ont été construits et non par rapport à la foi foncière. »

« Sont considérées comme dépendances d'une exploitation minière, toutes les installations situées sur le carreau mine, attachées à demeure ou non, ainsi que toutes les installations souterraines et de surface appartenant à celle-ci et liées à son activité. » C'est ce qui ressort de l'article 22 de la loi minière algérienne.

L'article 496 du Règlement minier fixe les modalités de la procédure relative aux avis sur les activités autorisées.

Article 284 : De l'exécution des travaux d'utilité publique ou d'exploitation de carrières y afférents

L'autorisation d'occupation des terrains ne fait pas obstacle à l'exécution des travaux d'utilité publique ou à l'ouverture de carrières temporaire pour fournir les matériaux nécessaires à ces travaux. Le titulaire ou l'amodiataire a droit à la réparation des dommages subis.

Le législateur a estimé qu'en dépit de l'autorisation d'occupation des terrains, rien ne peut faire obstacle à l'exécution des travaux d'utilité publique ou à l'ouverture de carrières temporaire lorsqu'il y a nécessité de fournir des matériaux auxdits travaux.

Article 285 : De la disposition des substances minérales non spécifiées dans les titres miniers

Le titulaire d'un droit minier ou de carrières d'exploitation a le droit de disposer, pour les besoins de son exploitation et des industries qui s'y rattachent, des substances minérales autres que celles qu'il exploite et dont les travaux entraînent nécessairement l'abattage. L'occupant du sol peut demander qu'il lui soit permis de disposer de ces substances, si elles ne sont pas utilisées par l'exploitant, contre le paiement d'une juste indemnité s'il y a lieu, sauf si elles proviennent du traitement des substances minérales extraites.

Cet article détermine les substances minérales autres que celles dont le titulaire d'un droit minier ou de carrières d'exploitation peut disposer, en dehors de celles pour lesquelles son droit est établi. Sinon, l'occupant du sol peut solliciter d'en disposer, moyennant le paiement d'une juste indemnité s'il y a lieu, sauf si elles proviennent du traitement des minerais extraits.

Chapitre III :
DE LA RESPONSABILITÉ INDUSTRIELLE DU TITULAIRE

(inséré par l'article 26 de la Loi n° 18/001 du 09 mars 2018 modifiant et complétant la Loi n° 007/2002 du 11 juillet 2002 portant Code minier)

Article 285 bis : De la responsabilité industrielle du titulaire *(inséré par l'article 26 de la Loi n° 18/001 du 09 mars 2018 modifiant et complétant la Loi n° 007/2002 du 11 juillet 2002 portant Code minier)*

Tout titulaire d'un droit minier et/ou des carrières est responsable des dommages causés aux personnes, aux biens et à l'environnement du fait de ses activités minières, même en l'absence de toute faute ou négligence. Il est tenu à les réparer.

Il ne peut être exonéré que s'il apporte la preuve que ces dommages proviennent d'une cause étrangère à son activité minière.

Le Règlement minier fixe les modalités de la réparation.

D'emblée, il faut dire qu'en droit minier congolais, le législateur a opté pour l'objectivisation de la responsabilité civile dans l'industrie minière. Il appert ici que la faute civile se détache de tout élément subjectif. Le fondement de la faute n'est plus pondérant. Ainsi, la responsabilité civile sera établie, non pas sur la notion de la faute commise, mais sur d'autres fondements pouvant conduire à la réparation des dommages causés par les activités minières de tout titulaire du droit minier ou de carrières.

En effet, la responsabilité du titulaire d'un droit minier ou de carrières est engagée chaque fois qu'il existe un dommage causé aux tiers, aux biens et à l'environnement, lequel dommage résulte de ses activités, et ce, même en l'absence de toute faute ou négligence. Toujours est-il qu'il peut être exonéré une fois qu'il démontre que ce dommage ne résulte pas de l'exercice de ses activités minières.

Le principe de responsabilité civile prévue aux articles 258 et 259 du Code civil congolais livre III [ci-après CCCL III] s'applique ici mutatis mutandis en cas de responsabilité du titulaire du droit minier ou de carrières avec ou sans faute. Il s'agit ici d'une responsabilité objective.

En effet, l'article 258 du CCCL III dispose que tout fait quelconque de l'homme, qui cause à autrui un dommage, oblige celui par la faute duquel il est arrivé à le réparer.

L'article 259, quant à lui, dispose que chacun est responsable du dommage qu'il a causé, non seulement par son fait, mais encore par sa négligence ou son imprudence.

Aux termes de l'article 405 bis, alinéa 2, du Règlement minier, cette responsabilité objective vise à protéger l'être humain, les biens et l'environnement du fait du caractère potentiellement dangereux des activités minières industrielles.

L'article 405 ter du Règlement minier fixe les modalités de la réparation des dommages causés aux personnes, aux biens et à l'environnement par les activités minières.

Article 285 ter : Des dommages causés à des personnes et à l'environnement par contamination *(inséré par l'article 26 de la Loi n° 18/001 du 09 mars 2018 modifiant et complétant la Loi n° 007/2002 du 11 juillet 2002 portant Code minier)*

La responsabilité du titulaire d'un droit minier et/ou des carrières est également engagée en cas de contamination directe ou indirecte du fait des activités minières ayant un impact sur la santé de l'homme et/ou entraînant la dégradation de l'environnement et se traduisant notamment par la pol-lution des eaux, du sol, de l'atmosphère et causant des dommages à l'homme, à la faune et à la flore.

Il peut arriver que les activités minières du titulaire d'un droit minier ou de carrières aient un impact sur la santé de l'homme et/ou entraînent la dégradation de l'environnement. En ce cas, le titulaire engage sa responsabilité et est tenu de réparer les dommages qui en résulteraient.

« Afin de minimiser les impacts sur l'environnement causés par la recherche et l'exploitation, le Gouvernement doit établir la politique sur les technologies pour l'exploitation des ressources respectueuses e l'environnement et un cadre institutionnel et juridique favorable à la communauté » (Cabinet du président de la République – RDC, 2016, p. 235).

Article 285 quater : Des maladies imputables à l'activité minière *(inséré par l'article 26 de la Loi n° 18/001 du 09 mars 2018 modifiant et complétant la Loi n° 007/2002 du 11 juillet 2002 portant Code minier)*

Le titulaire du droit minier et/ou de carrière est tenu de réparer tout dommage causé par des maladies imputables à l'activité minière conformément aux règles de droit commun.

La liste des maladies imputables à l'activité minière est déterminée dans le Règlement minier.

Il peut arriver que les activités du titulaire d'un droit minier ou de carrières soient la cause principale des maladies dont les tiers souffrent. Dans ce cas, il engage sa responsabilité et est tenu de réparer les dommages causés par ces maladies.

L'article 405 quater du Règlement minier fixe les modalités applicables aux maladies imputables à l'activité minière. Il en ressort que la liste des maladies causées par les activités minières est déterminée par un arrêté interministériel des ministres ayant les Mines et la Santé dans leurs attributions respectives.

Article 285 quinquies : De la prescription de l'action en réparation des dommages causés *(inséré par l'article 26 de la Loi n° 18/001 du 09 mars 2018 modifiant et complétant la Loi n° 007/2002 du 11 juillet 2002 portant Code minier)*

Les actions en réparation des dommages causés par les activités minières sur l'homme et l'environnement sont imprescriptibles.

Cet article met en exergue le caractère imprescriptible de l'action en réparation des dommages causés sur l'homme, à la suite de l'exercice des activités minières du titulaire d'un droit minier ou de carrières.

Chapitre IV : DE LA RESPONSABILITÉ SOCIÉTALE DU TITULAIRE

(inséré par l'article 26 de la Loi n° 18/001 du 09 mars 2018 modifiant et complétant la Loi n° 007/2002 du 11 juillet 2002 portant Code minier)

Article 285 sexies : De l'obligation de contribuer au financement des projets de développement communautaire *(inséré par l'article 26 de la Loi n° 18/001 du 09 mars 2018 modifiant et complétant la Loi n° 007/2002 du 11 juillet 2002 portant Code minier)*

Sans préjudice des dispositions des articles 212, 213, 214 et 242 alinéa 2 du présent Code, le titulaire des droits miniers d'exploitation et de l'autorisation d'exploitation de carrières permanentes est tenu de contribuer, durant la période de son projet, à la définition et à la réalisation des projets de développement socio-économiques et industriels des communautés locales affectées par les activités du projet sur la base d'un cahier des charges pour l'amélioration des conditions de vie desdites communautés.

De même que cet article soumet le titulaire du droit minier ou de carrières au devoir de construire et de maintenir les infrastructures nécessaires aux activités minières, de créer les voies de communication, et reconnaît le droit à l'État sur les infrastructures d'utilité publique construites dans le cadre des activités minières, de même il le soumet à l'obligation de contribuer au financement des projets de développement communautaire.

Article 285 septies : Du cahier des charges *(inséré par l'article 26 de la Loi n° 18/001 du 09 mars 2018 modifiant et complétant la Loi n° 007/2002 du 11 juillet 2002 portant Code minier)*

Conformément à la présente loi, le cahier des charges définit la responsabilité sociétale des titulaires de droits miniers d'exploitation ou de l'autorisation d'exploitation de carrières permanente vis-à-vis des communautés locales affectées par les activités minières.

Le cahier des charges a pour objet d'orienter et d'organiser la mise en œuvre des engagements des titulaires de droits miniers d'exploitation ou de l'autorisation d'exploitation de carrière permanente relatifs à la réalisation des infrastructures socio-économiques et services sociaux au profit des communautés locales affectées par ses activités minières.

Il vise également à servir de cadre d'accord devant permettre la concrétisation des actions du développement durable visant à améliorer le bien-être économique, social et culturel des populations locales affectées par les activités minières des titulaires de droits miniers d'exploitation ou de l'autorisation d'exploitation de carrières permanente pendant et après l'exploitation.

Le titulaire de droits miniers d'exploitation ou de l'autorisation d'exploitation de carrières permanente est tenu, à partir de la délivrance de son titre minier et/ou de carrières et au plus tard dans les six mois avant le début de l'exploitation, d'élaborer et de déposer le cahier des charges définissant la responsabilité sociale vis-à-vis des communautés locales affectées par les activités minières et d'en obtenir l'approbation du Gouvernement provincial après avis des services techniques.

Le Règlement minier détermine les règles afférentes aux négociations ainsi que les modalités pratiques de l'établissement, du dépôt, de la recevabilité, de l'instruction et de l'approbation du cahier des charges définissant la responsabilité sociétale vis-à-vis des communautés locales affectées par les activités minières.

Le cahier de charges est le document qui reprend les engagements pris par les titulaires du PE, PER, PEPM ou de l'AECP vis-à-vis des communautés locales affectées par les activités minières. Cela sous-entend que les titulaires du PR et de l'ARPC ne sont pas tenus de présenter un cahier des charges.

De lege ferenda, le législateur devrait définir expressis verbis l'expression « responsabilité sociétale » de manière à éviter qu'il se confonde à la « responsabilité sociale » dont le contenu peut prêter à confusion et compliquer inutilement la lecture ainsi que la compréhension de la loi. Comme le souligne la Coordination des plaidoyers de la société civile pour la gouvernance des ressources naturelles (2017, p. 42) :

> *« Le concept "responsabilité sociétale" est plus englobant que "la responsabilité sociale". En effet, la Responsabilité Sociétale des Entreprises (RSE) englobe les "préoccupations sociales, environnementales, et économique dans leurs activités et dans leurs interactions avec leurs parties prenantes sur une base volontaire". C'est la "contribution des entreprises aux enjeux du développement durable" et vise "… une meilleure prise en compte des impacts environnementaux et sociaux des activités des entreprises" extractives. L'un des aspects importants de la Responsabilité sociétale des entreprises est la manière dont les entreprises interagissent avec leurs parties prenantes internes et externes (employés, clients, voisins, ONG, autorités publiques, etc.). »*

On peut remarquer, à travers l'alinéa 3 de cet article, que le législateur de ce texte de loi prône la politique de la « gestion de l'après-mine ». Cette dernière est définie, aux termes de l'article 4, huitième tiret, de la loi minière algérienne, comme les « actions et responsabilités pour la restauration et la remise en état des sites miniers après la fin du permis minier, tenant compte de la santé des populations riveraines et de la sécurité du public, du respect de l'intégrité écologique et des principes du développement durable ».

Les articles 414 bis à 414 quinquies du Règlement minier déterminent les obligations sociétales des titulaires des droits miniers et de carrières. Il s'agit respectivement des modalités de négociations et d'établissement du cahier des charges, du délai de dépôt et de la recevabilité du cahier des charges, de l'instruction et de l'approbation du cahier des charges.

L'annexe XVII du Règlement minier fixe la Directive relative au Modèle-type de Cahier des charges de responsabilité sociétale.

Article 285 octies : De la gestion de la dotation pour contribution aux projets de développement communautaire *(inséré par l'article 26 de la Loi n° 18/001 du 09 mars 2018 modifiant et complétant la Loi n° 007/2002 du 11 juillet 2002 portant Code minier)*

Conformément au principe de la transparence dans l'industrie minière prescrit par la présente loi, une dotation minimale de 0,3 % du chiffre d'affaires pour contribution aux projets de développement communautaire prévu par l'article 258 bis du présent Code est mise à disposition et gérée par une entité juridique comprenant les représentants du titulaire et des communautés locales environnantes directement concernées par le projet.

Le Règlement minier détermine la nature juridique de l'entité chargée de la gestion de la dotation, le nombre de membres de chaque composante ainsi que les modalités de leur collaboration et de contrôle par les ministères en charge des mines et des affaires sociales.

Cet article fixe à 0,3 % la dotation minimum du chiffre d'affaires exigible pour contribution aux projets de développement communautaire, prévue à l'article 258 bis de ce texte de loi et qui rentre dans la détermination du bénéfice imposable.

Pour éviter des conflits inutiles, il est institué une entité juridique comprenant les représentants du titulaire et des communautés locales environnantes directement concernées par le projet, chargée de gérer cette dotation.

« La constitution d'un fonds pour le développement communautaire est l'une des innovations clés du code en matière sociale. Elle est la résultante du plaidoyer mené par la société civile en faveur de la reproduction du modèle social de la société Tenke Fungurume Mining (TFM). [En effet], pour accroître le développement des communautés impactées par ses activités, la convention minière de TFM prévoit que la compagnie doit constituer un fonds pour le développement communautaire alimenté par 0,3 % des ventes brutes de la société » (NRGI, 2019, p. 12).

Par conséquent, le législateur a pris le modèle de TFM pour l'intégrer dans ce texte de loi, tout en y apportant quelques modifications, notamment en y instituant un organisme spécialisé, doté de la personnalité juridique et composé d'une douzaine des membres.

Le fait de constituer un tel fonds n'exempte pas le titulaire du droit minier d'exploitation ou d'autorisation d'exploitation de carrières permanente des autres engagements sociaux contenus dans le cahier des charges ou de sa responsabilité sociétale.

L'article 414 sexies du Règlement minier fixe la nature juridique de l'entité chargée de gérer la dotation pour la contribution aux projets de développement communautaire.

En vue de la cohérence entre les objectifs du fonds, la structure de gestion et les attributions de l'organisme spécialisé, « le Gouvernement devra garantir une large consultation des parties prenantes, en particulier les sociétés minières, les autorités locales, les organisations de la société civile et les organisations communautaires de base, lors du choix et de l'élaboration du manuel des procédures devant déterminer les attributions et procédures de fonctionnement de l'organisme spécialisé » (NRGI, 2019, p. 14).

Il sied de souligner que le ministère du Plan a mis, en ce qui concerne les Entités Territoriales Décentralisées, un dispositif institutionnel permettant d'exécuter le processus de planification du développement local et qui est constitué de plusieurs comités, notamment le comité de développement local. Ce dernier joue le rôle, entre autres, d'assurer le contrôle du processus des activités planification et d'approuver le plan de développement local et ses instruments d'opérationnalisation. Il est normal que, partout où les comités de développement sont déjà opérationnels, ils devraient être associés à la gestion de cette dotation minimale de 0,3 % du chiffre d'affaires pour contribution aux projets de développement communautaire, le but étant de rechercher l'efficacité des actions de développement local.

Article 285 nonies : Des substances précieuses trouvées occasionnellement

(inséré par l'article 26 de la Loi n° 18/001 du 09 mars 2018 modifiant et complétant la Loi n° 007/2002 du 11 juillet 2002 portant Code minier)

Toute personne physique de nationalité congolaise qui trouve occasionnellement une substance minérale précieuse, dont le commerce est réglementé, est autorisée de la vendre auprès d'un négociant ou d'un comptoir agréé moyennant paiement d'une taxe appropriée fixée par le ministre, pour autant que l'origine ne soit pas illicite.

Il peut arriver qu'une personne trouve par hasard une substance minérale qui traîne çà et là. Dans ce cas, elle est en droit de la vendre. Autrement dit, une substance minérale précieuse trouvée accidentellement peut être librement vendue par toute personne physique de nationalité congolaise qui la détient, auprès d'un négociant ou d'un comptoir agréé. Cependant, il faut d'abord que le commerce de cette substance soit réglementé, ensuite que cette personne s'acquitte du paiement d'une taxe appropriée fixée par le ministre des Mines, et enfin que l'origine de cette substance ne soit pas illicite. Il faut aussi que la personne qui trouve une substance soit de nationalité congolaise. Telles sont les conditions à respecter pour que cette vente soit régulière.

Seulement, le législateur ne dit pas ce qu'il adviendrait lorsque la substance minérale a été trouvée occasionnellement par une personne physique de droit étranger. En pareil cas, on peut chercher à savoir si la vente est interdite ou si l'étranger qui la détient pourrait être poursuivi sur pied de l'article 303 de ce texte de loi relatif à la détention illicite des substances minérales. Là est vraiment la question.

Vraisemblablement, qu'il s'agisse de la personne physique de nationalité congolaise ou étrangère, la vente devrait avoir lieu dans le strict respect des conditions susmentionnées.

Étant donné que la loi exclut les personnes physiques du droit de commercialiser les substances minérales, il leur est fait l'obligation de ne vendre ces dernières qu'auprès d'un négociant ou d'un comptoir agréé qui, eux, rentrent dans les cinq catégories d'acteurs du secteur minier pouvant librement commercialiser les substances minérales. À vrai dire, la personne physique dont question dans cet article est assimilée à l'exploitant artisanal détenteur d'une carte d'exploitant artisanal qui ne peut pas directement commercialiser les produits issus de l'exploitation artisanale, sans passer par le truchement de la coopérative minière à laquelle il a adhéré ou dont il est membre.

TITRE XII :
DES MANQUEMENTS AUX OBLIGATIONS ADMINISTRATIVES, SOCIALES ET DES SANCTIONS

(modifié et complété par l'article 13 de la Loi n° 18/001 du 09 mars 2018 modifiant et complétant la Loi n° 007/2002 du 11 juillet 2002 portant Code minier)

Chapitre Premier :
DES MANQUEMENTS AUX OBLIGATIONS ADMINISTRATIVES ET SOCIALES

(modifié et complété par l'article 13 de la Loi n° 18/001 du 09 mars 2018 modifiant et complétant la Loi n° 007/2002 du 11 juillet 2002 portant Code minier)

Article 286 : Du non-paiement des droits superficiaires, du défaut de commencer les travaux dans le délai légal et du non-respect des engagements vis-vis des obligations sociales dans le délai réglementaire *(modifié et complété par l'article 13 de la Loi n° 18/001 du 09 mars 2018 modifiant et complétant la Loi n° 007/2002 du 11 juillet 2002 portant Code minier)*

Sont considérés comme manquements aux obligations administratives et sociales :

- le non-paiement des droits superficiaires annuels par carré ;
- le défaut de commencer les travaux dans le délai légal prévu aux articles 196, 197, 198 et 199 ;
- le défaut de correction dans un délai de 60 jours après la mise en demeure prévue à l'article 292 du présent Code ;
- le non-respect des engagements vis-à-vis des obligations sociales conformément au chronogramme repris dans le cahier des charges prévu dans le Règlement minier.

Cet article fixe à quatre les obligations administratives et sociales auxquelles est soumis le titulaire d'un droit minier ou de carrières.

En application de l'article 292 de ce texte de loi et conformément à l'article 570 du Règlement minier relatif à la suppression des opérations minières ou de carrières, il se dégage que de ces quatre obligations indiquées, seules celles reprises aux tirets 1er, 2e et 4e peuvent donner lieu à la déchéance du titulaire défaillant de ses droits sur tel ou tel autre droit minier ou de carrières. Par contre, le non-respect de l'obligation repris au troisième tiret ne peut donner lieu qu'à la suspension des travaux du titulaire.

Par conséquent, avec la révision de ce texte de loi, le législateur a tenu compte de la dimension sociale, en ce sens que le non-respect des engagements sociaux expose le titulaire à la déchéance de ses droits sur le droit minier ou de carrières dont il est propriétaire.

Article 287 : Du constat de non-paiement des droits superficiaires par carré et de l'instruction des dossiers

Le Cadastre Minier constate les cas de non-paiement des droits superficiaires par carré à la fin du premier trimestre de chaque année. Il notifie au titulaire intéressé et affiche dans une salle déterminée par le Règlement Minier dans un délai de quinze jours ouvrables après la fin du trimestre, la liste des titulaires qui n'ont pas payé les droits superficiaires afférents à leurs droits miniers et/ou de carrières. Cette liste est également publiée par voie de presse dans la capitale et au chef-lieu de chaque province concernée.

Le titulaire dont le nom apparaît sur la liste peut présenter tout document ou moyen visant à sa défense dans les quarante-cinq jours qui suivent la date d'affichage de la liste, laquelle est également précisée dans la publication. Seules les preuves de paiement ou d'empêchement pour cause de force majeure sont reconnues comme moyens de défense.

L'instruction des dossiers de défense est effectuée par le Cadastre Minier dans un délai maximum de trente jours à compter de la fin de la période de défense. Le Cadastre Minier informe les titulaires concernés de son avis cadastral et le transmet avec les dossiers de défense ainsi qu'un projet de décision de déchéance du titulaire au Ministre conformément aux dispositions des articles 40 et 41 du présent Code.

Le titulaire du droit minier ou de carrières est astreint au paiement des droits superficiaires annuels.

Cet article fixe les modalités de la mise en œuvre du constat de non-paiement des droits superficiaires. Il revient donc au CAMI de constater le non-paiement des droits superficiaires. Il paraît ici normal que cette tâche soit confiée à ce service dans la mesure où c'est lui qui édite les notes de débit et perçoit également une quotité desdits droits.

Dans la pratique, la procédure de déchéance est amorcée par les services de la direction financière du CAMI qui constate le non-paiement des droits superficiaires, après le délai légal imparti pour les paiements des droits superficiaires annuels, soit le 31 mars de chaque année civile.

Les articles 394 à 403 du Règlement minier fixent les modalités applicables à l'obligation de payer les droits superficiaires annuels.

Article 288 : Du constat de non commencement des travaux et de l'instruction des dossiers *(modifié et complété par l'article 13 de la Loi n° 18/001 du 09 mars 2018 modifiant et complétant la Loi n° 007/2002 du 11 juillet 2002 portant Code minier)*

Le non-commencement des travaux dans les délais est constaté par la Direction des mines qui transmet le procès-verbal de son constat au ministre et au Cadastre minier. Ce dernier le notifie à l'intéressé dans un délai de dix jours ouvrables après la fin de la période pendant laquelle les travaux auraient dû commencer.

Il s'avère que le titulaire du droit minier d'exploitation ou de l'AECP a l'obligation de commencer des travaux dans les délais lui impartis.

Il découle de cet article que seule la Direction des Mines doit constater le non-commencement des travaux par le titulaire, et ainsi amorcer la procédure de déchéance en son encontre.

Dès lors que, d'une part, l'une ou l'autre des directions, à savoir la Direction des Mines et la Direction des Carrières, contrôle et suit la réalisation des activités ayant trait aux mines et, d'autre part, contrôle et suit la réalisation des activités ayant trait à la recherche et à l'exploitation des produits de carrières, il semble logique que l'une ou l'autre soit à même de constater le non-commencement des travaux.

Il est bien clair, en ce qui concerne les carrières, que ce soit la Direction des Carrières, dont les attributions sont fixées à l'article 12 bis du Règlement minier, qui devrait constater le non-commencement des travaux ayant trait aux carrières.

Le législateur devrait apporter cette précision de lege ferenda, pour la meilleure compréhension de cet article.

Les articles 386 à 393 bis du Règlement minier fixent les modalités applicables à l'obligation de commencer les travaux.

Article 288 *bis* : Du constat du non-respect des engagements vis-à-vis des obligations sociales *(inséré par l'article 27 de la Loi n° 18/001 du 09 mars 2018 modifiant et complétant la Loi n° 007/2002 du 11 juillet 2002 portant Code minier)*

Le non-respect par le titulaire de ses engagements vis-à-vis des obligations sociales dans le délai est constaté par l'Agence Congolaise de l'Environnement en collaboration avec la Direction de protection de l'environnement minier, après enquête sur site et consultation des communautés concernées, qui transmet le procès-verbal de son constat au ministre et au Cadastre minier. Ce dernier le notifie à l'intéressé dans un délai de dix jours ouvrables après la fin de la période pendant laquelle ses engagements auraient dû se réaliser.

Dans un délai maximum d'un jour ouvrable suivant la réception du procès-verbal, le Cadastre minier affiche le constat de l'Agence Congolaise de l'Environnement en collaboration avec la Direction de protection de l'environnement minier dans une salle indiquée par le Règlement minier. Une copie de ce procès-verbal est remise au titulaire.

Chaque titulaire a la responsabilité de s'informer du constat de l'Agence Congolaise de l'Environnement en collaboration avec la Direction de protection de l'environnement minier concernant son projet.

Le titulaire dont le non-respect des engagements vis-à-vis des obligations sociales a été constaté peut présenter tout document relatif à sa défense dans les quarante-cinq jours qui suivent la date d'affichage du constat.

L'Agence Congolaise de l'Environnement, en collaboration avec la Direction de protection de l'environnement minier, instruit le dossier de la défense dans un délai de trente jours à compter de la fin du délai fixé à l'alinéa précédent et transmet son avis technique au ministre et au Cadastre minier qui en informe le titulaire concerné. Le Cadastre minier transmet le dossier y afférent et le projet de décision au ministre pour compétence.

Le titulaire du droit minier ou de carrières d'exploitation est tenu de respecter ses engagements vis-à-vis des obligations sociales, suivant le chronogramme repris dans le cahier des charges.

Cet article fixe les modalités de la mise en œuvre du constat du non-respect des engagements vis-à-vis des obligations sociales.

Il revient à l'ACE, en collaboration avec la DPEM, de constater le non-respect des engagements vis-à-vis des obligations sociales et d'enclencher ainsi la procédure de déchéance du titulaire défaillant.

Les articles 403 bis à 403 quater du Règlement minier fixent les modalités applicables à cette autre obligation de maintien de validité du droit minier ou de carrières.

Chapitre II :
DES SANCTIONS

Article 289 : Des causes et de la décision de déchéance du titulaire

Sans préjudice des dispositions des articles 299 à 311 du présent Code, les manquements énumérés à l'article 286 constituent les causes de déchéance d'un titulaire de Permis de Recherches, de Permis d'Exploitation, de Permis des Rejets, de Permis d'exploitation de Petite Mine ainsi que de l'Autorisation d'Exploitation de Carrières Permanente.

Le Cadastre Minier notifie immédiatement au titulaire la décision de la déchéance et procède à son affichage dans une salle indiquée par le Règlement minier.

La notification de la décision de déchéance donne droit aux recours prévus aux articles 317 à 320 du présent Code. Ces recours doivent être exercés dans les trente jours qui suivent l'affichage de la décision dans le bureau du Cadastre Minier du ressort.

À défaut de recours dans le délai ci-dessus fixé, la décision de déchéance est inscrite dans un registre approprié et publiée au Journal officiel.

En cas de recours contre une décision de déchéance, le droit minier ou de carrières concerné reste valable pendant toute la durée de la procédure. Toutefois, il est fait mention de la décision et de la procédure de recours engagée au registre des permis et des autorisations octroyés.

En droit minier congolais, la déchéance est une mesure administrative prise par le ministre des Mines ou le ministre provincial des Mines, selon le cas, à l'égard du titulaire d'un droit minier ou de carrières qui a failli à l'une de ses obligations de maintien de validité.

Il sied de souligner que, tant que le droit minier ou de carrières d'exploitation permanente dont le titulaire est déchu n'est pas encore retiré par une décision de l'autorité compétente, le droit reste valable. Car la déchéance n'est pas en soi une sanction administrative, mais c'est plutôt le retrait du droit minier ou de carrières qui en est une. Au fond, le retrait du droit est la conséquence de la déchéance du titulaire défaillant à l'une de ses obligations de maintien de validité de son droit.

On peut dire simplement que la déchéance est prise envers le titulaire, mais le retrait touche le droit sur lequel celui-ci a des prérogatives. Celles-ci s'éteignent donc avec le retrait.

Il est à noter que, dès lors que la décision de retrait n'est pas encore signée, le titulaire, bien que déchu, est toujours tenu d'accomplir certaines obligations légales prévues par ce texte de loi, par exemple celle de renouveler ou de transformer son droit dans le délai légal prescrit pour chaque type de droit, car le droit reste valide. Dans ce cas, il faudrait que le titulaire ait eu à exercer son droit de recours dans le délai de trente jours qui suivent l'affichage de la décision dans le bureau du CAMI du ressort. Au cas contraire, son droit n'est plus valable et devra dès lors être retiré.

En réalité, le titulaire déchu ne peut pas se soustraire à l'obligation de renouveler son droit minier ou de carrières, au motif qu'il fait l'objet de la procédure de déchéance. Une telle imprudence de sa part peut conduire à l'expiration de son droit, même si la décision de déchéance venait, entre-temps, à être reportée par le ministre des Mines. Il en sera de même, s'il est en déchéance pour non-commencement des travaux.

Du reste, dans la pratique, il est déjà arrivé qu'un titulaire, après avoir introduit son recours contre l'arrêté ministériel l'ayant déchu de ses droits, se soit obstiné à ne pas payer ses droits superficiaires annuels au motif que la décision de déchéance qui le déchoit de ses droits ne lui permettait pas d'accomplir cette obligation. D'où il a exigé que cet arrêté soit d'abord rapporté avant qu'il ne s'acquitte desdits droits superficiaires. Ce qui est une aberration.

Par ailleurs, il est important de relever que l'alinéa 3 de cet article qui exige le recours arbitrage, prévu aux articles 317 à 320 de ce texte de loi, est en contradiction avec l'alinéa 5 de l'article 561 du Règlement minier qui en constitue les mesures d'application. Ce dernier impose, à son tour, le recours administratif en cas de déchéance, et ne fait pas allusion au recours arbitral. En effet, il dispose : « Il [le titulaire] dispose d'un délai de trente jours à dater de l'affichage de la décision de déchéance au bureau du Cadastre minier du ressort pour exercer le recours administratif auprès du Ministre. »

Lorsqu'on analyse les dispositions des articles 317 à 320 de ce texte de loi relatif au recours arbitral, on peut bien se rendre compte que la décision de déchéance ne rentre pas dans le cadre d'un litige quelconque qui serait dû à l'interprétation ou à l'application de ce texte de loi pour donner lieu à un tel recours. Il est clair que c'est cet alinéa 5 de l'article 561 précité qui s'applique en matière de recours contre la décision de déchéance.

Dans la pratique, cette confusion a déjà amené le ministre des Mines à rejeter un recours formulé contre la décision de déchéance lui adressée par un titulaire déchu au motif que ce dernier devrait se référer aux dispositions des articles 317 à 320 de ce texte de loi. Cette situation est due à l'incompréhension de ce texte de loi par cette autorité. Pourtant, cet article devrait être lu en symbiose avec ses mesures d'application.

Voilà pourquoi le législateur devrait rester constamment cohérent pour éviter des renvois incorrects qui compliquent inutilement la lecture de ce texte de loi et de surcroît ne facilitent ni sa compréhension ni son application.

De lege ferenda, l'alinéa 3 de l'article de ce texte de loi devrait être amendé pour le conformer audit alinéa 5 de l'article 561 du Règlement minier, en indiquant les articles 313 et 314 de ce texte de loi, en lieu et place des articles 317 à 320 du même texte. Ainsi, l'alinéa 3 de cet article devrait être libellé comme suit :

> *« La notification de la décision de déchéance donne droit aux recours prévus aux articles 313 et 314 du présent Code. Ces recours doivent être exercés dans les trente jours qui suivent l'affichage de la décision dans le bureau du Cadastre minier du ressort. »*

Article 290 : Du retrait des droits miniers et/ou de l'Autorisation d'Exploitation de Carrières Permanente *(modifié et complété par l'article 13 de la Loi n° 18/001 du 09 mars 2018 modifiant et complétant la Loi n° 007/2002 du 11 juillet 2002 portant Code minier)*

Les droits miniers et l'Autorisation d'exploitation de carrières permanente sont retirés par le ministre lorsque le titulaire n'a pas exercé le recours contre la décision de déchéance et lorsque les voies de recours sont forcloses ou si le recours est rejeté. La décision de retrait intervient au jour du rejet du recours ou au dernier jour utile où le recours aurait dû être engagé.

La décision de retrait est notifiée au Cadastre minier qui procède à son inscription dans le registre des titres annulés. Le Périmètre qui fait l'objet d'un droit minier ou de carrières retiré revient au domaine public de l'État et peut être reversé dans les zones réservées à la recherche géologique.

Le Règlement minier fixe les modalités de la création et de la gestion des zones réservées à la recherche géologique.

Considéré comme une sanction d'ordre administratif, le retrait est l'un des modes d'extinction du droit minier ou de carrières prévus dans ce texte de loi. Il est la résultante de la déchéance du titulaire défaillant à l'une de ses obligations de maintien de validité.

Il découle de l'alinéa 2 de cet article que la décision de retrait est notifiée par le ministre des Mines non pas au titulaire du droit minier ou de carrières déchu, mais au CAMI. Cependant, le législateur ne dit pas s'il revient à ce dernier, à son tour, de la notifier audit titulaire, comme il en est le cas pour la décision de déchéance.

Ne pas notifier au titulaire une telle décision peut lui être préjudiciable. En fait, la décision de retrait a comme corollaire l'interdiction pour le titulaire d'obtenir de nouveaux droits miniers ou l'autorisation d'exploitation de carrières permanente. Or, dans la mesure où ce titulaire ignore l'existence de la décision de retrait qui frappe son droit, il peut être tenté de chercher à obtenir d'autres droits miniers ou de carrières (exclusivement l'AECP). Dans ce cas, il sera surpris d'apprendre que la loi lui interdit de les obtenir, et ce, durant une période de cinq ans, sur pied de l'article 291 de ce même texte.

D'où l'impérieuse nécessité de prévoir, de lege ferenda, une procédure de notification de la décision de retrait à un titulaire dont le droit minier ou de carrières vient à être retiré.

Fort heureusement, dans la pratique, le CAMI, pour bien faire, a toujours eu à notifier au titulaire déchu le retrait de son droit minier ou de carrières.

Par ailleurs, il faut noter que le législateur a voulu que le périmètre couvert par un droit minier ou de carrières retiré puisse revenir au domaine public de l'État et fasse l'objet de recherche géologique.

À ce sujet, on peut remarquer que le législateur n'en fait pas une obligation. Car il ne dit pas clairement, à l'alinéa 2 in fine de ce texte de loi, que le périmètre minier ou de carrières découlant du droit retiré « est » réservé, mais il dit : « peut être » reversé dans les zones réservées à la recherche géologique. On emploie ici le verbe « pouvoir », ce qui n'en reflète pas le caractère obligatoire. Ce denier apparaît plutôt et expressément à l'alinéa 4 de l'article 563 du Règlement minier qui dispose : « Les périmètres miniers ou de carrières d'exploitation faisant l'objet de retrait par le Ministre reviennent au domaine public de l'État et constituent des zones réservées à la recherche géologique, conformément à l'article 290 du Code minier. »

Comme on peut le constater, l'usage du présent de l'indicatif, dans ce cas, laisse transparaître le caractère obligatoire de voir lesdits périmètres revenir d'office au domaine public de l'État.

Il paraît que, dans les textes législatifs, l'usage du présent de l'indicatif a souvent la valeur conative de l'impératif. En effet, « la fonction normative est également explicitée par l'usage des temps que le législateur choisit pour exprimer l'obligation. L'examen des différents textes nous permet de dire que le présent et le futur de l'indicatif font l'objet d'un usage quasi général pour exprimer le caractère obligatoire des ordres donnés. » Repéré sur le site : http://theses.univ-lyon2.fr/documents/getpart.php?id=lyon2.2000.rossi-danelzik_e&part=31218, consulté le 21 décembre 2020.

Tout semble indiquer que c'est le seul cas prévu dans ce texte de loi pour que le périmètre couvert par un droit minier ou de carrières revienne au domaine public de l'État et fasse l'objet de recherche géologique par le SGNC.

Il est fort malheureux de constater, dans la pratique, qu'il soit fait parfois application de ce principe aux autres cas, notamment lorsqu'il y a expiration ou renonciation d'un droit, afin de faire revenir au domaine public de l'État les périmètres qui étaient naguère couverts par des droits expirés ou renoncés. Cette situation est sûrement due à la mauvaise interprétation de ce texte de loi, et même pour certaines raisons inavouées. Cet état de choses peut être considéré comme une fraude à la loi. Comment peut-on faire dire au législateur ce qui n'a pas été dit ? Car, si telle devait être la volonté de ce dernier, il l'aurait dit expressis verbis aux articles 61, 78, 94, 106, 144 et 163 de ce texte de loi concernant l'expiration de tel ou tel autre droit minier ou de carrières.

À ce sujet, il y a lieu d'insister sur le fait que le législateur a voulu que le périmètre couvert par un droit minier ou de carrières expiré soit libre de tout droit. Pour éviter toute mauvaise interprétation, il a paru utile d'expliquer largement l'expression « libre de tout » dans le commentaire de l'article 61 de ce texte de loi. En réalité, la connotation que revêt cette expression ne devrait pas être comprise autrement.

La seule question qui mérite d'être posée ici est celle de savoir sur base de quels critères le législateur a jugé important de faire revenir au domaine public de l'État les périmètres des droits miniers ou de carrières retirés, et non pas ceux dont les droits miniers ou de carrières sont caducs, ont expiré ou ont été renoncés. Est-ce que les uns paraissent nécessairement plus propices aux recherches géologiques que les autres ? C'est toute la question.

De notre point de vue, toutes les causes d'extinction des droits miniers ou de carrières devraient produire les mêmes effets de droit. En effet, peu importe la manière dont un droit minier ou de carrières s'éteint, comme par expiration ou retrait, son périmètre devrait être d'office libre de tout droit. Le reversement des périmètres ayant fait l'objet des droits miniers ou de carrières retirés devrait résulter d'un acte de l'autorité compétente, en l'occurrence du ministre des Mines. De fait, ce dernier devrait faire revenir tel ou tel autre périmètre au domaine public de l'État à chaque fois que le SGNC juge de l'opportunité de s'y livrer aux travaux de recherches et/ou d'exploitation, et cela, par une décision d'affectation du périmètre minier ou de carrières au domaine public de l'État, ainsi qu'il est prévu en droit foncier.

Avec l'affectation d'office des périmètres miniers ou de carrières ayant fait l'objet de retrait par le ministre des Mines au domaine public de l'État, il y a lieu de redouter que les zones réservées aux recherches géologiques soient frauduleusement attribuées à certaines personnes ou se muent au gel de concession tant décrié. D'ailleurs, si l'on doit vérifier de plus près, l'on ne manquera pas de trouver ne fût-ce qu'un périmètre d'une de ces zones être déjà couvert par un droit minier ou de carrières. Or le principe veut qu'un tel périmètre ne fasse plus l'objet de demande par un tiers, mais plutôt qu'il soit principalement réservé à la recherche géologique par le SGNC.

En définitive, il faut noter que le périmètre couvert par un droit minier ou de carrières sur lequel le titulaire est déchu de ses droits, mais qui n'est pas encore retiré par une décision du ministre des Mines, ne peut pas revenir au domaine public de l'État et, partant, ne peut pas être réservé à la recherche géologique.

L'article 563 du Règlement minier fixe les modalités de retrait des droits miniers et de carrières.

Article 291 : De l'interdiction *(modifié et complété par l'article 13 de la Loi n° 18/001 du 09 mars 2018 modifiant et complétant la Loi n° 007/2002 du 11 juillet 2002 portant Code minier)*

Les titulaires des droits miniers et de l'Autorisation d'exploitation de carrières permanente déchus de leurs droits et dont les titres sont retirés ne peuvent obtenir de nouveaux droits miniers ou autorisation d'exploitation de carrières permanente qu'après un délai de cinq ans à compter de la date d'inscription du retrait au registre tenu par le Cadastre minier. En outre, le retrait des droits miniers ou de l'Autorisation d'exploitation de carrières permanente n'a pas pour effet de dégager le titulaire de ses obligations environnementales et fiscales.

L'interdiction est une des sanctions prévues par le législateur. Elle est la résultante du retrait d'un droit minier ou de carrières, à la suite de la déchéance du titulaire défaillant pour non-respect de l'une des obligations de maintien de validité.

Il convient de souligner que, tant que le droit n'est pas retiré par une décision ministérielle, le titulaire, bien que déchu de ses droits, ne peut faire l'objet d'interdiction. C'est autant dire que la mesure d'interdiction est la conséquence de la décision du retrait. C'est principalement cette dernière qui entraîne l'interdiction.

Puisque le titulaire ne s'est pas acquitté de l'une de ses obligations de maintien de validité, le législateur a estimé qu'il n'était plus digne de devenir une fois de plus titulaire d'un droit minier ou de l'AECP pour une période déterminée. C'est pourquoi il a paru nécessaire de l'exclure de l'exercice des activités minières pendant un laps de temps. Ce moment d'interdiction, qui est de cinq ans, paraît assez suffisant pour l'amener à prendre conscience des enjeux du secteur minier et pour que, à l'avenir, il puisse se conformer aux prescrits de la loi par l'observance des obligations de maintien de validité. Mais, en dépit du retrait de son droit minier ou de son AECP, le titulaire est tenu de s'acquitter de ses obligations environnementales et fiscales.

On peut remarquer ici que le titulaire qui est frappé d'interdiction peut toujours solliciter d'autres droits de carrières, à savoir l'ARPC et l'AECP. En fait, le législateur est resté cohérent, d'autant plus que la mesure de déchéance, entraînant successivement les sanctions de retrait et d'interdiction, ne concerne pas le titulaire de l'un ou l'autre de ces deux types des droits de carrières.

Article 292 : De la suspension

Toute faute grave définie dans le Règlement Minier commise par le titulaire est sanctionnée par la suspension immédiate des travaux décidée par le Ministre, après une mise en demeure préalable.

La durée de la suspension est fixée par voie réglementaire en fonction de la gravité de la faute commise et de son incidence sur l'environnement, la santé et la sécurité publiques.

Pour remédier à cette faute grave, l'Administration des Mines peut, d'office ou sur demande des autorités locales concernées, imposer au titulaire les travaux qu'elle juge nécessaires pour la protection de la santé publique, de l'environnement, des travailleurs ou des mines voisines. En cas de défaillance du titulaire, l'Administration des Mines peut faire exécuter lesdits travaux par des tiers aux frais du titulaire.

Lorsqu'une faute grave a été constatée, l'interruption des travaux de recherche ou d'exploitation peut être ordonnée par le ministre des Mines.

Il ressort de l'article 565 du Règlement minier que commet une faute grave et s'expose ainsi à la suspension de ses travaux le titulaire qui manque gravement aux obligations lui imposées par ce texte de loi et ses mesures d'application, notamment lorsqu'il :

- cause aux communautés locales ou aux autres titulaires intentionnellement un préjudice matériel ou moral pendant ou à l'occasion de l'exécution de ses activités autorisées ;

- compromet la sécurité des employés, des tiers ou des communautés locales voisines ;

- omet de prendre les mesures nécessaires visant la sécurité et la santé du personnel, la sécurité et la salubrité publiques, la solidité des édifices publics et privés, ou la conservation des voies de communication et des autres mines ;

- omet de construire un bâtiment devant abriter son siège social selon les normes des standards internationaux au chef-lieu de la province d'exploitation dans les cinq ans à dater de la délivrance du titre minier d'exploitation ou de l'Autorisation d'Exploitation de Carrières Permanente.

Comme on peut le constater, l'emploi de l'adverbe « notamment » montre que d'autres faits peuvent également constituer des fautes graves. Ainsi, un arrêt du ministre des Mines devrait compléter cette énumération pour éviter que tout autre événement ou toute autre situation ne soit toujours pas assimilée à une faute grave.

La suspension des travaux est la sanction prise à l'égard d'un titulaire défaillant pour faute grave, et ce, dans un délai de soixante jours après la mise en demeure. En sus, pour pallier ce manquement, il est fait recours aux mesures contraignantes à l'égard dudit titulaire.

Dans la pratique, il est déjà arrivé que la suspension des travaux soit prise par une autorité autre que le ministre des Mines, le cas du gouverneur de province du Sud-Kivu. C'est ce qui ressort de la teneur de la lettre référencée CAB.MIN/MINES/01/00693 du 23 juillet 2020 du ministre des Mines dans laquelle celui-ci demande audit gouverneur de rapporter la décision de suspension les activités minières qu'il a prise par sa lettre référencée 01/1117/CAB/GROUPRO-SK/2019 du 16 décembre 2019.

Cet état de choses est simplement dû à l'ignorance de la loi par ceux-là mêmes qui sont appelés à appliquer ce texte de loi.

Par ailleurs, il est aussi arrivé que la suspension des travaux soit ordonnée par une décision judiciaire. En effet, il ressort du jugement RC 117.138 du 13 mars 2019 que le

TGI/Gombe a ordonné la suspension des travaux sur les périmètres miniers couverts par des droits miniers d'une société minière en conflit avec d'autres sociétés commerciales, mais pas parce que le titulaire desdits droits aurait commis une faute grave. Il est dommage que, dans son dispositif, le tribunal de céans ne s'est référé ni à une disposition de ce texte légal ni à celle du Règlement minier pour motiver sa décision. Or, pour qu'intervienne la mesure de suspension des travaux, il faut que le titulaire manque gravement aux obligations lui imposées par ce texte de loi ainsi que par ses mesures d'application. Un tel égarement judiciaire serait évité si l'organe juridictionnel était à même de faire une bonne lecture des dispositions de cet article. Ce qui éviterait un recours en annulation pour illégalité d'une décision judiciaire.

Pour remédier à cet état de choses, il urge d'organiser des conférences, des colloques, des symposiums et des séminaires surtout, dans le but d'expliquer ce texte de loi ainsi que ses mesures d'application, ce qui évitera des interprétations erronées et, par conséquent, favorisera une meilleure compréhension et une application correcte de ces instruments juridiques. Car le défaut des connaissances de ces textes, faute de leur vulgarisation, non seulement engendre des interprétations diverses et inexactes de leurs dispositions, mais aussi et surtout conduit inéluctablement à leur mauvaise application.

Les articles 565 à 568 du Règlement minier fixent les modalités de la suspension des travaux pour faute grave.

Article 293 : De la tenue irrégulière des documents

En cas de tenue irrégulière, dûment constatée, des documents obligatoires prescrits par le présent Code, l'Administration des Mines adresse par écrit un avertissement à l'opérateur minier concerné si ce manquement ne constitue pas une infraction.

En cas de récidive, ses activités peuvent, après une mise en demeure, être suspendues par le Ministre pour une durée de trois mois.

À la fin de la période de suspension, l'Administration des Mines procède à une vérification. S'il est mis fin à l'irrégularité constatée, la suspension est levée. Dans le cas contraire, elle est reconduite pour une nouvelle période de trois mois.

Si la mise en demeure n'est pas suivie d'effet à l'expiration de la deuxième période de suspension, le titulaire est passible d'une astreinte dont le montant en francs congolais est équivalent à 500 USD par jour jusqu'à la régularisation, chaque jour commencé étant dû en entier.

La tenue irrégulière des documents par le titulaire du droit minier ou de carrières a comme conséquence la suspension de ses activités, après une mise en demeure. C'est le cas du défaut de la tenue des registres et des rapports dans le cadre des activités d'un titulaire, tel que prescrit à l'article 497 du Règlement minier.

Dans tous les cas, les décisions d'astreinte prises par le ministre des Mines font l'objet de recours judiciaire, conformément aux articles 315 et 316 de ce texte de loi.

Article 294 : De la confiscation de la provision pour réhabilitation du site

Lorsqu'à la fin des travaux de recherches et/ou d'exploitation, le titulaire d'un droit minier ou de carrières n'exécute pas volontairement les obligations souscrites dans le PGEPS ou dans le PAR, le tribunal compétent prononce, à la requête de l'Administration des Mines et au profit de celle-ci, la confiscation de la provision correspondante constituée par le titulaire pour la réhabilitation du site.

Si la valeur de la garantie ou la provision ainsi confisquée ne suffit pas à couvrir les frais nécessaires à la remise en état du site concerné, l'Administration des Mines peut confier à un tiers l'exécution des travaux correspondant à la valeur de la différence. Les frais engagés pour la réalisation de ces travaux complémentaires sont mis à charge de l'exploitant défaillant.

À la requête de l'Administration des Mines, l'exploitant défaillant peut faire l'objet d'interdiction de sortie du Territoire National prononcée par le tribunal compétent jusqu'à la fin des travaux de réhabilitation du site.

Dans son Plan de gestion environnemental et Social [ci-après PGES] ou PAR, le titulaire est tenu d'élaborer un plan d'exécution des travaux de recherches et/ou d'exploitation. Il se peut qu'il se soustraie à exécuter de bonne foi ses obligations souscrites, principalement celle de réhabilitation du site minier à la fin des travaux de recherches et/ou d'exploitation. En pareille circonstance, l'Administration des mines est tenue de saisir le tribunal compétent pour procéder à la confiscation de la provision correspondante constituée par le titulaire pour la réhabilitation du site.

Dans cet élan, l'Administration des mines peut même recourir à un tiers qui devrait exécuter les travaux dans la mesure où cette provision ne permet pas de couvrir les dépenses engagées pour réhabiliter ce site où les travaux ont été exécutés.

La non-réhabilitation du site minier a été considérée comme un manquement grave au point de conduire jusqu'à l'interdiction de sortie du territoire national prononcée par le tribunal.

À ce propos, il faut noter que cette décision du tribunal pouvait se justifier et facilement s'appliquer du temps où la personne physique était encore éligible aux droits miniers et de carrières. Car, s'agissant de la personne morale, son application n'est pas si aisée dans la pratique, du fait qu'il y a lieu de tenir compte de certaines règles régissant l'organisation et le fonctionnement des sociétés commerciales.

Avec l'inéligibilité des personnes physiques aux droits miniers et de carrières, l'alinéa 3 de cet article est vidé de tout son sens. D'où il importera, de lege ferenda, de le supprimer carrément.

La confiscation au profit de l'Administration des mines de la provision de réhabilitation fait l'objet de recours judiciaire, conformément aux articles 315 et 316 de ce texte de loi.

L'article 571 du Règlement minier fixe les modalités applicables à la confiscation de la sûreté financière de réhabilitation de l'environnement.

Article 295 : Du défaut de communication des rapports

Le défaut pour le titulaire d'un titre minier ou de carrières de communiquer les rapports périodiques obligatoires dans le délai réglementaire, fait l'objet d'une mise en demeure de trente jours maximum pour ce faire.

À l'expiration de ce délai, à moins qu'il soit dans un cas de force majeure, le titulaire défaillant est passible d'une astreinte dont le montant en francs congolais est équivalent à 1.000 USD par jour de retard depuis le dernier jour du délai réglementaire jusqu'à la communication des rapports, chaque jour commencé étant dû en entier.

La communication des rapports est une obligation à laquelle est soumis le titulaire du droit minier ou de carrières. Il en sera de même pour ce dernier quant à l'obligation de donner l'état d'avancement des travaux, les résultats de la recherche, etc.

Tous les renseignements exigés devraient apparaître dans le rapport annuel des activités. Sauf en cas de force majeure, le défaut de communication de rapports expose le titulaire à l'astreinte en francs congolais équivalant à 1.000 USD par jour de retard depuis le dernier jour du délai réglementaire jusqu'à la communication des rapports, chaque jour commencé étant dû en entier.

Article 296 : De la défaillance et de la fraude dans le paiement des droits, taxes et redevances *(modifié et complété par l'article 13 de la Loi n° 18/001 du 09 mars 2018 modifiant et complétant la Loi n° 007/2002 du 11 juillet 2002 portant Code minier)*

Le défaut de paiement, le retard de paiement et/ou la minoration de la somme due constituent des manquements sanctionnés conformément à la législation en la matière.

Cet article renvoie l'application des sanctions, en matière de défaillance et de fraude dans le paiement des droits, taxes et redevances, à une autre loi en matière de défaut ou retard de paiement ou de minoration de la somme due au Trésor public par le titulaire du droit minier ou de carrières.

Il en sera de même en cas de violation des dispositions de l'arrêté interministériel n° 0129/CAB.MIN/MINES/01/2017 et 032/CAB.MIN/FINANCES/2017 du 8 juillet 2017 portant réglementation de la commercialisation et de l'exportation des produits miniers marchands. C'est ce que prévoit l'article 8 de ce texte réglementaire qui dispose que toute violation des dispositions du présent arrêté sera sanctionnée conformément aux dispositions de l'article 296 de ce texte de loi.

Article 297 : De la force majeure

Constitue un cas de force majeure, tout événement imprévisible, irrésistible, insurmontable et indépendant de la volonté du titulaire l'empêchant, malgré ses meilleurs efforts, d'exécuter en tout ou en partie ses obligations ou occasionnant un retard important dans l'exécution de celles-ci. Sont notamment considérés comme cas de force majeure les événements suivants : grèves sauvages, émeutes, insurrection, trouble civil, conflits sociaux, fait du prince, sabotage, catastrophe naturelle, incendies, faits de guerre ou cas imputables à la guerre.

L'excuse pour cause de force majeure peut être admise pour les manquements aux seules obligations qui n'ont pu être exécutées en raison de la survenance de cet événement.

Un acte, un agissement ou une omission imputable au titulaire n'est pas constitutif de cas de force majeure.

Les modalités d'application du présent article sont fixées par le Règlement Minier.

Cet article donne la définition de l'expression « force majeure », tout en spécifiant les cas susceptibles de la constituer.

On peut également définir la force majeure comme une excuse légale, une circonstance exceptionnelle, qui exonère le titulaire du droit minier ou de carrières du non-accomplissement ou de la non-exécution de ses obligations.

Pour que la force majeure entraîne un tel effet, il faut nécessairement que l'acte, l'agissement ou l'omission ne découle pas de la faute du titulaire. Ainsi, le fait que la société, à cause de la mauvaise gestion de son gérant statutaire, ne puisse pas s'acquitter de ses droits superficiaires annuels, ne peut constituer un cas de force majeure. Il n'en sera pas de même lorsque le titulaire ne peut pas s'acquitter de l'une de ses obligations souscrites dans le PGES ou le PAR, à cause notamment de l'occupation de son périmètre par un groupe armé de rebelles. Cette situation constitue véritablement un cas de force majeure.

Il convient de préciser à cet égard que le cas de force majeure ne se présume pas. Ce qui revient à dire que le titulaire a l'obligation de faire savoir l'événement ou la circonstance qui constitue un cas de force majeure ou laisse croire à un cas de force majeure. En un mot, il doit notifier au CAMI le cas de force majeure, conformément à l'article 298, alinéa 1, de ce texte de loi.

Il est dommage que le législateur n'ait pas retenu certains événements pouvant constituer des cas de force majeure d'office, alors qu'il peut bel et bien en exister. Comme c'était le cas lorsqu'une partie du territoire était occupée par une armée étrangère, à savoir l'occupation des localités congolaises dans les provinces de Tanganyika et Haut-Katanga par l'armée zambienne en mars 2020. Une telle situation connue de tous devrait forcément constituer un cas de force majeure d'office pour les droits miniers ou de carrières dont les périmètres couvriraient cette contrée.

Au fait, il serait anormal, en pareille circonstance, de ne pas retenir un cas de force majeure d'office au motif que le titulaire est tenu de le notifier a priori au CAMI quand celui-ci sait d'avance qu'il existe un droit minier et/ou de carrières octroyé sur tel ou tel autre périmètre couvert par une partie du territoire occupée illégalement par une armée étrangère. Cela montre qu'il y a nécessité de prévoir des cas de force majeure d'office ainsi que les modalités qui leur seront appliquées.

D'ailleurs, dans la pratique, il est déjà arrivé que le tribunal ordonne au CAMI, entre autres, de constater le cas de force majeure survenu à la suite de la lenteur de l'Administration, au motif que celle-ci a influé sur la durée de validité d'un droit minier. Il s'agit du jugement RC 117.284 du TGI/Gombe et du jugement RC 118.431 du 14 janvier 2020 du TGI/Gombe. Doit-on affirmer qu'il s'agit là d'un nouveau cas de force majeure dite judiciaire ?

Ce constat réconforte l'idée de voir le législateur envisager, de lege ferenda, des cas de force majeure d'office, cela en vue d'éviter à tout prix l'implication du juge en cette matière.

Les articles 83 à 89 du Règlement minier fixent les modalités applicables au cas de force majeure.

Article 298 : Du délai de notification de cas de force majeure

Si le titulaire se trouve dans l'impossibilité d'exécuter totalement ou partiellement ses obligations en raison d'un cas de force majeure, il le notifie au Cadastre Minier immédiatement ou au plus tard dans les quinze jours de la survenance de cet événement, en spécifie les raisons constituant la force majeure, la date de commencement de la non-exécution et les moyens proposés pour y remédier.

Dès la survenance d'un cas de force majeure, l'exécution des obligations affectées est suspendue pendant la durée de celui-ci et pour une période additionnelle suffisante permettant au titulaire d'agir avec toute diligence requise, de se replacer dans les mêmes conditions qu'avant la survenance dudit événement. La durée résultant de la force majeure est ajoutée au délai d'exécution de ses obligations.

Cet article fixe le délai de notification de cas de force majeure. Cela se fait immédiatement ou au plus tard dans les quinze jours de la survenance de l'événement constituant la force majeure.

On s'aperçoit que le législateur laisse la latitude au titulaire de décider du moment de notification de cas de force majeure. Le titulaire est libre de notifier immédiatement le cas de force majeure, c'est-à-dire le jour même de la survenance de l'événement, ou dans un délai de quinze jours, soit dans la période qui couvre quinze jours. En un mot, les deux possibilités lui offertes laissent sous-entendre que le titulaire doit agir dans le plus bref délai. Il en aurait été autrement si le législateur avait prévu des cas de force majeure d'office.

Le dépassement de ce délai peut être considéré comme une négligence, pour mieux dire une renonciation du titulaire à son droit de bénéficier de cas de force majeure. Celui-ci a intérêt à respecter les prescrits de cet article, d'autant plus que le cas de force majeure est, pour lui, une excuse absolutoire de ne pas accomplir ou exécuter telle ou telle autre obligation au regard d'un événement ou une circonstance indépendante de lui.

TITRE XIII :
DES INFRACTIONS ET DES PÉNALITÉS

Article 299 : Des activités minières illicites

Est puni d'une amende dont le montant en francs congolais est l'équivalent de 10.000 USD à 250.000 USD, quiconque se livre, sans autorisation, à des travaux de recherches ou d'exploitation des mines ou de carrières en violation des dispositions du présent Code.

Les substances minérales extraites illicitement sont saisies et leur confiscation est prononcée par le tribunal compétent au profit de l'État ou du titulaire du titre d'exploitation des mines ou des carrières concernées.

Le « droit pénal des mines », appelons-le ainsi, est une manifestation parmi tant d'autres de la prolifération des droits sanctionnateurs techniques, appendices des réglementations de discipline sociale. Ce droit présente, à notre sens, des traits caractéristiques tenant à l'imbrication des rapports entre l'Administration et les personnes agissant dans le secteur des mines. Cependant, le « droit pénal minier » n'est pas une branche autonome du droit pénal, affranchi des principes établis dans le Code pénal congolais, du fait qu'il obéit aux règles de ce dernier, à ses procédés de raisonnement et de qualification.

En général, la loi minière est hostile aux personnes qui se livrent aux activités minières sans observance des règles établies principalement par ce texte de loi et ses mesures d'application.

Tous savent que l'exploitation minière peut favoriser le développement économique d'un pays, à la seule condition qu'elle soit licite, ou plutôt légale, c'est-à-dire qu'elle se fasse dans le respect des textes de lois et réglementations régissant le secteur minier. Bien plus, il est certain que la recherche ou l'exploitation des substances minérales ne doit pas se dérouler de manière illégale.

En effet, la recherche et/ou l'exploitation sont des opérations minières réservées aux seuls titulaires, détenteurs des titres miniers ou de carrières. Il s'agit là d'activités semi-industrielles ou industrielles. C'est en ce sens qu'une entité de traitement ou de transformation, un comptoir agréé, une coopérative minière, un négociant ne peut pas se livrer auxdites opérations. En fait, tout acte qui consiste à rechercher et/ou à exploiter les substances minérales sans titre minier ou de carrières est qualifié d'activité minière illicite.

Il s'ensuit que toute personne autre que l'opérateur minier qui se livre à une de ces opérations est passible d'une amende dont le montant en francs congolais est l'équivalent de 10.000 USD à 250.000 USD.

En RDC, on ne connaît pas jusqu'à ce jour des cas flagrants d'activités minières illicites, ayant fait l'objet des sanctions prévues en cette matière. Pourtant, beaucoup de gens, de nationalité congolaise ou étrangère, se livrent aux activités minières illicites sur le territoire congolais, sans souvent être inquiétés. D'ailleurs, même lorsqu'une situation apparaît illégale, à cause de telle ou telle autre opération minière illicite, les pouvoirs publics se limitent à interdire l'accès du site minier ou de carrières à la personne suspecte ou coupable.

Ailleurs, les pouvoirs publics ne laissent pas impunis ceux qui se livrent à des activités illicites, surtout lorsqu'il s'agit d'étrangers. C'est le cas de la Sierra Leone dont les autorités ont expulsé en septembre 2018 trente-huit ressortissants chinois accusés d'avoir illégalement exploité les mines. À ce propos, on peut lire sur le site des Actualités du droit ceci : « Les autorités sierra-léonaises ont annoncé mercredi [le 25 septembre 2018] l'expulsion prochaine de 38 ressortissants chinois accusés d'avoir exploité illégalement des mines artisanales et fait travailler des enfants dans ce pays pauvre d'Afrique de l'Ouest au sous-sol riche en minerais. » Repéré sur le site Actualités du droit : http://www.actualitesdudroit.fr/browse/afrique/droits-nationaux/16144/secteur-inier-la-sierra-leone-expulse-38-chinois-accuses-d-exploitation-illicite, consulté le 12 décembre 2020.

De la sorte, les autorités congolaises devraient emboîter le pas en cette matière et éviter l'ambivalence ainsi que le laxisme quand il faut sévir contre ce genre d'actes.

Article 299 bis : Des violations des droits humains *(inséré par l'article 28 de la Loi n° 18/001 du 09 mars 2018 modifiant et complétant la Loi n° 007/2002 du 11 juillet 2002 portant Code minier)*

Sont illicites l'exploitation et le commerce de produits miniers provenant d'un site où une contravention des lois sur la protection des droits humains, des droits de l'enfant, ou des droits de la femme a fait l'objet d'un constat par procès-verbal d'une autorité compétente. Le Règlement minier fixe les modalités du constat.

Sans préjudice des dispositions de l'article 299 du présent Code, quiconque se livre à l'exploitation minière en violation du présent article est puni d'une amende dont le montant est l'équivalent en francs congolais de 10.000 USD par jour jusqu'à la cessation de la violation.

Sans préjudice des dispositions de l'article 302 du présent Code, quiconque se livre au commerce des produits miniers en violation du présent article est puni d'une amende égale à trois fois la valeur commerciale des produits en question.

Lorsqu'un site minier a fait l'objet d'une contravention des lois sur la protection des droits humains, des droits de l'enfant ou des droits de la femme, il est interdit de s'y livrer à l'exploitation ou au commerce de produits miniers.

Cet article vise la protection des droits humains, principalement des droits des enfants et des femmes. En effet, les sites miniers se révèlent être des lieux où ces droits sont régulièrement violés et où les femmes ainsi que les filles sont exposées aux divers abus et maladies.

Au regard de leur vulnérabilité, les enfants et les femmes méritent une attention particulière de la part des pouvoirs publics afin que leurs droits ne soient pas bafoués. De ce fait, cet article se conforme à la loi n° 009/001 du 10 janvier 2009 portant protection de l'enfant ainsi qu'à la loi n° 06/018 du 20 juillet 2006 modifiant et complétant le décret du 30 janvier 1940 portant Code pénal congolais relative aux violences faites à la femme.

En outre, cet article fixe la peine qu'encourt toute personne qui enfreint à ce prescrit, à savoir une amende dont le montant est l'équivalent en francs congolais de 10.000 USD par jour jusqu'à la cessation de la violation.

Article 300 : Du vol et du recel des substances minérales *(modifié et complété par l'article 14 de la Loi n° 18/001 du 09 mars 2018 modifiant et complétant la Loi n° 007/2002 du 11 juillet 2002 portant Code minier)*

Sans préjudice des dispositions particulières en matière des substances précieuses et de celles prévues par le Code pénal, est puni d'une peine de servitude pénale d'un mois à deux ans et d'une amende de l'équivalent en francs congolais de 5.000 USD à 20.000 USD ou de l'une de ces peines seulement, quiconque se rend coupable de vol ou de recel des substances minérales.

Les produits miniers ou de carrières entreposés dans un périmètre ne doivent pas faire l'objet de vol ou de recel.

Cet article fixe la peine de toute personne commettant le vol et/ou le recel des substances minérales, qui est la servitude pénale d'un mois à deux ans et d'une amende de l'équivalent en francs congolais de 5.000 USD à 20.000 USD ou de l'une de ces peines seulement.

Article 301 : Du détournement des substances minérales

Quiconque aura détourné les substances minérales est puni de cinq à dix ans de servitude pénale et d'une amende dont le montant en francs congolais est l'équivalent de 5.000 USD à 20.000 USD.

Quiconque aura facilité le détournement des substances minérales est puni de servitude pénale de deux à cinq ans et d'une amende dont le montant en francs congolais est l'équivalent de 5.000 USD à 10.000 USD.

Lorsque l'opérateur minier confie ses produits miniers ou de carrières à un transporteur, celui-ci ne doit pas les détourner ou faciliter leur détournement.

Cet article fixe la peine à infliger à toute personne qui détourne, soit la servitude pénale et une amende dont le montant en francs congolais est l'équivalent de 5.000 USD à 20.000 USD ou facilite le détournement des substances minérales, soit la servitude pénale de deux à cinq ans et d'une amende dont le montant en francs congolais est l'équivalent de 5.000 USD à 10.000 USD.

Article 302 : De l'achat et de la vente illicite des substances minérales

Est puni d'une amende dont le montant en francs congolais est l'équivalent de 10.000 USD à 30.000 USD, quiconque aura acheté ou vendu des substances minérales en violation des dispositions légales et réglementaires en vigueur. Les substances minérales faisant l'objet desdites transactions sont saisies et leur confiscation est prononcée par le tribunal compétent au profit de l'État.

Le législateur détermine limitativement les personnes habilitées à vendre et/ou à acheter le cas échéant les substances minérales. À cet effet, l'acheteur des produits miniers ou de carrières doit s'assurer que ces derniers proviennent d'un périmètre dont le titulaire détient un titre minier ou de carrières valide. Après tout, le titulaire ne doit pas vendre les produits miniers ou de carrières issus d'un périmètre couvert par un droit minier ou de carrières retiré.

L'achat et la vente illicites des substances minérales sont interdits. Le non-respect de cette interdiction expose le contrevenant à une amende dont le montant en francs congolais est l'équivalent de 10.000 USD à 30.000 USD.

Article 303 : De la détention illicite des substances minérales

Quiconque aura détenu illégalement des substances minérales sera puni d'une servitude pénale de deux mois au maximum et d'une amende dont le montant en francs congolais est l'équivalent de 2.000 USD à 20.000 USD ou d'une de ces peines seulement.

Le fait de détenir illicitement les substances minérales est punissable. Cependant, une personne qui ramasse une pierre précieuse, par exemple le diamant, et qui en informe les autorités, ne peut pas être poursuivie pour détention illicite de la substance minérale. D'ailleurs, cette réalité est récurrente dans les deux ex-provinces du Kasaï. Il en sera autrement lorsqu'on la garde par-devers soi, en spéculant pour la vendre.

Cet article fixe la peine à infliger à toute personne qui se serait rendue coupable de détention illicite des substances minérales, entendu une servitude pénale de deux mois au maximum et d'une amende dont le montant en francs congolais est l'équivalent de 2.000 USD à 20.000 USD ou d'une de ces peines seulement.

Article 304 : Du transport illicite des substances minérales

Celui qui, sans autorisation, aura transporté ou fait transporter des substances minérales, est puni d'une servitude pénale de deux mois et d'une amende dont le montant en francs congolais est l'équivalent de 2.000 à 20.000 USD ou d'une de ces peines seulement.

Le transport des substances minérales est réglementé en RDC. Cela sous-entend que tout transporteur ne peut pas se permettre de transporter librement les substances minérales, sans y être autorisé.

Le transport des produits miniers ou de carrières peut être soumis à des dispositions particulières autres que celles du droit commun en matière de transport et d'activité commerciale. De ce fait, il est prudent pour un transporteur de s'assurer qu'il n'est pas en marge de ce qui est prescrit en la matière.

Il faut noter que tous les acteurs du secteur minier congolais, repris à l'article 5 alinéa 3 de ce texte de loi, ont le droit de transporter ou de faire transporter par le transporteur de leur choix, les produits miniers qui proviennent de leurs sites d'exploitation, usines, comptoirs ou points d'achat pour les négociants, selon le cas. Dans ce cas, elles sont tenues, en conformité avec l'article 7 ter du même texte relatif à la transparence, la traçabilité et la certification, de faire identifier leur transporteur.

Cet article fixe la peine en cas de transport illicite des substances minérales.

Article 305 : De la fraude

Toute exportation ou tentative d'exportation frauduleuse des substances minérales en contravention du régime douanier et des accises prévu par le présent Code est soumise aux pénalités et amendes prévues par la législation douanière et accisienne en la matière.

Cet article prévoit la peine qu'encourt toute personne qui se livre ou tente de se livrer à l'exploitation frauduleuse des substances minérales. Comme renchérit une maxime juridique « la fraude corrompt tout », traduite du latin « fraus omnia corrumpit ».

La fraude exempte la personne de toute excuse et l'expose à des sanctions.

Ainsi, l'article renvoie l'application des sanctions, en cas de fraude, à celles prévues par le régime douanier et des accises. Plus précisément, il sera appliqué l'article 389 de l'ordonnance-loi n° 10/002 du 20 août 2010 portant Code des douanes et l'article 49 de la loi n° 18-002 portant Code des accises.

En effet, aux termes de l'article 389 du Code des douanes, sont passibles d'une peine de servitude pénale maximum de 3 ans, de la confiscation des marchandises de fraude, de la confiscation des moyens de transport, de la confiscation des marchandises ayant servi à masquer la fraude et d'une amende dont la hauteur est comprise entre une et trois fois la valeur des marchandises de fraude, tout fait de contrebande ainsi que tout fait d'importation ou d'exportation sans déclaration lorsqu'ils se rapportent à des marchandises qui ne sont ni prohibées ni soumises à des mesures de restriction.

L'article 49 du Code des Accises, quant à lui, dispose :

« 1. Lorsque le montant des droits d'accises n'a pas été payé dans le délai fixé :

a) le receveur du bureau de douanes compétent doit faire usage de toute voie de droit, y inclus l'exécution forcée, pour assurer le recouvrement de ce montant ;

b) des intérêts et une pénalité de retard sont perçus en sus du montant des droits d'accises.

2. Le ministre ayant les Finances dans ses attributions détermine, par voie d'arrêté, les modalités d'application des dispositions du point 1.b) ci-dessus. »

Article 306 : Des violations des règles d'hygiène et de sécurité

Est passible d'une servitude pénale d'un mois à un an et d'une amende dont le montant en francs congolais est l'équivalent de 5.000 USD à 10.000 USD ou d'une de ces peines seulement, quiconque aura contrevenu aux dispositions de la réglementation minière concernant l'hygiène et la sécurité publiques.

Les titulaires des droits miniers et de carrières, les entités de traitement ou de transformation des substances minérales et les laboratoires d'analyses de produits miniers marchands sont tenus de veiller à l'hygiène et à la sécurité dans l'exercice de leurs activités minières, cela en vue de protéger l'environnement. Et la DPEM est chargée d'assurer le contrôle et le suivi de cette obligation.

En effet, l'exercice des activités minières appelle à l'observance des mesures relatives à l'hygiène et à la sécurité publique. De la sorte, la violation des règles d'hygiène et de sécurité est punie par la loi.

Cet article fixe la peine en cas de violation desdites règles, à savoir la servitude pénale d'un mois à un an et d'une amende dont le montant en francs congolais est l'équivalent de 5.000 USD à 10.000 USD ou d'une de ces peines seulement.

Article 307 : De la corruption des agents des services publics de l'État

Sont passibles des peines de servitude pénale prévues aux articles 147 à 149 du Code Pénal livre II et d'une amende dont le montant en francs congolais est équivalent à 1000 USD, les personnes visées auxdits articles qui, étant habilitées à procéder aux opérations minières en exécution du présent Code, se seraient rendues coupables des infractions prévues et punies par les articles susmentionnés.

Les agents habilités à procéder aux opérations minières sont punis lorsqu'ils se rendent coupables de corruption.

En plus de peines prévues par le Code pénal congolais, le corrupteur ou le corrompu, agent des services publics de l'État, est astreint à une amende dont le montant en francs congolais est équivalant à 1.000 USD. Autrement dit, outre l'amende dont le montant en francs congolais est équivalant à 1.000 USD, cet article renvoie la corruption des agents des services publics de l'État dans le secteur des mines à l'application des peines prévues aux articles 147 à 149 du Code pénal congolais livre II.

Article 308 : Des destructions, des dégradations et des dommages

Est puni d'une servitude pénale de cinq à six ans et d'une amende dont le montant en francs congolais est l'équivalent de 5.000 USD à 10.000 USD ou d'une de ces peines seulement, quiconque aura frauduleusement ou méchamment :

a) porté une fausse indication sur un poteau-signal ou une borne ;

b) placé, déplacé ou dégradé un poteau-signal ou une borne ;

c) fait une fausse déclaration ou fait usage des documents qu'il savait faux ou erronés en vue, soit d'obtenir ou de faire obtenir un droit minier ou une autorisation de carrières, soit d'empêcher autrui d'obtenir ou d'exploiter des droits miniers ou autorisations de carrières.

Le bornage a été institué pour délimiter les limites d'un périmètre couvert par un droit minier ou de carrières légalement octroyé.

Nul ne peut borner son périmètre sans que le CAMI fasse suivre l'opération par un agent public habilité à cet effet. Il s'ensuit que tout bornage, ne s'effectuant pas sous la direction d'un géomètre assermenté, agent du CAMI, appelé en dresser procès-verbal avec plan à l'appui, est illégal.

De plus, il en résulte que l'on doit éviter de porter une fausse indication sur le poteau-signal ou une borne. L'un ou l'autre ne doit pas être frauduleusement placé ou déplacé et méchamment dégradé.

Conséquemment, toute personne qui va à la marge de ce prescrit s'expose à une peine, à savoir une servitude pénale de cinq à six ans et une amende dont le montant en francs congolais est l'équivalent de 5.000 USD à 10.000 USD ou d'une de ces peines seulement. Il en sera de même pour quiconque sera surpris en train de placer, déplacer ou dégrader une borne se trouvant dans un quelconque périmètre minier ou de carrières.

Article 309 : Des outrages ou violences envers les agents de l'Administration et des Services spécialisés des Mines *(modifié et complété par l'article 14 de la Loi n° 18/001 du 09 mars 2018 modifiant et complétant la Loi n° 007/2002 du 11 juillet 2002 portant Code minier)*

Sans préjudice des autres dispositions prévues par le droit commun, est puni d'une peine de servitude pénale ne dépassant pas six mois et d'une amende dont le montant en francs congolais est l'équivalent de 1.000 USD à 5.000 USD ou de l'une de ces peines seulement, celui qui aura outragé par faits, paroles, gestes, menaces ou frappé un agent de l'administration ou des services spécialisés des mines, dans l'exercice ou à l'occasion de l'exercice de ses fonctions.

Dans le cadre de leur mission, les agents de l'Administration et des services spécialisés ne doivent pas faire l'objet d'outrage ou de violences de la part de tout acteur du secteur minier. Le législateur entend ainsi les protéger contre tout outrage ou toute violence à leur égard.

Cet article fixe la peine en cas d'outrages ou violences envers les agents de l'Administration et des Services spécialisés des Mines, soit la peine de servitude pénale ne dépassant pas six mois et d'une amende dont le montant en francs congolais est l'équivalent de 1.000 USD à 5.000 USD ou de l'une de ces peines seulement.

Article 309 bis : Du non rapatriement des recettes d'exportation *(inséré par l'article 28 de la Loi n° 18/001 du 09 mars 2018 modifiant et complétant la Loi n° 007/2002 du 11 juillet 2002 portant Code minier)*

Le titulaire qui ne rapatrie pas les 60 % des recettes d'exportation, conformément aux dispositions de l'article 268 alinéa 2 du présent Code, est puni d'une amende d'un montant égal à 5 % du montant non rapatrié.

Pour Alain Beitone et Antoine Cazorla (2017, p. 251), « les recettes d'exportation sont des sommes d'argent perçus sur les opérations concernant la sortie des marchandises sur le territoire national, la taxe douanière pour cette opération est imposée sur la valeur FOB (Free On Board) c.-à-d. les exportations sont évaluée par les services des douanes à leurs sortie du territoire national, leur prix n'intègre donc pas les dépenses de transport et d'assurance puisque le prix est évalué au moment du chargement sur un moyen de transport) ». En RDC, c'est la DGDA qui perçoit ces recettes à titre d'impôts indirects.

D'après Ahemed Silem et Jean-Marie Malbertini (2002, p. 339), par rapatriement, on peut entendre l'action de faire revenir les biens, les capitaux dans leurs pays d'origine.

Généralement, il arrive que les sociétés minières aient des comptes en devises, appelés comptes principaux, auprès des banques étrangères. Ainsi sont-elles tenues de rapatrier, suivant la législation douanière et après vente à l'étranger des produits miniers ou de carrières, les recettes d'exportation perçues en devises dans leurs comptes nationaux tenus en RDC.

Pour rappel, conformément à l'alinéa 2 de l'article 268 de ce texte de loi, s'il a ouvert plusieurs comptes auprès du système bancaire national, le titulaire du droit minier a l'obligation de rapatrier les recettes d'exportation dans le compte ouvert dans une banque agréée auprès de laquelle l'exportation a été domiciliée.

Le fait de ne pas rapatrier les recettes d'exploitation dans le compte ouvert dans une banque agréée auprès de laquelle l'exportation a été domiciliée, tel qu'exigé à l'alinéa 2 de l'article 268 précité, expose le titulaire à une amende d'un montant égal à 5 % du montant non rapatrié.

C'est dans ce cadre et à la suite de la crise créée par la pandémie de Covid-19 que la BCC avait rappelé à l'ordre, le vendredi 10 juillet 2020, à la traditionnelle conférence de presse ayant suivi la sixième réunion du Comité de politique monétaire, les entreprises minières sur leur obligation de rapatriement des devises du fait d'exportation des produits miniers issus de l'exploitation de leurs différents sites miniers.

« Alors que le franc congolais a franchi la barre de 2.000 FC, le dollar américain, la Banque centrale du Congo et le Gouvernement scrutent toutes les solutions pour soutenir notamment l'offre de devise sur le marché de change afin d'atténuer la dépréciation de la monnaie nationale.

Le gouverneur de la Banque Centrale du Congo, Déogratias Mutombo, a lancé un énième appel aux opérateurs économiques du secteur des mines de rapatrier les 40 % des revenus des exportations conformément au Code minier en vue notamment de soutenir l'offre en devise sur le marché de change. » Repéré sur le site : https://www.google.com/search?client=firefox-b-d&biw=1920&bih=966&ei=trIaX-XZBZTWgQbLqpLYBA&q=pand%C3%A9mie+coronavirus+france&oq=pand%C3%A9mie+coronavirus+&gs_lcp=CgZwc3ktYWIQARgBMgIIADICCAAyAggAMgIIADICCAAyAggAMgIIADICCAAyAggAMgIIADoECAAQR1DyFljyFmDIOWgAcAN4AIABhQKIAYUCkgEDMi0xmAEAoAECoAEBqgEHZ3dzLXdpesABAQ&sclient=psy-ab, consulté le 18 novembre 2020.

Article 310 : Des entraves à l'activité de l'Administration des Mines

Quiconque fait obstacle à l'exécution des travaux ordonnés ou autorisés par les services des mines tel que prévu par le présent Code et le Règlement Minier est puni d'une servitude pénale de six mois et d'une amende dont le montant en francs congolais est l'équivalent de 2.000 USD à 10.000 USD ou d'une de ces peines seulement.

Lorsque les services de l'Administration des mines ordonnent ou autorisent expressément l'exécution de certains travaux, nul ne peut faire obstruction à une telle mesure. Sinon, on est puni d'une servitude pénale de six mois et d'une amende dont le montant en francs congolais est l'équivalent de 2.000 USD à 10.000 USD ou d'une de ces peines seulement.

Il en sera de même en cas de manquement à l'obligation faite au titulaire en matière de bornage. En effet, le défaut de bornage par le titulaire, après une mise en demeure par le CAMI, l'expose à la même sanction.

Article 311 : Des contraventions aux arrêtés du Ministre et du Gouverneur de Province *(modifié et complété par l'article 14 de la Loi n° 18/001 du 09 mars 2018 modifiant et complétant la Loi n° 007/2002 du 11 juillet 2002 portant Code minier)*

Tout contrevenant aux dispositions des arrêtés ministériels notifiés par le Secrétaire général aux mines et des arrêtés du Gouverneur de province dans le secteur minier artisanal ou industriel au titre de mesures d'application du présent Code est puni de sept jours à un mois de servitude pénale et d'une amende dont le montant en francs congolais ne dépasse pas l'équivalent de

1.000 USD pour le secteur minier artisanal, et 10.000 USD pour le secteur minier industriel ou de l'une de ces peines seulement.

Les décisions prises par le ministre des Mines ou le gouverneur de province dans le cadre de l'application de ce texte de loi s'impose erga omnes. Cependant, elles ne peuvent être remises en cause qu'après le recours prévu par ce texte de loi.

Cet article fixe la peine applicable à toute personne qui contrevient aux décisions arrêtées du ministre des Mines et du gouverneur de province comme mesures d'application de ce texte de loi, soit la peine de servitude pénale de sept jours à un mois et l'amende dont le montant en francs congolais ne dépasse pas l'équivalent de 1.000 USD pour le secteur minier artisanal et 10.000 USD pour le secteur minier industriel ou de l'une de ces peines seulement.

Article 311 bis : De la fraude et du pillage des ressources naturelles minières *(inséré par l'article 28 de la Loi n° 18/001 du 09 mars 2018 modifiant et complétant la Loi n° 007/2002 du 11 juillet 2002 portant Code minier)*

Est puni d'une peine de servitude pénale de dix à vingt ans et d'une amende dont le montant s'élève à l'équivalent en francs congolais de 250.000 à 500.000 USD, quiconque aura, par tout acte généralement quelconque, tout accord, toute convention, tout arrangement ou tout autre fait, qui a pour conséquence de priver la nation, les personnes physiques ou morales de tout ou partie de leurs propres moyens d'existence tirés de leurs ressources ou richesses minières, outre la confiscation des biens et avoirs issus du délit.

Cet article fixe la peine en cas de fraude et de pillage des ressources naturelles minières, à savoir la peine de servitude pénale de dix à vingt ans et d'une amende dont le montant s'élève à l'équivalent en francs congolais de 250.000 à 500.000 USD.

Il convient de signaler qu'il existe plusieurs définitions en ce qui concerne l'expression « ressources naturelles ». À ce sujet, Barton Warthinton (1964) opine que « les ressources désignent tout ce que l'homme peut tirer dans n'importe quelle partie de l'univers pour s'en servir. Ainsi, dans le domaine physique, il s'agit bien évidemment de l'énergie solaire ou de l'énergie due à la pesanteur que des gisements minéraux […] ».

Pris sous cet angle, on peut indiquer que la RDC regorge de grandes richesses. C'est qu'il est affirmé sans ambages dans la revue Perspectives économiques en Afrique *(2007) comme suit : « Les potentialités de croissance et de développement économique du pays sont immenses. La RDC regorge littéralement des ressources hydrauliques, minières, forestières, etc. » Et G. Bakandeja Wa Mpungu (2009), quant à lui, renchérit en écrivant que « la nature semble avoir doté ce pays de ressources minières importantes mais, paradoxalement, mal connues ».*

Article 311 ter : De l'entrave à la transparence et à la traçabilité dans l'industrie minière *(inséré par l'article 28 de la Loi n° 18/001 du 09 mars 2018 modifiant et complétant la Loi n° 007/2002 du 11 juillet 2002 portant Code minier)*

Est passible d'une amende dont le montant s'élève à l'équivalent en francs congolais de 100.000 à 1.000.000 USD, quiconque, par tout acte, tout accord, toute convention, tout arrangement ou tout autre fait, entrave à la transparence et à la traçabilité dans l'industrie minière. »

L'entrave à la transparence et à la traçabilité dans l'industrie minière, par quelque moyen que ce soit (par tout acte, tout accord, toute convention, tout arrangement ou tout autre fait), est punissable.

Cet article fixe à cet effet la peine à infliger à toute personne qui en contrevient, soit l'amende dont le montant s'élève à l'équivalent en francs congolais de 100.000 à 1.000.000 USD.

Article 311 quater : De l'omission et du refus de communiquer le changement de domicile *(inséré par l'article 29 de la Loi n° 18/001 du 09 mars 2018 modifiant et complétant la Loi n° 007/2002 du 11 juillet 2002 portant Code minier)*

Est puni, après une mise en demeure de quinze jours ouvrables faite par la Direction des mines ou le Cadastre minier, selon le cas, d'une amende dont le montant s'élève à l'équivalent en franc congolais de 5.000 USD par jour, toute personne qui aura omis ou refusé de signaler auprès de ces services tout changement de localisation de son domicile ou du siège social et administratif.

Le délai court à dater de l'envoi de ladite mise en demeure à la dernière adresse renseignée auprès des services concernés.

Le législateur impose à tout titulaire l'obligation de communiquer non seulement son adresse, mais aussi et surtout le changement de cette dernière. Cela dans le but de faciliter l'échange ou l'expédition des courriers ou correspondances.

Aux termes de l'article 162 du Code de la famille, le changement de domicile s'opère par le fait d'une habitation réelle et effective dans un autre lieu avec l'intention d'y fixer son principal établissement. Cette intention est présumée lorsqu'une personne s'est établie en un autre lieu.

Lorsqu'un titulaire déménage de son siège social ou change de domicile, il est tenu d'informer les services de l'Administration des mines, comme la Direction des Mines, ou le CAMI du fait de ses prérogatives dans la gestion du domaine minier congolais, du changement de son adresse. Cela s'explique par le fait que ces derniers (services) peuvent être amenés à lui adresser des courriers.

Voilà pourquoi le législateur sanctionne le titulaire du droit minier ou de carrières, voire toute autre personne œuvrant dans le secteur minier et assujettie à certaines obligations découlant de l'application de ce texte de loi, qui omettrait ou s'abstiendrait volontairement de communiquer le changement de son adresse. De ce fait, il encourt, après une mise en demeure de quinze jours ouvrables faite par la DM ou le CAMI, selon le cas, une amende dont le montant s'élève à l'équivalent en franc congolais de 5.000 USD par jour.

TITRE XIV : DES RECOURS

Chapitre Premier : DES DISPOSITIONS GÉNÉRALES

Article 312 : Des voies de recours

Il est reconnu au titulaire et à l'État le droit d'exercer les recours par voies administrative, judiciaire et/ou arbitrale prévus par le présent Code.

Le législateur met à la disposition du titulaire du droit minier ou de carrières ainsi que d'autres acteurs du secteur minier les moyens légaux pouvant leur permettre d'obtenir un nouvel examen de leur requête, de faire valoir des irrégularités observées dans le traitement de leurs dossiers, et cela au cas où l'application ou non des dispositions de ce texte de loi, voire la violation de celles-ci, leur porterait préjudiciable.

Pour ce faire, le législateur a établi trois types de recours : le recours administratif, le recours judiciaire et le recours arbitral. Ainsi donc, il a retenu les seules matières pouvant faire l'objet de tel ou tel autre recours, tel qu'il est prévu aux articles 313 à 320 suivants.

Chapitre II :
DU RECOURS ADMINISTRATIF

Article 313 : De l'application des règles de droit commun

Sous réserve des dispositions des articles 46 et 315 du présent Code, le recours dirigé contre les actes administratifs édictés par les autorités administratives en application ou en violation des dispositions du présent Code ou celles du Règlement Minier sont régis par le droit commun en la matière, notamment par les dispositions des articles 146 à 149 et 158 de l'Ordonnance-Loi n° 82-020 du 31 mars 1982 portant Code de l'organisation et de la compétence judiciaires et par l'Ordonnance-Loi n° 82017 du 31 mars 1982 relative à la procédure devant la Cour Suprême de Justice, telles que modifiées et complétées à ce jour.

Cet article dégage la portée du recours administratif. Il renvoie à l'application des règles de droit commun, les actes administratifs édictés par les autorités administratives en application ou en violation des dispositions de ce texte de loi ou de ses mesures d'application, sauf lorsqu'il est question de recourir à l'inscription judiciaire prévue à l'article 46 et aux cas prévus à l'article 315 du même texte dans le cadre du recours judiciaire.

Il s'agit là de faire application principalement des dispositions de la loi organique n° 16/027 du 15 octobre 2016 portant organisation, compétence et fonctionnement des juridictions de l'ordre administratif.

Article 314 : De l'abréviation des délais

Par dérogation aux dispositions des articles 79, 88 et 89 alinéa 1er de l'ordonnance-loi n° 82-017 du 31 mars 1982 susmentionnée, la réclamation préalable du requérant, justiciable devant la Section Administrative de la Cour Suprême de Justice, à l'autorité pouvant rapporter ou modifier l'acte doit être introduite dans les trente jours qui suivent la date de la publication ou de la notification à lui faite personnellement de l'acte entrepris. La requête en annulation est introduite dans les vingt jours à compter du jour où le rejet total ou partiel de la réclamation a été notifié.

Le délai de dépôt du mémoire en réponse et celui du dossier administratif est de quinze jours ouvrables à compter de la signification de la requête. Le même délai s'applique à l'avis du Procureur Général de la République. La prorogation des délais imposée aux parties pour la transmission de la requête et du mémoire en réponse pouvant éventuellement être décidée par ordonnance motivée du Président de la Section Administrative de la Cour Suprême de Justice, ne peut excéder douze jours ouvrables.

L'abréviation des délais prévue aux alinéas précédents du présent article ne concerne que le refus d'octroi des droits miniers et/ou de carrières et d'approbation ou de réalisation des hypothèques.

En tout état de cause, l'arrêt de la Cour Suprême de Justice est rendu dans les trente jours ouvrables à dater de la prise en délibéré de l'affaire.

Cet article fixe le délai légal applicable en matière de recours administratif dont la procédure est prévue par la loi organique du 15 octobre 2016 susmentionnée. Aussi limite-t-il les cas pouvant faire l'objet d'abréviation de délai, notamment en cas de refus d'octroi des droits miniers ou de carrières et d'approbation ou de réalisation des hypothèques.

« Les actes administratifs peuvent faire l'objet d'annulation soit pour violation de la loi, soit pour excès de pouvoir soit pour détournement du pouvoir. (Lire à cet effet pour plus amples informations.) » (Émile Lambert Owenga Odinga, 2014).

Chapitre III :
DU RECOURS JUDICIAIRE

Article 315 : Des matières concernées par le recours judiciaire

Sans préjudice des dispositions de l'article 46 du présent Code, font l'objet de recours judiciaire notamment :

- le retrait et le refus de renouvellement des cartes d'exploitant artisanal et de négociant ;
- le refus de transfert de titre en cas de mutation ou de l'amodiation par le responsable du Cadastre Minier ou son représentant local ;
- les empiétements entre les titulaires des droits miniers ;
- les litiges entre les titulaires ou avec les occupants du sol ;
- la confiscation au profit de l'Administration des Mines de la garantie ou de la provision de réhabilitation du site ;
- le contentieux d'indemnité d'expropriation ;
- le recours contre les décisions d'astreinte prises par l'Administration des Mines en cas de tenue irrégulière des documents ;
- l'interdiction de sortie du Territoire National ;
- l'imposition d'amende en cas du défaut de communication des rapports ;
- la majoration des pénalités pour retard de paiement de la redevance minière et le contentieux pour cas de force majeure ainsi que l'action civile relative aux infractions prévues par le présent Code.

Toutes les matières ne sont pas susceptibles de recours judiciaire. Le législateur a expressis verbis cité quelques-unes d'elles pouvant conduire à ce recours.

En effet, cet article énumère, en dehors du cas de recours par voie d'inscription judiciaire, les seuls cas susceptibles de faire l'objet de recours judiciaire. On peut remarquer ici que cette énumération n'est pas exhaustive. C'est l'adverbe « notamment » qui dégage le caractère indicatif et non exhaustif de cette énumération, laissant entrevoir la possibilité d'avoir d'autres matières non expressément énumérées dans cet article et faisant également l'objet dudit recours.

Il est à noter que les empiétements dont il est question au troisième tiret concernent également les droits de carrières, tel qu'il ressort des cas prévus à l'article 30 de ce texte de loi.

L'omission de mentionner les droits de carrières à ce troisième tiret risque de prêter à confusion et laisser penser que ceux-ci ne font pas l'objet d'empiétement. D'où il doit être amendé. Et cet amendement devrait consister en l'ajout du groupe des mots « et de carrières ». Ainsi, ce tiret amendé sera lu comme suit : « les empiétements entre les titulaires des droits miniers et de carrières ».

Aussi faut-il noter que l'une des matières énumérées ne peut en principe plus être l'objet de recours judiciaire, à cause de la révision de ce texte de loi. En fait, l'interdiction de sortie du Territoire national, reprise au huitième tiret de cet article, ne peut plus être facilement de mise, en raison de l'inéligibilité des personnes physiques aux droits miniers et de carrières. D'où il importera, de lege ferenda, de le supprimer.

Article 316 : Des règles applicables

Les cours et tribunaux saisis d'un litige ou d'un recours contre une décision judiciaire relative aux matières prévues à l'article précédent appliquent la procédure de droit commun prévue par les Codes Congolais de Procédure Civile, Procédure Pénale, Procédure devant la Cour Suprême de Justice ainsi qu'éventuellement tous les textes et principes généraux de droit applicables en matière judiciaire.

Cet article renvoie à l'application des procédures de droit commun par les cours et tribunaux, pour toutes les matières prévues à l'article précédent.

Chapitre IV :
DU RECOURS ARBITRAL

Article 317 : De l'arbitrage

Sous réserve des dispositions relatives aux recours administratif et judiciaire, aux manquements, aux pénalités et sanctions prévues par le présent Code, les litiges pouvant résulter de l'interprétation ou de l'application des dispositions du présent Code peuvent être réglés par voie d'arbitrage prévue aux articles 318 à 320 du présent Code.

À côté des recours administratif et judiciaire, le législateur a prévu un autre mode de règlement de conflit par lequel les parties, à savoir l'État et le titulaire ou ses sociétés affiliées, conviendront de soumettre leur différend. Il s'agit du recours à l'arbitrage.

Ainsi, sont donc soumis au recours arbitral les litiges pouvant résulter de l'interprétation ou de l'application des dispositions de ce texte de loi.

Il faut savoir que l'arbitrage, en droit minier, n'a lieu que lorsqu'un litige oppose les deux parties suivantes : le titulaire du droit minier ou de carrières ou ses sociétés affiliées et l'État. En d'autres mots, on ne peut recourir à l'arbitrage que lorsqu'un titulaire du droit minier ou de carrières est en conflit, non pas avec un autre acteur du secteur minier, par exemple en cas de trouble de voisinage, d'empiétement ou de violation des périmètres miniers ou de carrières, mais avec l'État.

Malheureusement, faute de connaissance ou de mauvaise interprétation de ce texte de loi, certains titulaires des droits miniers et de carrières requièrent parfois l'arbitrage du CAMI en cas de conflit les opposant entre eux ou à d'autres acteurs du secteur minier.

Article 318 : De l'arbitrage interne

Les litiges résultant de l'interprétation ou de l'application des dispositions du présent Code font l'objet d'un arbitrage selon la procédure prévue aux dispositions des articles 159 à 174 du Code de Procédure Civile Congolais.

Le législateur prévoit deux types d'arbitrage : l'arbitrage interne et l'arbitrage international. Ce dernier est prévu à l'article suivant.

En fait, on recourt à l'arbitrage interne à chaque fois qu'il est question d'appliquer la procédure prévue aux articles 159 à 174 du Code de procédure civile congolais à tous les litiges résultant de l'interprétation ou de l'application des dispositions de ce texte de loi. Il s'agit en effet des règles de procédures de fond et de forme qui sont définies auxdits articles.

Article 319 : De l'arbitrage international *(modifié et complété par l'article 15 de la Loi n° 18/001 du 09 mars 2018 modifiant et complétant la Loi n° 007/2002 du 11 juillet 2002 portant Code minier)*

Nonobstant les dispositions de l'article 318 du présent Code, les litiges pouvant survenir à l'occasion de l'interprétation ou de l'application des dispositions du présent Code, peuvent être réglés, à la requête de la partie la plus diligente, par voie d'arbitrage conformément à la Convention sur les Règlements des Différends Relatifs aux Investissements entre État et Ressortissants d'autres États, à la condition que le titulaire soit Ressortissant d'un autre État contractant aux termes de l'article 25 de ladite convention.

Du fait de l'acceptation de la délivrance du titre minier ou de carrière par le Cadastre minier, le titulaire est censé avoir donné d'office son consentement à un tel arbitrage conformément à ladite convention et l'exprime tant en son nom qu'en celui de ses sociétés affiliées. Il accepte, en outre, qu'une telle société affiliée soit considérée comme ressortissant de l'État duquel l'Investisseur est un ressortissant d'un autre État contractant.

Si l'investisseur a effectué son investissement par l'intermédiaire d'une société affiliée de droit congolais, une telle société est considérée, aux fins de la Convention CIRDI comme un ressortissant de l'État duquel l'Investisseur est un ressortissant.

Sans préjudice des dispositions de l'alinéa 5 du présent article, les titulaires qui ne sont pas ressortissants d'un autre État contractant peuvent soumettre les litiges survenant à l'occasion de l'interprétation ou de l'application des dispositions du présent Code à tout tribunal arbitral compétent de leur choix pour autant que ce tribunal ne soit pas régi par les lois de leur pays et n'y siège.

Les titulaires qui ne sont pas ressortissants d'un autre État contractant notifient au Cadastre minier les noms, les coordonnées et le règlement de trois tribunaux arbitraux choisis par eux, dans un délai de trente jours à compter de la délivrance du titre minier. L'État agrée un tribunal arbitral parmi les trois proposés, sous réserve pour lui d'objecter, pour les motifs mentionnés à l'alinéa précédent *in fine*, dans le délai de trois mois à compter de la date de la notification du choix des tribunaux arbitraux.

À défaut d'agrément ou d'objection par l'État dans le délai de trois mois, le titulaire notifie au Cadastre minier dans un délai de trente jours le tribunal arbitral de son choix parmi les trois proposés.

Cet article précise les cas prévus concernant l'arbitrage international.

« À la différence de celui interne, l'arbitrage international n'est soumis à une quelconque limitation liée au fait que le litige soit susceptible de transaction. Tout litige pour lequel le titulaire fait valoir un droit découlant de l'application ou de

l'interprétation du Code minier peut être soumis, selon le législateur, à l'arbitrage » (Émile Lambert Owenga Odinga, 2014, n° 1515, p. 915).

Lorsque les litiges résultant de l'interprétation ou de l'application des dispositions de ce texte de loi ne peuvent être réglés ou ne sont pas réglés par l'arbitrage interne, il est fait recours à l'arbitrage international. Dans ce cas, il revient à la partie la plus diligente de formuler la requête, le titulaire devrait être ressortissant d'un autre État contractant aux termes de l'article 25 de la Convention sur les règlements des différends relatifs aux investissements entre État et Ressortissants d'autres États.

Soulignons que, pour que les litiges portant sur l'application et l'interprétation de ce texte de loi soient susceptibles d'arbitrage international, il doit s'agir des litiges pour lesquels l'investisseur avait obtenu au moins l'octroi d'un droit minier ou de carrières.

« Il convient de distinguer l'arbitrage concernant les sujets de droit international, celui qui est soumis à une convention internationale ou au règlement d'une institution d'arbitrage, celui ayant un élément d'extranéité, celui portant sur le droit du commerce international » (Lire Émile Lambert Owenga Odinga, 2014).

Il faut savoir que la convention CIRDI (Convention pour le règlement des différends relatifs aux investissements entre États et ressortissants d'autres États) constitue une garantie pour les opérateurs miniers de bénéficier de la clause arbitrale.

Le recours à l'arbitrage international peut toujours servir aux investisseurs véreux comme moyen de causer du tort à l'État congolais. Car, « la jurisprudence de la CIRDI condamne souvent les États qui ont changé leurs législations qui portent préjudicient aux investisseurs », souligne Jivet Ndela Kubokoso (2020, p. 343).

Article 320 : Des règles et des décisions d'arbitrage

Conformément à l'article précédent, l'arbitrage se fait en langue française au lieu convenu par l'État et le titulaire.

Aux fins de l'arbitrage, l'instance arbitrale se réfère aux dispositions du présent Code, aux lois de la République Démocratique du Congo et à ses propres règles de procédure.

Les décisions rendues par l'arbitre sont exécutoires et leur exécution peut être demandée devant toute juridiction compétente dans le Territoire National selon la forme prévue par le Code de Procédure Civile Congolais ou dans le pays dont relève le titulaire.

En cas d'application des dispositions de l'alinéa précédent, l'État renonce à se prévaloir de toute immunité de juridiction ou d'exécution.

Cet article fixe les règles applicables au recours arbitral international. En sus, il fixe les modalités d'application des décisions issues dudit recours.

Il a l'avantage de protéger les droits des opérateurs miniers et constitue pour eux une garantie quant à l'exécution des sentences arbitrales. En effet, c'est en s'appuyant sur l'alinéa 2 que les investisseurs miniers peuvent solliciter devant la juridiction de leur pays l'exécution des décisions arbitrales qui leur sont favorables. En pareille circonstance, l'État congolais ne pourra s'y opposer, du fait de sa renonciation à toute immunité de juridiction ou d'exécution.

L'application de cet article peut affaiblir l'État congolais, au cas où tous les opérateurs miniers décideraient de porter leurs différends devant l'arbitrage international, notamment lorsqu'ils entendent se prévaloir des droits acquis grâce à leurs conventions minières. Il va sans dire que cet article peut servir de moyen pour nuire à l'État congolais, dans la mesure où ce dernier se verrait condamner à payer d'énorme somme d'argent aux différents titulaires des droits miniers et de carrières. C'est dans ce sens que Thomas Lassourd (2018) écrit ceci :

> *« Le Gouvernement risque des conflits en arbitrage avec les sociétés minières qui revendiquent l'application de la clause de stabilité du code de 2002 ou du régime conventionnel qui ont été abolis par le nouveau code minier. De tels conflits pourraient limiter l'application du nouveau code et/ou coûter des centaines de millions de dollars au trésor congolais. »*

Chapitre V :
DE LA REPRÉSENTATION DE L'ÉTAT ET DE LA SIGNIFICATION DES ACTES

Article 321 : De la représentation de l'État

Dans toutes les instances administratives, arbitrales et judiciaires où l'État est mis en cause, sa représentation est assurée, en demande ou en défense, par le Responsable de l'Administration des Mines ou son représentant local tant au pays qu'à l'étranger.

Lorsque l'État congolais est partie prenante dans un procès administratif, judiciaire ou arbitral, il est représenté, en demande ou en défense, par le responsable de l'Administration des mines au niveau national, en l'occurrence le ministre des Mines, ou son représentant local à l'étranger, à savoir son ambassadeur.

Article 322 : De la signification des actes de procédure

Tout recours, tout jugement, tout arrêt et autres actes de procédure sont signifiés à l'État au Bureau du Ministre ou au Bureau de sa représentation locale.

Toute signification faite à tout autre endroit du Territoire National ou à l'étranger est nulle et non avenue.

Cet article détermine le lieu de la signification à l'État congolais des actes de procédures, à la suite des instances administratives, arbitrales et judiciaires. Ces actes sont signifiés au bureau du ministre des Mines ou au bureau de sa représentation locale. En dehors de ce lieu, toute signification faite à tout autre endroit du territoire national ou à l'étranger est nulle et non avenue, autrement dit l'État sera censé ne pas être signifié desdits actes.

TITRE XV :
DES DISPOSITIONS DIVERSES

Article 323 : De la consultation des registres et des cartes de retombes minières au Cadastre Minier par le public

Les registres relatifs aux droits miniers et de carrières ainsi que les cartes de retombes minières peuvent être consultés gratuitement par le public auprès du Cadastre Minier.

Néanmoins, la levée des données est subordonnée au paiement des frais fixés par le Règlement Minier.

Il ressort de l'article 14 quater, alinéa 9, du Règlement minier que le CAMI doit régulièrement tenir, c'est-à-dire mettre en ordre, ses registres et cartes de retombes minières qui restent ouverts à la consultation du public.

S'agissant des registres relatifs aux droits miniers et de carrières, il y a lieu d'indiquer que leur tenue ne se fait toujours pas comme il se devait. En cette matière, un effort devrait être fait par le CAMI pour s'acquitter correctement de sa tâche.

Étant libre, la consultation de ces documents n'est soumise à aucun paiement de frais. Néanmoins, une personne qui désire lever les données, pour telle ou telle autre raison, est tenue de payer les frais y afférents.

Article 324 : De la confidentialité

Les renseignements à caractère technique, géologique et minier fournis par le titulaire sont confidentiels pour une durée de dix ans. Passé ce délai, ils sont accessibles au public.

Toutefois, ces renseignements pourront être utilisés et publiés globalement à des fins documentaires avant l'expiration de ce délai sans divulgation des renseignements à caractère individuel.

Ils cessent d'être confidentiels lorsque le droit minier ou de carrières expire ou lorsque son Titulaire y renonce ou est déchu de ces droits.

Il est interdit aux services de l'Administration des mines de divulguer les informations fournies par un opérateur minier dans le cadre de ses activités minières, notamment les renseignements sur les levées géophysiques ou toutes campagnes de prospection géochimique fournis à la Direction de Géologie, et ce pour un délai de dix ans. Dans cet élan, il est interdit au public d'y avoir accès. Toutefois, après écoulement de ce délai, ces renseignements peuvent être disponibles.

Avant l'expiration dudit délai, l'utilisation et la publication des renseignements fournis par le titulaire ne sont permises qu'à des fins documentaires, mais sans pour autant que cela puisse indiquer expressément le titulaire ou la personne de qui ils émanent.

En cas d'expiration, de renonciation du droit minier ou de carrières, voire lorsque le titulaire est déchu de ses droits et que le droit est retiré, la confidentialité n'est plus de rigueur.

Ainsi qu'on peut le constater, l'alinéa 3 de cet article prête à confusion. En effet, comme il a été souligné précédemment, ce n'est pas la déchéance d'un titulaire de ses droits sur tel ou tel autre droit qui constitue la sanction administrative, mais c'est le retrait dudit droit qui en est une. Voilà pourquoi le législateur aurait dû parler de retrait du droit plutôt que du titulaire déchu.

Il faudra envisager la modification de l'alinéa 3 in fine de cet article de lege ferenda. L'amendement à y apporter devrait consister en la suppression du groupe des mots « est déchu de ces [sic] droits » et en l'insertion du groupe des mots « fait l'objet de retrait ». De ce fait, ledit alinéa devrait être modifié comme suit : « Ils cessent d'être confidentiels lorsque le droit minier ou de carrières expire, est renoncé ou fait l'objet de retrait. »

Article 325 : De l'ajustement des montants

Les montants exprimés en monnaie étrangère dans la présente loi sont exprimés en valeur de cette monnaie à la date d'entrée en vigueur du présent Code. Ces montants sont ajustés annuellement par décision du responsable du Cadastre Minier sur avis de la Banque Centrale du Congo afin de maintenir constante leur valeur.

Dans le souci de maintenir la valeur de la monnaie étrangère, le législateur autorise le responsable du CAMI, sur avis de la BCC, à ajuster annuellement, s'il échet, les montants exprimés en monnaie étrangère à l'entrée en vigueur de ce texte de loi.

Cette mesure se justifie à cause de l'inflation et de la baisse récurrentes de la valeur de la monnaie en RDC.

Article 326 : Des matières non réglées dans le présent Code

Les matières connexes non expressément prévues, définies ou réglées par les dispositions du présent Code relèvent du Règlement Minier.

Cet article renvoie la réglementation des matières connexes non expressément définies ou réglées aux mesures d'application de ce texte de loi, particulièrement aux dispositions des annexes du Règlement minier.

Article 326 bis : De la propriété des biens mobiliers et immobiliers *(inséré par l'article 29 de la Loi n° 18/001 du 09 mars 2018 modifiant et complétant la Loi n° 007/2002 du 11 juillet 2002 portant Code minier)*

Sans préjudice des obligations de réhabilitation du site prévues dans son plan de gestion environnementale et sociale, la propriété des biens immobiliers de toute nature acquis par le titulaire des droits miniers et/ou des carrières dans le cadre de ses activités et se trouvant sur le périmètre est transférée à l'État en cas d'expiration, de retrait, d'annulation ou de renonciation totale du titre minier et/ou des carrières.

Le Règlement minier détermine les modalités d'application de cette disposition.

Cet article détermine le sort réservé aux biens mobiliers et immobiliers appartenant au titulaire des droits miniers et/ou de carrières, soit en cas d'extinction de ces derniers, soit en cas d'expiration, de retrait, d'annulation ou de renonciation totale desdits droits.

À cet égard, le législateur a voulu, dans sa conception, que la propriété de ces biens soit transférée à l'État, c'est-à-dire qu'ils deviennent la propriété de l'État.

À la lecture attentive des dispositions de cet article, on peut remarquer que le législateur met uniquement l'accent sur les biens immobiliers, mais pas sur les biens mobiliers. Il en est de même dans le Règlement minier. Doit-on ainsi conclure que les biens mobiliers du titulaire ne deviendront pas la propriété de l'État ?

Puisque le législateur ne le dit pas expressément, les biens mobiliers ne devraient pas suivre le sort réservé aux biens immobiliers, et ce, suivant la locution latine « Ubi lex non distinguit, nec nos distinguere debemus », littéralement traduit « Là où la loi ne distingue pas, nous ne devons pas distinguer ». Elle reflète donc l'autorité de la loi, qui ne peut pas être exposée aux interprétations diverses, soit non contextuelles.

L'article 575 bis du Règlement minier fixe les modalités applicables à la propriété des biens mobiliers et immobiliers.

TITRE XVI :
DES DISPOSITIONS TRANSITOIRES

(modifié et complété par l'article 16 de la Loi n° 18/001 du 09 mars 2018 modifiant et complétant la Loi n° 007/2002 du 11 juillet 2002 portant Code minier)

Chapitre Premier :
DES DROITS MINIERS ET DE CARRIÈRES EN VIGUEUR

Article 327 : *(abrogé par l'article 31 de la Loi n° 18/001 du 09 mars 2018 modifiant et complétant la Loi n° 007/2002 du 11 juillet 2002 portant Code minier).*

Avant la modification de ce texte de loi, cet article se rapportait à la liste des titres miniers et de carrières étatiques qui devrait être établie et publiée par le ministre des Mines et qui ont été couverts par des droits octroyés sous l'ordonnance-loi 81-013 du 2 avril 1981 portant législation générale sur les mines et les hydrocarbures. Cela se justifiait du fait que ces titres devraient passer par la procédure de la validation, ce qui n'est plus à présent de mise. C'est pourquoi cet article devrait simplement être abrogé.

Chapitre II :
DES DEMANDES RELATIVES AUX DROITS MINIERS ET/OU DE CARRIÈRES EN INSTANCE

Article 328 : Des demandes d'octroi en instance à la date de la promulgation du présent Code *(modifié et complété par l'article 16 de la Loi n° 18/001 du 09 mars 2018 modifiant et complétant la Loi n° 007/2002 du 11 juillet 2002 portant Code minier)*

Les requérants qui ont des demandes d'octroi des droits miniers et/ou de carrières en instance à la date de la promulgation de la présente loi, sont tenus de les reformuler conformément aux dispositions du présent Code dans un délai de trois mois, à compter de son entrée en vigueur.

On entend par demandes en instance, les demandes des droits miniers et de carrières déposées au Cadastre minier, en cours d'instruction cadastrale, technique et/ou environnementale.

Cet article détermine le sort réservé aux dossiers de demandes d'octroi des droits miniers et/ou de carrières, introduites avant l'entrée en vigueur de ce texte de loi et qui sont en instance d'instruction au niveau du CAMI, de l'un ou l'autre services de l'Administration des mines.

Il est normal que lesdits dossiers fassent l'objet de reformulation en vue de les conformer aux dispositions de ce texte de loi. C'est pourquoi il sera incompréhensible que cet article s'applique aux demandes ayant déjà reçu des avis cadastraux favorables (le cas des PR ou des ARPC) et les avis technique ainsi qu'environnemental favorables (le cas des PE, PE, PER, de l'AECT ou des AECP), quand bien même la décision d'octroi du droit minier ou de carrières ne serait pas encore prise.

Article 329 : *(abrogé par l'article 31 de la Loi n° 18/001 du 09 mars 2018 modifiant et complétant la Loi n° 007/2002 du 11 juillet 2002 portant Code minier).*

Article 330 : Des droits de carrières *(modifié et complété par l'article 16 de la Loi n° 18/001 du 09 mars 2018 modifiant et complétant la Loi n° 007/2002 du 11 juillet 2002 portant Code minier)*

Dans les 3 mois qui suivent l'entrée en vigueur du présent Code, le Chef de division des mines établit la liste des droits de carrières octroyés dans sa province à partir de 2003.

Il dresse, dans le même délai, un inventaire des dossiers clos archivés, des dossiers en cours d'instance, des contentieux ouverts par-devant lui, en vue de leur dévolution au ministre provincial ayant les mines dans ses attributions qui intervient dans le mois qui suit l'entrée en vigueur du Règlement minier révisé.

Cet article met en exergue la compétence du ministre provincial des Mines en matière d'octroi des autorisations de recherches des produits de carrières et des autorisations d'exploitation de carrières de matériaux de construction à usage courant. Il vient ainsi dépouiller le chef de division provinciale des Mines de cette prérogative qui, jadis, lui était dévolue.

En effet, avant la modification de ce texte de loi, il résultait de l'article 11 de ce dernier que le chef de division provinciale des Mines était compétent d'octroyer les droits de recherches des produits de carrières et d'exploitation de carrières permanentes ou temporaires pour les matériaux de construction à usage courant.

Avec la modification de ce texte de loi, cette principale tâche est désormais confiée au ministre provincial des Mines.

C'est dans cet esprit qu'il est fait obligation à chaque chef de division provinciale des Mines de tenir, dans les trois mois qui suivent l'entrée en vigueur de ce texte de loi, et de lister tous les droits de carrières octroyés dans sa province à partir de 2003, aux fins de les transmettre au ministre provincial des Mines de son ressort.

Il s'agit là d'un état de lieux de la situation de tous les droits de carrières à l'effet de permettre au ministre provincial des Mines d'en prendre connaissance, et éventuellement d'examiner les dossiers de demande en cours de traitement pour y donner suite par la prise d'une décision.

Chapitre III :
DES PARTENARIATS AVEC L'ÉTAT

Article 331 : *(abrogé par l'article 31 de la Loi n° 18/001 du 09 mars 2018 modifiant et complétant la Loi n° 007/2002 du 11 juillet 2002 portant Code minier).*

Article 332 : *(abrogé par l'article 31 de la Loi n° 18/001 du 09 mars 2018 modifiant et complétant la Loi n° 007/2002 du 11 juillet 2002 portant Code minier).*

Article 333 : *(abrogé par l'article 31 de la Loi n° 18/001 du 09 mars 2018 modifiant et complétant la Loi n° 007/2002 du 11 juillet 2002 portant Code minier).*

Il sied de souligner que, sous l'ordonnance-loi n° 81-013 du 2 avril 1981 portant législation générale sur les mines et les hydrocarbures, l'État congolais avait conclu plusieurs partenariats avec les personnes de nationalité congolaise ou étrangère qui exploitaient les périmètres miniers faisant ou non l'objet d'un droit minier.

L'avènement de la loi n° 007/2002 du 11 juillet 2002 portant Code minier a mis fin à tout partenariat qui portait sur l'exploitation des substances minérales d'un périmètre minier ne faisant pas l'objet du droit minier.

Avec la réforme de 2018, l'État congolais n'entend plus conclure de tels partenariats et impose que toute exploitation des substances minérales se fasse suivant la procédure en la matière, c'est-à-dire à travers l'une des modalités d'octroi des droits miniers et de carrières prévues par ce texte de loi, à savoir : la modalité d'octroi sur demande ou la modalité d'octroi sur appel d'offres.

De ce fait, il paraît logique que tous ces articles relatifs respectivement à la faculté de maintenir les partenariats conclus avec l'État (article 331 non modifié de ce texte de loi), aux reconductions des droits miniers ou de carrières (article 332 non modifié de ce texte de loi) et à l'établissement de nouveaux titres (article 333 non modifié de ce texte de loi) soient tout simplement abrogés, car ils n'ont plus leur raison d'être.

Chapitre IV :
DE LA MISE EN APPLICATION DE NOUVELLES DISPOSITIONS

Article 334 : Des modalités d'application de la présente loi *(modifié et complété par l'article 16 de la Loi n° 18/001 du 09 mars 2018 modifiant et complétant la Loi n° 007/2002 du 11 juillet 2002 portant Code minier)*

Les modalités d'application des dispositions du présent Code sont fixées par le Règlement minier tel que modifié et complété et par d'autres décrets d'application pris dans les 90 jours suivant la promulgation de la présente loi.

En attendant la publication des mesures prévues à l'alinéa précédent du présent article, les modalités d'application urgentes peuvent être prises par voie d'arrêté ministériel ou interministériel, le cas échéant.

En principe, le Règlement minier constitue les mesures d'application de ce texte de loi. Toutefois, avant la publication dudit Règlement, le législateur autorise le ministre des Mines seul ou, au besoin, conjointement avec un autre ministre, à prendre des mesures pouvant être appliquées, conformément à ce texte de loi.

Article 335 : De la suspension des demandes des droits miniers et de carrières, des cartes d'exploitation artisanale et d'agrément *(modifié et complété par l'article 16 de la Loi n° 18/001 du 09 mars 2018 modifiant et complétant la Loi n° 007/2002 du 11 juillet 2002 portant Code minier)*

Les nouvelles demandes d'octroi de droits miniers et de carrières de recherches, des cartes d'exploitant artisanal et de négociant ainsi que les demandes d'agrément au titre de comptoirs d'achat et de vente des substances minérales, des entités de traitement, des coopératives minières agréées sont suspendues pendant la période qui court de la promulgation de la présente loi à l'entrée en vigueur du Règlement minier révisé.

Les demandes d'octroi des droits miniers ou de carrières d'exploitation, les demandes de renouvellement, de mutations, d'amodiation, d'extension, de sûretés relatives aux droits miniers ou des carrières en cours de validité, la réalisation de tous autres actes et procédés juridiques concernant de tels droits se font au cours de la période visée à l'alinéa précédent conformément aux dispositions du présent Code et des autres règlements en vigueur.

Au cours de la période visée par le premier alinéa du présent article, une commission ad hoc instituée par le ministre procède à l'inventaire des gisements miniers dont les droits miniers et des carrières ont été versés dans le domaine public conformément aux dispositions du présent Code.

Durant toute la période qui court, soit de la promulgation de ce texte de loi à l'entrée en vigueur du Règlement minier révisé, le législateur veut que soient suspendues les nouvelles demandes d'octroi de droits miniers et de carrières de recherches, des cartes d'exploitant artisanal et de négociant ainsi que les demandes d'agrément au titre de comptoirs d'achat et de vente des substances minérales, des entités de traitement, des coopératives minières agréées.

Par ailleurs, le législateur a suggéré qu'au cours de cette période, les dispositions de ce texte de loi et d'autres règlements en vigueur soient appliquées aux demandes d'octroi des droits miniers ou de carrières d'exploitation, aux demandes de renouvellement, de mutations, d'amodiation, d'extension, de sûretés relatives aux droits miniers ou des carrières en cours de validité, à la réalisation de tous autres actes et procédés juridiques concernant de tels droits.

De plus, pendant la période découlant de l'alinéa 1 de cet article, le ministre des Mines est tenu d'instituer une commission ad hoc en vue de procéder à l'inventaire des gisements miniers dont les droits miniers et des carrières ont été versés dans le domaine public.

Il convient de signaler qu'avant et après la modification de ce texte de loi, aucun gisement minier provenant des droits miniers et de carrières n'avait été et n'est inventorié jusqu'à ce jour.

Article 336 : *(abrogé par l'article 31 de la Loi n° 18/001 du 09 mars 2018 modifiant et complétant la Loi n° 007/2002 du 11 juillet 2002 portant Code minier).*

Article 337 : *(abrogé par l'article 31 de la Loi n° 18/001 du 09 mars 2018 modifiant et complétant la Loi n° 007/2002 du 11 juillet 2002 portant Code minier).*

Article 338 : *(abrogé par l'article 31 de la Loi n° 18/001 du 09 mars 2018 modifiant et complétant la Loi n° 007/2002 du 11 juillet 2002 portant Code minier).*

Article 339 : *(abrogé par l'article 31 de la Loi n° 18/001 du 09 mars 2018 modifiant et complétant la Loi n° 007/2002 du 11 juillet 2002 portant Code minier).*

Article 340 : De la validité des conventions minières *(modifié et complété par l'article 16 de la Loi n° 18/001 du 09 mars 2018 modifiant et complétant la Loi n° 007/2002 du 11 juillet 2002 portant Code minier)*

Toutes les conventions minières en vigueur à la promulgation de la présente loi sont régies par les dispositions du présent Code.

On parle de la convention minière lorsque le Gouvernement conclut avec une personne morale un contrat qui porte sur un droit minier ou de carrières dont la durée devrait respecter la validité reconnue à celui-ci. À ce sujet, Émile Lambert Owenga Odinga (2014, n° 145, pp. 99-100) écrit ceci :

> *« Pour être valable, la convention doit d'une part être signée du côté de l'État congolais par le ministre des Mines, le Ministre des Finances, le Ministre du Budget et éventuellement par le Ministre du portefeuille, lorsque ladite convention minière prévoit la participation de l'État. »*

Ainsi conclue, la convention minière vient déroger aux règles du régime minier du droit commun. Dans cette perspective, il n'est pas étonnant que l'acte conventionnel accorde des privilèges, des faveurs ou des droits meilleurs que ceux prévus par ce texte de loi, notamment en ce qui concerne les régimes douanier, fiscal et de change.

À ce propos, il est inutile de préciser que la plupart, si pas toutes les conventions signées avant la promulgation de ce texte de loi, avaient accordé des droits plus avantageux aux sociétés minières, et ce, au détriment des intérêts du pays. L'économie nationale s'en était vue préjudiciée, du fait qu'il y a eu une juxtaposition de régime d'imposition, à savoir un régime de droit commun et un régime spécifique, c'est-à-dire un régime dérogatoire au droit commun, pour les sociétés minières bénéficiaires des conventions.

Il faut signaler que les conventions minières dûment signées et approuvées par décret du président de la République, conformément à l'ordonnance-loi n° 81/013 du 2 avril 1981 portant législation sur les mines et hydrocarbures et avant la modification de ce texte de loi, étaient régies par les termes de leurs conventions respectives.

Aujourd'hui, le législateur a tranché en disposant que les conventions minières en vigueur en date du 09 mars 2018 sont régies par les dispositions de ce texte de loi. Cela sous-entend qu'à travers cet article les conventions minières sont résiliées, et ce, malgré l'existence de la clause de résiliation qui est y prévue. Est-ce que l'État congolais a recouru à la théorie du fait de prince pour ce faire ?

L'innovation du législateur se situe sur le plan de l'abandon du régime minier conventionnel au profit du seul régime minier de droit commun, en soumettant ainsi tous les opérateurs miniers aux mêmes conditions. Ainsi a-t-il jugé bon de mettre fin au dualisme juridique, pour mieux dire à la coexistence du régime de ce texte de loi et des conventions minières. À ce propos, la Coordination des plaidoyers de la société civile pour la gouvernance des ressources naturelles (2017, pp. 38-39) justifie la suppression de ce dualisme en ces termes :

> *« Du point de vue du droit, deux raisons justifient cette suppression du dualisme juridique dans le secteur minier congolais :*
>
> *1. Principe de non-discrimination des investisseurs et d'égal traitement*

La société civile soutient l'uniformisation du régime juridique applicable à tous les projets miniers ainsi qu'un traitement juste et équitable. Ceci est conforme à l'essence de la modernisation de la législation visant à ce que tous les investisseurs soient traités sur une même base, et de ce fait, favoriser le développement d'une industrie minière concurrentielle. En outre, le traitement équitable et uniforme faciliterait le contrôle et éviterait de situation où certains projets miniers exploitent sans payer les droits dus au Trésor public.

2. Désuétude du régime de conventions minières

Une question qui mérite d'être posée est celle de savoir si les conventions minières sont encore importantes aujourd'hui ? Pour la société civile, le régime conventionnel dans le secteur minier ne se justifie plus et devrait carrément être supprimé. Sa position se fonde sur l'état des lieux […]. »

Il est à noter que, « lors de la promulgation du code minier en 2002, il existait environ cinq conventions minières (ou partenariats) qui ont opté de rester dans le régime conventionnel conformément à l'alinéa premier de l'article 340 du code [avant sa modification]. Il s'agit de :

- la convention TFM ;

- la convention Anvil Mining ;

- la convention SAKIMA/Banro ;

- la convention AGK ; et

- la convention MDDK (Mine d'or de Kisenge) » (Coordination des plaidoyers de la société civile pour la gouvernance des ressources naturelles, 2017, p. 39).

En effet, avant sa modification, l'article 340, alinéa 2, de ce texte de loi disposait : « Leurs titulaires [des conventions minières] peuvent néanmoins opter pour l'application des dispositions du présent Code dans leur intégralité en lieu et place de leurs conventions dans les neuf mois qui suivent l'entrée en vigueur de celui-ci. »

C'est en application de cet alinéa 2 que la société minière TFM s'est retrouvée dans un partenariat hybride, et cela, à la suite de la revisitation des contrats miniers en 2007.

La soumission des titulaires des droits miniers et/ou de carrières en vertu des conventions aux obligations de ce texte de loi, notamment le paiement des droits superficiaires annuels et la prise en compte du taux de la redevance minière, est heureuse dans la mesure où elle permet d'augmenter l'assiette parafiscale du Trésor public.

Article 341 : *(abrogé par l'article 31 de la Loi n° 18/001 du 09 mars 2018 modifiant et complétant la Loi n° 007/2002 du 11 juillet 2002 portant Code minier).*

Article 342 : De la garantie de stabilité *(modifié et complété par l'article 16 de la Loi n° 18/001 du 09 mars 2018 modifiant et complétant la Loi n° 007/2002 du 11 juillet 2002 portant Code minier)*

Les dispositions de la présente loi sont d'application immédiate à l'ensemble des titulaires des droits miniers valides à la date de son entrée en vigueur.

En cas de modification législative dans les cinq ans à dater de l'entrée en vigueur du présent Code, les titulaires des droits miniers visés à l'alinéa précédent bénéficient de la garantie de stabilité du régime fiscal, douanier et de change du présent Code.

« La décision la plus radicale qu'a prise l'État congolais dans la version finale de l'amendement du Code minier est d'imposer l'ensemble des nouvelles obligations à tous les titulaires de droits miniers dès l'entrée en vigueur de la loi » (Jivet Ndela Kubokoso, 2020, p. 340).

Cet article met en exergue le caractère immédiat de l'application des dispositions de ce texte de loi aux titulaires des droits miniers valides.

Aussi prévoit-il que, quelle que soit la modification de ce texte de loi pouvant intervenir avant le 09 mars 2023, une garantie de stabilité du régime fiscal, douanier et de change, tel que prévu dans ce même texte, est assurée aux titulaires des droits miniers valides.

Il convient de signaler que cette garantie de stabilité ne s'étend plus à dix ans, mais plutôt à cinq ans, conformément à l'alinéa 2 de l'article 276 de ce texte de loi. Les opérateurs miniers, titulaires des droits miniers (et de carrières d'exploitation), qui pouvaient espérer bénéficier d'une garantie de stabilité jusqu'en 2028, n'en profiteront que jusqu'en 2023. Par contre, ceux ayant des droits miniers de recherches et qui les transformeraient en droits miniers d'exploitation (PE ou PEPM) bénéficieront de la durée de garantie de stabilité à dater de l'octroi de ces derniers. Concrètement, un titulaire d'un PR qui transformera aujourd'hui (par exemple, en août 2021) son PR en PE, bénéficiera de la garantie de stabilité jusqu'en août 2026, même si les régimes fiscal, douanier et de change venaient à être modifiés avant le 09 mars 2023. Ce qui n'est pas le cas pour les titulaires des droits miniers d'exploitation existant à la promulgation de ce texte de loi, soit à la date du 09 mars 2018, dont leur garantie de stabilité prend fin après le 09 mars 2023.

Cet état de choses non seulement ne permet pas de promouvoir la confiance, mais aussi et surtout met en cause la crédibilité même de l'engagement de l'État congolais aux yeux de la communauté internationale et la pertinence de certaines décisions politiques. Il s'est dit que le Gouvernement a pris le risque de faire fuir les investisseurs miniers.

Par ailleurs, on peut remarquer que cet article s'intéresse particulièrement aux titulaires des droits miniers devant bénéficier de la garantie de stabilité. Doit-on donc conclure à l'exclusion des titulaires des droits de carrières d'exploitation ?

De notre point de vue, il serait impensable que les titulaires des droits de carrières d'exploitation ne puissent pas bénéficier des effets de cette garantie. Car si l'on se référer aux dispositions de l'alinéa 2 de l'article 276 de ce texte de loi, on peut bien se rendre compte de la prise en considération par le législateur des titulaires des droits de carrières, et ce, lorsqu'il emploie l'expression « droits octroyés ». Cette dernière sous-entend que les deux types des droits (les droits miniers et les droits de carrières) prévus dans ce texte de loi soient considérés.

Pour éviter toute mauvaise interprétation, cet article devrait être amendé de lege ferenda, afin d'y apporter la précision. Et cet amendement devrait consister en l'ajout du groupe de mots « et de carrières » aux deux alinéas de cet article. Ainsi, l'article amendé devrait être reformulé de la manière suivante :

> *« Les dispositions de la présente loi sont d'application immédiate à l'ensemble des titulaires des droits miniers "et de carrières" valides à la date de son entrée en vigueur.*
>
> *En cas de modification législative dans les cinq ans à dater de l'entrée en vigueur du présent Code, les titulaires des droits miniers "et de carrières" visés à l'alinéa précédent bénéficient de la garantie de stabilité du régime fiscal, douanier et de change du présent Code. »*

Article 342 bis : Du délai d'application de l'obligation de traitement et de transformation en République Démocratique du Congo pour les titulaires actuels des droits miniers *(inséré par l'article 30 de la Loi n° 18/001 du 09 mars 2018 modifiant et complétant la Loi n° 007/2002 du 11 juillet 2002 portant Code minier)*

Les titulaires des droits miniers en cours de validité disposent d'un délai de trois ans pour procéder, sur le territoire de la République Démocratique du Congo, au traitement et à la transformation des substances minérales par eux exploitées.

Le délai prévu à l'alinéa premier du présent article ne peut être réduit ou prorogé que par une modification de la présente disposition par les deux chambres du Parlement.

La présente disposition produit ses effets dès l'entrée en vigueur de la présente loi.

Cet article fixe le délai imparti aux titulaires des droits miniers et de carrières, soit à trois ans, pour procéder sur le territoire de la RDC au traitement et à la transformation des substances minérales par eux exploitées.

Il s'ensuit qu'il est strictement interdit auxdits titulaires d'exporter les minerais à l'état brut pour traitement ou commercialisation à l'extérieur du territoire national, sauf sur autorisation expresse du ministre des Mines.

« Même si le pays déploie ses efforts en vue de la valorisation des produits miniers à travers l'adoption de prohibition/restriction des exportations de minerais bruts et de concentrés, il est obligé d'exporter des minerais bruts car il n'existe pas encore une panoplie complète de raffineries permettant de traiter toutes les espèces minérales. En effet, il n'y a que des usines de raffinage de cuivre, de cobalt et d'or en RDC. Cette dernière n'arrive donc pas à atteindre les objectifs qu'elle s'est fixés en raison du déficit en énergie électrique dont la solution définitive n'interviendra qu'avec la mise en marche de la Centrale hydroélectrique INGA III » (Cabinet du président de la République – RDC, 2016, p. 235).

Les articles 218 à 222 du Règlement minier fixent les modalités concernant le traitement exceptionnel des minerais à l'état brut à l'extérieur du territoire national

TITRE XVII :
DES DISPOSITIONS ABROGATOIRES ET FINALES

Article 343 : Des dispositions abrogatoires

Sont abrogées à la date de la promulgation de la présente loi, toutes les dispositions légales et réglementaires contraires aux dispositions du présent Code, et notamment :

a) l'Ordonnance-Loi n° 81-013 du 2 avril 1981 portant législation générale sur les mines et les hydrocarbures telle que modifiée et complétée à ce jour, à l'exception des dispositions applicables aux autorisations d'exploitation ou de commercialisation des produits des mines artisanales, aux hydrocarbures, et sauf en ce qui concerne les conventions minières dûment signées et approuvées à la promulgation du présent Code ;

b) l'article 4 de la loi n° 77-027 du 17 novembre 1977 portant mesures générales de rétrocession des biens zaïrianisés ou radicalisés en ce qui concerne les mines et les carrières ;

c) la loi n° 74-019 du 15 septembre 1974 portant création d'une brigade minière ;

d) l'Ordonnance-Loi n° 72-005 du 14 janvier 1972 tendant à renforcer la protection de certaines substances contre le vol ;

e) l'Ordonnance n° 84-082 du 30 mars 1984 portant règlement des activités des comptoirs d'achat des substances minérales précieuses ;

f) le Décret n° 0012 du 22 janvier 1997 instituant un nouveau tarif des droits et taxes à l'importation en ce qui concerne les mines et carrières ;

g) le Décret n° 121 du 11 septembre 1998 portant création d'un service public à caractère social dénommé Service d'Achats des Substances Minérales Précieuses « SASMIP. » et ses mesures d'exécution ;

h) la Loi n° 78-017 du 11 juillet 1978, en ce qui concerne les emprunts destinés à financer les activités minières des sociétés privées dans le cadre de la jouissance de leurs droits miniers ;

i) toutes dispositions légales et réglementaires contraires aux dispositions du présent Code.

Cet article abroge un certain nombre de textes légaux et réglementaires, y compris un article de la loi n° 77-027 du 17 novembre 1977 portant mesures générales de rétrocession des biens zaïrianisés ou radicalisés en ce qui concerne les mines et les carrières, étant vraisemblablement en contradiction avec les dispositions de ce texte de loi tel que modifié et complété à ce jour.

Article 344 : *(abrogé par l'article 31 de la Loi n° 18/001 du 09 mars 2018 modifiant et complétant la Loi n° 007/2002 du 11 juillet 2002 portant Code minier).*

Avant son abrogation, cet article se rapportait à l'entrée en vigueur de ce texte de loi non modifié.

En principe, l'applicabilité de la loi dans le temps ou l'entrée en vigueur de la loi est une question qui doit être réglée pour assurer la sécurité juridique. En effet, « Les rédacteurs de propositions de loi doivent donc accorder beaucoup d'attention à cette question, qui se présente en fait sous trois aspects : – le problème de la rétroactivité (et celui, connexe, de l'application immédiate des lois nouvelles à des situations juridiques consolidées antérieurement) ; — la distinction entre l'entrée en vigueur et la prise d'effet ; – l'articulation entre la loi nouvelle et le texte antérieur (mesures transitoires) » (France. Sénat – Service des relations internationales, 2007, p. 48).

Bien avant la modification de ce texte de loi, le législateur avait prévu deux temps pour son application, et ce, non pas à la date de sa publication au Journal officiel, mais dès sa promulgation, soit le 11 juillet 2002. Cependant, cette application immédiate ne concernait pas tous les articles. Car certains d'entre eux ne devraient entrer en vigueur que dans les six mois après la publication de ce texte de loi non modifié. Pour rappel, seuls les articles 299, 327 à 338, 341 à 344 entraient en vigueur. Il faut signaler ici qu'avec la modification de ce texte de loi, certains articles n'ont pas été modifiés (le cas des articles 299 sur les activités minières illicites et 343 sur les dispositions abrogatoires) et d'autres articles ont fait l'objet soit de modification soit d'abrogation.

Avec l'abrogation de cet article, il paraît curieux de connaître la date qu'il faudrait considérer comme celle d'entrée en vigueur de ce texte de loi. S'agit-il de la date de sa promulgation ou de sa publication au Journal officiel ?

L'article 247 bis de ce texte de loi dispose : « Les dispositions relatives au droit commun en matière d'impôt sur les bénéfices et profits non visées sont de pleine application suivant leurs libellés à la date de la promulgation du présent Code. »

Si l'on interprète cet article et tant d'autres, notamment les articles 328, 334, 335, 340 et 343 de ce texte de loi, à la lumière de la ratio legis de leurs dispositions, on peut affirmer que c'est la date de la promulgation dudit texte qui devrait être considérée comme celle de son entrée en vigueur. Il convient de rappeler que ce texte de loi a été promulgué le vendredi 09 mars 2018 et publié au Journal officiel *en date du 3 mai 2018.*

POSTFACE

Les bibliothèques congolaises regorgent certes de moult ouvrages et articles sur certaines matières de droit minier congolais. Mais avant la parution de l'ouvrage du professeur Cim's Mulungulungu Nachinda, il n'a pas existé, à notre connaissance, un ouvrage qui analyse tous les articles, un à un, de la loi n° 007/2002 du 11 juillet 2002 portant Code minier telle que modifiée et complétée par la loi n° 18/001 du 9 mars 2018.

La carence dans ce domaine était patente. Souvent les chercheurs, étudiants et opérateurs économiques s'en plaignaient. On ne peut manquer ici de faire référence à la publication de l'ouvrage du Cadastre minier intitulé *Code minier révisé et annoté de la République Démocratique du Congo*, œuvre parue aux éditions Bruylant en juin 2020.

Il est fort malheureux de constater que cet ouvrage n'ait pas été bien accueilli par les doctrinaires et scientifiques particulièrement, à cause notamment de la pauvreté de la doctrine y exploitée (trois ouvrages généraux simplement). D'ailleurs, il ne s'agissait point d'un Code annoté, par suite de défaut de notes de jurisprudence.

L'ouvrage du professeur Cim's Mulungulungu Nachinda semble venir combler cette lacune. Sa présentation laisse présager qu'il sera sans doute un *best-seller* dans ce domaine car explicite, limpide et appuyé par une abondante référence à la doctrine en la matière. C'est la toute première fois qu'en République Démocratique du Congo, une loi minière est commentée et annotée par un enseignant-chercheur. Si l'auteur a eu l'audace de lancer un tel défi et d'adresser une telle sollicitation que certains pourraient juger téméraire, voire capricieuse, c'est tout simplement parce qu'il tient à apporter la lumière dans un domaine où beaucoup d'auteurs, à l'exception de certains grands doctrinaires en la matière, comme le Doyen Grégoire Bakandeja, hésitent de se hasarder. Car, comme on le dit souvent, un texte de loi ne peut pas être interprété par toute personne, peu importe qu'elle soit juriste ou non.

On peut remarquer que le texte de cet ouvrage est très bien écrit. Il est très compréhensible, joliment formulé, et réussit même à ne pas créer de lassitude chez le lecteur, ce qui est, me semble-t-il, un tour de force pour un texte de commentaire-annotation à un Code. D'autre part, je le trouve d'une énorme utilité pour le Code lui-même, qui pourra alors être revu facilement à l'aide de cet ouvrage.

Ce chef-d'œuvre du professeur Cim's Mulungulungu Nachinda contribue ainsi à la connaissance du Code minier dans tous les aspects du domaine minier congolais. Chaque article est bien étudié, commenté, expliqué et/ou annoté.

Comme on a pu le constater, l'auteur s'est employé à dégager la pensée du législateur, ce qui a permis de comprendre la lettre et l'esprit des articles du Code minier tel que révisé à ce jour. Les commentaires, explications et les annotations contenus dans cet ouvrage facilitent la compréhension de l'ensemble de ce texte de loi.

Il s'ensuit que certaines dispositions de ce Code minier ne pouvaient être bien comprises, à cause de leur imprécision, de l'incohérence entre l'exposé des motifs avec tel ou tel autre article, de l'emploi d'expressions ambiguës, du mauvais agencement des articles, de l'omission des éléments indispensables dans les corps des articles, des renvois inexacts à des articles qui prêtent à confusion, etc. Ainsi qu'on s'en aperçoit, le non-respect de la légistique n'a pas été de nature à rendre intelligibles bien des dispositions de la loi minière. Cet état de choses a amené l'auteur à suggérer au législateur de réviser de nouveau ce Code minier. Pour cela, plusieurs propositions ont été faites *de lege ferenda*.

En outre, les annotations qui se sont dégagées de l'analyse jurisprudentielle de quelques cas ont suffi à mettre en évidence le décalage entre la théorie et la pratique. Il en découle qu'un certain nombre de décisions judiciaires ont été rendues en toute illégalité. La méconnaissance de la loi par l'organe juridictionnel compétent, le tribunal de grande instance de Kinshasa/Gombe pour ne pas le nommer, appelé à appliquer correctement le Code minier, spécialement en matière d'inscription par voie judiciaire, serait à la base de cet égarement judiciaire.

Sur ce point, on peut se féliciter de la publication de cet ouvrage qui vient éclaircir les zones d'ombre et attirer dès lors l'attention des uns et des autres sur la *ratio legis* des dispositions de l'article 46 du Code minier.

C'est, du reste, dans cette perspective que l'auteur pense, avec raison évidemment, que l'organisation des conférences, des colloques, des symposiums et des séminaires surtout, évitera des mauvaises interprétations et, par conséquent, ouvrira la voie à une meilleure compréhension et une application correcte des dispositions des textes légaux et réglementaires qui touchent au secteur des mines.

Par ailleurs, remarquons que la révision du Code minier intervenue en mars 2018 était censée doper la contribution du secteur minier au budget de l'État. Elle prévoit une hausse des redevances sur les minerais classiques de 2 % à 3,5 % et allant jusqu'à 10 % sur les minerais considérés comme stratégiques, tels que le cobalt, le cuivre et le coltan. Or, depuis la promulgation dudit Code et son entrée en vigueur, ces changements n'ont pas eu de répercussions sur les caisses publiques. Au contraire, les services de l'État n'ont collecté que 707 millions de dollars auprès du secteur au cours du second semestre de 2018, contre 729 millions pour les six premiers mois de la même année. On dira alors que la révision du Code minier n'a pas eu de répercussions sur les caisses publiques de l'État.

C'est ce constat qui apparaît clairement à travers les pages de ce livre, lequel constitue, dans l'analyse des règles ayant trait au domaine minier de notre pays, une énième publication du professeur Cim's Mulungulungu Nachinda après, notamment le *Guide de l'opérateur minier en République démocratique du Congo,* paru en 2013 aux Éditions CM dont il est le responsable et que j'avais eu le privilège de préfacer.

Le *Code minier commenté et annoté,* dont le caractère scientifique n'est pas à démontrer, grâce à sa riche documentation, rentre dans la série des publications de l'auteur qui contribuent à la vulgarisation du Code minier ainsi que de ses mesures d'application. C'est dans ce même élan que deux autres livres du même auteur sont concomitamment publiés avec ce présent ouvrage. L'un est intitulé *Vade-mecum de l'opérateur minier en République démocratique du Congo* et l'autre *Les articles du Code minier, perspectives de réforme*. Ces trois ouvrages font aujourd'hui du professeur Cim's Mulungulungu Nachinda l'un des rares doctrinaires congolais, soucieux de faciliter la compréhension par tous des dispositions de la loi du 11 juillet 2002 telle que modifiée et complétée par la loi du 09 mars 2018.

Eddy MWANZO idin' AMINYE
Professeur ordinaire à la Faculté de droit
de l'Université de Kinshasa
Avocat et porte-parole du Conseil d'État
de la République Démocratique du Congo.

BIBLIOGRAPHIE

I. LÉGISLATION ET TEXTES CONNEXES

A. TEXTES LÉGAUX ET RÉGLEMENTAIRES NATIONAUX

1. Ordonnance 43-187 du 13 mai 1955 portant règlement sur les mesures de sécurité à observer dans l'exploitation des carrières à ciel ouvert, *Bulletin annuel*, 1955.
2. Ordonnance n° 68/057 du 13 février 1968 modifiant l'ordonnance n° 161 du 27 juillet 1963 créant le Fonds national de promotion et de service social [FNPSS], *Moniteur congolais*, 9e année, n° 5, mars 1968.
3. Ordonnance-loi n° 81-013 du 2 avril 1981 portant législation générale sur les mines et hydrocarbures telle que modifiée et complétée par l'ordonnance-loi n° 82-039 du 5/11/1982, *Journal officiel*, n° 22, 15 novembre 1982.
4. Instruction administrative de la Banque Centrale du Congo n° 007 portant réglementation de l'activité des bureaux de change, *Les Codes Larcier*, vol. 2, t. III, Bruxelles, Larcier, 2003.
5. Constitution de la République Démocratique du Congo modifiée par la loi n° 11/002 du 20 janvier 2011 portant révision de certains articles de la Constitution de la République Démocratique du Congo du 18 février 2006, *JORDC*, 5e année, numéro spécial, 5 février 2011.
6. Loi n° 007/2002 du 11 juillet 2002 portant Code minier, *JORDC*, 43e année, numéro spécial, 15 juillet 2002.
7. Loi n° 78/022 du 30 août 1978 portant nouveau Code de la route, *JORDC*, numéro spécial, 45e année, 30 juillet 2004.
8. Décret du 30 janvier 1940 tel que modifié et complété à ce jour portant Code pénal congolais, *JORDC*, 45e année, numéro spécial, 2004.
9. Décret-loi 109-2000 du 19 juillet 2000 modifiant et complétant certaines dispositions en matière d'impôts cédulaires sur les revenus, *Les Codes Larcier*, t. V, 2010.
10. Ordonnance-loi n° 10/002 du 20 août 2010 portant Code des douanes, *JORDC*, 51e année, numéro spécial, 26 décembre 2010.
11. Loi n° 11/009 du 9 juillet 2011 portant principes fondamentaux relatifs à la protection de l'environnement, *JORDC*, 52e année, numéro spécial, juillet 2011.

12. Décret n° 14/019 du 2 août 2014 fixant les règles de fonctionnement des mécanismes procéduraux de la protection de l'environnement, *JORDC*, n° 16, 15 août 2014.
13. Décret n° 14/030 du 18 novembre 2014 fixant statuts d'un établissement public dénommé Agence Congolaise de l'Environnement, en sigle « ACE », *JORDC*, n° 24, 55e année, 15 décembre 2014.
14. Loi n° 15/012 du 1er août 2015 portant régime général des hydrocarbures, *JORDC*, numéro spécial, 7 août 2015.
15. Loi organique n° 16/027 du 15 octobre 2016 portant organisation, compétence et fonctionnement des juridictions de l'ordre administratif, in *JORDC*, n° 20, octobre 2016.
16. Arrêté interministériel n° 0184/CAB.MIN/MINES/01/2017 et 080/CAB/MIN/FINANCES/2017 du 13 septembre 2017 portant fixation des frais de dépôt à percevoir par le Cadastre minier, inédit.
17. Arrêté interministériel n° 0129/CAB.MIN/MINES/01/2017 et 032/CAB.MIN/FINANCES/2017 du 8 juillet 2017 portant réglementation de la commercialisation et de l'exportation des produits miniers marchands, *JORDC*, n° 18, col. 11, 15 septembre 2017.
18. Loi n° 18-002 du 13 mars 2018 portant Code des accises, *JORDC*, numéro spécial, 18 avril 2018.
19. Loi n° 007/2002 du 11 juillet portant Code minier telle que modifiée et complétée par la loi n° 18/001 du 09 mars 2018, *JORDC*, 58e année, numéro spécial, 3 mai 2018.
20. Décret n° 038/2003 du 26 mars 2003 portant règlement minier tel que modifié et complété par la loi n° 18/024 du 8 juin 2018, *JORDC*, 44e année, numéro spécial, 12 juin 2018.

B. TEXTES LÉGAUX ÉTRANGERS

1. Loi n° 14-05 du 24 Rabie Ethani 1435 correspondant au 24 février 2014 portant loi minière, *JORA*, n° 18, 30 mars 2014.
2. Loi n° 37/2008 du 11/08/2008 portant exploitation des mines et des carrières, *JORR*, 48e année, n° 14 *bis*, 6 avril 2009.
3. Loi n° 13/2014 du 20 mai 2014 portant exploitation des mines et carrières, *JORR*, n° 26, 30 juin 2014.
4. Loi n° 2012-015 du 27 février 2012 portant Code minier en République du Mali. Disponible sur le site : http://www.droit-afrique.com/upload/doc/mali/Mali-Code-2012-minier.pdf, consulté le 12 novembre 2020.
5. Loi n° 031-2003/AN du 8 mai 2003 portant Code minier au Burkina Faso. Disponible sur le site : http://www.droit-afrique.com/upload/doc/burkina/Burkina-Code-minier-2009.pdf., consulté le 12 novembre 2020.

C. JURISPRUDENCE

1. Ordonnance n° 0975/216 du 28 septembre 2016 du Tricom de Kinshasa/Gombe, inédit.
2. Arrêt RMUA 026 du 23 décembre 2016 de la Cour d'appel de Kinshasa/Gombe, inédit.
3. Jugement RCE 4600 du 29 novembre 2017 du TGI de Kinshasa/Gombe, inédit.
4. Jugement RCE 5456 du 22 décembre 2017 du Tricom de Kinshasa/Gombe, inédit.
5. Jugement RC 395/2018 du 5 mars 2018 du TGI de Tshikapa, inédit.
6. Jugement RPNC 44.922 du 5 mars 2018 du TGI de Kinshasa/Gombe, inédit.
7. Jugement RCE 5660 du 15 mai 2018 du Tricom de de Kinshasa/Gombe, inédit.
8. Jugement RCA 2168 du 4 juin 2018 du Tricom de Lubumbashi, inédit.
9. Jugement RPNC 45.370 du 22 novembre 2018 du TGI de Kinshasa/Gombe, inédit
10. Jugement RPNC 117.138 du 13 mars 2019 du TGI de Kinshasa/Gombe, inédit.
11. Jugement RC 117.284 du 20 avril 2019 du TGI de Kinshasa/Gombe, inédit.
12. Jugement RCE 6183 du 26 juin 2019 du Tricom de Kinshasa/Gombe, inédit.
13. Jugement RPNC 45.903 du 30 octobre 2019 du TGI de Kinshasa/Gombe, inédit.
14. Jugement RPNC 45.922 du 13 novembre 2019 du TGI de Kinshasa/Gombe, inédit.
15. Jugement RPNC 45.933 du 15 novembre 2019 du TGI de Kinshasa/Gombe, inédit.
16. Jugement RPNC 45.988 du 13 décembre 2019 du TGI de Kinshasa/Gombe, inédit.
17. Jugement RPNC 46.005 du 24 décembre 2019 du TGI de Kinshasa/Gombe, inédit.
18. Jugement RPNC 46.015 du 30 décembre 2019 du TGI de Kinshasa/Gombe, inédit.
19. Jugement RC 118.431 du 14 janvier 2020 du TGI de Kinshasa/Gombe, inédit.
20. Jugement RPNC 46.042 du 9 janvier 2020 du TGI de Kinshasa/Gombe, inédit.
21. Jugement RPNC 46.205 du 9 juin 2020 du TGI de Kinshasa/Gombe, inédit.

22. Jugement RPNC 46.238 du 3 juillet 2020 du TGI de Kinshasa/Gombe, inédit.
23. Jugement RPNC 46.248 du 7 juillet 2020 du TGI de Kinshasa/Gombe, inédit.
24. Jugement RPNC 46.255 du 8 juillet 2020 du TGI de Kinshasa/Gombe, inédit.
25. Jugement RPNC 46.251 du 15 juillet 2020 du TGI de Kinshasa/Gombe, inédit.
26. Jugement RPNC 45.512 du 30 juillet 2020 du TGI de Kinshasa/Gombe, inédit.

II. DOCTRINE

A. OUVRAGES SPÉCIALISÉS

1. BAKANDEJA WA MPUNGU, Grégoire. *Droit minier et des hydrocarbures en Afrique centrale*, Bruxelles, Larcier, 2009.
2. BAMBI KABASHI, Adolphe. *Le droit minier congolais. À l'épreuve des droits foncier et forestier*, Paris, L'Harmattan, 2012.
3. BONNIN, Marie *et al. Droit de l'environnement marin et côtier au Sénégal*, Dakar, IRD, 2016.
4. BOUSSAGEON, Bernard et François-Xavier BOUSSAGEON. *L'exploitation des carrières : droit, réglementation, fiscalité*, Paris, LGDJ, 1959.
5. BRUNET, Émile, Jean SERVAIS et Charles RESTEAU. *Répertoire pratique du droit belge*, Paris, LGDJ, 1951.
6. CENTRE ARRUPE POUR LA RECHERCHE ET LA FORMATION. *Rapport de l'enquête sur l'état des lieux de l'exploitation minière au nord du Katanga et Sud-Kivu : cas de TANGANYIKA, NYABIBWE et NTAMURALE*, Lubumbashi, CARF, 2015.
7. GOUVERNANCE DES RESSOURCES NATURELLES EN RDC. *Ce qu'il faut savoir du nouveau Code minier de la RDCongo*, Kinshasa, CEPAS, novembre 2011.
8. KABWE SABWA, Héribert. *Droit minier en République Démocratique du Congo. Genève, évolution et perspective*, Bruxelles, Bruylant, 2019.
9. LEGOUX, Pierre Charles Alexis. *La réglementation minière des territoires français d'Afrique noire et de Madagascar*, Paris, LGDJ, 1950.
10. MANINGA KIABILUA, Solo et Paul MABOLIA YENGA. *La problématique des exploitations du diamant en RDC*, Kinshasa, CEPAS, 2009.
11. MICHEL, Thierry *et al. Katanga Business*, Belgique, Luc Pire, 2009.
12. MUKENDI WAFWANA, Emery. *Le Droit minier, Principes de gestion du domaine minier*, vol. 1, Bruxelles, Juricongo-Bruylant, 2005.

13. MULUNGULUNGU NACHINDA, Cim's. *Guide de l'opérateur minier en République Démocratique du Congo*, Kinshasa, Éditions CM, janvier 2013.
14. MUPANDE KAPWA, Jean-Félix *et al.* (dir.), *Code minier révisé et annoté de la République Démocratique du Congo*, Bruxelles, Bruylant, 2020.
15. MUPEPELE MONTI, Léonide. *L'industrie minérale congolaise. Chiffres et défis*, t. 1, Paris, L'Harmattan, 2012.
16. NDELA KUBOKOSO, Jivet. *Le droit et la fiscalité miniers de la République Démocratique du Congo. Bilan et perspectives d'avenir*, Paris, L'Harmattan, 2020.
17. OMASOMBO TSHONDA, Jean (dir.). *Haut-Katanga. Lorsque les richesses économiques et pouvoirs politiques forcent une identité régionale*, t. 1, cadre naturel, peuplement et politique, Bruxelles, Musée royal de l'Afrique centrale, 2018.
18. OWENGA ODINGA, Émile Lambert. *Droit minier. Régime minier général pour les mines et les carrières*, Kinshasa, Publications pour la promotion du droit congolais, juillet 2014.
19. PERSONNAZ, Jean. *Droit des mines*, Paris, LITEC, 1958.
20. RÉPUBLIQUE DÉMOCRATIQUE DU CONGO. CONSEIL ÉCONOMIQUE ET SOCIAL. *Problématique de l'exploration et de l'exploitation des ressources pétrolières, minières et forestières dans les aires protégées en RDC : Hâtons-nous prudemment pour garantir un développement durable à notre pays*, Kinshasa, Les Éditions du CES-RDC, avril 2016.
21. RÉPUBLIQUE DÉMOCRATIQUE DU CONGO. OFFICE DE L'INFORMATION ET DES RELATIONS PUBLIQUES POUR LE CONGO BELGE ET LE RUANDA-BURUNDI. *Économie : Richesses naturelles, Mines et Carrières, Industrie manufacturière, Main d'œuvre – Transports, Commerce – Finances*, Bruxelles, 1958.
22. SONDJI MULANZA KATING, Philippe-Alexandre. *Le projet de révision du Code minier de la RDC : de l'incitation à la dissuasion ?* Bruxelles, Academia Press, janvier 2014.
23. VAN DER KERKEN, Georges *et al.* *Le droit foncier indigène et le régime légal des terres et des mines au Congo Belge*, Bruxelles, s.d.

B. OUVRAGES GÉNÉRAUX

1. BEITONE, Alain et Cazorla ANTOINE. *Dictionnaire des sciences économiques*, Paris, Armand Colin, 2007.
2. FRANCE. CONSEIL D'ÉTAT. *Guide de légistique*. Paris, 3e éd., La Documentation française, 2007.
3. FRANCE. SÉNAT – SERVICE DES RELATIONS INTERNATIONALES. *Rédiger la loi. Guide de rédaction des propositions de loi et des amendements*, Paris, septembre 2007.

4. GUINCHARD, Serge et Thierry DEBARD (dir.). *Lexique des termes juridiques* 2015-2016, 23e éd., Paris, Dalloz, 2015.
5. KANGULUMBA MBAMBI, Vincent. *Précis de droit civil des biens*, Bruxelles-Louvain-la-Neuve, Academia-Bruylant, 2007.
6. KIFWABALA TEKILAZAYA, Jean-Pierre. *Droit civil. Les biens : les droits réels immobiliers et mobiliers*, t. II, Lubumbashi, Les Analyses juridiques, février 2016.
7. KIFWABALA TEKILAZAYA, Jean-Pierre. *Droit civil. Les biens : les droits réels fonciers*, t. I, Lubumbashi, Les Analyses juridiques, mars 2015.
8. LORENZI, Emmanuelle Gillet et Seydou TRAORÉ. *Cours de droit administratif des biens*, Paris, CNFPT, 2007.
9. MWANZO IDIN'AMINYE, Eddy. *Que dit le Code de la famille de la République Démocratique du Congo ? Commentaire article par article*, Paris, L'Harmattan, 2019.
10. NDOMBA KABEYA, Élie-Léon. *Nouveau Code de la famille*, Kinshasa, éd. spéciale, VmrPress, 2017.
11. SILEM, Ahmed et Jean-Marie ALBERTINI. *Lexique d'économie*, 7e éd., Paris, Dalloz, 2002.
12. TENDAY LUPUMBA, Alain. *Les procédures de dédouanement en RDC. L'expérience du guichet unique au poste de Matadi*, Paris, L'Harmattan, s.d.
13. VUNDUAWA TE PEMAKO, Félix. *Traité de droit administratif*, Bruxelles, Larcier, 2007.

III. REVUES ET AUTRES DOCUMENTS

1. AKONO MINLO, Rubens. « Réflexions sur les droits de l'exploitant de mines en droit camerounais », *Revue de l'ERSUMA : Droit des affaires – Pratique Professionnelle*, n° 4, septembre 2014, Études.
2. ANNALES DES MINES, série 9, vol. 5, Paris, *Libraires des corps nationaux des ponts et des chaussées, des mines et des télégraphes*, 1894.
3. BUELENS, Frans. « Le tournant de 01908 : de l'État indépendant du Congo au Congo belge », *Outre-mers*, t. 99, n° 376-377, 2012. Cent ans d'histoire des outre-mer. SHOM, 1912-2012, pp. 197-209.
4. CONSORTIUM MAKUTA YA CONGO. *La redevance minière destinée aux entités territoriales décentralisées : un casse-tête à résoudre*, novembre 2020.
5. COORDINATION DES PLAIDOYERS DE LA SOCIÉTÉ CIVILE POUR LA GOUVERNANCE DES RESSOURCES NATURELLES. *Propositions d'amendements au projet de la loi modifiant et complétant la loi n° 007/2002 du 11 juillet 2002 portant code minier*, juin 2017, inédit.

6. LE FORUM DE LA SOCIÉTÉ CIVILE DE LA RDC (sous la coordination du CEPAS), « Révision des contrats miniers en RDC : Rapport sur 12 contrats miniers », Kinshasa, CEPAS, novembre 2007.
7. MARTIN, Matthias. *L'annotation des codes, étude et comparaison en droits français et monégasque*, thèse de doctorat, Nancy, Université de Lorraine, 2013.
8. MULUNGULUNGU NACHINDA, Cim's. « Procédures d'octroi des droits miniers et de carrières en droit positif congolais », *Cahiers Africains des Droits de l'Homme et de la Démocratie*, UNIKIN, Faculté de droit, 16e année, n° 34, vol. 1, janvier-mars, 2012.
9. MULUNGULUNGU NACHINDA, Cim's. « Typologie des droits organisés découlant de la classification des substances minérales en droit positif congolais », *Cahiers Africains des Droits de l'Homme et de la Démocratie*, UNIKIN, Faculté de droit, 16e année, n° 34, vol. 1, janvier-mars, 2012.
10. NATURAL RESOURCE GOVERNANCE INSTITUTE (NRGI). *Innovations de la nouvelle législation minière de la RDC : opportunités, défis et perspectives de mise en œuvre*, 2019.
11. ORTEGA GIRONES, Enrique *et al.* « Cadastres Miniers. Promotion d'un accès transparent aux ressources minérales », *Industries extractives pour le développement*, Série n° 4, éd. française, juin 2012.
12. PERSPECTIVES ÉCONOMIQUES EN AFRIQUE, *La RDC*, 2007.
13. RÉPUBLIQUE DÉMOCRATIQUE DU CONGO. CABINET DU PRÉSIDENT DE LA RÉPUBLIQUE. MINISTÈRE DE L'ENVIRONNEMENT, CONSERVATION DE LA NATURE ET TOURISME. PROGRAMME D'INVESTISSEMENT POUR LA FORÊT, *Projet d'Appui aux Communautés Dépendantes de la Forêt en RDC, cadre de gestion environnementale et sociale (cges)*, août 2015.
14. RÉPUBLIQUE DÉMOCRATIQUE DU CONGO. CABINET DU PRÉSIDENT DE LA RÉPUBLIQUE. *Document-cadre pour l'élaboration du plan national stratégique de développement de la République Démocratique du Congo*, 2016.
15. RÉPUBLIQUE DÉMOCRATIQUE DU CONGO. GOUVERNEUR DE PROVINCE DU SUD-KIVU. *Lettre référencée 01/1117/CAB/GROUPRO-SK/2019 du 16 décembre 2019*, inédit.
16. RÉPUBLIQUE DÉMOCRATIQUE DU CONGO. GOUVERNEUR DE PROVINCE DU SUD-KIVU. *Lettre référencée 01/327/CAB/GROUPRO-SK/2020 du 28 mars 2020*, inédit.

17. RÉPUBLIQUE DÉMOCRATIQUE DU CONGO. MINISTRE DES FINANCES. *Lettre référencée CAB/MIN/FINANCES/FIS/CNB/2018/643 du 27 février 2018*, inédit.
18. RÉPUBLIQUE DÉMOCRATIQUE DU CONGO. MINISTRE DES MINES. *Lettre référencée CAB.MIN/MINES/01/00693 du 23 juillet 2020*, inédit.
19. ROSSIGNEUX-MEHEUST, Mathilde. *Le régime juridique des carrières*, thèse de doctorat, Paris, 1928.
20. WARTHINTON, Betty. *Conférence sur l'organisation de la recherche et de la formation du personnel en Afrique*, USA, 1964.

MÉDIAGRAPHIE

I. ARTICLES

1. ANNALES DES MINES, série 9, Paris, Libraires des corps nationaux des ponts et des chaussées, des mines et des télégraphes, 1894.
2. BELL, Joseph *et al.* (2014). *Contrat minier. Comment les lire et les comprendre.* Disponible sur le site : https://eiti.org/files/documents/ContratsMiniers_LireEtComprendre_Web2.pdf, consulté le 7 décembre 2020.
3. DERBEL, Fayçal. *Les artifices comptables de la fraude fiscale.* Disponible sur le site : http://www.larcf.com/seekrcf/RcfPdf/fich_090_031.pdf, consulté le 23 mars 2021.
4. LASSOURD, Thomas *et al.* (2016). *Sortir de l'impasse fiscale : comment sauver la réforme du code minier en République Démocratique du Congo.* Disponible sur le site : https://resourcegovernance.org/sites/default/files/documents/nrgi-sortir-de-impasse-fiscale-rdc.pdf, consulté le 23 mars 2021.
5. LASSOURD, Thomas (2018). *La fiscalité du nouveau code minier de la République Démocratique du Congo.* Disponible sur le site : https://resourcegovernance.org/sites/default/files/documents/la-fiscalite-du-nouveau-code-minier-de-la-republique-democratique-du-congo.pdf, consulté le 23 mars 2021.
6. MUKENDI WAFWANA, Emery (2018). *Incidences de la modification de la Garantie légale de stabilité sur les projets miniers existants en RDC.* Disponible sur le site : https://juriafrique.com/blog/2018/04/05/incidences-de-la-modification-de-la-garantie-legale-de-stabilite-sur-les-projets-miniers-existants-en-rdc/, consulté le 28 juillet 2020.
7. MULAMBA KATAMBA, Roger. Constitution et vie d'une société minière en République Démocratique du Congo à la lumière des règles spéciales de constitution des sociétés à statut particulier en droit de l'Ohana. Disponible sur le site : file:///C:/Users/hp/AppData/Local/Temp/Article-MULAMBA-(R.) – KATAMBA-sur-les-societes-mini%C3%A8res-%C3%A0-l-epreuve-du-droit-des-societes-OHADA.pdf, consulté le 28 juillet 2020.
8. NDELA KUBOKOSO, Jivet (2002). *De la nécessité de la réforme de la fiscalité minière issue du Code Minier de la RDC de 2002.* Disponible sur le site : https://www.tribunejustice.com/de-la-necessite-de-la-reforme-de-la-

fiscalite-miniere-issue-du-code-minier-de-la-rdc-de-2002-par-jivet-ndela-avocat/, consulté le 30 août 2020.

9. NDELA KUBOKOSO, Jivet (2020). *Les modalités d'octroi et de délivrance des titres miniers en RDC.* Disponible sur le site : http://jivet-ndela.blogspot.com/2020/05/information-juridique-fiscal-dans-le.html?m=1, consulté le 3 août 2020.

II. RESSOURCES ÉLECTRONIQUES

1. https://medd.gouv.cd/ace/, consulté le 15 janvier 2020.
2. https://fr.wikipedia.org/wiki/Assainissement, consulté le 15 janvier 2020.
3. https://www.google.fr/url?sa=t&rct=j&q=&esrc=s&source=web&cd=4&cad=rja&uact=8&ved=2ahUKEwi0sP6Gq8zoAhWEZxUIHTwfCn0QFjADegQIBRAB&url=https%3A%2F%2Fresourcegovernance.org%2Fsites%2Fdefault%2Ffiles%2Fdocuments%2Finnovations_de_la_nouvelle_legislation_miniere_de_la_rdc_opportunites_defis_et_perspectives_de_mise_en_oeuvre_0.pdf&usg=AOvVaw2pwk2VF3yhFjBg5AstafqX, consulté le 20 janvier 2020.
4. https://eiti.org/sites/default/files/documents/fr_guidance_note_7_on_contract_transparency_-_francais.pdf, consulté le 1 mars 2020.
5. https://www.persee.fr/doc/dreso_0769-3362_1988_num_8_1_990, consulté le 1 mars 2020.
6. http://minesqc.com/fiches-dinformations/quentend-on-par-ressources-minerales-et-reserves-minerales-y-a-t-il-une-difference/, consulté le 2 mars 2020.
7. https://www.journaldunet.fr/business/dictionnaire-comptable-et-fiscal/1198359-amortissement-lineaire-definition-calcul-traduction/, consulté le 4 juin 2019.
8. https://www.hydrocarbures.gouv.cd/?Secretariat-General-14, consulté le 6 juin 2020.
9. https://www.actualitesdudroit.fr/browse/afrique/droits-nationaux/16144/secteur-minier-la-sierra-leone-expulse-38-chinois-accuses-d-exploitation-illicite, consulté le 13 juin 2020.
10. https://leganews.cd/index.php/analyses-et-opinions/2016-abstentions-coupables-des-fonctionnaires-infractions-meconnues-dans-la-pratique-judiciaire-congolaise, consulté le 5 juillet 2020.
11. https://fr.wikipedia.org/wiki/G%C3%A9n%C3%A9rations_futures, consulté le 21 octobre 2020.

12. https://www.latribune.fr/opinions/blogs/euromed/pourquoi-les-fonds-souverains-du-golfe-demeureront-des-acteurs-majeurs-de-l-economie-mondiale-625446.html, consulté le 26 novembre 2020.
13. https://journals.openedition.org/developpementdurable/9884?lang=en#tocto2n4, consulté le 26 novembre 2020.
14. http://www.environnement.gouv.qc.ca/biodiversite/aires_protegees/contexte/annexe1.htm, consulté le 18 décembre 2020.
15. http://theses.univ-lyon2.fr/documents/getpart.php?id=lyon2.2000.rossi-danelzik_e&part=31218, consulté le 21 décembre 2020.
16. https://fr. wiktionary.org/wiki/principe._de_pleine_concurrence, consulté le 19 mars 2021.
17. https://www.alliancesud.ch/de/file/208/download?token=zcC_0Qur, consulté le 19 mars 2021.

TABLE DES MATIÈRES

PRÉFACE 9

REMERCIEMENTS 13

AVANT-PROPOS 15

PRINCIPAUX SIGLES ET ABRÉVIATIONS 21

TITRE PREMIER :
DES GÉNÉRALITÉS 23

Chapitre Premier : **DES DÉFINITIONS DES TERMES, DU CHAMP D'APPLICATION ET DES PRINCIPES FONDAMENTAUX** 23

Chapitre II : **DU RÔLE DE L'ÉTAT ET DE LA RÉPARTITION DES COMPÉTENCES** 54

Chapitre III : **DE LA PROSPECTION** 74

TITRE II :
DES DISPOSITIONS COMMUNES 77

Chapitre Premier : **DE L'ÉLIGIBILITÉ** 77

Chapitre II : **DES PÉRIMÈTRES MINIERS ET DE CARRIÈRES** 94

Chapitre III : **DE LA PROCÉDURE D'OCTROI DES DROITS MINIERS OU DE CARRIÈRES ET DE LA DÉLIVRANCE DES TITRES MINIERS ET DE CARRIÈRES** 100

TITRE III :
DES DROITS MINIERS 139

Chapitre Premier : **DE LA RECHERCHE MINIÈRE** 139

Chapitre II : **DE L'EXPLOITATION MINIÈRE** 158

Chapitre III : **DE L'EXPLOITATION DES REJETS DES MINES** 185

Chapitre V : **DE L'EXPLOITATION MINIÈRE À PETITE ÉCHELLE** 190

Chapitre V : **DE L'INDUSTRIALISATION DU SECTEUR MINIER** 197

Chapitre VI : **DE LA DÉTENTION, DU TRANSPORT, DE L'ENTREPOSAGE, DU STOCKAGE, DE LA COMMERCIALISATION ET DE L'EXPORTATION DES PRODUITS MINIERS** 201

TITRE IV :
DE L'EXPLOITATION ARTISANALE DES MINES ET CARRIÈRES 205

Chapitre Premier : **DE L'EXPLOITATION ARTISANALE PROPREMENT DITE** 205

Chapitre II : **DE LA DÉTENTION, DU TRANSPORT ET DE LA COMMERCIALISATION DES PRODUITS D'EXPLOITATION ARTISANALE** .. 218

TITRE V :
DES DROITS DE CARRIÈRES 229

Chapitre Premier : **DES GÉNÉRALITÉS** 229

Chapitre II : **DE LA RECHERCHE DES PRODUITS DE CARRIÈRES** 234

Chapitre III : **DE L'EXPLOITATION DES CARRIÈRES** 241

Chapitre IV : **DU TRANSPORT, DE L'ENTREPOSAGE ET DE LA COMMERCIALISATION DES PRODUITS DE CARRIÈRES** 256

TITRE VI :
DES SÛRETÉS 257

Chapitre Premier : **DES HYPOTHÈQUES** 257

Chapitre II : **DU GAGE** 266

TITRE VII :
DE L'AMODIATION ET DES MUTATIONS 269

Chapitre Premier : **DE L'AMODIATION** 269

Chapitre II : **DES MUTATIONS** 276

TITRE VIII :
DES OBLIGATIONS DES TITULAIRES DES DROITS MINIERS ET DE CARRIÈRES 291

Chapitre Premier : **DES OBLIGATIONS RELATIVES À LA VALIDITÉ DU DROIT MINIER OU DE CARRIÈRES** 291

Chapitre II : **DES OBLIGATIONS RELATIVES AUX OPÉRATIONS EN VERTU DU TITRE MINIER OU DE CARRIÈRES OU D'AGRÉMENT AU TITRE D'ENTITÉ DE TRAITEMENT OU DE TRANSFORMATION** 301

TITRE IX :
DU RÉGIME FISCAL, DOUANIER ET DES RECETTES NON FISCALES APPLICABLE AUX ACTIVITÉS MINIÈRES 313

Chapitre Premier : **Des Dispositions générales** 313

Chapitre II : **DU RÉGIME DOUANIER** 320

Chapitre III : **DU RÉGIME FISCAL** 328

Chapitre IV : **DU RÉGIME FISCAL ET DOUANIER APPLICABLE À L'EXPLOITATION ARTISANALE ET À L'EXPLOITATION MINIÈRE À PETITE ÉCHELLE** 355

TITRE X :
DE LA RÉGLEMENTATION DE CHANGE ET DES GARANTIES DE L'ÉTAT 357

Chapitre Premier : **DE LA RÉGLEMENTATION DE CHANGE** 357

Chapitre II : **DE LA GESTION DES RECETTES DES VENTES À L'EXPORTATION** 361

Chapitre III : **DES GARANTIES ET DU CONTRÔLE DE L'ÉTAT** 368

TITRE XI :
DES RELATIONS DES TITULAIRES DES DROITS MINIERS ET/OU DE CARRIÈRES ENTRE EUX ET AVEC LES OCCUPANTS DU SOL 379

Chapitre Premier : **DES RELATIONS ENTRE TITULAIRES** 379

Chapitre II : **DES RELATIONS DES TITULAIRES AVEC LES OCCUPANTS DU SOL** 382

Chapitre III : **DE LA RESPONSABILITÉ INDUSTRIELLE DU TITULAIRE** 392

Chapitre IV : **DE LA RESPONSABILITÉ SOCIÉTALE DU TITULAIRE** 395

TITRE XII :
DES MANQUEMENTS AUX OBLIGATIONS ADMINISTRATIVES, SOCIALES ET DES SANCTIONS 401

Chapitre Premier : **DES MANQUEMENTS AUX OBLIGATIONS ADMINISTRATIVES ET SOCIALES** 401

Chapitre II : **DES SANCTIONS** 405

TITRE XIII :
DES INFRACTIONS ET DES PÉNALITÉS 419

TITRE XIV :
DES RECOURS 431

Chapitre Premier : **DES DISPOSITIONS GÉNÉRALES** 431

Chapitre II : **DU RECOURS ADMINISTRATIF** 432

Chapitre III : **DU RECOURS JUDICIAIRE** 434

Chapitre IV : **DU RECOURS ARBITRAL** 436

Chapitre V : **DE LA REPRÉSENTATION DE L'ÉTAT ET DE LA SIGNIFICATION DES ACTES** 440

TITRE XV :
DES DISPOSITIONS DIVERSES 441

TITRE XVI :
DES DISPOSITIONS TRANSITOIRES 445

Chapitre Premier : **DES DROITS MINIERS ET DE CARRIÈRES EN VIGUEUR** 445

Chapitre II : **DES DEMANDES RELATIVES AUX DROITS MINIERS ET/OU DE CARRIÈRES EN INSTANCE** 447

Chapitre III : **DES PARTENARIATS AVEC L'ÉTAT** 449

Chapitre IV : **DE LA MISE EN APPLICATION DE NOUVELLES DISPOSITIONS** 451

TITRE XVII :
DES DISPOSITIONS ABROGATOIRES ET FINALES 459

POSTFACE 461

BIBLIOGRAPHIE 465

MÉDIAGRAPHIE 473

www.ingramcontent.com/pod-product-compliance
Lightning Source LLC
LaVergne TN
LVHW050052061026
849532LV00001BA/106
* 9 7 8 2 8 0 6 1 0 6 2 4 7 *